KB082513

韓國郵票百三十年

130 Years of Korean Postage Stamps

한국우표 130년
대한우표회 편

초판 인쇄 2017년 11월 25일
초판 발행 2017년 11월 30일

발 행 인 안종만
발 행 처 대한우표회
편집위원 김정석, 안종만, 예병일

제작판매 연인M&B
등 록 2000년 3월 7일 제2-3037호
주 소 05052 서울특별시 광진구 자양로 56(자양동 680-25) 2층
TEL (02)455-3987 FAX (02)3437-5975
URL www.yeoninmb.co.kr E-mail yeonin7@hanmail.net

값 30,000원

ISBN 978-89-6253-204-3 03060

韓國郵票百三十年

130 Years of Korean Postage Stamps

大韓郵票会 編

KOREAN PHILATELIC SOCIETY

연인M&B

발 간 사

한국우표 130년 논문집을 발행하기로 결정하고, 작업을 시작한 지 4년이라는 세월이 흘렀습니다. 처음 시작할 때는 『한국우표 100년』의 족적을 이어받아 한국우표를 수집하고 연구하는 분들에게 도움이 될 만한 논문을 쓸 우취인을 찾기 어려울 것이라는 생각에 반대 의견을 냈으나 강윤홍 전 회장님의 간곡한 건의와 우취계의 이정표를 세워야 한다는 사명감으로 논문집 발간을 시작했고, 삼 년이란 세월이 흐른 지금은 다음에 140년 논문집을 발간하게 되면 쉽게 추진할 수 있을 것이라는 생각이 듭니다.

1949년 8월 1일 창립총회를 통해 탄생한 대한우표회는 68년 동안 우취계의 많은 인재를 양성해 왔고, 지금도 우표 수집과 연구에 열중하는 회원들이 활동하고 있습니다. 대한우표회 회원들은 국제전에 출품하고, 심사위원으로 활동하는 등 한국우취계에서 중추적인 역할을 해 왔으나 앞으로 더 많은 역할을 할 수 있도록 대한우표회 회원은 더욱 노력해야 할 것입니다.

1974년과 1984년에 각각 『한국우표 90년』과 『한국우표 100년』을 발간하여 우리 우정사에서 연구자료로 이용될 수 있는 중요한 토대를 마련해 놓았으나 여러 가지 사유로 매 10년마다 논문집을 발행하지 못해 온 점이 아쉬움으로 남았습니다. 이번에 『한국우표 130년』 논문집을 준비하기 위해 심혈을 기울였으며, 지금까지 우정사에서 다루지 않은 내용을 정리하여 한국 우편사에 부족한 부분을 충족시키려 노력했습니다.

그동안 대한우표회 기관지 『우표세계』에서 많은 글을 발표해 왔으나 이번에 창립 68주년을 맞이하여 지난 반세기 동안 연구한 내용을 결산하는 심정으로 중요 논문을 선별하여 여기에 모았으니 한국 우편을 연구하는 분과 작품을 만드는 분께 길잡이가 되기를 기대합니다.

대한우표회 회장 김 정 석

축 사

우정제도가 시작된 1884년 65년이 지난 1949년, 우리나라 최초의 우취단체인 대한우표회가 창립되어 활동을 시작했고, 한국전쟁으로 피난지인 부산에서 명맥을 이어갔습니다. 당시 우리나라는 우취작품이라고 내세울 만한 것이 없던 시절이어서 모든 게 어슬프고 어려웠습니다. 그런 가운데서도 대한우표회는 우취작품을 출품한 전시회 개최, 한국우취목록 발간, 우표세계 발행 등 우취문화보급에 크게 기여를 해 왔습니다.

대한우표회는 1974년에 『한국우표 90년』 논문집을 발간하여 그동안 우리나라의 우표 역사를 정리하였으며, 한국우취연합이 국제우취연맹(FIP) 회원국으로 가입하는데 크게 기여하였습니다. 1984년에는 『한국우표 100년』을 발행함으로써 우리나라의 우정사를 정립하는데 중요한 역할을 했습니다. 같은 해 우리나라 최초로 세계우표전시회인 "PHILAKOREA84"를 개최하여 세계우취계에 한국의 우취문화를 널리 알렸습니다. 당연하게 대한우표회가 큰 몫을 담당하였음을 재직 시에 잘 알게 되었습니다.

한국 최초의 우취단체인 대한우표회가 올해로 창립 68년째를 맞이하여 『한국우표 130년』 논문집을 펴내게 된 것은 『한국우표 100년』 발행 후 30년이 지나는 동안 새로 연구된 내용과 당시에 다루지 않았던 내용을 재정리하여 한국 우표사의 부족한 부분을 완성했다는 점에서 큰 의의가 있다고 여겨집니다.

60갑자의 한 주기를 훌쩍 넘어 한국 우정사에서 빼놓을 수 없는 위치를 점하고 있는 대한우표회에서 펴낸 『한국우표 130년』 논문집이 앞으로 한국 우정사를 연구하는 분들에게 좋은 길잡이가 될 수 있을 것이라 확신하며, 이를 뛰어넘는 더 좋은 논문집이 계속해서 발행되기를 기대합니다.

전 부총리, 전 체신부장관 오 명

『한국우표 130년』 논문집 발행을 축하합니다

우리나라는 1884년 우정총국을 개설하여 근대적 우정업무를 처음 시작하였습니다. 당연히 그와 더불어 최초의 우표(문위우표)도 발행하여 소통의 매개체로 활용하였습니다.

일본에 통신주권을 빼앗기기도 하고 한국전쟁으로 통신환경이 파괴되기도 하였지만, 온갖 어려움을 이겨 내고 지금은 세계적인 '정보통신강국'이 되었습니다.

근대 우정 서비스 개시 130년을 맞아 정보통신의 바탕이 된 우표를 재조명하고자 대한우표회가 『한국우표 130년』 논문집을 발간한 것은 매우 의미 있는 일이라 하겠습니다.

빠르고 편리한 정보통신의 다양한 매체에 떠밀려 우취문화가 옛날보다 왕성하지 않지만, 국민 상호 간에 진심어린 소통의 한 축을 여전히 담당하고 있고 앞으로도 고유한 분야에서 그 역할을 수행하리라 봅니다.

한국의 우정사·정보통신사 연구에 크게 도움을 줄 본 논문집 발행에 기여한 필자분들과 대한우표회 회원 여러분, 이 책을 읽어 줄 독자 여러분들에게 진심으로 감사를 표합니다.

(사)한국우취연합회장 나제안

목 차

contents

“미군정하 과도기 우편사”의 역사적 의의

A Historical Meaning of 'Korean Postal History in Transition Period (1945-1948)'

김정석

Kim, Jung Suk

"미군정하 과도기 우편사"의 역사적 의의

김정석 (#2327)

목 차

1. 머리말

1945년 8월 15일, 태평양전쟁의 종식(終熄)은 조선반도의 일제압정(日帝壓政)으로부터의 해방이었다. 그러나 동시에 한반도는 남과 북이 분단되고 첨예한 '이데올로기'가 대립하는 분단국가의 성립이라는 비극도 맞게 되었다.

그러한 비극의 초기 3년(1945.8.15~1948.8.14), 즉 미군정하의 조선반도 남반부 3년간을「과도기 우편시기(過渡期 郵便時期)」라 한다. 이 시기는 1948년 8월 15일에 수립된 '대한민국 체신사'의 기초를 닦은 시기이다. 한반도에 미증유(未曾有)의 어려웠던 이 짧은 기간의 우표와 우편사(郵便史)에 관련된 자료들은 한국우취계의 준고전자료(准古典

資料, Semi-classic materials for the Korean Philately)라 불리고 있다.

2. 일제(日帝)의 조선총독부(朝鮮總督府) 체신사업

조선총독부의 체신사업은, 대일본제국(大日本帝國) 우편사업의 연장(延長)선상에서 이루어졌다. 「대일본제국우편(大日本帝國郵便)」이라고 명기된 일본내각인쇄국에서 인쇄된 우표(그림 1-1)와 엽서(그림 2-1)만이 공급되었다. 이것은 세계의 식민지 우편제도에서 볼 수 없는 일본만의 방법이었다.

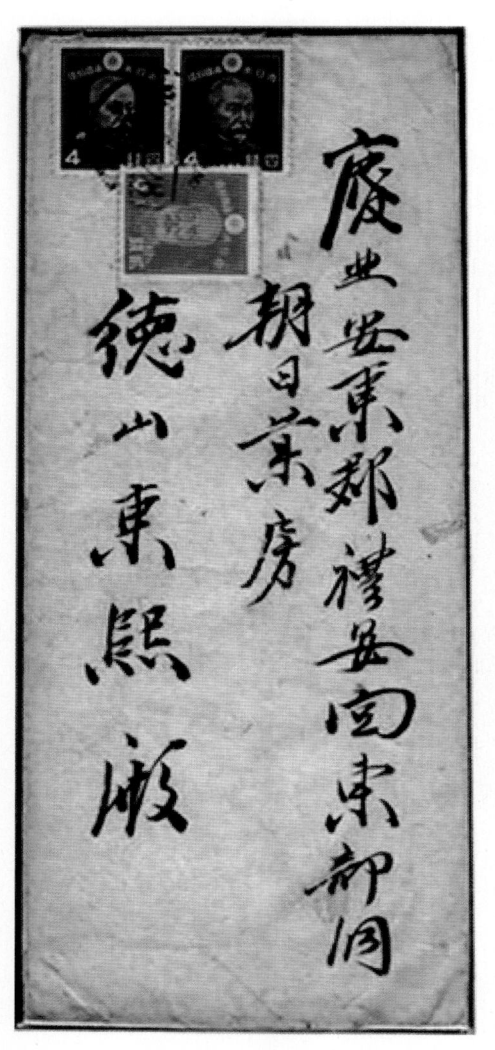

그림 1-1. 일본통치하의 우편실체 (소화 20.7.28. 충북 단양)

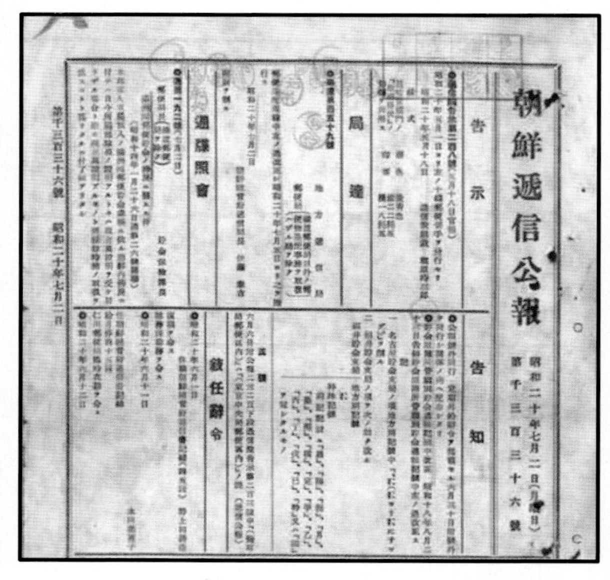

朝鮮遞信公報

昭和二十年七月二日(月曜日) 第千三百三十六號

告示

告知

局達

通牒照會

敍任辭令

그림 1-2. 일본 본토에서 발행한 일본통신원 고시 제208호. (소화 20.5.18 우표발행의 근거자료)

그림 2-1. 일본발행 우편엽서

그림 2-2. 조선총독부에서 발행한 우편엽서

(1) 태평양전쟁 말기(1944~1945.8) 우표공급 부족으로 인한 변칙우편(變則郵便)

태평양전쟁 말기의 대일본제국 운수통신성은 민수물자부족으로 우표류 공급이 원활치 못하게 되자 1944(소화19)년 3월 27일자로 현금징수제도를 실시하고, 동년 4월 1일부터 한시적으로 “통화가격표기”, “인수시간증명”, “내용증명”, “대금인환”, “속달”, “별배달”, “연하특별우편”, “우편물 차출 후 배달증명” 등의 취급을 중지하였다. 우표류 수급이 곤란하자 이를 해결하기 위해 동일인이 동시에 20통 이상의 우편물이 다량으로 발송할 때는 “요금별납”표시만 하고 현금으로 납부하는 제도를 법적으로 인정한 것이다. 이에 따라 제1종 서장은 통수여하(通數如何)에 관계없이 현금으로 요금을 징수하는 “요금수납” 제도(그림 3)와 제2종 엽서의 “요금별납”제도를 1944년 7월 7일로 실시(통 제 229호) 하였다. 등기, 가격표기의 통상우편물과 소포우편물의 개수에 관계없이 현금수납제도를 1945년 3월 7일로 확대 실시(조선총독부 고시 제101호; 45.3.7)하여 우표류 부족사태의 완화책을 강구했다. 일본통신원(고시 제115호; 45.3.30)이 5전통상엽서를 발행하였으나 이것 역시 부족한 사유로 인하여 조선총독부는 1945년 7월 15일(조선총독부 고시 제448호) 5전통상엽서를 발행하였는데 이것이 조선남공(그림 2-2)이라는 우편엽서다(“조선남공 엽서에 관한 소고”. 월간 우표 1996년 6월호 33-39쪽 참조).

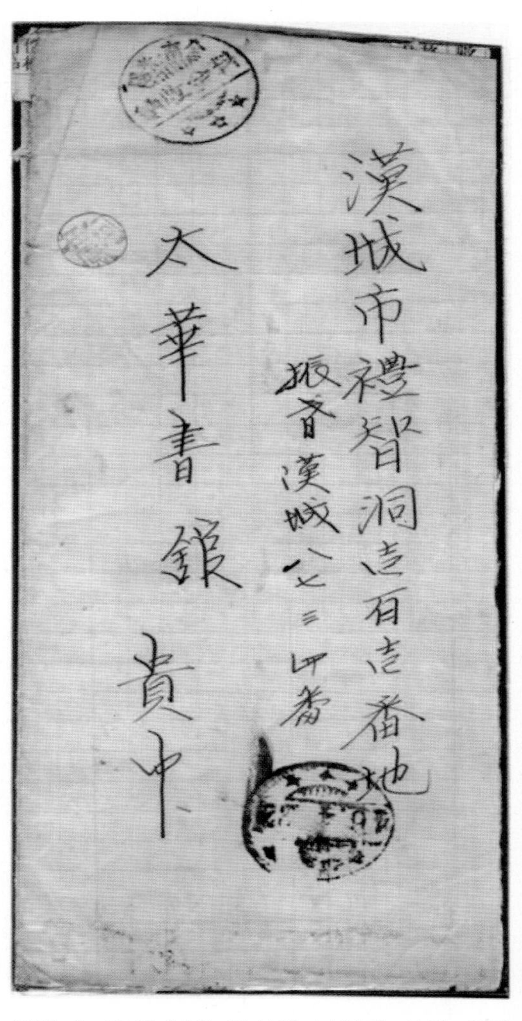

그림 3. '요금수납' 증시인 날인된 실체 우편물(도착인 46.4.22)

통신일부인

요금수납인

요금별납인

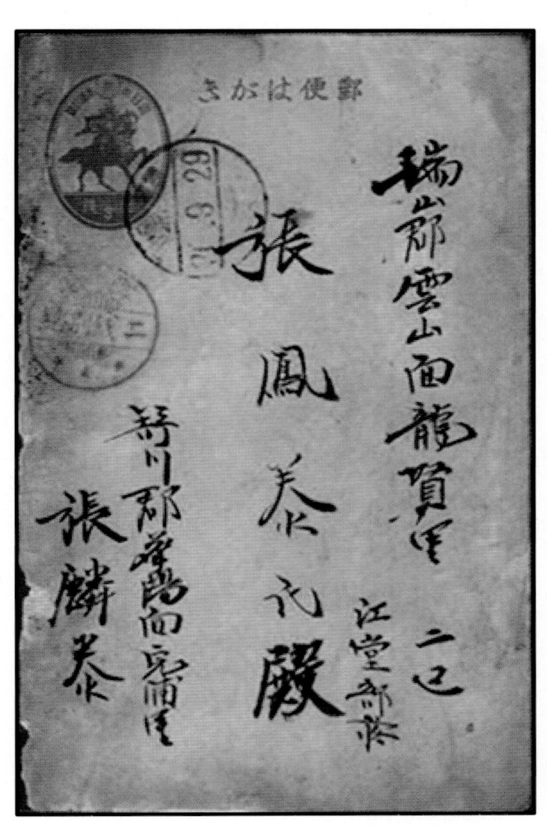

그림 4-1. 2전 요금별납인 (2전 별납; 군산)

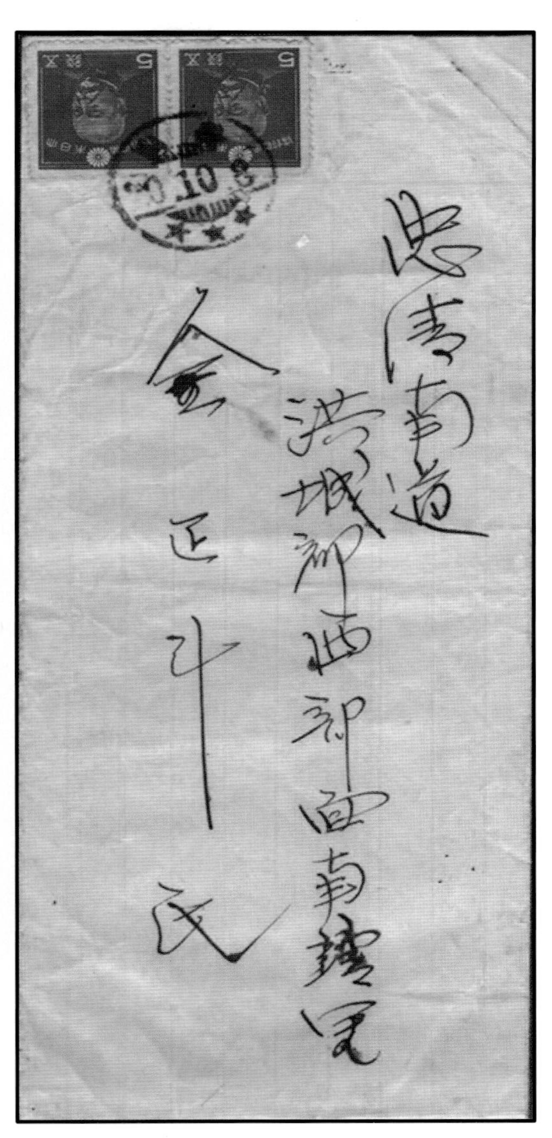

그림 4-2. 제1호 통신일부인 (부산 20.10.8)

(2) 조선총독부의 최종 우편요금

태평양전쟁 말기 일본은 모든 경제적 파탄에 이러게 되자 우편요금을 1945년 4월 1일자로 인상(일본법률 제29호; 45.3.25)하였다.

통용기간: 1945.4.1~1946.8.11

종별	근거법령	단위	요금	비고
제1종 유봉서장	우편법 제18조	20g마다	10전	
〃 인쇄서장	우편규칙 제25조	100g마다	10전	
제2종 보통엽서	우편법 제18조		5전	
〃 왕복엽서	〃		10전	
〃 봉함엽서	〃		10전	
제3종 정기간행물	〃	100g마다	5전	
〃 간행신문	규칙 제50조	100g마다	3전	
제4종 인쇄서적	우편법 제18조	100g마다	10전	
〃 맹인용점자인쇄물	규칙 제56조	1kg마다	3전	
제5종 농산물 종자	우편법 제18조	100g마다	3전	
제3종 우편물 인가료	규칙 제40조		10원	
〃 1항변경시	〃		5원	
〃 2항변경시	〃		10원	
소포우편요금	규칙 제63조	2kg까지	1원	
〃	〃	4kg까지	1원 50전	
사설우편함 취집료(년)	규칙 제71조	1일 3회 이내	12원	
〃	〃	3회 초과 1회마다	4원	
〃	〃	1일취집연100m마다	1원 20전	
사서함 사용료	규칙 제116조	사서함 1통	25전	
〃	규칙 제118조	1급 지정우편	9원	
〃	〃	2급 지정우편	6원	
〃	〃	3급 지정우편	3원	
서유료	규칙 제134조		30전	
물품가격표기	규칙 제139조	100원마다	10전	
배달증명료	규칙 제150조/제152조	차출시/차출후	20전	
소송 특별취급료	규치 제216조		40전	
우편물 명완변경, 취루	규칙 제126조	우편물 차입시	10전	
〃 우편	〃	우편물 차입후	20전	
〃 전신	〃	취루	1원	
〃 〃	〃	명완변경	1원 50전	
차출관서에서	〃	배달원 출발전	10전	

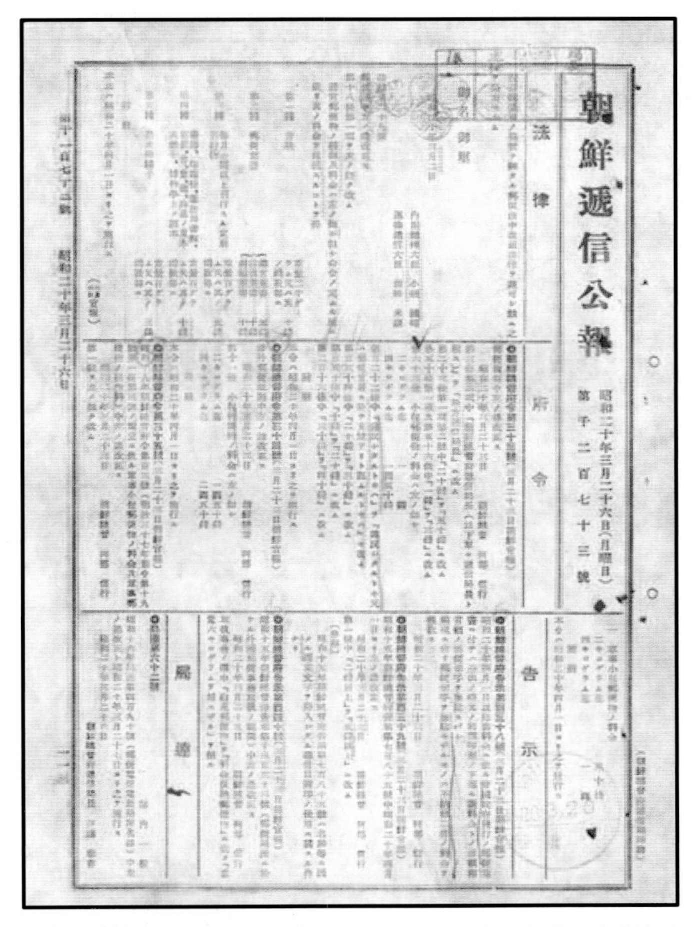
朝鮮遞信公報

昭和二十年三月二十六日(月曜日)

第千二百七十三號

法律

府令

告示

局達

그림 5. 체신공보에 개제된 일본법률 제29호에 의거하여
우편물의 종류 및 요금 개정

(3) 조선총독부 체신사업에서의 조선인 종사원(從事員)의 비율

해방당시의 전국우체국이 1,154국(서울과 부산 체신국 739국 포함)에 종사원이 32,836명이였다. 고용인 27,268명(囑託 67명, 雇員 15,312명, 傭人 11,889명)을 제외한 고급인력은 5,538명(勅任官 2, 奏任官 103, 判任官 5,433)으로 조선인 칙임관(勅任官)은 없고, 주임관(奏任官)은 조선인 6명(6.2%), 판임관(判任官)은 1,537명(39,1%) 뿐이었으니 조선인 고급인력이 극히 부족한 것이 체신사업 인수에 장애요소가 되었음을 쉽게 짐작할 수 있다. 해방 다음날인 8월 16일 "재경조선인 체신종업원대회"를 총독부 회의실에서 열었고, 8월 20일 서울 YMCA강당에서 "전국체신인대회"를 개최하여 "체신확보위원회"를 조직하여

① 체신 각 기관의 확보와 체신사업재산의 보호

② 과도적인 혼란상태 수습과 모든 체신기관 기능의 정상화

③ 일본인 종업원의 동태 및 비행(非行) 감시 등을 시행하였다.

3. 재조선(在朝鮮) 미국육군사령부(美國陸軍司令部) 군정청하의 체신사업 (미군정하의 우정사업의 인수와 개혁의 병행) 1945. 8. 15~1948. 8. 14)

1945년 8월 15일 해방 이후 동년 9월 7일 태평양미국육군최고사령관은 북위38도 이남(이하 이남으로 표기)에 재조선미국육군사령부 군정청을 실시한다는 포고 제1호(그림 6)를 발포하였다. 동년 9월 9일 재조선미육군사령부(在朝鮮美陸軍司令部)는 아베조선총독(阿部朝鮮總督)에 항복문서(그림 7)를 받은 후 9월 11일에 아놀드(A.V. Arnold) 소장을 군정장관에 임명했고, 9월 14일에 허리히(許理喜) 중령을 체신국장에 임명하였다. 9월 20일에는 체신국 5개과에 조선인 과장을 임명하면서 점차적으로 조선인을 임명하게 되었고, 이후 12월말까지 각 지방 현업국소가 조선인으로 운영되게 되었다. 이 때 체신국 운영을 맡은 조선인 과장은 길원봉(총무), 이동환(통신), 나맹기(회계), 김의창(저금보험), 이재곤(공무)이었다.

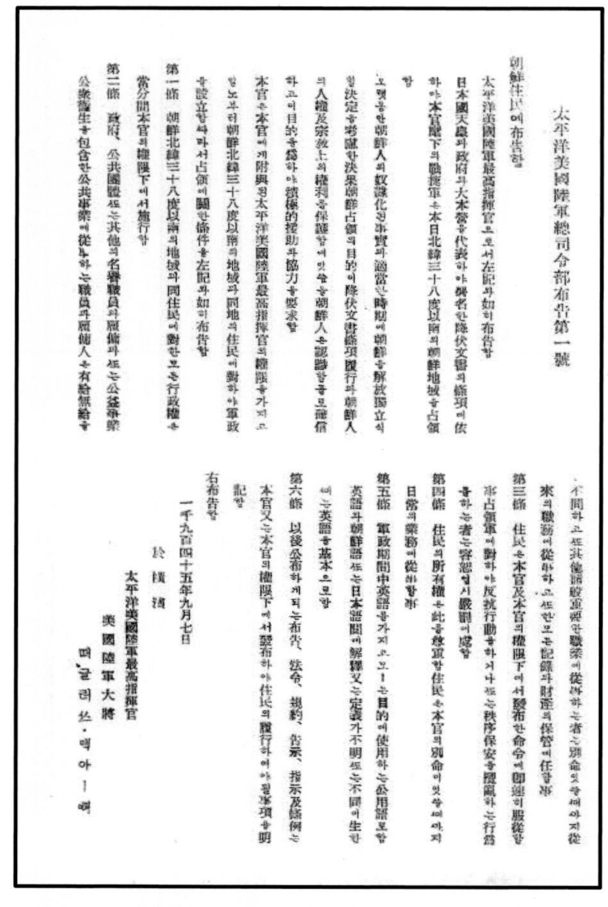
太平洋美國陸軍總司令部布告第一號

朝鮮住民에布告함

太平洋美國陸軍最高指揮官으로서左記와如히布告함

日本國天皇과政府와大本營을代表하야署名한降伏文書의條項에依하야本官麾下의勝捷軍은本日北緯三十八度以南의朝鮮地域을占領함

오랫동안朝鮮人의奴隷化된事實과適當한時期에朝鮮을解放獨立식힐決定을考慮한決果朝鮮占領의目的이降伏文書條項履行과朝鮮人의人權及宗敎上의權利를保護함에잇슴을朝鮮人은認識할줄로確信하고이目的을爲하야積極的援助와協力을要求함

本官은本官에게附與된太平洋美國陸軍最高指揮官의權限을가지고일노부터朝鮮北緯三十八度以南의地域과同地의住民에對하야軍政을設立함에따라서占領에關한條件을左記와如히布告함

第一條 朝鮮北緯三十八度以南의地域과同住民에對한모든行政權은當分間本官의權限下에서施行함

第二條 政府、公共團體또는其他의名譽職員과雇傭과또는公益事業公衆衛生을包含한公共事業에從事하는職員과雇傭人은有給無給을不問하고또其他諸般重要한職業에從事하는者는別命잇슬때까지從來의職務에從事하고또한모든記錄과財産의保管에任할事

第三條 住民은本官及本官의權限下에서發布한命令에卽速히服從할事占領軍에對하야反抗行動을하거나또는秩序保安을攪亂하는行爲를하는者는容赦엄시嚴罰에處함

第四條 住民의所有權은此를尊重함住民은本官의別命이잇슬때까지日常의業務에從事할事

第五條 軍政期間中英語를가지고모-든目的에使用하는公用語로함英語와朝鮮語또는日本語間에解釋又는定義가不明또는不同이生한때는英語를基本으로함

第六條 以後公布하게되는布告、法令、規約、告示、指示及條例는本官又는本官의權限下에서發布하야住民의履行하여야될事項을明記함

右布告함

一千九百四十五年九月七日

於橫濱

太平洋美國陸軍最高指揮官

美國陸軍大將

떠글러쓰·맥아-더

그림 6. 태평양미국육군사령부 포고 제1호 "조선 국민에게" 사본

1945년 9월 9일 서울 조선총독부에서 열린 일본군의 항복문서 조인식

그림 7. 9월 9일 아베 조선총독이 항복문서에 서명하는 장소 (중앙일보 인터넷 사본)

사무분장규정을 개정하여 1946년 1월 1일부터 시행(부달 제188호; 45.12.28)하고, 조선인 체신국장으로 길원봉을 임명하여 이때부터 조선인에 의한 체신사업이 이루어지게 되었으나 체신국장은 계속 허리히가 맡았다.

(1) 광복직후 우편 통신일부인(通信日附印) 연호(年號)의 변경

미 군정청이 설치된 후 얼마간은 일본체신국 우편사업을 그대로 운영에 들어갔다. 따라서 통신일부인의 연호 역시 소화20년이란 "20"이 그대로 쓰였던 것이다. "체신관계 각종 법규는 전면검토를 요하나 잠정적으로 종전의 것을 습용(襲用)하고 급히 개폐(改廢)할 경우는 그 때 그 때 통첩할 것"(통 제238호; 45.10.19) 이라 하였다. "통신일부인의 연활자는 당분간 서력(西曆)연호(금년에 한해 45년으로 표시)를 쓰기로 하고 활자는 당국에서 조제하여 별도 배부하겠으니 그것이 도착되면 사용하기 바람."(통 제239호; 45.10.19)으로 되어 있다. 통신일부인의 년도표시 활자를 1945년 12월말에 배부하여 신년 초에 사용하도록 되었는데 그동안에 통신일부인의 소화연호를 마삭(磨削)(그림 8) 사용된 사례가 발생하여 이를 소급하여 인정된 지시가 있었다(광복직후(美軍政下) 우편 통신일부인 변천 상론(詳論) 참조. 월간 우표 2001년 1월호 14-17쪽, 통 제3호; 46.1.7. 통신일부인 연활자의 개정에 관한 건).

소화연호 통신일부인

통신일부인 연호 마삭

서기연호 통신일부인

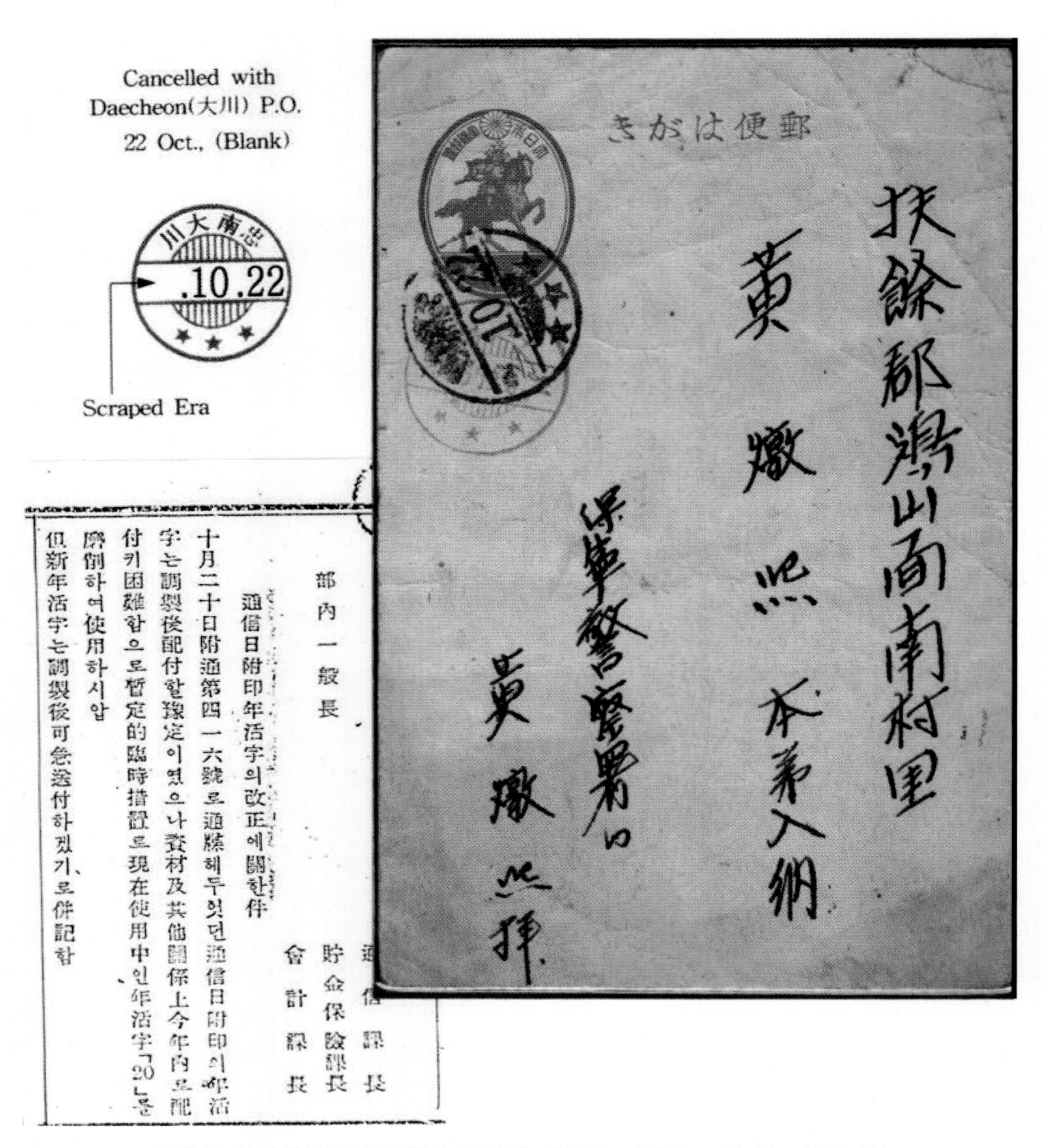

遞信課長
貯金保險課長
會計課長
部內一般長

遞信日附印年活字의改正에關한件

十月二十日附遞第四一六號로通牒헤두엇던遞信日附印의年活字는調製後配付할豫定이였으나資材及其他關係上今年內로配付키困難함으로暫定的臨時措置로現在使用中인年活字「20」를磨削하여使用하시압

但新年活字는調製後可急送付하겠기로併記함

그림 8. 통신일부인의 연활자 마삭된 실체와 마삭해도 좋다는 공문사본

(2) 민간인 우편검열

미군정청이 한반도에 설치된 후 1945년 9월 말경에 미군 제24군단 민간검열부가 한국에서 1945년 10월초부터 민간인 우편물에 대한 검열을 실시했다. 검열인(C.C.D.J) 또는 검열면제인(RELEASED BY CENSORSHIP)이 있고, 검열을 하면서 우편물을 개봉한 후 보수를 위해 투명 셀로판 테이프를 사용하였다.

지금까지 확인된 검열인은 6종이 있다. 검열을 실시한 우편물의 방패모양 위에 「C.C.D.J-0000」(이하 방패인, 그림 9-1) 수를 넣은 것이 찍혀 있다. 이외에 원형 속에 「PASSED 3142」(그림 9-2) 있는 검열인도 있다. 검열 면제 시에는 검열 면제인(免除印)을 날인하였는데 그 종류가 4가지로 확인되었다. 봉함지는 셀로판 테이프를 사용하였고, 테이프의 내용으로 보아 두 종류로 확인된다. "OPENED BY U.S. ARMY EXAMINER"(미국 육군검열관에 의한 개봉, 그림 9-7)와 "OPENED BY MIL. CEN.-CIVIL MAILS"(민간우편 군 검열관에 의한 개봉, MIL. CEN은 Military Censor의 약자, 그림 9-8)이 그 두 종류다.

1948년 8월 15일에 대한민국 정부가 수립되었다. 그 때부터 모든 행정업무가 이양되고, 민간인 우편검열은 미군 제24군단에서 대한민국 체신부로 이관되었다. 이후 미군 제24군단 민간인 검열부서는 일본 삿포로로 이동하였다.

방패형 검열인

원형 검열인

검열 면제인

검열 면제인

검열 면제인

RELEASED BY CENSORSHIP

검열 면제인

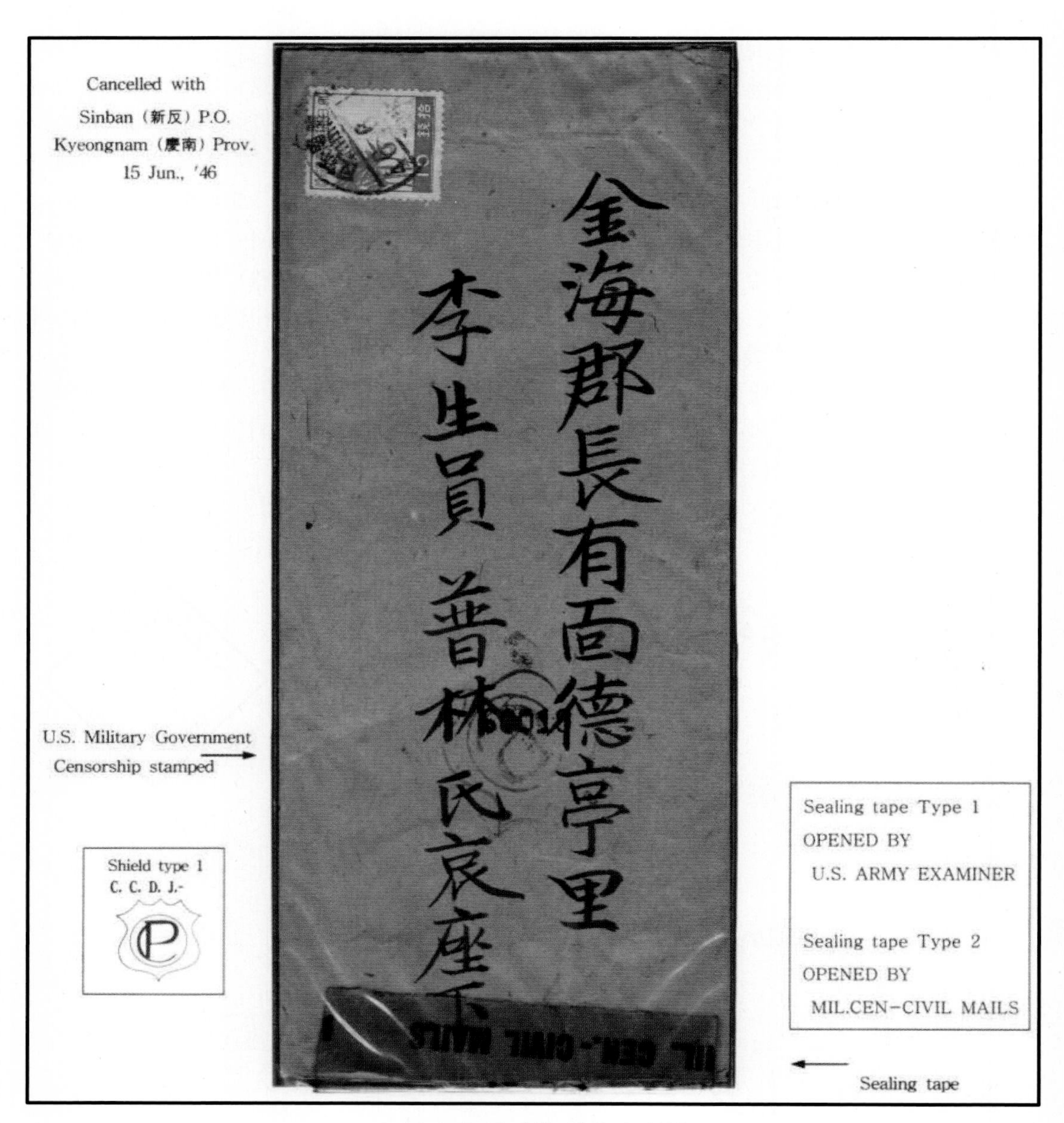

그림 9-1. 방패형 검열인 실체

2) Released by Censorship on private mail matter

In the early stages of the Mail Censorship system of USMG, all mail Passed censorship were taped with transparent adhesive tape, However this inconvenient disposal have been improved with the stamps of "RELEASED CENSORSHIP". these stamps were found following 5 types.

10-Jeon Cash Paid   Cheonan(天安) P.O.

10-Jeon Cash paid(料金收納)
Cheonan(天安) P.O. 25 May,'46

Types of Release by Censorship

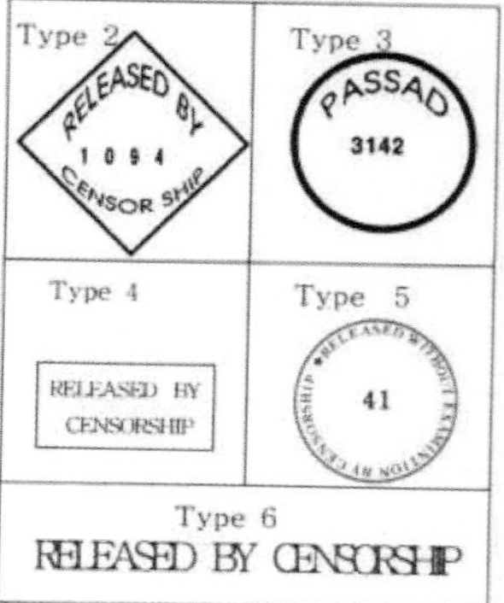

그림 9-2. Type 3 검열인 실체와 여러 가지 검열인

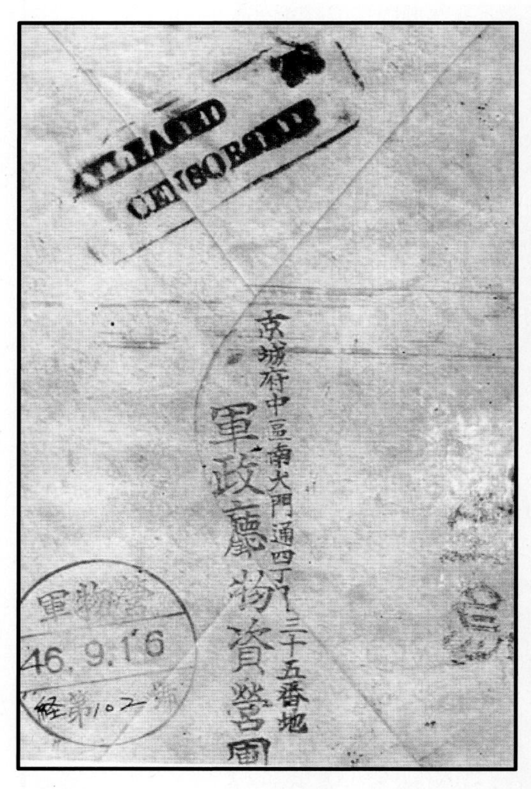

그림 9-3. Type 4 검열인 실체 봉투 뒷면

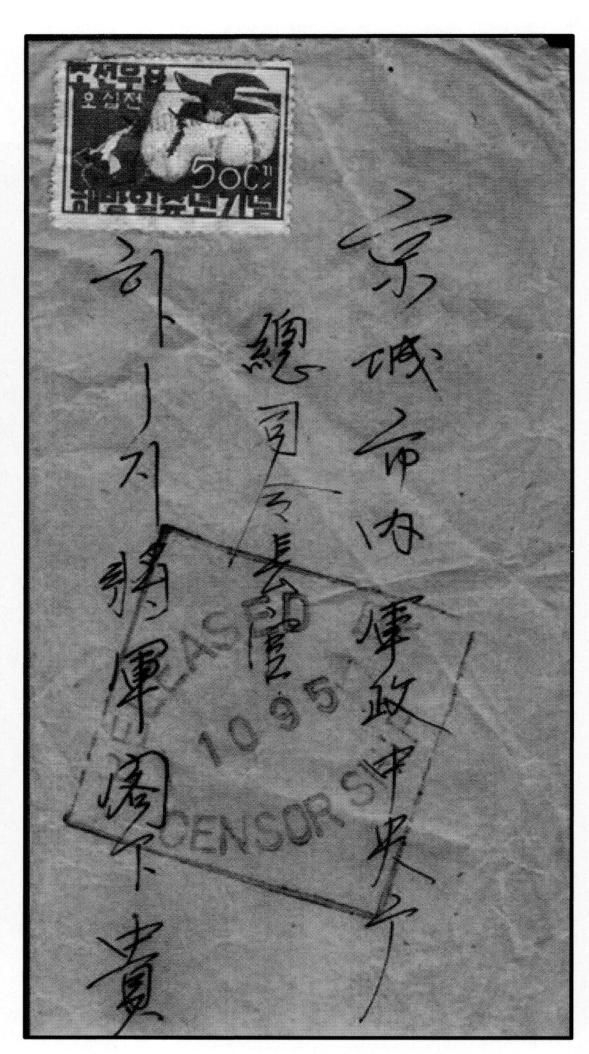

그림 9-4. Type 2 검열인 실체

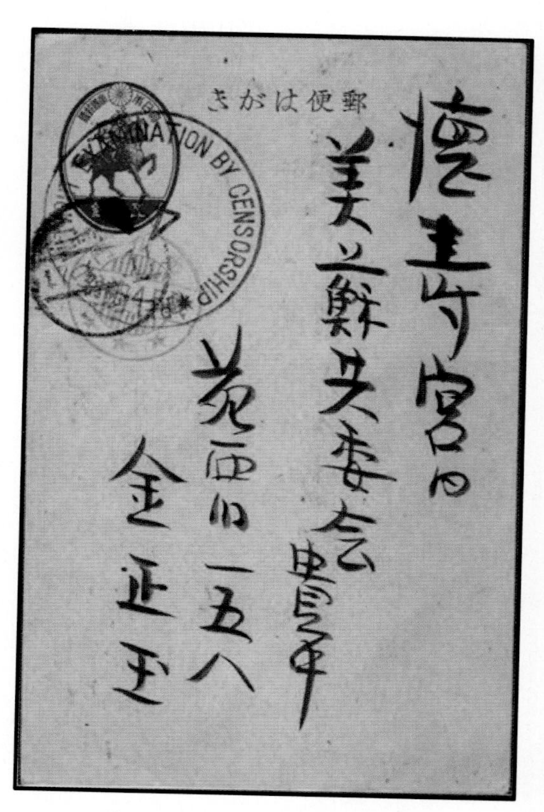

그림 9-5. Type 5 검열인 우편엽서

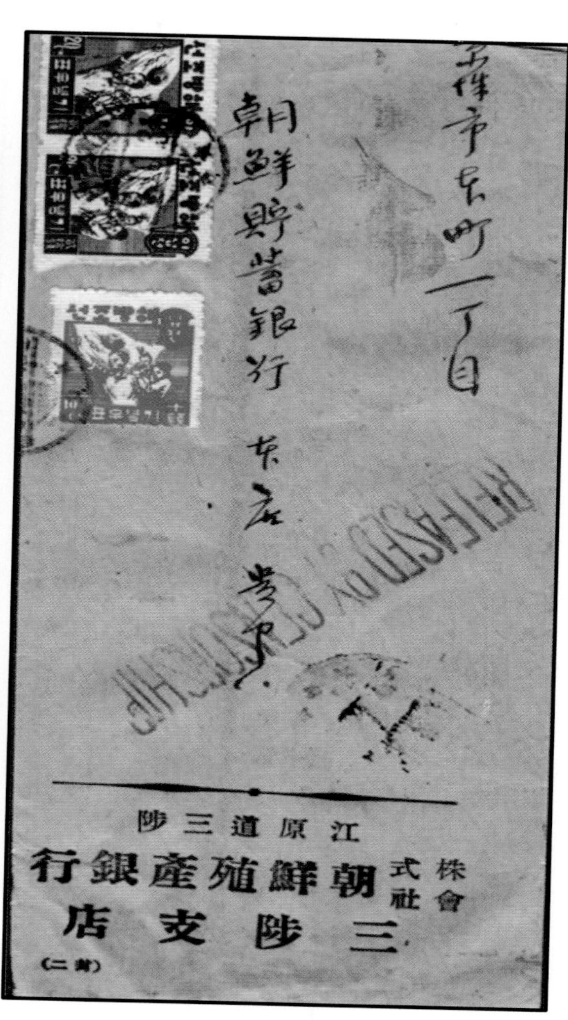

그림 9-6. Type 6 검열인 실체

그림 9-7. 검열후 봉함지 1 Type
(OPENED BY U.S. ARMY EXAMINER)

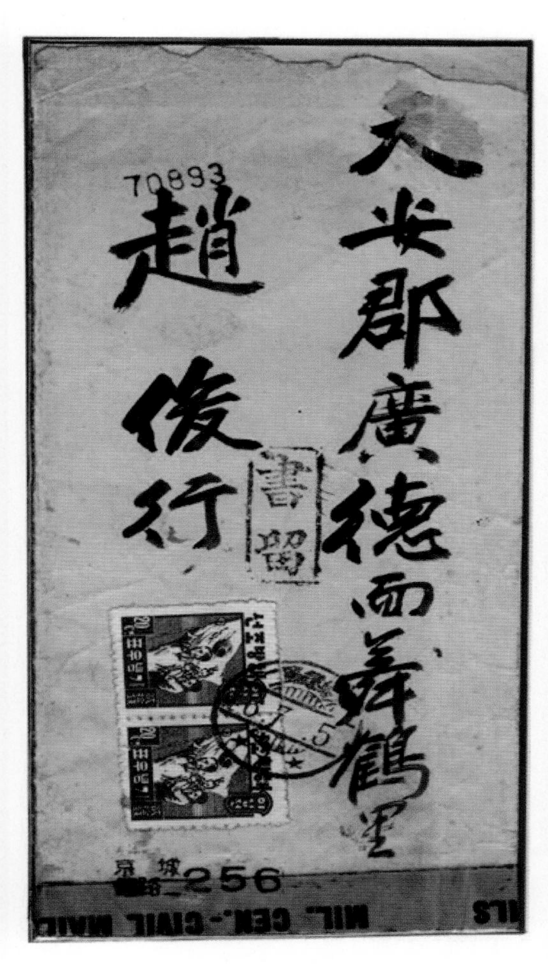

그림 9-8. 검열후 봉함지 2 Type
(OPENED BY MIL. CEN- CIVIL MAILS)

(3) 철도우편(鐵道郵便)

철도우편물에 있어서 체송수도편명(遞送受渡便名) 및 선로명을 개정(통 제250호; 45.11.13)했다. 이는 일본 동경을 중심으로 하여 체송수도편명과 선로명을 정했던 것을 서울 중심으로 한 명칭으로 개정한 것이다. 즉 부경선(釜京線)을 경부선(京釜線)으로 하고, 일부인의 하1(그림 10), 상1 표시도 서울을 중심으로 변경한 것이다. 일부 선로에 시행하지 않은 것을 1947년 6월 15일부터 철도우편계원취급을 재개하여 우편물의 속달(速達)을 도모하였다. 다만 특수우편물 계원취급은 서부별선(서釜別線) 및 이려선(裡麗線)에 한하였다.(통 제151호; 47.6.14.)

그림 10. 철도우편물은 체신개원이 철도선로에 탑승하여 우편물을 접수하여 빨리 송달될 수 있고, 여행 중에도 우편물을 발송할 수 있다는 장점이 있다.
부산 경성간 선로(부경선) → 경성 부산간 선로(경부선)

* 철도우편계원(鐵道郵便係員) 취급편(取扱便) 재개 노선(路線)
서부별선(서釜別線) : 서울-부산간 (안동, 경주 경우)- 특수우편 취급
천군선(天群線) : 천안-장항간
조충선(鳥忠線) : 조치원-충주간
이려선(裡麗線) : 이리-여수간 - 특수우편 취급
송려선(松麗線) : 송정리-여수간
대포선(大浦線) : 대구-포항간

(4) 본국(本國) 귀환우편(歸還郵便) (재일본 조선인과 재조선 일본인 復員郵便)

일본이 패망함에 따라 한반도가 해방 되고 조선인과 일본인은 각기 자신의 나라로 돌아가게 되었다. 이 때 연합국최고사령부(GHQ)에 의하여 1945년 10월 28일(GHQ지령 SCAPIN-202호, 그림 11-1)부터 본국 귀환우편으로 우편엽서(그림11-3) 교환이 실시되고, 1946년 11월 20일 일본과 우편협정을 맺음으로써 종료되었다. 본국 귀환우편에 대하여는 두 번에 걸쳐 우표지에 발표한 내용을 참고하기 바란다.("광복 후 韓國郵便史 중의 공백 在韓日本人 歸還郵便" 월간우표 2002년 7월호 55-56쪽. 월간 우표 2002년 11월호 38-40쪽 참조)

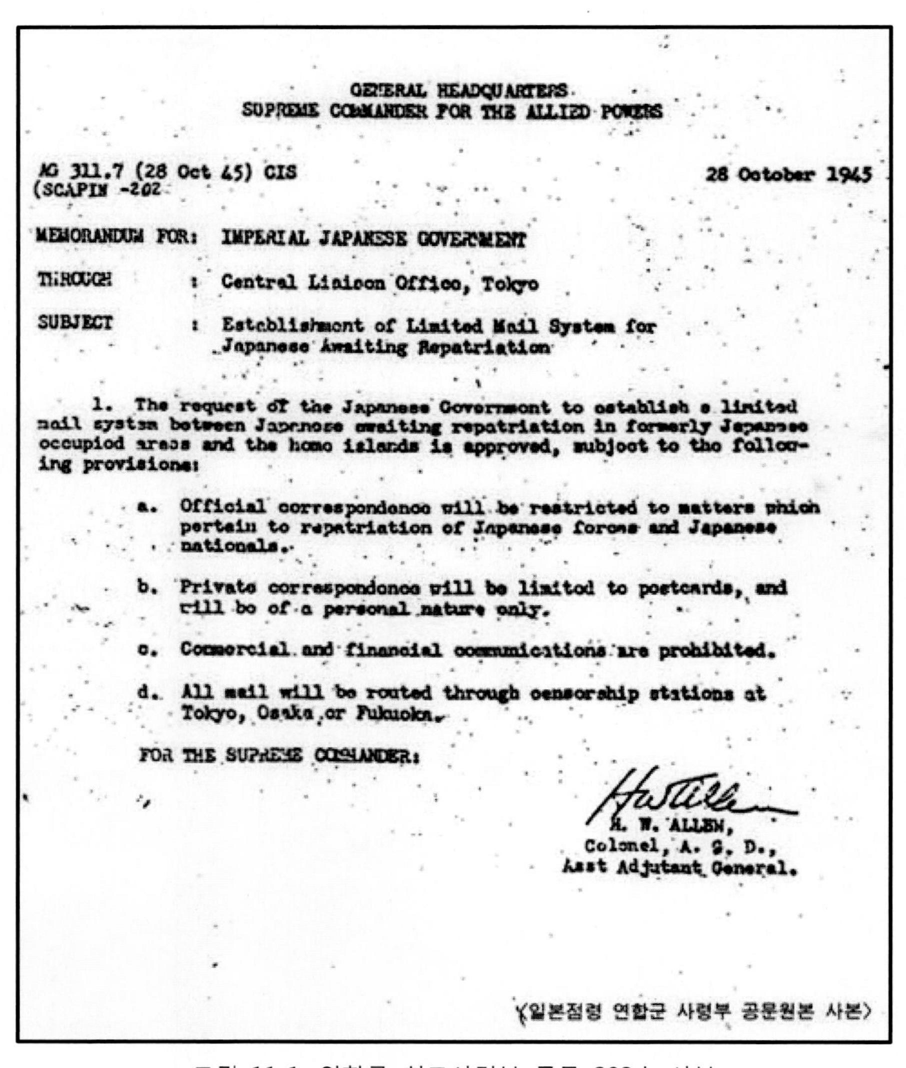

GENERAL HEADQUARTERS
SUPREME COMMANDER FOR THE ALLIED POWERS

AG 311.7 (28 Oct 45) CIS
(SCAPIN -202

28 October 1945

MEMORANDUM FOR: IMPERIAL JAPANESE GOVERNMENT

THROUGH : Central Liaison Office, Tokyo

SUBJECT : Establishment of Limited Mail System for Japanese Awaiting Repatriation

1. The request of the Japanese Government to establish a limited mail system between Japanese awaiting repatriation in formerly Japanese occupied areas and the home islands is approved, subject to the following provisions:

a. Official correspondence will be restricted to matters which pertain to repatriation of Japanese forces and Japanese nationals.

b. Private correspondence will be limited to postcards, and will be of a personal nature only.

c. Commercial and financial communications are prohibited.

d. All mail will be routed through censorship stations at Tokyo, Osaka or Fukuoka.

FOR THE SUPREME COMMANDER:

H. W. ALLEN,
Colonel, A. G. D.,
Asst Adjutant General.

〈일본점령 연합군 사령부 공문원본 사본〉

그림 11-1. 연합국 최고사령부 공문 202호 사본

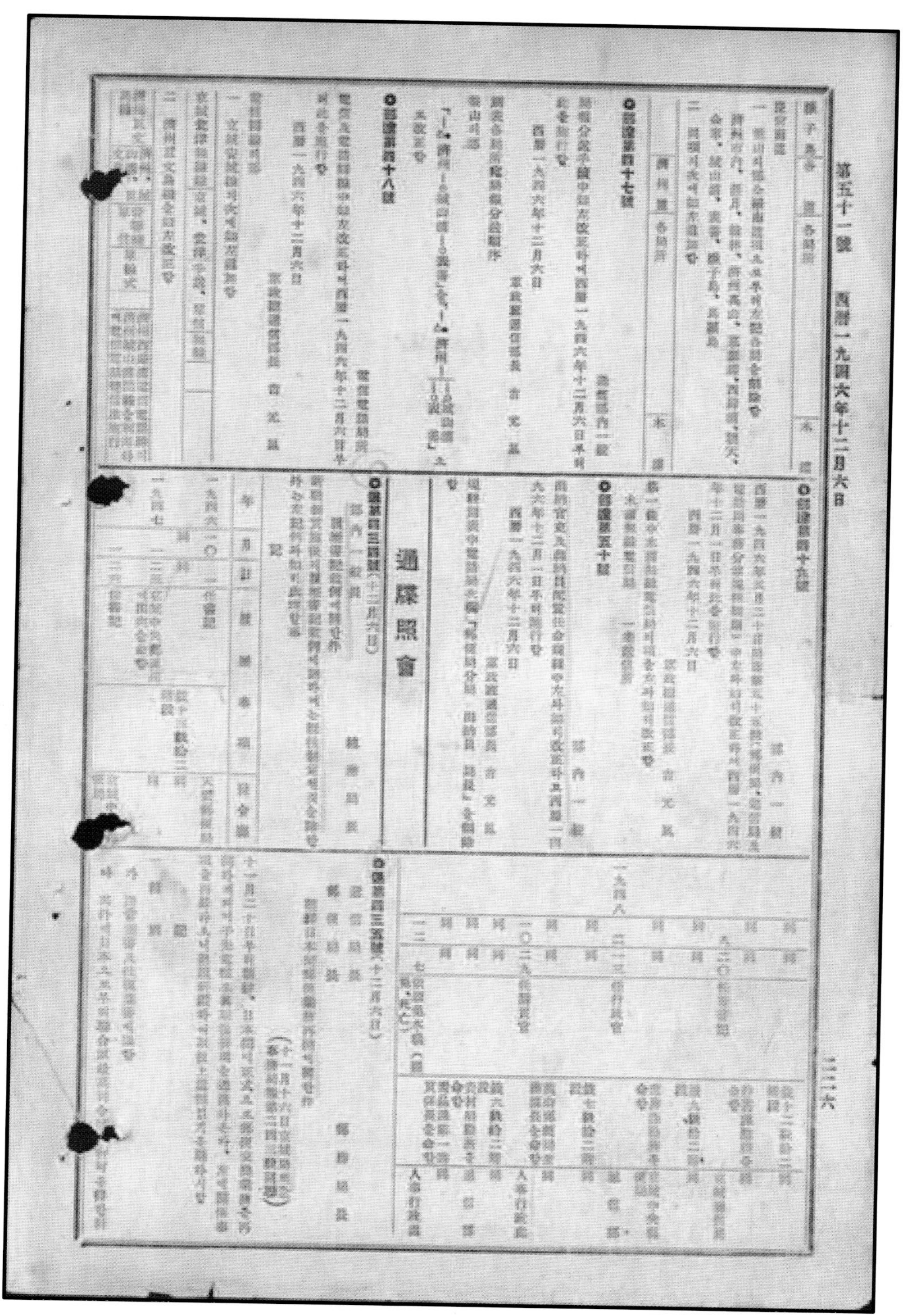
第五十一號 西曆一九四六年十二月六日

通牒照會

二二六

그림 11-2. 1946.12.6 통 제435호: 조선. 일본 간 우편업무 재개에 관한 건

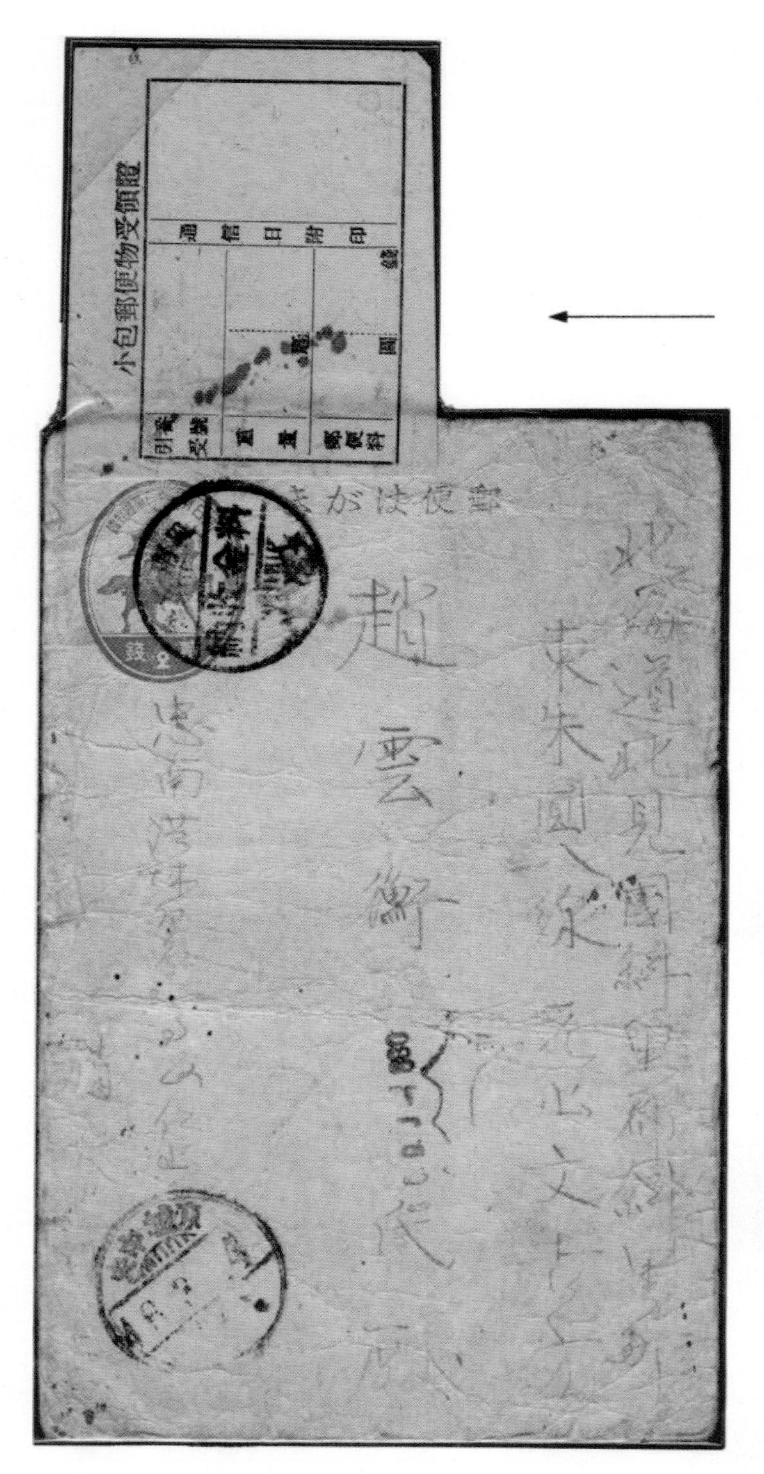

그림 11-3. 우리나라에서 일본으로 간 본국귀환 우편물. 일본 東朱圓局 부전지. "조선 귀국 반송함"

(5) 잠용가쇄(暫用加刷) 보통우표 발행

일제하에 유통되었던 우표는 대일본제국(大日本帝國) 우표(郵便切手)를 공급한 것으로, 전쟁말기에는 그 수급이 순조롭지 못하여 우편업무에 불편이 많았다. 미군정청 체신국은 항구적인 우표발행과 유통이 가능할 때까지 임시로 일본우표 재고에 가쇄하여 갱생사용(更生使用)하기로 하고 한시적으로 발행하였다. 이 잠용가쇄우표는 1946년 2월 1일에 발행되고(그림 12-1), 4월 30일까지 판매되었다가 7월 1일에 사용금지(그림 12-2) 되었다. 사용기간이 짧고 발행량도 얼마 되지 않으며, 우편물을 현금수납 처리한 "요금수납"우편물이 대다수 차지하여 현재 국내에 남아 있는 실체봉투가 적어서 희귀한 자료다. 총 11종의 가쇄우표를 발행(통 제15호; 1946.1.22)한 것으로 되어 있으나 6종(그림 12-3)만 발행되고 5종은 미발행으로 되어 있다.

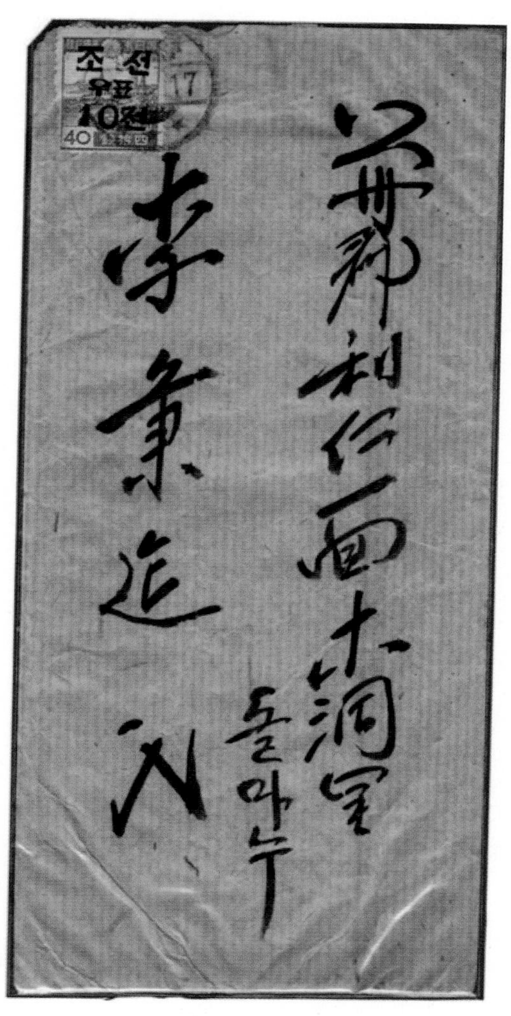

그림 12-1. 일본우표 40전 우표에 10전 가쇄한 우표를 사용한 우편물

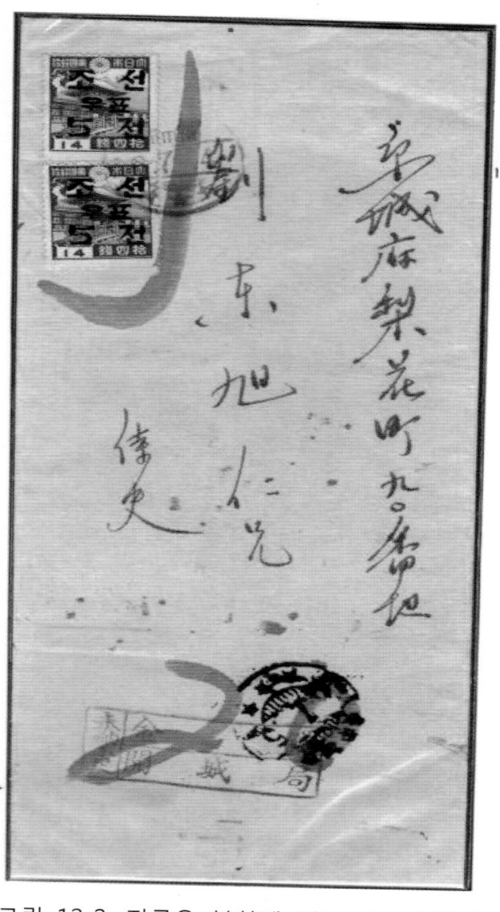

그림 12-2. 지금은 북한에 있는 개성국(開城局) 소인된 이 우편물은 사용금지(46.6.30) 이후 우표를 사용하여 삭제처리 되고, 우편료 10전과 벌과금 10전 도합 20전이 징수된 우편물

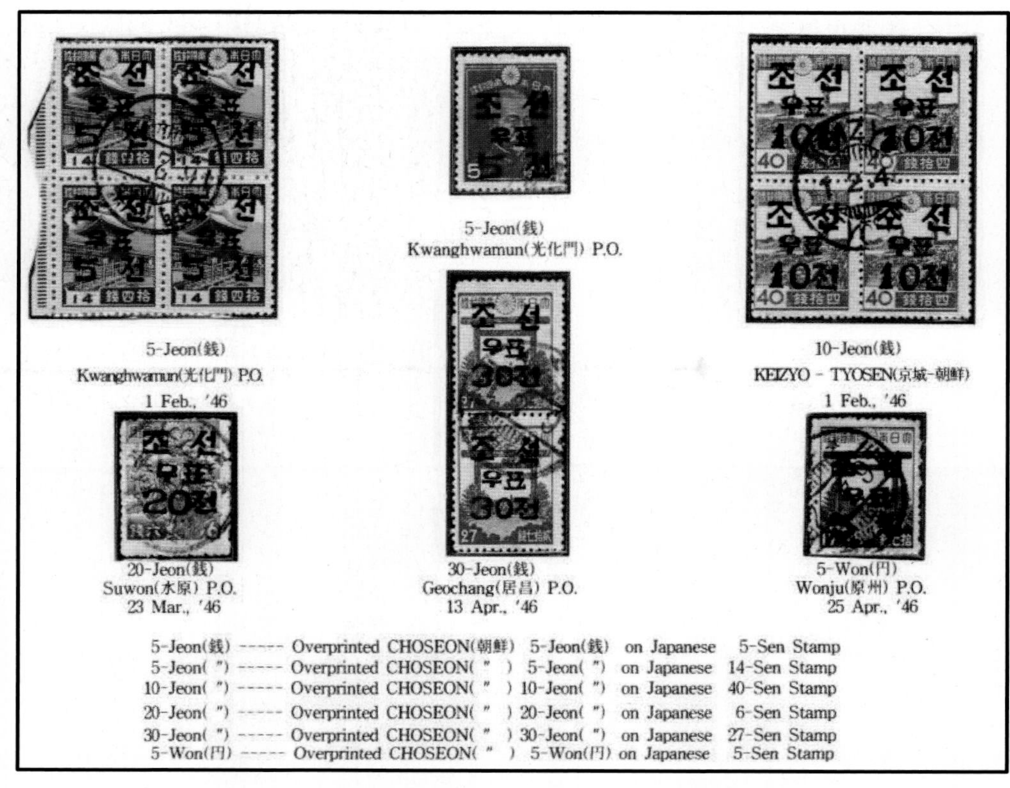

그림 12-3. 발행된 잠용가쇄 우표의 사용제 6종

잠용가쇄 우표 발행내용

기존액면	가쇄내용	발행량	비고
5전	조선우표 5전	120,000	
14전	〃 5전	560,000	
40전	〃 10전	680,000	
6전	〃 20전	320,000	
27전	〃 30전	320,000	
17전	〃 5원	120,000	
20전	〃 20전	미발행	
50전	〃 50전	〃	
1원	〃 1원	〃	
1원	〃 15전	〃	
10원	〃 8전	〃	

(6) 비극적인 분단과 남북우편물 교환(三八郵便物)

해방 이후 미·소 양군의 한반도 분할 진주로 인해 인위적인 남북분단이라는 민족적 비극상황이 펼쳐졌다. 남·북간의 철도운행은 북한에 먼저 진주해 있던 소련군이 1945년 9월 11일부터 봉쇄하여 두절되고 말았다. 북위38도선(이후 남과 북으로 표시) 남에는 미군(美軍)이, 북에는 소련군(蘇聯軍)이 점령(占領)하여 대치상태(對峙狀態)가 되었다. 미·소 양국공동위원회 예비회담에서 남북우편물 교환에 관한 협정이 1946년 1월 16일에 이루어 저, 제1종서장(그림13-1)과 우편엽서(그림13-2)에 한하여 동년 3월 15일 제1차 남북우편물교환(38우편물이라 표시)이 실시되었다. 이후 남북우편물교환은 38도선을 경계로 유일한 통로서 1950년 6월 22일까지 165회 교환이 이루어지고 6·25전쟁으로 중단되고 말았다. 남행은 약 100만 건이며 북행은 약 197만 건의 우편물이 교환되었다. 6·25전쟁을 치룬 지금은 그 엔타이어가 남행은 몇 개가 남아 있을 정도이고, 북행은 아직 실체봉피가 확인된바가 없다.

남북우편물은 이남(以南)에서 북으로 간 우편물에 우편검열이 실시되었고, 이북(以北)에서 남으로 온 우편물에 소련군 우편검열 인이 주색 또는 청색 인이 있으며, 여기에 미군에 의한 우편검열 인이 있음을 볼 수 있다. (남북우편물 교환에 대한 고찰. 월간 우표 2001년 7월호 28-31쪽 참조)

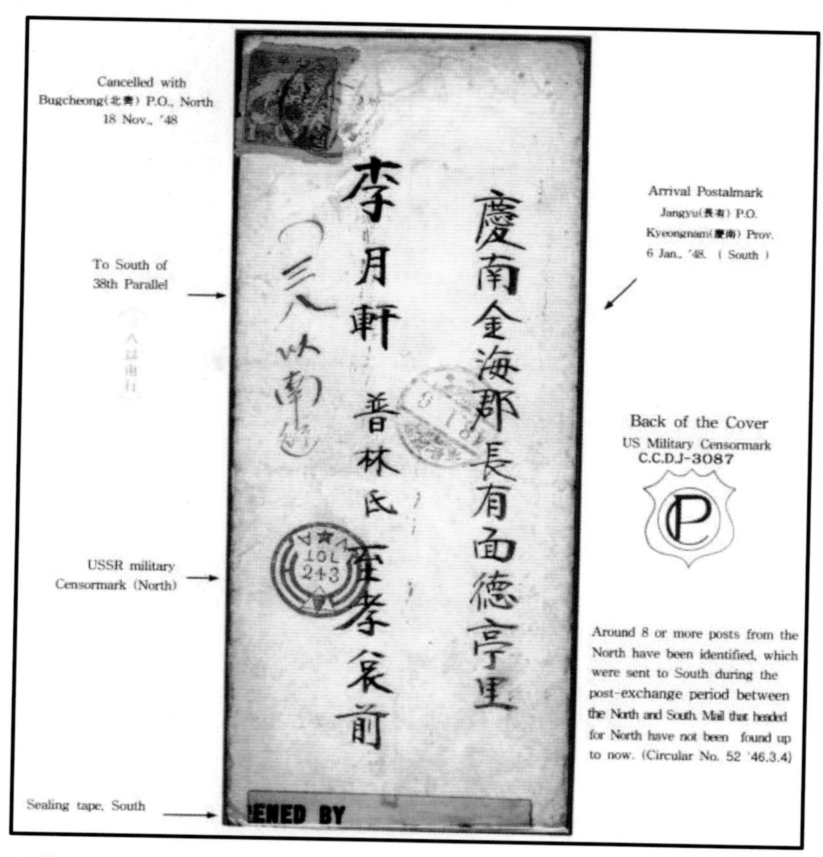

그림 13-1. 이북 우표 1원에 북청 47.11.18 소인되고, "38 以南行"붉은색 글씨와 소련검열인 주색으로 날인되어 있다. 도착통신일부인 경남 장유 48.1.6 선명하게 나타나고, 뒷면에 북청 주소와 미군정청 방패형 검열인이 있다.

4) 2nd Class mail (Postal Card)

25-Jeon Postal Card, with 25-Jeon Cash paid rubber stamp

The cover of 101st Mail exchanged South and North (31 Mar., '49). Typographic, Purplish Blue, 50-Jeon Postal Card. Written "To South of 38th Parallel". "Korean Postal Censormark No. 28 by Military of Communications 3,8." at South.

Cancelled with Unsan(雲山) P.O. Pyeongbug(平北) Prov. North 25 Mar., '49

To South of 38th Parallel
(三八以南行)

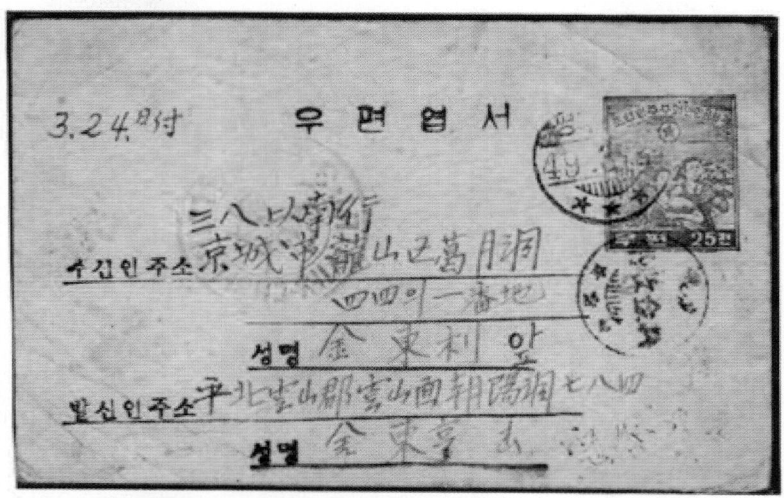

Korean Postal Censormark. (South)

25-Jeon cash paid rubber stamp. (North)

The government of the South(The Republic of Korea) was established in 15 Aug.,'48. The censor mark was replaced consequently. The government of the North(The Democratic people's Republic of Korea) was also established and brought two changes. The Dating stamp was altered and the fee for postcards was set at 50-Jeon, paid by 25-Jeon cash paid rubber stamps.

그림 13-2. 남북 우편물에 붉은색으로 "38이남행", "38이북행"기입토록 되어 있음. 본 우편엽서는 평북운산국에서 49.3.25 소인되어 있다. 이북에서는 우편엽서를 발행하여 요금변동으로 요금수납인을 사용하였음을 볼 수 있다. 38以南行 글씨위에 붉은 색 대한민국 체신부 검열인이 날인되어 있다.

미군 검열인(방패인)

소련군 검열인
(주색 외에도 청색도 있음)

(7) 우정사업의 개혁과 확충

일본이 조선을 강제침탈한 후 조선인의 말과 글을 못 쓰게 했고, 특히 우정사업은 일본식으로 수행하였다. 해방으로 말과 글을 되찾게 되자 우편, 전신, 전화 등에서 용어 개정이 절실히 요구되었다. 체신부 전 직원에게 의견제출(통 제266호; 1945.12.8)을 요청했고, 사용중인 우편용어 개정안(통 제50호; 1946.2.25)이 배부되었다. 또한 법령, 규정 등에 용어개정을 실시하여 "우편절수"를 "우표"로 "지방체신국장"은 "체신국장"으로 "특정우체국장"은 "4,5급 국장"으로 개정하였다.(부달 제112호; 1947.9.30)

군정청은 "조선정부 각부서 명칭의 건"을 발포(법령 제64호; 1946.3.29)하여 11부 7처로 개칭 확대함에 따라 체신국은 체신부가 되었고, 체신국의 5과는 각각 총무국, 통신국, 저금보험국, 회계국, 공무국으로, 각계는 과로 승격되어 비로소 정부 형식을 갖추었다.(국달 제24호와 제25호; 1946.4.13.)

在朝鮮美國陸軍司令部軍政廳 法令 第64號

朝鮮政府 各部署의 名稱

第1條 範圍

朝鮮政府의 重要部署는 爾後 玆에 部 또는 處로함.

本令은 部署의 旣存權限, 機能 또는 任務를 變更치 않음.

此 法令에 規定한 區別 及 名稱은 法令에 依치아니하고는 變更치 못함.

第2條 局을 部로의 改稱

朝鮮政府 左記 部署는 爾後 部로 함.

(가) 前 農務局은	農務部
(나) 前 商務局은	商務部
(다) 前 遞信局은	遞信部
(라) 前 學務局은	文教部
(마) 前 財務局은	財務部
(바) 前 法務局은	司法部
(사) 前 國防司令部은	國防部
(아) 前 警務局은	警務部
(자) 前 保健厚生局은	保健厚生部
(차) 前 公報局은	公報部
(카) 前 交通局은	運輸部

第3條 課를 處로의 改稱
左記 朝鮮政府 各 部署를 爾後 處로 함.
(가) 前 會計課를 會計處
(나) 前 外務課를 外務處
(다) 前 總務課를 總務處
(라) 前 人事課를 人事行政處
(마) 前 地方課를 地方行政處
(바) 前 企劃課를 企劃處
(사) 前 財産管理課를 管財處
第4條 部
部는 如次 細別 함.
(생략)
第5條 處
處는 如次 細別 함.
(생략)
第6條 監督官의 職名
第4條 및 第5條에 表示한 細別部署의 監督官職名은 爾後 如次 함.
(생략)
第7條 補佐役의 職名
(생략)
第8條 規定된 職名의 使用
(생략)
제9조 施行期日
本令은 公布日時 10日後에 效力을 生함.
1946年 3月 29日
朝鮮軍政長官
美國陸軍小將 아-취. 엘. 러-취

우편국제도 개혁에 수반하여 38도이남의 우편국을 5등급으로 구별 분류하여 1946년 7월 1일부터 실시하였다. 1급은 경성중앙, 인천, 대구, 부산(이상 4개국)이었고, 2급은 광화문, 서대문, 용산, 영등포, 개성, 청주, 대전, 춘천, 군산, 전주, 광주, 목포, 마산, 진주(이상 14개국)이었다. 3급은 군정청구내 외 45개국이며. 4급은 평택 외 116개국과 5급은 왕십리 외 381개국으로 전체 우편국 수는 563개국으로 재편한 것이다.(부달 제5호 46.8.8)

(8) 새 우표발행(해방조선기념우표)

새로운 우표인 “해방조선기념우표”(6종)가 1946년 5월 1일에 발행되었다(그림 14-1). 우표를 발행(법령 제89호; 1946.4.30, 통 제122호; 1946.4.19)하면서 그동안 사용해오던 일본제국우표와 갱생우표(잠용가쇄우표)를 2개월간(5.1~6.30) 새 우표와 병행

사용하게 했다. 4월 30일에 우체국에 보관된 일본제국우표와 갱생우표 재고전량(在庫全量)을 체신부 회계국으로 송부하여 판매금지했고, 개인이나 특정국이 보유하고 있는 우표는 새 우표와 교환 조치했다. 따라서 5월 이후 해방조선기념우표 이외의 다른 우표 사용은 별로 볼 수 없게 되었고, 명칭은 기념우표였으나 통상우표로 사용되었다.

우편물의 통수에 불구하고 「요금수납」증시인으로 우표를 대체하였는데 이것은 현금 수납하는 임시적 조치였고, 우표가 충분하게 공급됨과 동시에 폐지되었다(통 제182호; 1946.5.31, 통 제314호; 1946.8.22).

신 우표종별(新 郵票種別)

* 3전 우표 (黃色)	* 5전 우표 (綠色)	* 10전 우표 (紅色)
* 20전 우표 (靑色)	* 50전 우표 (紫色)	* 1원 우표 (土色)

그림 14-1. 새 우표발행 사용제 6종, 우표는 일본에서 인쇄하고 천공과 풀은 국내에서 제조했다.

그림 14-2. 5원 우표 페어로 사용실체, 지류가 부족하여 신문지 또는 파지를 봉투로 재사용했다.

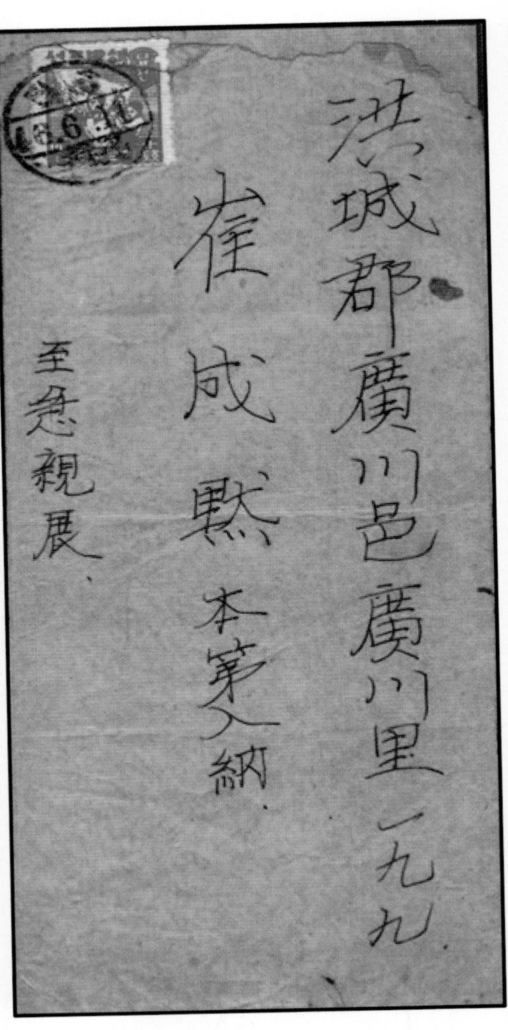

그림 14-3. 10전 우표 사용된 실체

그림 14-4. 20전 우표 페어로 사용된 등기실체

(9) 우편요금 대폭적(大幅的) 인상(引上)

광복과 더불어 조선반도는 통 제경제에 의한 배급제도가 무너진 상태로, 중요한 생필품 제조공장의 조선내 설립을 기피했던 일본제국정책으로 인해 생필품 부족이 극심했다. 모든 물가가 천정부지(天井不知)로 올랐고, 체신부는 전국우체국의 등급구별과 특정우체국 제도의 폐지로 조직의 일원화(一元化)를 이루었으나 물가폭등(物價暴騰)으로 인한 체신사업의 원활화(圓滑化)를 위해 요금인상을 할 수밖에 없었다. 우편요금의 현실화에 의해 5배를 인상하여 1946년 8월 12일부터 시행되었다.(그림 15-1, 부달 제10호; 1946.8.10., 통 제301호 1946.8.10) 우편엽서의 수급이 곤란하니 매팔(賣捌)은 각 우체국 실정을 참작하여 적절히 제한 판매하도록 했고, 유료통화가격 표기, 인수시기 증명, 내용증명, 대금인환, 집금우편, 속달, 항공, 별배달 등은 취급중지 상태로 두었다.

변경된 우편요금 (통용기간: 1946.8.12-1947.3.31)

종별	근거법령	단위	요금	비고
제1종 유봉서장	우편법 제18조	20g마다	50전	
〃 인쇄서장	우편규칙 제25조	100g마다	50전	
제2종 보통엽서	우편법 제18조		25전	
〃 왕복엽서	〃		50전	
〃 봉함엽서	〃		50전	
제3종 정기간행물	〃	100g마다	25전	
〃 간행신문	규칙 제50조	100g마다	15전	
제4종 인쇄서적	우편법 제18조	100g마다	50전	
〃 맹인용점자인쇄물	규칙 제56조	1kg마다	15전	
제5종 농산물 종자	우편법 제18조	100g마다	15전	
제3종 우편물 인가료	규칙 제40조		50원	
〃 1항변경시	〃		25원	
〃 2항변경시	〃		50원	
소포우편요금	규칙 제63조	2kg까지	5원	
〃	〃	4kg까지	7원 50전	
사설우편함 취집료(년)	규칙 제71조	1일 3회 이내	60원	
〃	〃	3회 초과 1회마다	20원	
〃	〃	1일취집연 100m마다	6원	
사서함 사용료	규칙 제116조	사서함 1통	1원 25전	
〃	규칙 제118조	1급 지정우편	45원	
〃	〃	2급 지정우편	30원	
〃	〃	3급 지정우편	15원	
서유료	규칙 제134조		1원 50전	
물품가격표기	규칙 제139조	100원마다	50전	
배달증명료	규칙제150조/제152조	차출시/ 차출후	1원	
소송 특별취급료	규치 제216조		2원	
우편물 명완변경, 취루	규칙 제126조	우편물 차입시	50전	
〃 우편	〃	우편물 차입후	1원	
〃 전신	〃	취루	5원	
〃 〃	〃	명완변경	7원 50전	
차출관서에서	〃	배달원 출발전	50전	

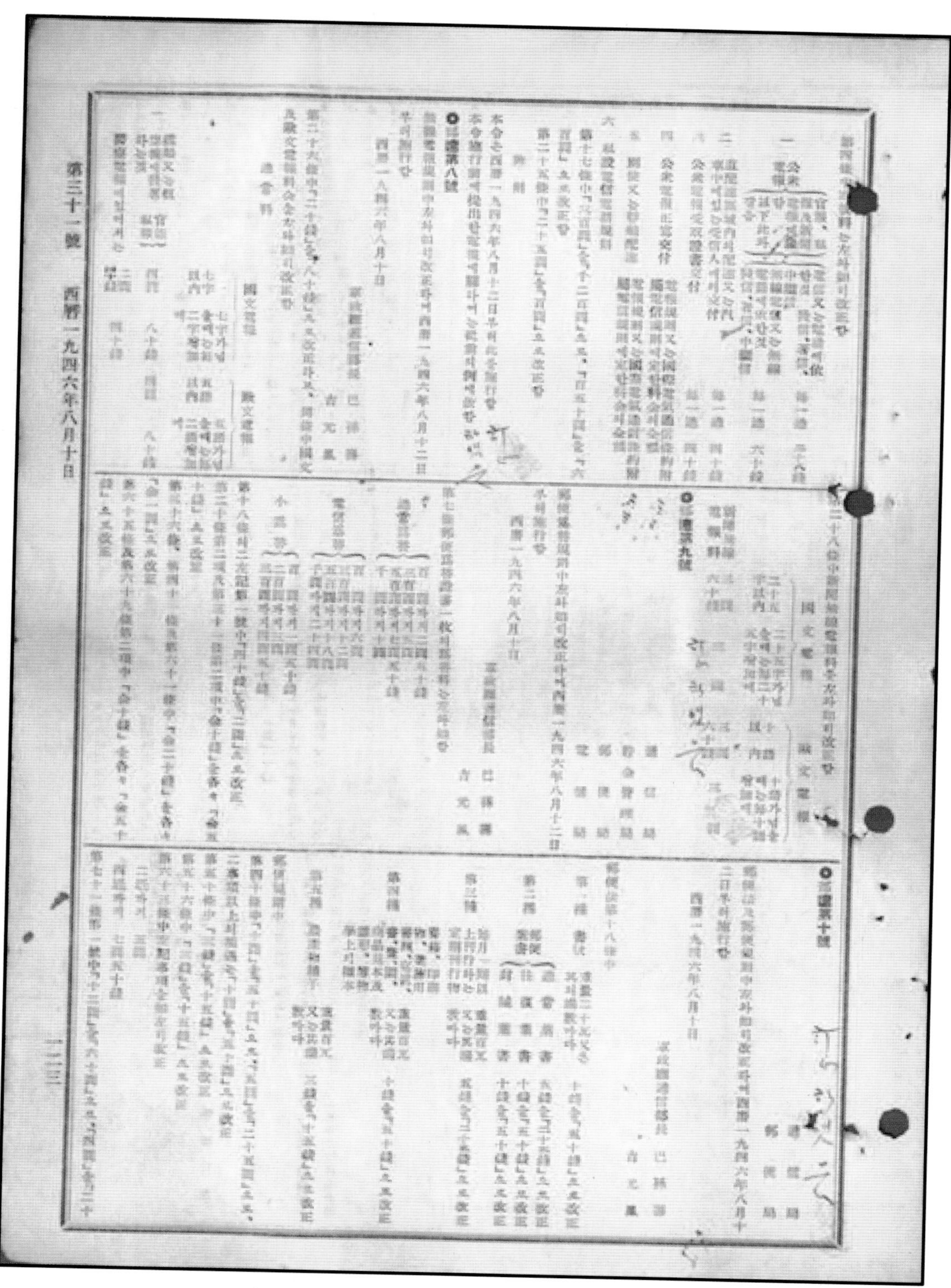
第三十一號 西曆一九四六年八月十日

○部達第八號

○部達第九號

○部達第十號

그림 15-1. 부달 제10호 우편요금 개정 시행 통첩

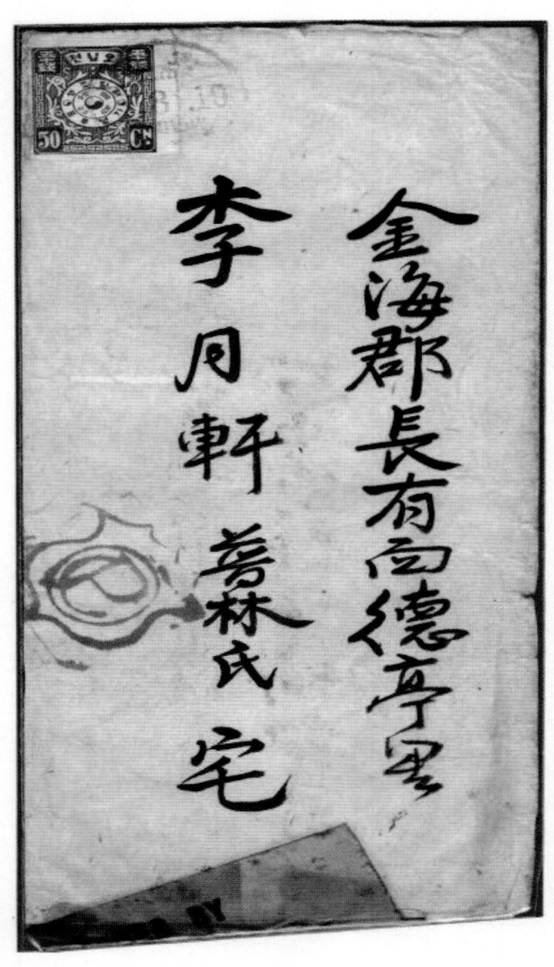

그림 15-2. 우편요금 인상된 50전 우표 단첩 첩부된 실체

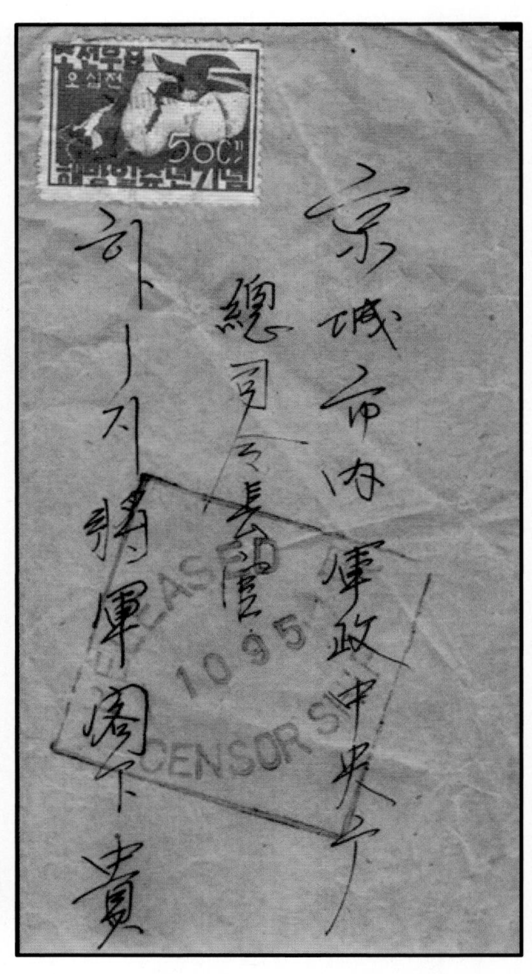

그림 16-1. 해방 1주년 기념우표 50전 단첩 첩부되고, Type 2 검열면제인 날인됨

(10) 해방1주년 기념우표와 기념그림엽서 발매(發賣)

해방 후 처음 맞이하는 1946년 8월 15일을 기념하기 위하여 해방1주년기념 우표(50전, 그림 16-1)와 그림엽서(25전, 그림 16-2)를 8월 15일부터 발매(부달 제3호; 1946.8.1)하는 동시에 특수통신일부인(부달 제4호; 1946.8.1)을 8월 15부터 8월 24일까지 사용했다. 사용국은 1급, 2급, 3급 우체국이다. 발매당일이 공휴일로 지정되었으나 기념우표류 매팔 사무만은 평일과 같이 취급(통 제286호; 1946.8.1)하게 하였다.(우리나라 최초 그림엽서 발매와 실체(實遞)에 관하여. 월간 우표 2004년 5월호 14-17쪽 참조)

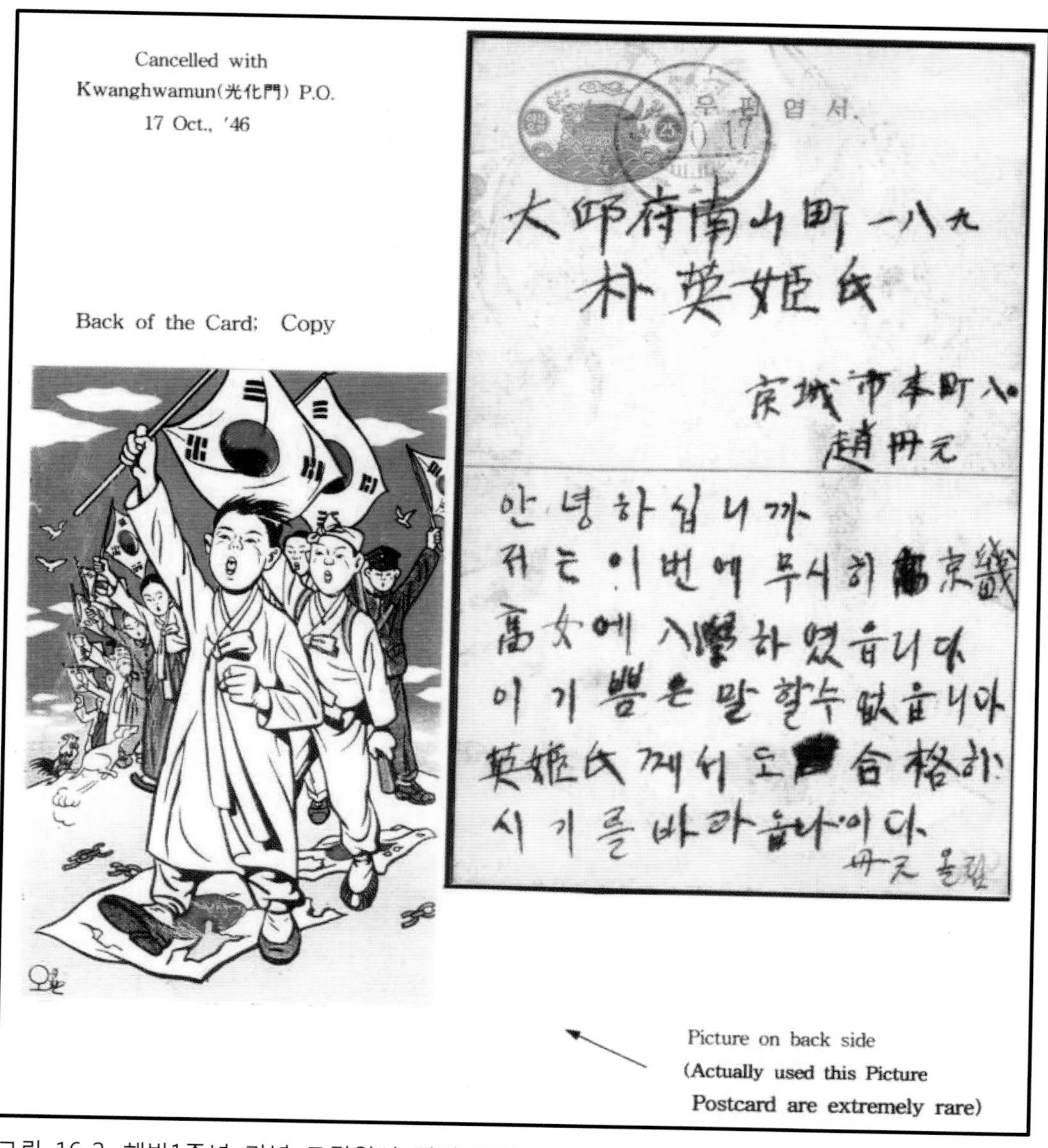

그림 16-2. 해방1주년 기념 그림엽서 인면 거북선 25전에 뒷면 태극기를 들고 일장기를 밟고 "대한독립만세"를 외친다.

(11) 제1차 원화 보통우표(第1次 圓貨 普通郵票) 발행

해방조선 기념우표 6종 발행 이후 5배나 요금이 인상되고 조미간우편물 교환이 재개됨으로서 고액의 우표가 필요하게 되었다. 5원과 10원 우표(그림 17)를 1946년 9월 10일 발행(부달 제24호; 1946.8.31)하고, 10월 5일에 50전과 2원 우표(그림 18)를 발행(부달 제38호; 1946.10.16), 11월 10일에 1원 우표를 발행(부달 제44호; 1946.11.26)하였다. 군정청 원화보통우표라고도 하는데 5종 우표는 경화인쇄소에서 재생용 백지를 사용하여 여러 차례 평판인쇄되어 색이 정확하지 못하다.

1946. 9. 10 - 5원 (신라금관, 橙色, 2.2×3cm, 150만매); 등색보다는 赤紫色
　　　　10원 (이순신장군, 草色, 2.2×2.7cm, 100만매); 초색보다는 綠色
1946. 10. 5 - 50전 (첨성대, 靑色, 1.8×2.2cm 4,000만매); 청색보다는 暗靑色
　　　　2원 (지도, 黑色, 1,000만매); 인디고파레색으로 黑淸色
1946. 11. 10 - 1원 (무궁화, 브라운오-카색 1.8×2.2cm 2,000만매), 담갈색(淡褐色)

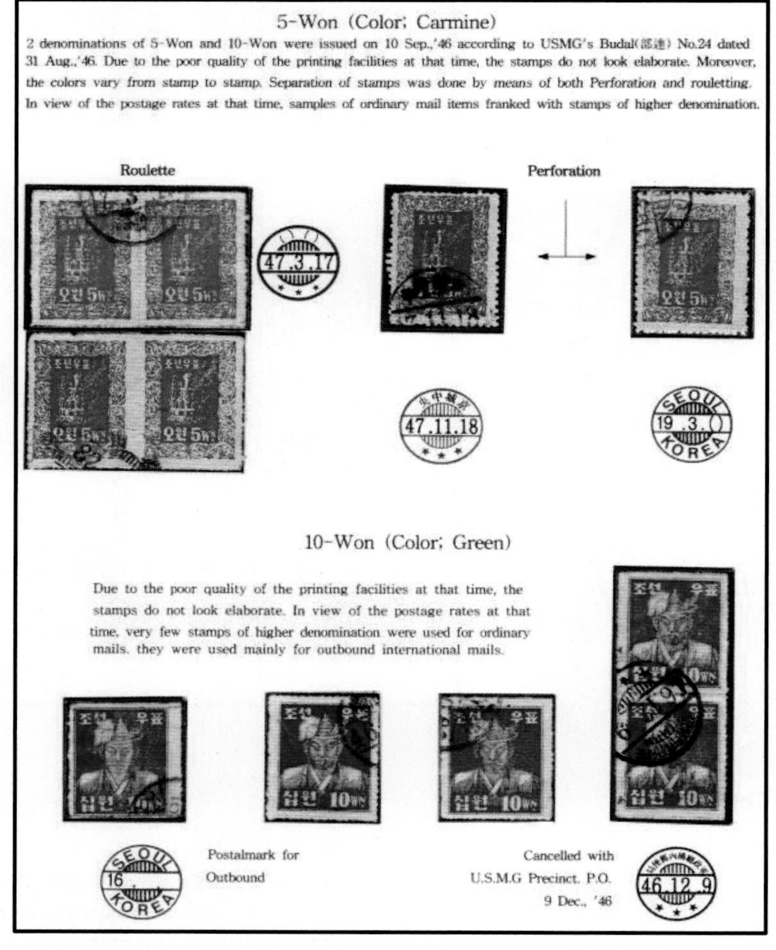

그림 17-1. 46.9.10 발행된 5원, 10원 우표와 천공된 5원 우표. 통신일부인의 내체인과 외체인 분류

그림 17-2. 5원 우표 첨부 실체봉투. 배달증명우편물로서 안국우편국 소인과 적색선 두 줄이 있음. 봉투 뒷면에 검열인 있음.

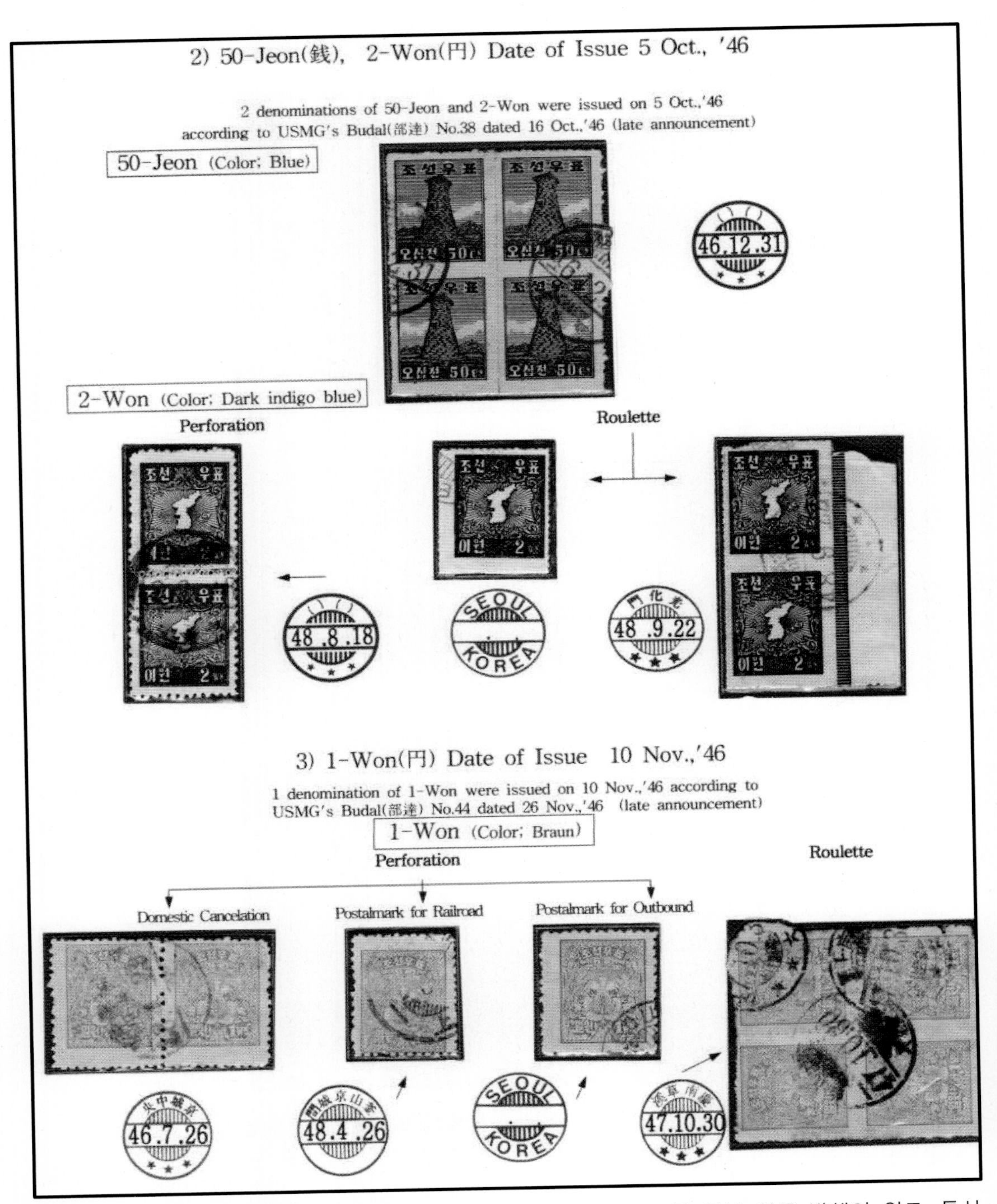

그림 18-1. 46.10.5와 46.11.10 발행된 우표. 1원권과 2원권 우표 중 일부 천공 발행이 있고, 통신일부인은 내체인과 외체인으로 분류한다.

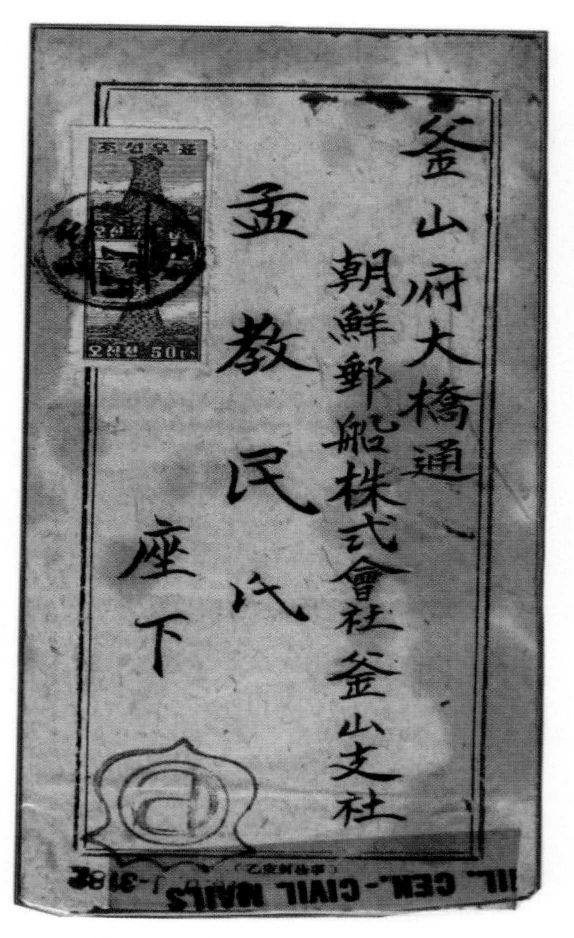

그림 18-2. 50전 권 우표사용 실체봉투

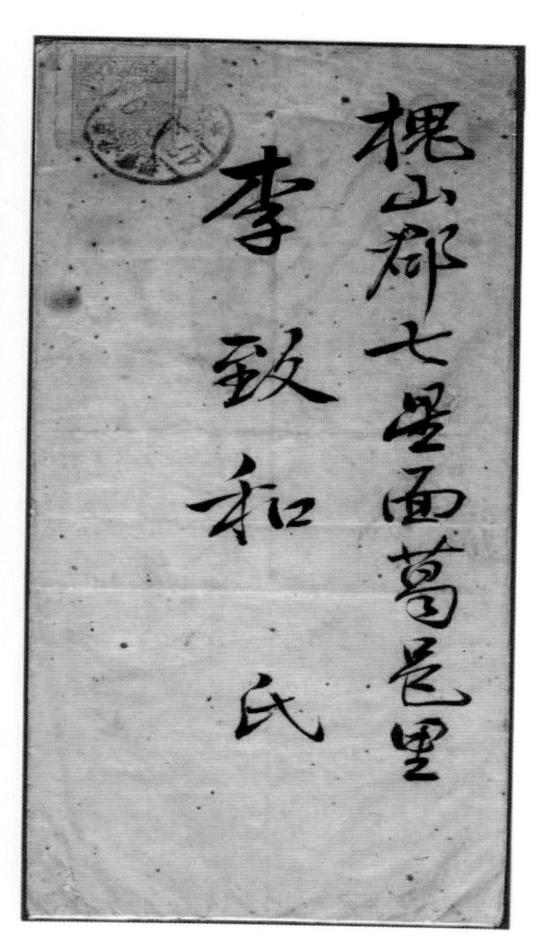

그림 18-3. 1원 권 우표사용 실체봉투

(12) 한글 송포(頌布) 500주년 기념우표 발행

한민족으로 세계에 자랑할 3대 문화유산의 하나인 한글을 세종대왕께서 제정한지 500년을 맞이하여 이 위대한 사업을 영원히 기념하기 위하여, 그 반포일인 10월 9일에 기념우표를 발매(부달 제30호; 1946.9.20., 그림 19)하고, 특수통신일부인(부달 제29호; 1946.9.20)을 그 해 10월 9일부터 10월 15까지 사용하였다. 사용국은 경성중앙우편국 외 18국이었다(한글날 10월 9일 공휴일 지정, 통 제238호; 1947.9.30 참조).

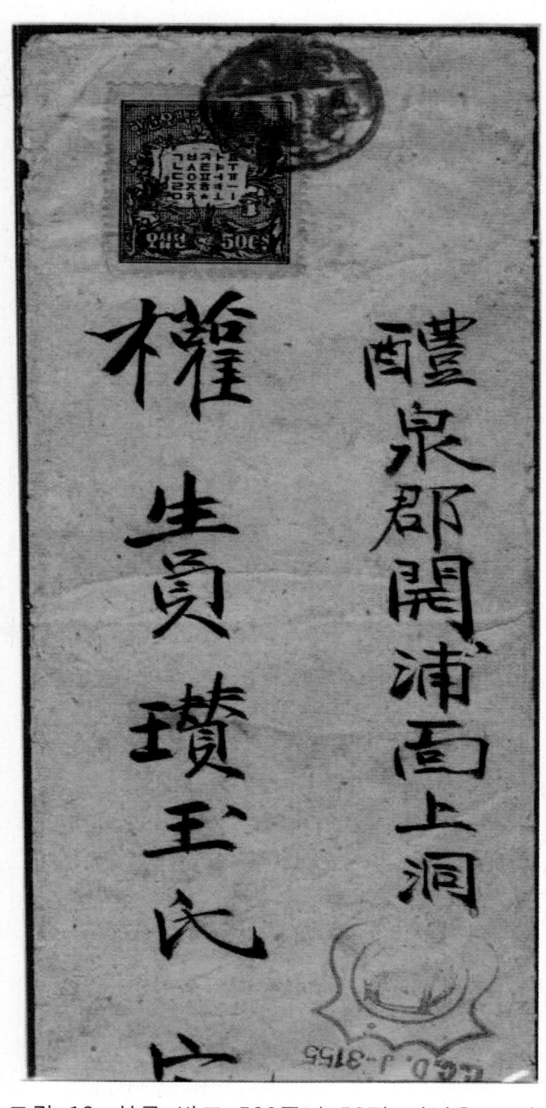

그림 19. 한글 반포 500주년 50전 기념우표 단첩 첩부됨. 검열인 있음. 세종대왕이 만들어 1446.10.9에 반포되었고, 한글이란 명칭은 周時經 선생에 의하여 붙여졌다.

(13) 미군정청 체신부의 우편국제도(郵便局制度) 개혁

광복직후 우편사업은 체신업무유지에 있어서 ① 체신업무 전문요원의 부족, ② 우편국 조직의 불균형, ③ 일제 식민지하 산업구조의 불균형으로 인한 원자재와 생필품의 부족, ④ 조선과 일본의 교역의 완전두절로 인한 생필품 물류사업의 고갈 등으로 극심한 인플레가 발생하여 정상적인 체신업무유지를 어렵게 했다. 우편업무의 실질적인 개혁을 실천하기 위해 전국 우편망 재편을 실시하여 특정우편국은 1946년 6월 30일에 폐지하고, 특정우편국과 관련된 칙령, 훈령, 통첩, 예규 등은 자연 소멸되었다(국달 제78호; 1946.7.10.).

전국 45개 우편국을 6월 30일자로 폐지하고 인접국으로 업무를 이관하였다(국달 제79호; 1946.7.10). 또 다른 73개국을 분국으로 하고 기구를 축소하였다(국달 제80호; 1946.7.10). 종래의 특정우편국중 우편분국이 된 해당국장은 별도발령이 없는 한 1946년 7월 1일자 인사발령으로 명했다(국달 제81호; 1946.7.10).

이후 4개월이 지나 우편국제도 개혁은 우편국출장소 및 분국제도를 폐지하고, 74개 분국들을 1946년 11월 1일부터 정식 5급우편국으로 승격시킴으로써 마무리되었다(부달 제37호; 1946.10.10.). 다른 한편으로 우정업무를 확대하여 발전을 기하였으며, 그 내용은 체신국 사무분장규정 세칙을 개정하여 5과 23계 1학교 3계로 1946년 1월 1일 시행(국달 제188호; 1945.12.28)된 것을 체신부가 되면서(국달 제133호; 1946.5.6) 사무분장규정 세칙을 다시 개정하여 6국 1학교 26과 69계로 1946년 4월 23일 확대실시 하였다. 국제우편과와 회계검사과(부달 제11호; 1947.2.25)를 신설하였고 체신학교의 회계과, 일반교육과, 기술교육과를 폐지하고 교무과로 재편했다.

(14) 조선인 이름 되찾기(朝鮮姓名復舊令)

군정청 법령 제122호(1946.10.23) "조선성명복구령(朝鮮姓名復舊令)"은 일본 통치시대의 창씨(創氏)제도에 의한 일본식씨명(日本式氏名)을 조선 성명으로 복구하고, 일본식씨명을 실효(失效)하며, 호적부기재(戶籍簿記載)는 첫날부터 무효(無效)임을 선언했다. 또한 본령에 배치(背馳)되는 모든 법령, 훈령, 통첩은 그 첫날부터 무효로 하였다.

이 당시 우리사회는 우리말 우리글 우리지명, 성명 등 원래대로 복구하는 운동이 이루어졌고, 체신부에서 특수우편물과 소포우편물에 수령인에 성명과 다른 창씨명(創氏名) 인장을 받는 국이 많다 하여(통 제396호; 1946.10.21) 주위를 환기시키고 있었다. 그리고 경성부(京城府)는 1946년 9월 28일 경기도에서 분리하여 서울특별시를 설치(법령 제106호; 1946.9.18) 함으로서 일본이 쓰던 경성은 서울로 변경되었다. 경성부 행정구역 명칭개정(경성부고시 제47호; 1946.9.30)을 1946년 10월 1일부로 통(通)은 로(路), 정(町)은 동(洞), 정목(丁目)은 가(街)로 개정했으며, 일본식명칭의 동명은 구명(舊名)으로 부활 원래의 지명을 찾아 쓰게 되어 황금정(黃金町)은 을지로(乙支路; 乙支文德 將軍), 광화문통은 세종로(世宗路; 世宗大王), 본정은 충무로(忠武路; 李舜臣 謚號) 등으로 개명했다. 이에 따라 체신관서의 명칭을 개명하기에 이르렀다(부달 제52호; 1946.12.31. 체신관서의 35국 명칭을 개정).

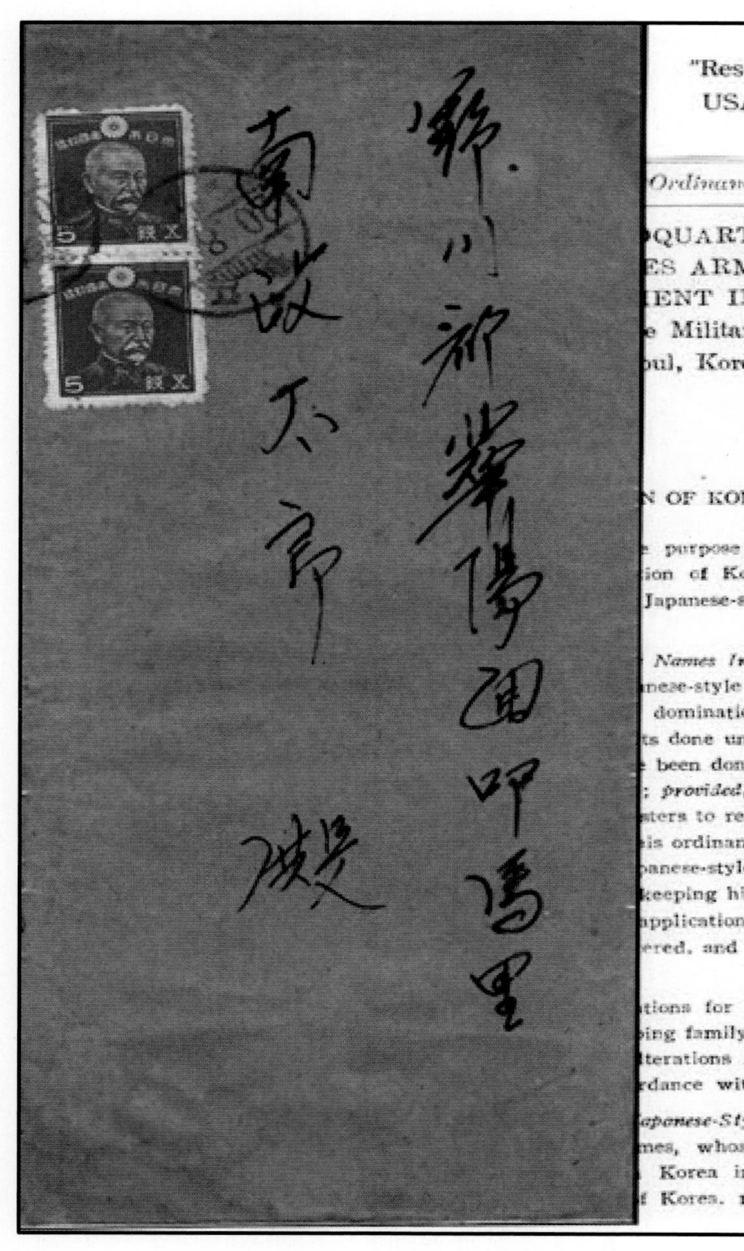

"Restoration of Korean Names"
USAMGIK Ordinanes No122
23 Oct., 1946

Ordinance No 122 23 October 1946

QUARTERS
ES ARMY MILITARY
IENT IN KOREA
e Military Governor
ul, Korea

23 October 1946

N OF KOREAN NAMES

purpose of this ordinance is to provide a
ion of Korean names to those individuals
Japanese-style names during the Japanese

Names Invalidated. All changes of Korean-
nese-style names, made in accordance with
domination of Korea, are hereby declared
ts done under such changed names shall be
been done under the Korean names of such
; *provided, however,* that no alterations shall
sters to restore such Korean names until sixty
is ordinance; and *provided, further,* that any
panese-style name may file an application for
keeping his family register, within such sixty
application, entries in the family register of
ered, and his Japanese-style name shall re-

tions for retention of Japanese-style names
ping family registers shall forthwith proceed,
lterations in the entries necessary to restore
rdance with procedures established by law.

apanese-Style First Names. Individuals never
mes, whose Japanese-style first names were
Korea in accordance with laws in force
f Korea, may file an application for change

그림 20-1. 법령 제122호로 조선 성명 복구령을 46.10.23 발포(發布)하여 36년간 말과 글씨, 이름 지명 등을 모두 무효화했다.

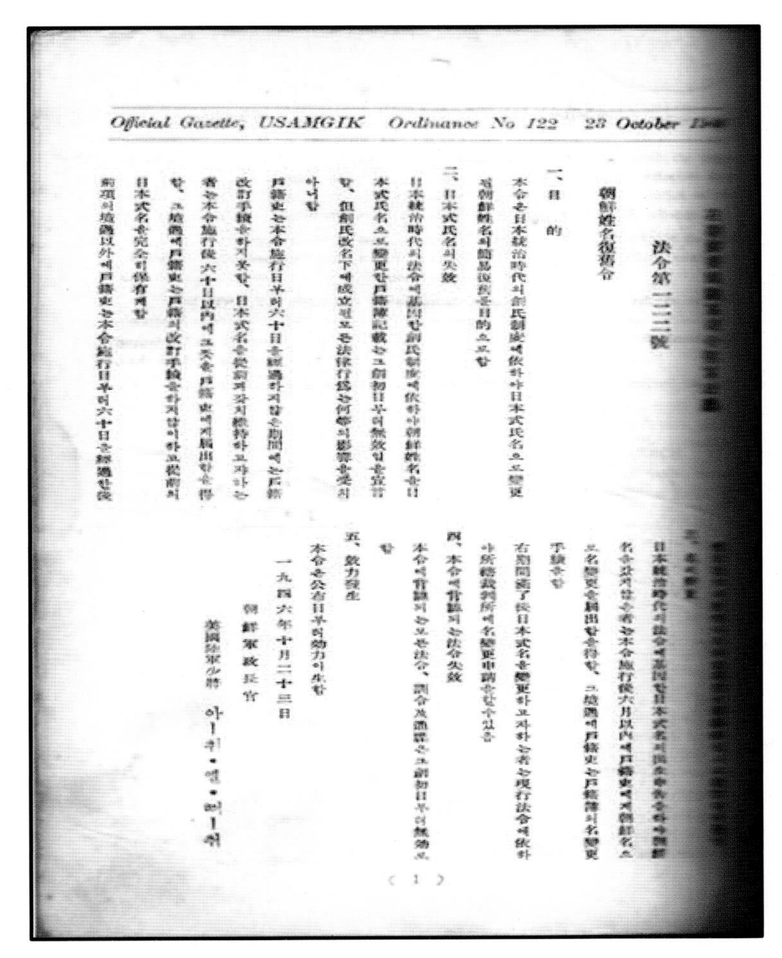
Official Gazette, USAMGIK Ordinance No 122 23 October 1946

法令第一二二號

朝鮮姓名復舊令

一、目 的

本令은日本統治時代의創氏制度에依하야日本式氏名으로變更된朝鮮姓名의簡易復舊를目的으로함

二、日本式氏名의失效

日本統治時代의法令에基因한創氏制度에依하야朝鮮姓名을日本式氏名으로變更한戶籍簿記載는그創初日부터無效임을宣言함. 但創氏改名下에成立된모든法律行爲는何等의影響을受치아니함

戶籍吏는本令施行日부터六十日을經過하지않은期間에는戶籍訂正手續을하지못함. 日本式名을從前과같이維持하고자하는者는本令施行後六十日以內에그뜻을戶籍吏에게屆出함을得함. 그境遇에戶籍吏는戶籍의訂正手續을하지않이하고從前의日本式名을完全히保有케함

前項의境遇以外에戶籍吏는本令施行日부터六十日을經過한後

三、名의變更

日本統治時代의法令에基因한日本式名[illegible]
名을갖지않은者는本令施行後六月以內에戶籍吏에게朝鮮名으로名變更을屆出함을得함. 그境遇에戶籍吏는戶籍簿의名變更手續을함

右期間經了後日本式名을變更하고자하는者는現行法令에依하야所轄裁判所에名變更申請을할수있음

四、本令에背馳되는法令失效

本令에背馳되는모든法令、訓令及通牒은그創初日부터無效로함

五、效力發生

本令은公布日부터效力이生함

一九四六年十月二十三日

朝鮮軍政長官

美國陸軍少將 아-취·엘·러-취

(1)

그림 20-2. 법령 제122호 46.10.23 조선 성명 복구령

4. 미군정하(美軍政下)의 남조선과도정부(南朝鮮過渡政府) 운영(運營)

(1) 남조선과도정부(南朝鮮過渡政府) 명칭사용(名稱使用)

북위 38도 남쪽의 재조선미육군사령부(在朝鮮美陸軍司令部)는 군정청(軍政廳)을 1945년 9월 7일 설치했다. 38도 남쪽 지역을 통치하는 입법, 행정, 사법부문 등 재조선미군정청(在朝鮮美軍政廳) 조선인기관(朝鮮人機關)은 남조선과도정부(南朝鮮過渡政府)라 호칭(呼稱)하며, 이 명칭을 1947년 5월 17부터 사용했다(미군정청 법령 제141호). 남조선과도입법의원 선거를 1946년 10월 26일에 실시하고, 남조선 과도입법의원이 12월 2일에 개원하여 의장은 김규식이 선임되었다. 참고로 남조선과도입법의원은 1948월 5월 20일에 해산되었다(법률 제12호; 1948.5.19. 의장 신익희). 1947년 2월 5일에 행정부문의 조선인 민정장관으로 안재홍이 지명되었다.

(2) 인플레이의 악순환 속에서 우편요금인상(제2차 우편요금인상)

우편요금을 1946년 8월 12일자로 5배 인상(체신부령 제2호; 1946.8.2)했으나 불과 8개월만인 1947년 4월 1일부터 우편요금을 다시 2배 인상(체신부령 제10호; 1947.3.31)하여 제1종 서장요금이 1원이 되었다(부달 제24호; 1947.3.15 통 제43호; 1947.3.15).

우편요금 인상내역(통용기간; 47.4.1- 47.9.30)

종별	근거법령	단위	요금	비고
제1종 유봉서장	우편법 제18조	20g마다	1원	
〃 인쇄서장	우편규칙 제25조	100g마다	1원	
제2종 보통엽서	우편법 제18조		50전	
〃 왕복엽서	〃		1원	
〃 봉함엽서	〃		1원	
제3종 정기간행물	〃	100g마다	50전	
〃 간행신문	규칙 제50조	100g마다	30전	
제4종 인쇄서적	우편법 제18조	100g마다	1원	
〃 맹인용점자인쇄물	규칙 제56조	1kg마다	30전	
제5종 농산물 종자	우편법 제18조	100g마다	30전	
제3종 우편물 인가료	규칙 제40조		200원	
〃 1항변경시	〃		100원	
〃 2항변경시	〃		200원	
소포우편요금	규칙 제63조	2kg까지	20원	
〃	〃	4kg까지	30원	
사설우편함 취집료(년)	규칙 제71조	1일 3회 이내	300원	
〃	〃	3회 초과 1회마다	100원	
〃	〃	1일취집연백M마다	30원	
사서함 사용료	규칙 제116조	사서함 1통	20원	
〃	규칙 제118조	1급 지정우편	300원	
〃	〃	2급 지정우편	200원	
〃	〃	3급 지정우편	100원	
서유료	규칙 제134조		4원	
물품가격표기	규칙 제139조	100원마다	5원	
배달증명료	규칙 제150조/제152조	차출시/차출후	5원	
소송 특별취급료	규치 제216조		5원	
우편물 명완변경, 취루	규칙 제126조	우편물 차입시	1원	
〃 우편	〃	우편물 차입후	2원	
〃 전신	〃	취루	20원	
〃 〃	〃	명완변경	30원	
차출관서에서	〃	배달원 출발전	1원	

(3) 새로운 우편엽서 해방조선기념엽서의 발행

1) 해방조선 기념엽서의 발행

해방 이후 새 통상엽서(해방조선기념엽서)를 1947년 5월 1일부터 발행(그림 21)하여 매팔(賣捌)하고 구우편엽서류(일본엽서, 봉합엽서, 왕복엽서)는 7월 31일자로 폐지했다(부달 제78호; 1947.4.20., 통 제174호; 1947.6.30). 이 엽서는 해방조선기념우표와 같은 시기(1946.8.12 요금인상 이전)에 일본에 발주한 것으로 짐작된다. 납품이 지연되어 1947년 4월 20일경에 납품된 듯하고, 5월 1일부터 사용되었다. 액면 5전 엽서로 요금 50전이므로 45전이 부족하여 발매부터 45전 별납처리 되었다(처리방법은 통 제59호 참조). 이를 발매하면서 구우편엽서류인 일본엽서를 판매금지하고, 일반이 소지한 것들은 7월 31일까지 사용토록 한 것이다. 이후에 사용 금지된 구우편엽서를 8월말까지 신우편엽서로 교환하기로 했으나, 국내에 차출하는 경우에 한하여 사재엽서로 간주하고 "우편엽서"라고 고쳐 써서 우표를 첩부하여 사용하도록 했다(통 제208호; 1947.8.20) 해방조선기념엽서는 계속해서 요금인상 때마다 요액에 별납금액을 가날(加捺)하고 발매하여 1953년까지 6년 동안 사용하였다.

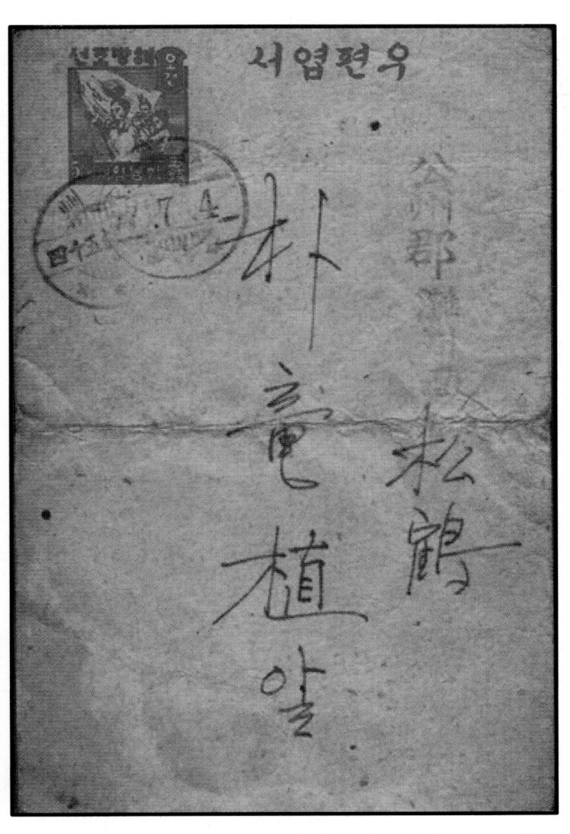

그림 21. 45전 별납된 실체엽서. 엽서의 크기는 90×140mm, 평판인쇄, 인면도안은 태극기와 어린이를 안은 부부로 홍색임. 용지는 재생용지이며 일본정부인쇄국에서 인쇄됨.

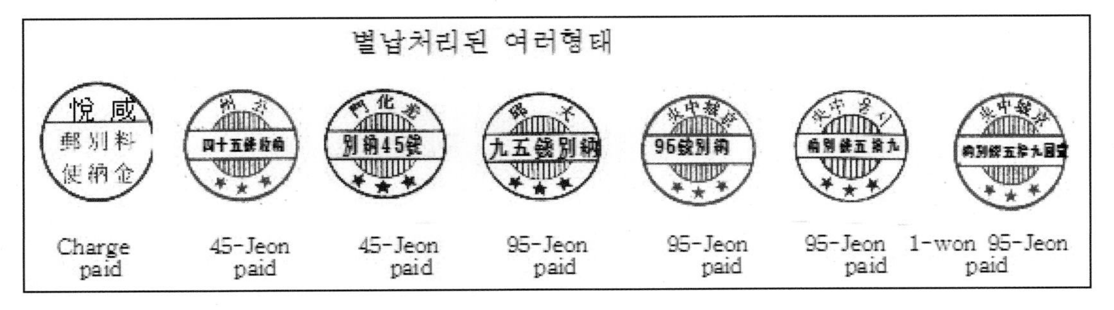

별납처리한 요금수납인은 각우편국에서 제조하여 사용한 관계로 그 형태가 다양하다. 일부인 연월일 난에 별납금액을 고무 또는 목재로 제작사용토록 되어 있다.

2) 구우편엽서류의 잠용사용

구우편엽서류는 일본에서 사용하는 실물 그대로를 조선에서 사용했으나, 우표와 엽서의 공급이 어려워지자 우편요금징수에 관한 임시조치(통 제229호; 1944.7.7)를 발표했다. 엽서의 부족액은 우표를 가첩대신에 별납 증인(證印)을 요액면 하부에 압날(押捺)하여 사용케 했다. 증인에 사용하는 증인구(證印具)는 통신일부인의 일부활자의 난에 “1전별납(증시인1)” 문자를 표시한 목제, 고무제 등 활자를 각국에서 준비하여 사용하게 했다. 이 증인은 요금변경이 있을 때마다 2전별납, 20전별납, 45전별납 등 문자변경 조치되어 사용하다가 1948년 12월 31일에 별납인(증시인2) 인형을 바꾸어 쓰게 되었다.

증시인1

증시인2

조선총독부는 엽서에 한하여 일본엽서제원을 그대로 가져다 인쇄하여 1945년 7월 15일 처음으로 조선에서 발행하여 판매하였다. 일본발행을 일본남공(그림 22-1), 조선발행은 조선남공(그림 22-2) 엽서라고 한다. 이 때에도 구 엽서의 요금차액을 현금수납하고 별납인이 가날 되었는데, 이들 우편엽서의 종류가 액면금액이 1전부터 2전, 3전, 5전까지 있어서 엔타이어가 다양하게 발견된다.

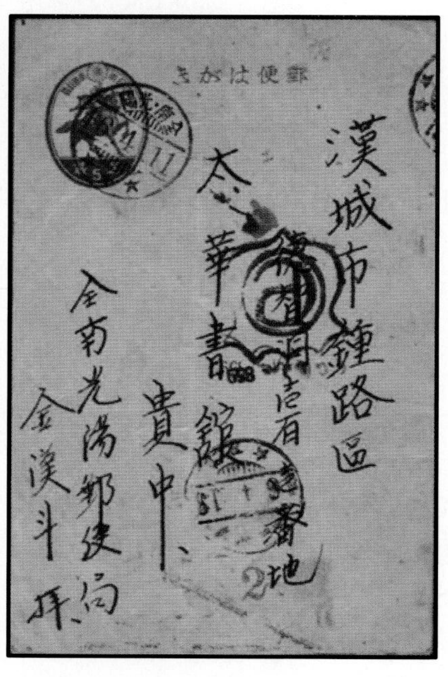

그림 22-1. 액면5전 권 우편엽서 실체. 일본 발행 우편엽서

조선 통상엽서 발행 (조선남공엽서)

일본식민지시대의 우표와 엽서는 일본 체신원이 발행하여 식민지에 보내져 사용되었다. 통상엽서 5전은 1945.3.31(일본체신원고시 제115호. 일본남공) 발행되었고, 평판인쇄, 인면은 남공동상이며, 인쇄색은 농남색(濃藍色), 용지는 조백양지 이다. 조선총독부가 1945.7.15(조선총독부고시 제448호. 조선남공) 통상엽서를 발행함. 종이는 백색 또는 감색, 인쇄색은 심록색(深綠色)이며 평판인쇄, 남공동상 등은 일본통신원고시 제115호에 의한 것과 같음.

조선 남공 엽서

미발행 조선남공 엽서 주장

미발행 조선남공에 대해서 고"김동권"씨의 「조선남공엽서에 관한 소고」 에 상세히 기록되어 있다.우표지96년6월호#33~39)

* 체신공보 제1,294호(20.4.21) 통신원고시 제115호(3.30관보) 20.3.31부터 5전 통상엽서를 발행.
  20.3.30 통신원총재 塩原時三郎
* 체신공보 제1,343호(20.7.16) 조선총독부고시 제448호(관보7.13) 20.7.15부터 5전 통상엽서를 발행.
  소화20.7.13 조선총독 阿部信行.(크기, 양식: 소화20.3.30 통신원고시 제115호에 의한 것과 같음.)

그림 22-2. 액면 5원권 조선남공 우편엽서, 미 발행 조선남공이 있다는 주장이나 그 근거를 확인할 수 없다.

(4) 사업용 교부식지(交付式紙) 판매에 따른 엽서요금

해방 이후 지류생산량(紙類生産量)이 부족한 시국정세(時局情勢)와 경제상태 불안정으로 인한 재정적(財政的) 사정에 비추어 사업용 식지류의 남용(濫用)을 적극방지(積極防止) 할여는 임시조치로서 용지대금(用紙代金)을 징수하기로 했다. 본 제도는 용지절약(用紙節約)의 목적으로 남용을 방지함이 주안점이므로 비 판매용지의 남용을 엄금했다(통 제111호; 1947.4.24). 우편엽서의 요금은 50전(그림 23)인 것을 우편엽서 용지대금으로 1원 50전을 합산하여 2원에 판매한 사실이 있었다. 우편엽서 상으로는 확인되지 않으나, 실제로 있었던 사항이며, 1947년 5월 1일 실시하였다가 다음 우편요금 개정시에 이를 폐지하게 된다. 이 시기의 우편엽서 실체가 특히 희귀한 사유가 여기에 기인된 사실과 그 시절에 종이류가 얼마나 부족했으면 이런 궁여지책(窮餘之策)을 실행하였는지 시대상을 엿볼 수 있다("事業用交付式紙 賣捌에 따른 葉書料金 變動에 關하여" 월간 우표 2005년 6월호 32-34쪽 참조).

판매 식지류

우편엽서	1매	1원 50전
통화권	〃	2원
구문전보뢰신지(歐文電報賴信紙)	〃	2원
전보뢰신지(電報賴信紙)	〃	2원
진체저금불입서(振替貯金拂込書)	〃	2원
전신위체진출청구서(電信爲替振出請求書)	〃	2원
통상위체진출청구서(通常爲替振出請求書)	〃	2원

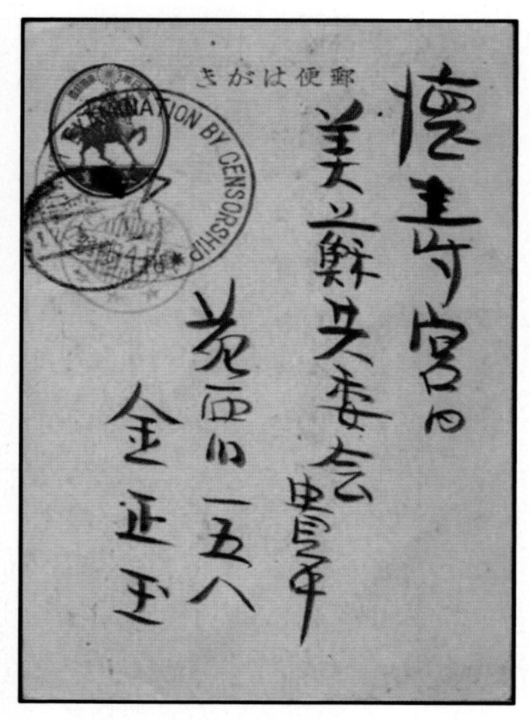

그림 23. 우편엽서 요액인면에 5전과 45전 별납인을 붉은색으로 날인된 잠용엽서 실체임

(5) 새 고액우표의 발행 (제2차 원화보통우표)

통신요금인상(1947.4.1)으로 특수우편물과 소포요금이 원단위로 높아지고 국제우편의 확대로 고액우표의 수요가 늘어나게 되니 새 고액우표를 발행하게 되었다. 1947년 8월 1일 5원, 10원 우표(부달 제80호; 1947.7.15)를 발행하였고, 다음해 4월 10일 20원, 50원 우표(부달 제24호; 1948.3.29.) 2종을 발행(그림 24-1)했다. 이 우표 4종은 조선서적인쇄주식회사에서 인쇄하고 일본투문용지(파형투문지; 波形透紋紙)를 수입하여 사용했다.

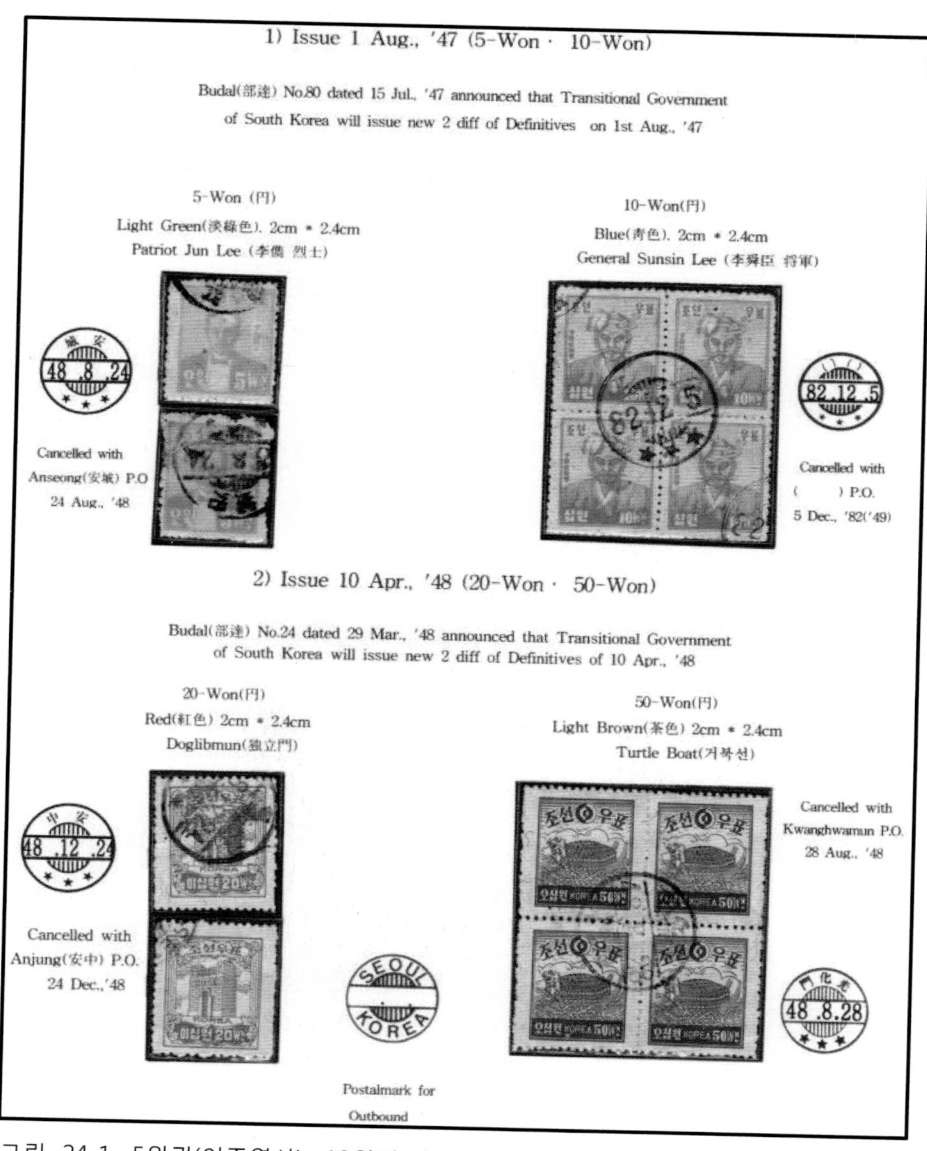

그림 24-1. 5원권(이준열사), 10원권(이순신장군) 우표를 47.8.1 발매하고, 20원권(독립문), 50원권(거북선) 우표를 48.4.10 발매하였다.

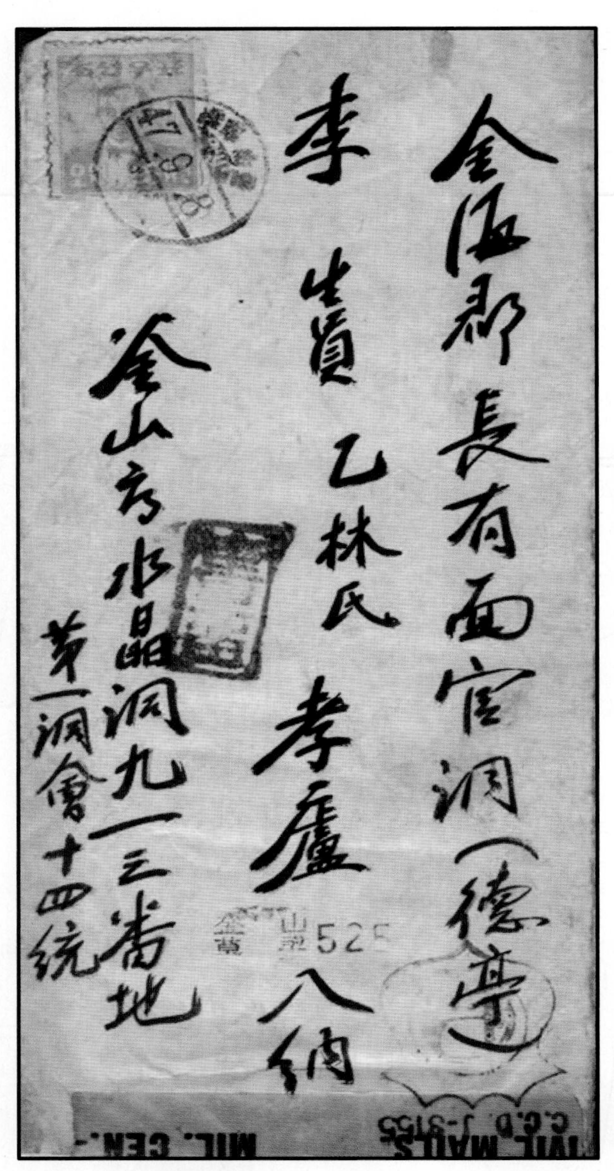

그림 24-2. 5원권(이준열사) 우표단첩 등기우편 적정 요금 (47.9.8 부산초량국 소인. 검열인 및 봉함테프)

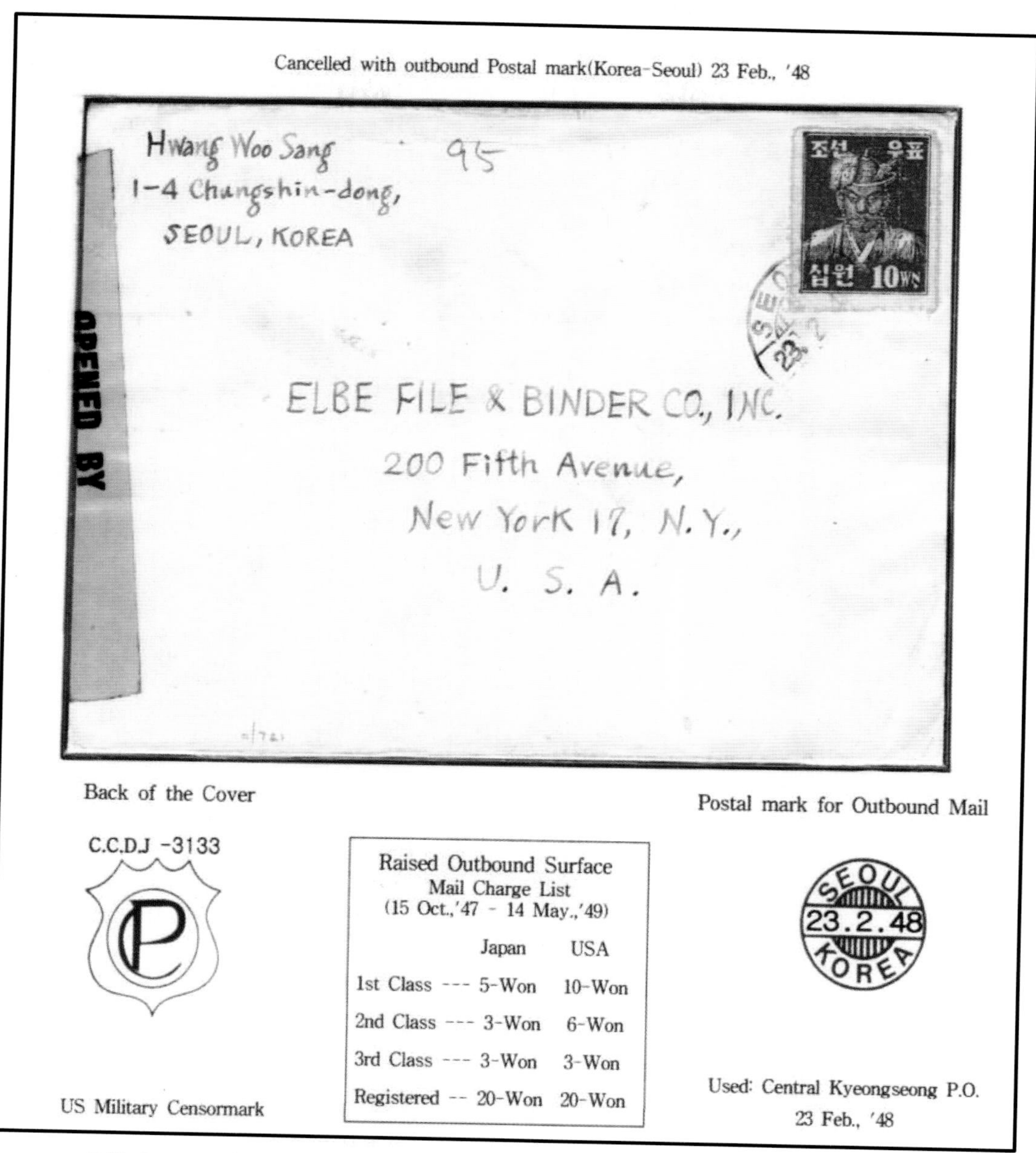

Cancelled with outbound Postal mark(Korea-Seoul) 23 Feb., '48
Hwang Woo Sang
1-4 Changshin-dong,
SEOUL, KOREA
95
조선 우표
십원 10WN
ELBE FILE & BINDER CO, INC.
200 Fifth Avenue,
New York 17, N.Y.,
U. S. A.
OPENED BY
Back of the Cover
C.C.D.J -3133
US Military Censormark
Postal mark for Outbound Mail
SEOUL
23.2.48
KOREA
Used: Central Kyeongseong P.O.
23 Feb., '48

Raised Outbound Surface Mail Charge List
(15 Oct.,'47 - 14 May.,'49)

	Japan	USA
1st Class ---	5-Won	10-Won
2nd Class ---	3-Won	6-Won
3rd Class ---	3-Won	3-Won
Registered --	20-Won	20-Won

그림 24-3. 10원권(이순신장군) 우표 단첩 미국행 적정요금. 48.2.23 외체인 소인

(6) 우편요금 개정으로 우편료현실화(제3차 우편요금 인상)

4월 1일에 요금을 인상한 후 6개월만에 다시 우편요금을 1947년 10월 1일부터 배액 인상하게 되었다(부달 제109호; 1947.9.30.). 인플레에 대한 우편요금의 현실화라고 볼 수 있으며, 제1종 서장요금 2원이었다(통 제235호 1947.9.30.).

우편요금인상 내용(통용기간; 1947.10.1- 1948.7.31)

종별	근거법령	단위	요금	비고
제1종 유봉서장	우편법 제18조	20g마다	2원	
〃 인쇄서장	우편규칙 제25조	100g마다	2원	
제2종 보통엽서	우편법 제18조		1원	
〃 왕복엽서	〃		2원	
〃 봉함엽서	〃		2원	
제3종 정기간행물	〃	100g마다	1원	
〃 간행신문	규칙 제50조	100g마다	50전	
제4종 인쇄서적	우편법 제18조	100g마다	2원	
〃 맹인용점자인쇄물	규칙 제56조	1kg마다	50전	
제5종 농산물 종자	우편법 제18조	100g마다	50전	
제3종 우편물 인가료	규칙 제40조		400원	
〃 1항변경시	〃		200원	
〃 2항변경시	〃		400원	
소포우편요금	규칙 제63조	1kg까지	20원	
〃	〃	4kg까지	50원	
사설우편함 취집료(년)	규칙 제71조	1일 3회 이내	600원	
〃	〃	3회 초과 1회마다	200원	
〃	〃	1일취집연100m마다	60원	
사서함 사용료	규칙 제116조	사서함 1통	40원	
〃	규칙 제118조	1급 지정우편	600원	
〃	〃	2급 지정우편	400원	
〃	〃	3급 지정우편	200원	
서유료	규칙 제134조		5원	
물품가격표기	규칙 제139조	100원마다	5원	
배달증명료	규칙 제150조/제152조	차출시/차출후	10원	
소송 특별취급료	규치 제216조		10원	
우편물 명완변경, 취루	규칙 제126조	우편물 차입시	2원	
〃 우편	〃	우편물 차입후	4원	
〃 전신	〃	취루	40원	
〃 〃	〃	명완변경	60원	
차출관서에서	〃	배달원 출발전	2원	

(7) 조선총독부 공고한 변칙우편제도 관련 공고들의 전면 폐지

조선총독부가 태평양전쟁 말기에 공고한 변칙우편제도와 관련한 공고들을 1947년 9월 20일(통 제229호) 폐지하였다. 그 내용을 보면 통 제229호(1944.7.7), 통 제329호(1944.9.22), 고시 제101호(1945.3.7), 통 제55호(1945.3.7) 등의 고시와 공고를 전폐(全廢)하였다. "전시중 우편업무운행의 임시조치"와 관련된 7건을 1947년 11월 29일(통제289호) 폐지하였다. 이 외에도 통 제100호(1944.3.2 8), 통 제182호(1944.5.19), 통제253호(1944.7.26), 통 제613호(1944.10.21), 통 제55호(1945.3.7.), 통 제170호(1945.6.13), 통 제232호(1945.8.16), 통 제233호(1945.8.16) 등도 폐지하였다.

(8) 우편물 차출후의 배달증명 및 연하특별우편취급 부활(復活)

1944년(소화19년) 4월 1일(통 제100호; 1944.3.28)부터 우편물차출 후 배달증명과 연하우편 취급이 중지되었던 것을 1947년 11월 29일부터 부활시행(통 제290호; 1947.11.29)하였다. 일제 말에 전시 사변 또는 비상재해 시에 우편업무 운행에 관한 통첩(부달 제138호와 통 제289호; 1947.11.29)들을 폐지하였으나 특수우편 취급 중 인수시각증명, 내용증명, 대금인환, 집금우편, 속달, 별 배달 등은 계속하여 당분간 정지하고 있다.

(9) 선거무료우편물 취급규정

국회의원선거법시행세칙 제44조의 보통통상과 동 제45조의 무봉서장과 사제엽서를 무료우편으로 하는 규정(부달 제22호; 1948.3.29)을 시행하였다. 국회의원 총선거가 1948년 5월 10일로 확정되고 유엔감시단(통 제93호; 1948.5.6)이 활동하게 되었고, 이들이 "유엔위원단행 우편물"이라 기재한 우편물은 검열을 면제하고 서울중앙우편국으로 보내졌다.

이 총선거를 기념하기 위하여 우표 5종을 발행(부달 제32호; 1948.5.6, 그림 25, 그림 26)하고, 기념통신일부인(부달 제31호; 1948.5.6)을 5월 10일부터 5월 19일까지 사용했다(통 제91호; 1948.5.6.). 제주도에서는 4월 3일부터 폭동사건이 발생하여 5월 10일에 선거가 시행되지 못하고 무기연기 되었다. 1947년 9월에 미국은 한국독립 문제를 UN총회에 상정(上程)하여, 1948년 1월 UN한국위원회(韓國委員會)가 한국에 파견(派遣)되었다. 소련의 방해로 남북한 동시 선거가 불가능하게 되어, 1948년 2월에 UN한국위원회는 남한 총선거를 결의하고 이에 재조선미육군사령관 하지 중장은 남한 총선거 일을 48.5.10로 공포하였다.

그림 25. 2원, 5원, 10원, 20원, 50원권 5종 48.5.10 발행

그림 26. 선거기념우표 50원, 20원권 우표를 첩부한 우편물. 미국행 항공우편료 50원에 등기우편 20원으로 70원 적정요금임.

(10) 제14회 세계올림픽대회 참가(參加)

제12회, 제13회는 세계 제2차 대전으로 중지되었다가, 영국런던에서 제14회 세계올림픽대회가 1948년 7월 29일부터 8월 14일까지 개최되었다. 우리나라는 처음으로 7개 부문에 50명이 참가했으며, 57개 참가국 중 24위를 차지했다. 제14회 대회를 기념하기 위하여 기념우표(부달 제35호; 1948.5.18, 그림 27)를 2종발행하고 기념통신일부인(부달제34호; 1948.5.18)을 1948년 6월 1일부터 6월10일까지 서울중앙국에서 사용했다. (통 제102호; 1948.5.18)

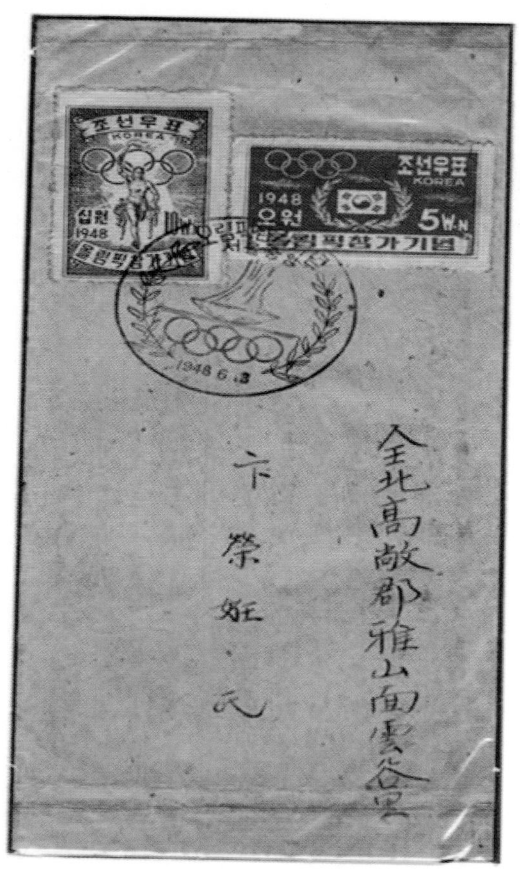

그림 27. 5원, 10원권 기념우표 첩부된 우편물. 기념일부인 소인. 참고로 서울에서 직장생활 하는 남편이 본가에 두고 온 부인에게 보낸 사랑의 편지로 오늘날 월말 부부로 사료됨

(11) 국회개원(制憲國會)기념우표 및 기념통신일부인

1948년 5월 10일에 국회의원 선거를 실시하여 198명이 당선 확정되었다. 5월 31일에 처음으로 국회가 개원했고, 이 날을 기념하기 위하여 4원 우표 1종을 발행(부달 제

37호; 1948.6.21)하고, 기념통신일부인(부달 제38호; 1948.6.21)을 1948년 7월 1일부터 7월 10일까지 서울중앙국과 중앙청구내국에서 사용했다(통 제123호; 1948.6.21).

(12) 국내우편요금 개정(改定)(제4차 우편요금 인상)

1948년 8월 1일부터 국내우편요금(체신부령 제27호와 부달 제56호; 1948.7.27., 그림 28-1)을 인상 시행하였다. 서장요금 4원(그림 28-2), 엽서 2원, 등기료 10원(그림 29), 소포 30원이였다(통 제150호; 1948.7.27). 지난해 두 번에 요금인상이 있음에도 10개월 만에 또다시 2배로 우편요금을 인상으로 유봉서장(20g 마다)이 4원이 되었다.

국내우편요금의 변경(통용기간; 1948.8.1- 1949.4.30)

종별	근거법령	단위	요금	비고
제1종 유봉서장	우편법 제18조	20g마다	4원	
〃 인쇄서장	우편규칙 제25조	100g마다	3원	
제2종 보통엽서	우편법 제18조		2원	
〃 왕복엽서	〃		4원	
〃 봉함엽서	〃		4원	
제3종 정기간행물	〃	100g마다	1원	
〃 간행신문	규칙 제50조	100g마다	50전	
제4종 인쇄서적	우편법 제18조	100g마다	2원	
〃 맹인용점자인쇄물	규칙 제56조	1kg마다	50전	
제5종 농산물 종자	우편법 제18조	100g마다	50전	
제3종 우편물 인가료	규칙 제40조		600원	
〃 1항변경시	〃		300원	
〃 2항변경시	〃		600원	
소포우편요금	규칙 제63조	1kg까지	30원	
〃	〃	4kg까지	80원	
사설우편함 취집료(년)	규칙 제71조	1일 3회 이내	1,500원	
〃	〃	3회 초과 1회마다	500원	
〃	〃	1일취집연100m마다	150원	
사서함 사용료	규칙 제116조	사서함 1통	100원	
〃	규칙 제118조	1급 지정우편	600원	
〃	〃	2급 지정우편	400원	
〃	〃	3급 지정우편	200원	
서유료	규칙 제134조		10원	
물품가격표기	규칙 제139조	100원마다	10원	
배달증명료	규칙 제150조/제152조	차출시/차출후	10/20원	
소송 특별취급료	규치 제216조		10원	
우편물 명완변경, 취루	규칙 제126조	우편물 차입시	4원	
〃 우편	〃	우편물 차입후	8원	
〃 전신	〃	취루	80원	
〃 〃	〃	명완변경	120원	
차출관서에서	〃	배달원 출발전	4원	

遞信公報 第百十六號 西曆一九四八年七月二十七日

部達

○部達第五十三號

西曆一九四八年八月一日부터左記大韓民國憲法公布記念郵票를發行하여一、二級局及中央廳內局에서此를賣捌함

西曆一九四八年七月二十七日

南朝鮮過渡政府遞信部長署理 朴尙玉

郵便局

記

發行郵票名	額面	色彩	寸法
大韓民國憲法公布記念郵票	四圓	綠色	縱二、五糎 橫四糎
右同	十圓	茶色	右同

○部達第五十四號

大韓民國憲法公布를記念하기爲하여左記特殊通信日附印을使用함

西曆一九四八年七月二十七日

南朝鮮過渡政府遞信部長署理 朴尙玉

郵便局

記

一 使用局 서울中央郵便局 中央廳內郵便局

二 使用期間 自一九四八年八月一日 至一九四八年八月十日 十日間

三 使用方法

가 料金을完納한書狀(印刷書狀을除外)及通常葉書로서裏面의全部또는大部分에繪畵、寫眞、書、圖、印影等을現出한것의引受에使用함

但其希望에依하여窓口에差出한것에限함

나 使用期間中政府發行의郵便葉書及記念의目的으로서二圓以上의郵票를貼付한物件에對하여消印要求에應함

○部達第五十五號

一 西曆一九四八年七月二十六日부터左記郵便局에서電信事務及電話通話事務를開始함

部內一般

名稱	位置
안흥 安興郵便局	江原道橫城郡安興面下安興里
옥구 沃溝郵便局	全羅北道沃溝郡沃溝面玉峰里

二 西曆一九四七年部達第七十號別冊(郵便、電信電話局所名錄)中如左改正하여西曆一九四八年七月二十六日부터此를施行함

江原道의安興、全羅北道의沃溝各郵便局의項中取扱事務의欄에「電話(不要)」를加함

西曆一九四八年七月二十日

南朝鮮過渡政府遞信部長署理 朴尙玉

○部達第五十六號

遞信局 郵便局

郵便法及郵便規則中左와如히改正하여西曆一九四八年八月一日부터施行함

西曆一九四八年七月二十七日

南朝鮮過渡政府遞信部長署理 朴尙玉

郵便法第十八條第一項中

第一種 書狀 重量二〇瓦마다「二圓」을「四圓」으로

第二種 往復葉書「二圓」을「四圓」으로 封緘葉書「二圓」을「四圓」으로

各々改正함

郵便規則第四十條一項中「四百圓」을「六百圓」으로「二百圓」을「三百圓」으로

二事項以上의揭載는「四百圓」을「六百圓」으로

同 第六十三條第二項中「一延까지二十圓」을「三十圓」으로「二延까지三十圓」을「四十圓」으로「三延까지五十圓」을新設하고「四延까지五十圓」을「八十圓」으로

同 第七十一條第一項中「六百圓」을「千五百圓」으로「二百圓」을「五百圓」으로「六十圓」을「百五十圓」으로

同 第百十六條第二項中「四十圓」을「百圓」으로

同 第百二十六條第一項中「二圓」을「四圓」으로 第二項中「四圓」을「八圓」으로「四十圓」을「八十圓」으로「六十圓」을「百二十圓」으로

第三項中「二圓」을「四圓」으로

同 第百三十四條中「五圓」을「十圓」으로

同 第百三十九條中「五圓」을「十圓」으로

各々改正함

○部達第五十七號

遞信局 貯金管理局 郵便局

內國郵便爲替規則中左와如히改正하여西曆一九四八年八月一日부터施行함

西曆一九四八年七月二十七日

南朝鮮過渡政府遞信部長署理 朴尙玉

第十八條의二左記第一號中「八圓」을「十四圓」으로改正함

第二十條第二項及第三十一條第二項中「金二圓」을各々「金四

一一七

그림 28-1. 체신공보 부달 제56호 1948.7.27 (국내우편요금 개정) 사본

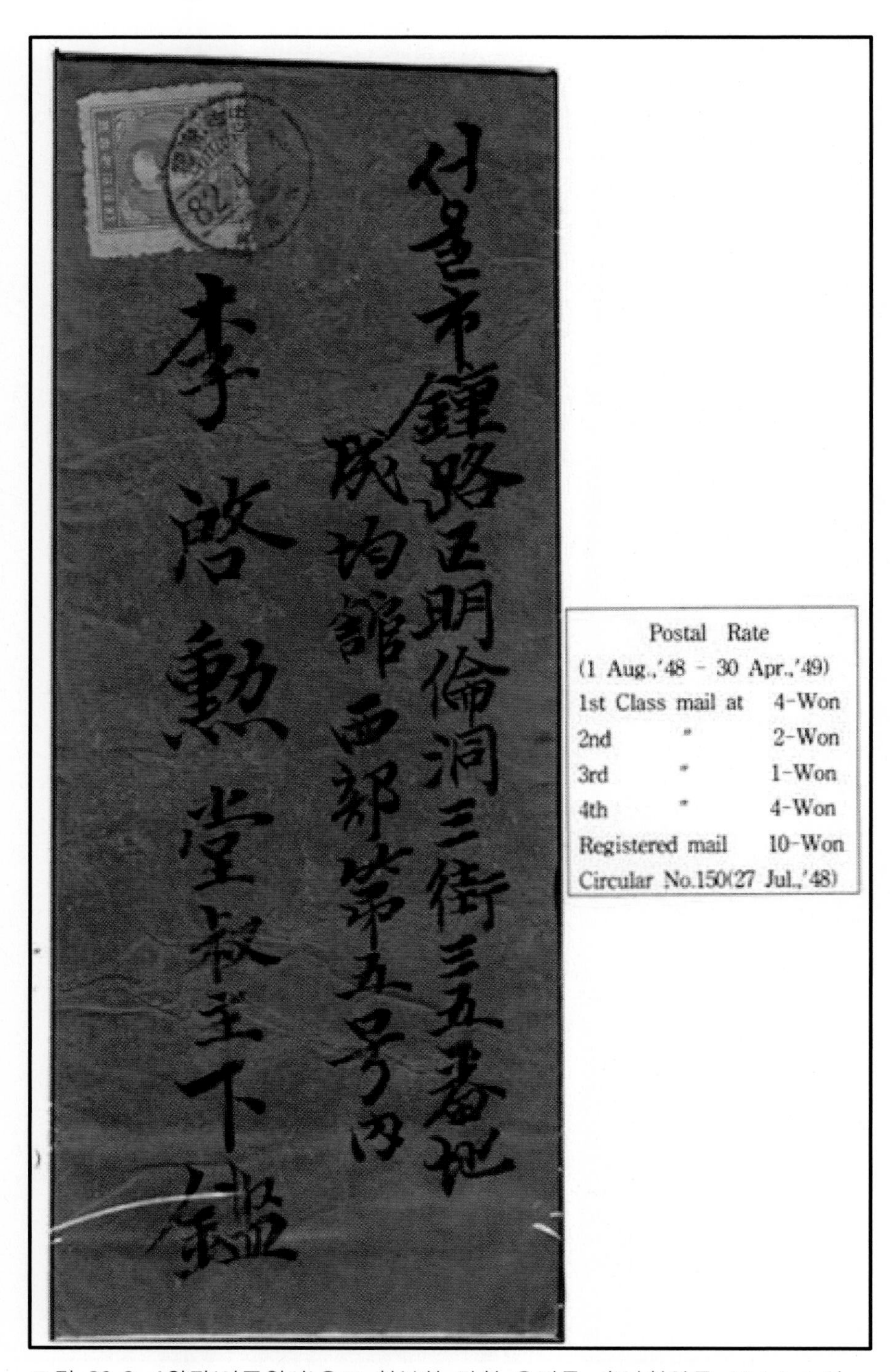

Postal Rate
(1 Aug.,'48 - 30 Apr.,'49)
1st Class mail at 4-Won
2nd " 2-Won
3rd " 1-Won
4th " 4-Won
Registered mail 10-Won
Circular No.150(27 Jul.,'48)

그림 28-2. 4원권(이준열사)우표 첩부한 단첩 우편물. 충남청양국 49.4.4 소인

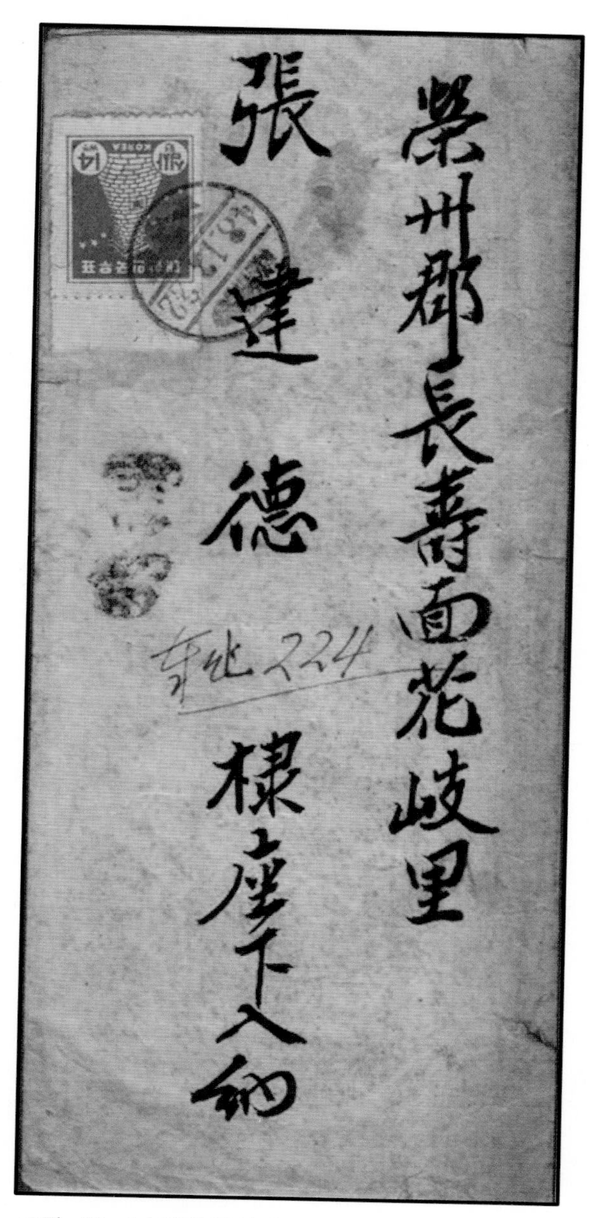

그림 29. 14원권(첨성대) 등기우표 단첩 우편물. 경북봉화국 48.12.22 소인. 담청색(淡靑色)우표는 조선서적주식회사에서 인쇄한 것이며, 농청색(濃靑色)우표는 고려문화사에서 인쇄한 것이다.

5. 한국과 외국(外國) 간 우편업무 재개(再開)

조선(대한제국)이 UPU에 가입한 것은 1900년 1월 1일이다. 일본의 강제합병 후 UPU대표권을 일본이 대리해 왔으나 일본 패망 후 대표권을 되찾은 대한민국은 직제를 개정하여 국제우편과를 신설하는 등 국제우편업무 발전을 위해 많은 노력을 기울였다.

(1) 외국과 우편업무 두절(杜絶)

1945년 8월 15일 일본이 패망하고, 한반도가 해방되었다. 이는 연합국의 승리로 의한 것으로 우리의 진정한 독립은 아니었다. 일본이 한반도를 지배하고, 1940년 대동아 전쟁을 일으키면서 일본이 점령한 곳 이외에는 외국우편물이 두절된 상태였다. 전쟁은 끝났으나 한반도는 38도선을 기준으로 남과 북으로 나뉘어 남쪽은 미국군이, 북쪽은 소련군이 점령하게 되었다. 미군이 1945년 9월 6일에 인천에 상륙하면서 남쪽에는 재조선 미국육군사령부 군정청(이하 미군정청이라 칭한다)이 설치되었다.

(2) 본국(本國) 귀환우편(歸還郵便) 실시(實施) (復員郵便 實施)

일본이 조선에 총독부를 두어 36년간 지배해 왔고, 우편은 일본과 같은 요금으로 통용되었다. 이 제도가 갑자기 단절되었지만 우리국민은 징용되거나, 강제노역에 차출되는 등 여러 가지 사유로 본국에 있는 가족과 서신연락이 필요했고, 일본도 마찬가지 상황이었으므로 먼저 일본점령 연합군 사령부에 청원하여 1945년 10월 28일(GHQ지령 SCAPIN-202호)에 귀환우편제도 실시를 승인되었다. 이로 인해 우편엽서에 한하여 우리나라와 일본간 서신왕래가 가능해졌다. 해방이후 외국간 첫 우편물 교환이라고 할 수 있다(2-3장, 그림 11 참조). 본국 귀환선이라 하여 한국의 부산과 일본의 시모노세끼간 연락선이 왕래하였고, 이를 통해 우편물을 수송했다. 우리나라의 차출(差出)우체국은 부산우체국이었으므로 부산우체국에서 일본 왕복선단에 우편물을 송수신했다. 우편요금은 해방되기 이전과 동일하여 우편엽서 요금 5전이며, 미군정청에서 민간인 서신검열을 실시하였다(그림 30. 일본에서 한국으로 보내온 실체우편물 참조).

(3) 미국과 우편업무 재개(再開)

미 군정청에서 1946년 7월 4일에 미국과의 우편업무를 재개하였다. 이로써 미국과 만국우편조약에 준(準)하는 우편업무를 일부분이지만 시행하게 되었다. 재조선미육군사령부 군정청 체신부는 조선과 미국간 우편사무 재개에 관한 체신부령 제3호를 1946년 7월 4일(Communication Order No.3)에 발포(發布)하여 시행(그림 31-1)하였다. 그 내용을 보면 서장, 우편엽서, 인쇄물(일반인쇄물, 정기간행물 및 서적을 포함한다.)에 관하여 우편사무를 재개하고, 미국본토 기 영토 또는 소속도서를 포함하여 만국우편연합규정에 따라 시행한다. 서유(등기), 속달, 대금인환은 접수하지 않으며, 요금에 있어서 서장은 단위는 20g에 10원, 20g을 초과하여 매 20g마다 10원 (크기; 가로 세로 높이를 합하여 90cm. 단 최장 60cm를 초과 못함) 을 추가하게 된다.

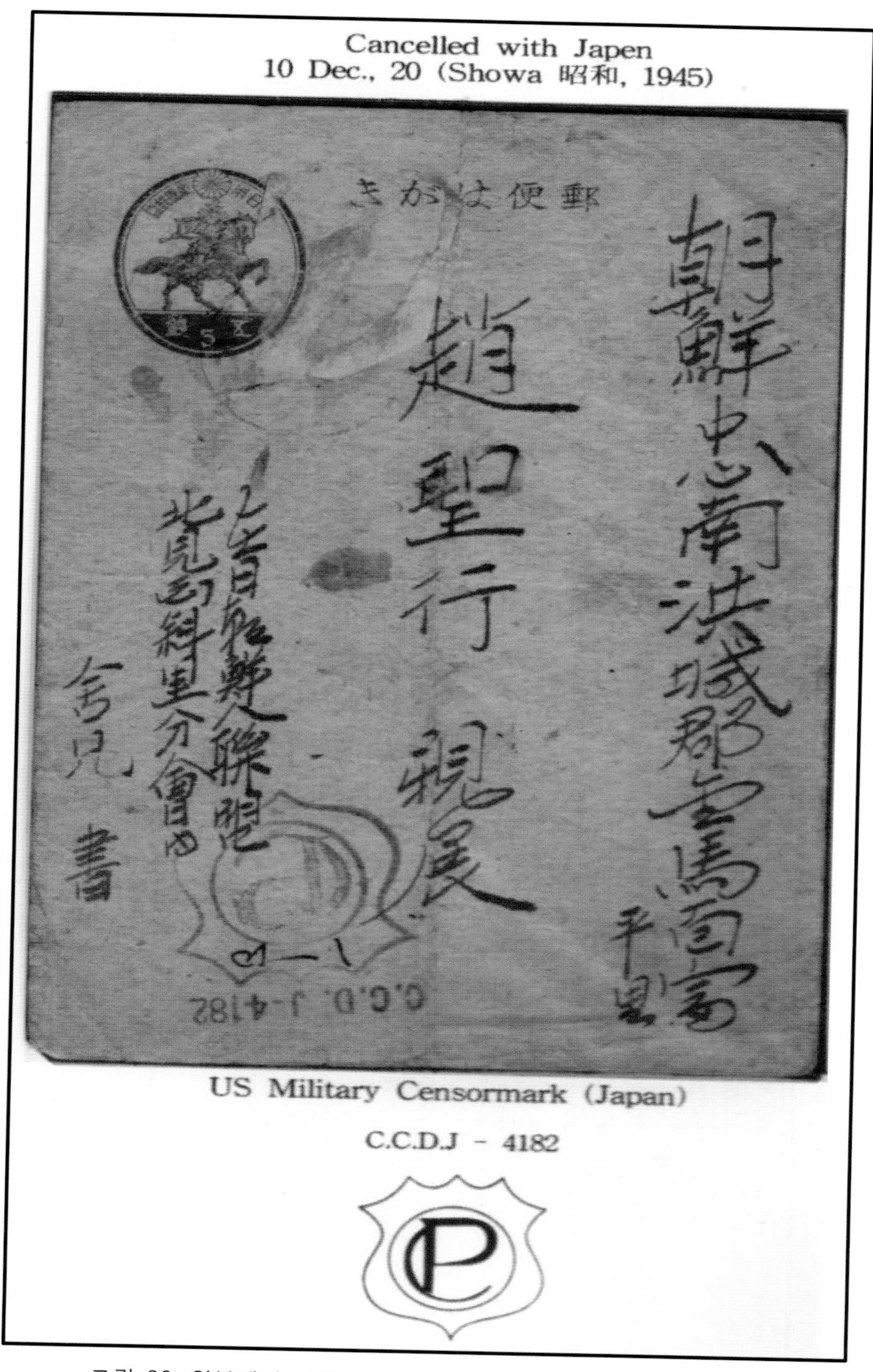

그림 30. 일본에서 한국으로 보내온 본국귀환 우편엽서 실체

우편엽서의 통상엽서는 6원, 왕복엽서는 12원(크기는 최대 10.5cm×15cm, 최소 7cm×10cm)이었다. 인쇄물은 중량단위 50g에 10원이며, 50g마다 10원이 추가되고, 무게는 2kg까지(서적 각 책별로 차출하는 것은 3kg), 크기는 서장과 동일했다. 양국 중 우편물 금지품은 취급할 수 없으며, 주소와 이름은 영어를 사용해야 했다. 미국과 우편 업무 재개에 관하여 1946년 7월 15일자 체신공보에 수록된 사항을 보면 경성국 지급사무국보 제223호(1946.7.3)와 관련하여 통 제 259호(1946.7.15)에 조선 미국 간 우편업무를 재개하게 되어 우선 전보로 통첩하였으며, 그 내용은 아래와 같다.

종별	금액	중량	견양
서장	20g까지 10원 20g마다 6원	2kg	가로, 세로, 높이를 합하여 90cm, 단 한 면이 60cm초과 할 수 없음. 원형인 경우 길이와 지경의 2배를 가하여 100cm, 단 길이가 80cm 이하에 한함.
우편엽서	통상 6원 왕복 12원		최대한 15cm × 10.5cm 최소한 10cm × 7cm
인쇄물	50g마다 10원	2kg (서적 단책에 대하여 3kg)	서장과 동일함.

*우송금지 물건은 우편편 하권 제7류 우송금지물건 및 우편편 상권 우편규칙 제17조 참조. 상대지역은 미국본토, 기속지(其屬地) 및 소속도서이다. 집중국은 경성중앙우편국에 차입하여 인천우편국을 경유하고 인천항에서 미국선(美國船)에 탑재하였다.

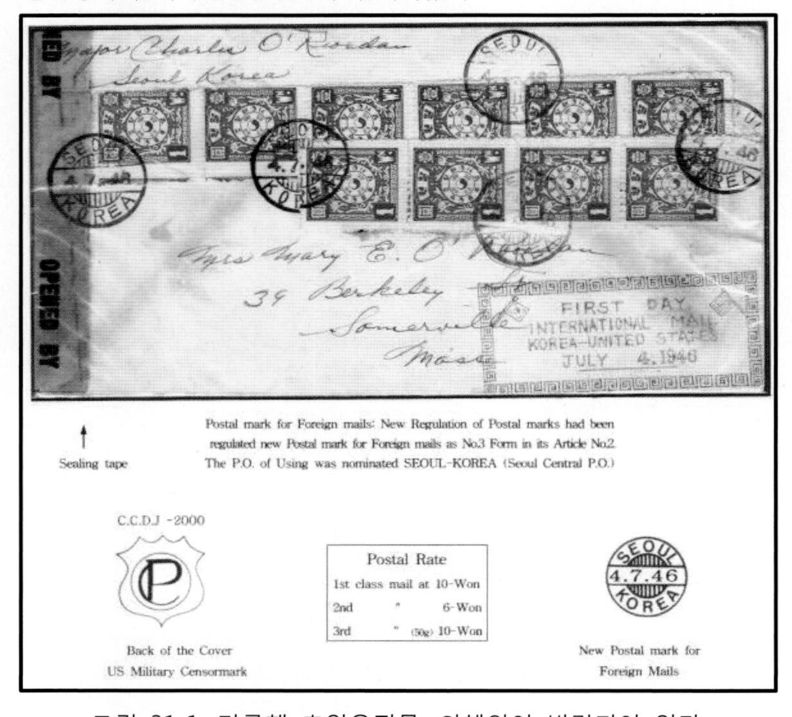

그림 31-1. 미국행 초일우편물, 외체인이 변경되어 있다.

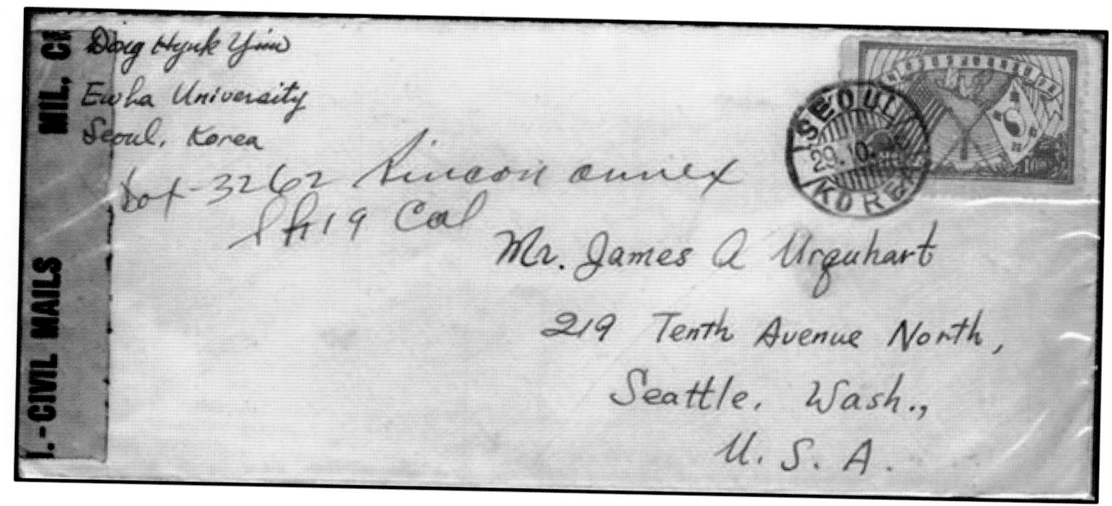

그림 31-2. 조미간 우편재개 기념우표를 첩부한 실체

조미간 우편물 교환 재개를 기념하기 위한 기념우표를 1946년 9월 9일 발행(부달 제23호; 46.8.31)하고, 기념통신일부인을 경성중앙우편국에서 사용(부달 제22호; 46.8.31)하였다. 이 기념우표 판매는 경성중앙우체국 외 18개국이었다(통 제324호; 46.8.31).

요금 미납 및 요금부족 우편물 취급을 1946년 9월 20일부터 개시하였다(통 제372호; 46.9.24). 미 환율은 200:1로 하고, 부족액의 배를 부과하였으며, 외국우편물 교환국은 징수액을 산정하여 우편물하단에 날인, 기입하여 배달시에 부족액을 징수토록 했다.

(4) 통신일부인(通信日附印) 변경사용(變更使用)

통신일부인 규정에 의하여 일부인이 사용되어 왔다. 해방된 이후에 연도 표기를 소화연호에서 서력기원으로 변경하여 사용했으나 외체인은 부달 제2호(1946.8.1)에 의거 통신일부인규정 제2조 제3호 양식을 변경하여 1946년 7월 4일부터 실시했다. 따라서 외체인이 KEIZYO-TYOSEN에서 SEOUL-KOREA로 변경되어 사용하였다(그림 31-1 참조).

통신일부인의 서기연호를 사용한 것은 미군정청의 시작과 동시에 서력연호를 사용하게 되었으나 통신일부인의 소화20 연호를 갑자기 교체할 수 없어서 1945년 10월 19일(통 제239호) "통신일부인 연활자 개정에 관한 건"으로 서기연호를 사용하고 통신일부인에 사용할 활자는 제조하여 별도 배부한다고 하였다. 또 1946년 1월 7일(통 제3호)에는 일부인 활자 재조 등의 사유로 지연되면서 우선 "20"을 마삭(磨削)하여 사용하였다(그림 8 참조).

通第259號 (46. 7. 15)

美國과 郵便業務 再開에 關한 件

(7月3日 京城局 至急 事務局報 第223號 關聯)

7월4일부터 조선 미국간 우편업무를 재개하게 되어 우선 전보로써 업무내용을 통첩 하온바 좌에 관계 사항 재록 하오니 숙독 연찬하여 취급상 유감없음을 기 하시압.

記

A. 조선을 발하여 미국에 도착하는 우편물.

1. 종 별

서장, 엽서, 인쇄물(보통 인쇄물, 정기간행물,서적) 보통 통상우편물에 한함.

2. 요금 급 중량, 용적

종 별	요 금	중 량	견 양
서 장	20g까지 10원 이상20g마다 6원	2kg	장,폭 급 후를 합하여 90cm,단 장은 체대60cm를 초과치못함. 원형인시는 장과 직경의 2배를 가하여 100cm, 단 최대 장은 80cm에 항함.
엽 서	통상 6원 왕복 12원		최대한 장 15cm. 폭 10.5cm 최소한 장 10cm. 폭 7.7cm
인 쇄 물	50g마다 10원	2kg(서적단책에 대하여 3kg)	서장과 동일함.

3. 우편금지 물건 (郵便編下卷 제7류우송금지물건 及 우편편상권 우편규칙제17조참조)
4. 상대지역 ; 미본토, 기속지 급 소속도서
5. 우편물의 행선 ; 영어로 기입할 것.
6. 기타 취급에 대하여서는 만국우편조약규정에 의함.
7. 집중국 ; 인수우편물은 경성중앙우편국에 차입할 것. 경성중앙우편국에서는 차를 일괄하여 인천우편국 경유 인천항으로부터 미국선에 탑선함.

B. ------(용지 훼손으로 1~3항 없음)

※(주의) 1봉도의 환산율은 453g 즉 120 에 해당함.

4. 소포의 표기사항

소포 급 救濟稅關 고지서에는 발송인이 소포의 내용, 가격 급 饋物小包라고 명백히 표기함.

5. 불능배달소포의 처치

배달불능소포는 발송인에게 반송하지 않고 공인 조선인 구제소에 인도함.

6. 기타 : 外國貿易課의 수출에 관한 규정은 조선에 보내는 소포에도 적용함.

그림 31-3. 통 제259호(46.7.15). 미국과 우편업무 재개에 관한 통첩사본

(5) 필리핀(比律賓)공화국과 우편업무 재개(再開)

조선과 필리핀공화국간 우편업무 재개를 1946년 10일 20일(체신부령 제4호; 1946.10.14)부터 시행하며, 서장, 엽서 및 인쇄물(정기간행물, 서적을 포함)을 만국우편연합규정에 의하여 취급하되 서유우편, 속달우편, 대금인환우편은 수부(受付)치 아니하였다. 양국 간의 우편금제품은 우송치 못하며, 주소와 성명은 영어로 기입하여야 했다. 접수우편물 집중국은 경성중앙우편국에 차입(差入)되고 요금용적 등은 아래와 같다(통제406호; 1946.11.2).

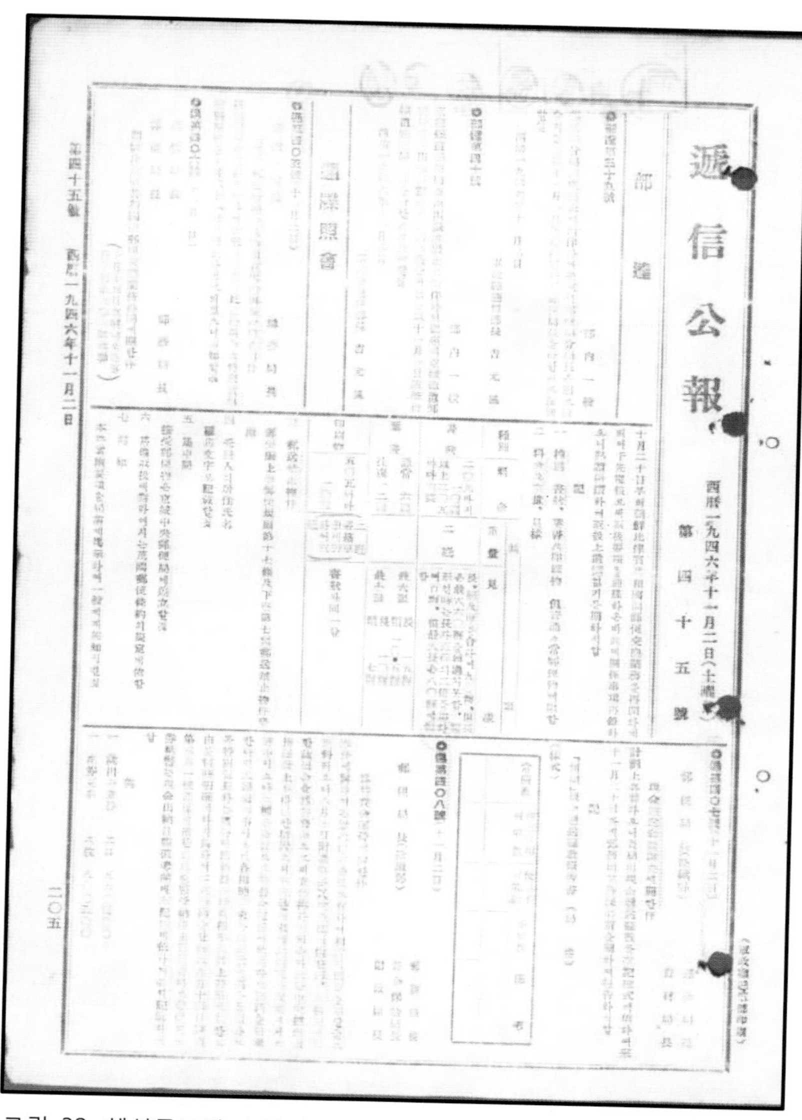
遞信公報

西曆一九四六年十一月二日(土曜)

第四十五號

部達

國際照會

第四十五號　西曆一九四六年十一月二日

二〇五

그림 32. 체신공보에 수록된 필리핀과 우편업무 재개에 관한 통첩사항

종별	요금	중량	견양
서장	20g까지 10원 20g마다 6원	2kg	가로 세로 높이를 합하여 90cm, 단, 한 면의 길이가 60cm. 원통은 길이와 직경의 2배를 가하여100cm, 단 길이가 80cm에 한함.
엽서	통상 6원 왕복 12원		최대한 크기 15cm × 10.5cm 최소한 크기 10cm × 7cm
인쇄물	50g마다 10원	2kg, 서적단책 3kg	서장과 동일함.

(6) 일본과 우편업무 재개(再開)

한국과 일본은 해방된 이후 우편물 왕래가 두절되었다가 임시조치로 본국 귀환우편이 1945년 10월 28일부터 시행되어 왔다. 이를 정식으로 우편교환업무를 시행하게 되어 1946년 11월 20일(체신부령 제5호; 46.11.1)부터 재개되었다. 따라서 본국귀환우편업무는 폐지하고 모든 본국귀환우편은 국제우편으로 취급하게 되었다. 그 내용을 보면 우편엽서에 한하여 취급하게 되었다(통 제435호; 46.12.6).

○ 통제435호(1946년12월6일)

체신국장
우편국장　　　　　　　　　　　　　　우무국장

조선 일본간 우편업무 재개에 관한 건

(11월16일 경성국 지급 사무국보 제243호 관련)

11월20일부터 조선, 일본간에 정식으로 우편교환업무를 재개하게 되어 우선 전보로 기 취급요령을 통첩하온바, 좌에 관계사항을 재록하오니 熟讀硏鑽하여 취급상 유감 없기를 기하시압.

記

一. 종별

가) 통상엽서 及 왕복엽서에 한함.

나) 기외에 일본으로부터 연합군 최고사령부의 허가를 득한 과학적,전문적 간행물을 조선으로 발송할수있음.

二. 요금 及 견양 :

종별	요금	견양
통상엽서	1원	최대한 장 15 cm 폭 10.5 cm
왕복엽서	2원	최소한 장 10 cm 폭 7 cm

三. 엽서의 수발인 거주씨명 及 통신문

조선어, 중국어, 영어, 불어, 노어, 서반아어 及 일본어로 기재하되 가정적 사신에만 한함.

四. 요금미납 及 부족우편물 : 요금미납 及 부족우편물은 가급적 접수치 말 것.
(해당 우편물이 유할 시는 발신(인)에게 환부하여 요금을 완납하도록 종용할 것)

五. 교환

교환국은 부산국으로 지정되었으니 각국에서는 접수우편물을 동국에 발송(차입) 할 것. 부산국에서는 일본의 교환국인 「博多」로 체결하며, 발송우편물은 조선 선박 또는 미국 선박에 의하여 체송 함.

六. 復員 우편업무의 폐지 : 1945년 10월 28일 인가된 복원우편업무는 폐지하고 일본군대 及 일본국민의 복원에 관한 (공문서를 포함함) 모든 복원우편은 국제우편으로 취급함.

七. 기타취급 방법 : 만국우편조약의 규정에 의함.

八. 종래규정의 정리 : 종래(日政時代) 조일간 우편업무에 관한 규정류는 필요부분을 제외하고는 소멸될 것으로 차는 추후 체신공보에 발표할 위계임.

九. 주지 : 본건 실시요령을 국전에 게시하여 일반에 주지케 할 것.

그림 33-1. 체신공보에 수록된 통첩 내용을 사본함.

종별	요금	크기	견양
우편엽서	통상엽서 1원 왕복엽서 2원	최대한 크기 15cm × 10.5cm 최소한 크기 10cm	수발인의 언어는 조선어, 중국어, 일본어, 영어, 불어, 노어, 서반아어.

요금 미납과 부족은 접수하지 않고, 접수된 우편물은 부산우편국으로 발송하여 일본행 조선선박 또는 미국선박에 선적하였다. 기타 취급 방법은 만국우편조약의 규정에 의거하여 처리하였다.

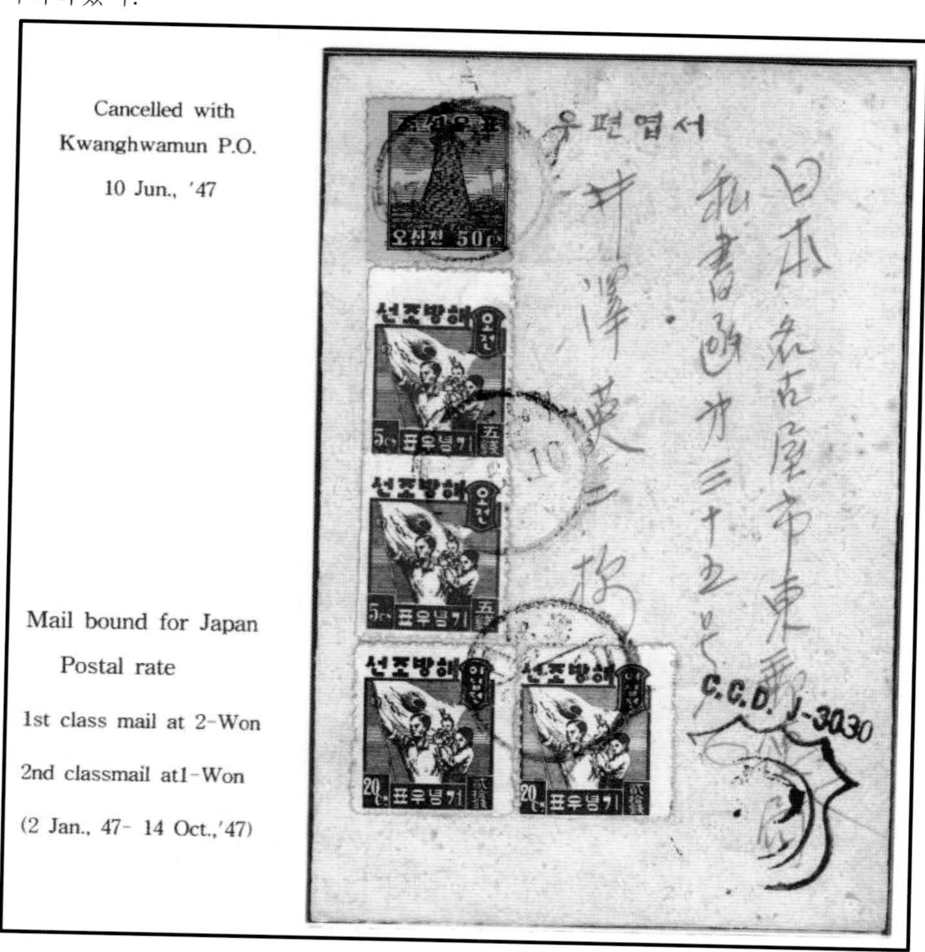

그림 33-2. 일본행 우편엽서 실체

(7) 중국과 우편업무 재개(再開)

1946년 12월 10일(체신부령 제6호; 46.11.30)부로 조선에서 중국에 대한 서장, 엽서, 인쇄물(정기간행물 및 서적을 포함)을 만국우편연합의 규정에 의하여 취급하고, 서유우편, 특별배달, 대금인환우편은 취급하지 않았다. 중국으로부터 일방적 기증 소포는 취급하며 중량 5kg를 초과 못하고, 부패되지 않는 음료품, 의류, 의약품, 구제물품에 한하며,

각 소포신고서에 “기증소포(寄贈小包)”라고 기입해야 했다. 우송 금지물품은 우편규칙 제17조에 의거하여 적용되었고, 통신문은 조선어, 중국어, 영어. 불어, 노어, 포루투갈어, 서반아어, 일본어로 했다. 접수된 우편물은 경성중앙 우편국에 발송해야 했다 (통 제448호; 1946.12.20).

종별	요금	중량	견양
서장	20g까지 2원 20g마다 2원	2kg	가로 세로 높이를 합하여 90cm. 원통은 길이와 직경의 2배로서100cm 단 길이가 80cm를 초가하지 못함.
엽서	통상 1원 왕복 2원		최대크기 15cm × 10.5cm 최소크기 10cm × 7cm
인쇄물	50g마다 2원	2kg 서적. 단책은 3kg	서장과 동일함.

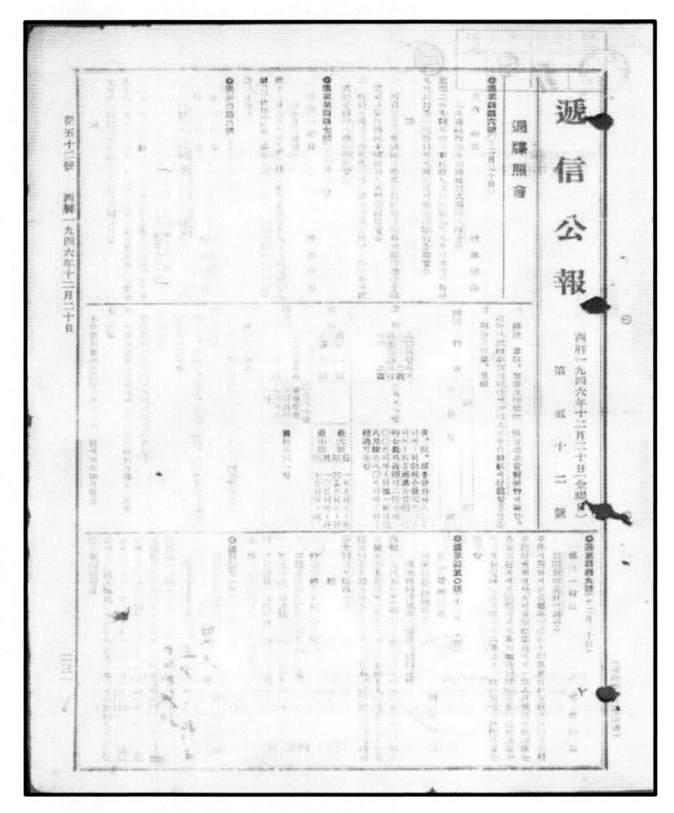
遞信公報
西紀一九四六年十二月二十日
第五十二號

그림 34. 중국과 우편업무 재개에 관한 통첩사본

(8) 국제우편사무의 재개(再開)

세계 각국과 우편업무를 1947년 1월 2일(체신부령 제7호 1947.2.14)부터 재개하였다. 이는 미국, 필리핀, 일본, 중국과 상호협약으로 우편을 재개했으나. 이를 폐지하고 세계 각국간 만국우편사무를 교환하게 된 것이다. 이의 재개는 1939년 5월 23일자로 부에노스 아이레스의 미국우편연합의 약정, 특히 그 약정 제112조 내지 제125조에 규정된 봉서, 우편엽서, 업무용서류, 간행물 상품견본, 소형포장물은 약정 및 조건에 의하여 상호간에 우편사무를 취급하는 걸 따랐다. 다만 조선과 중국 및 일본간은 우편사무협정에 따랐다(체신부령 제8호 중국, 체신부령 제9호 일본국; 1947.2.14).

세계 각국과의 우편업무 재개에 따라 1947년 1월 28일(경성국지급사무국보 제213호) 전문으로 통보되어 1947년 2월 25일(통 제33호; 1947.2.25, 그림 35-1)에 그 세부내용을 통첩하였다.

종별	중량 및 기타	각국 요금	중국	일본
서장	20g 까지/그 단수마다	10/6원	2원	2원
우편엽서	통상엽서/왕복엽서	6/12	1/2	1/2
업무용서류	150g/50g마다	10/3	10/3	
인쇄물	50g마다	3	3	
맹인용 점자	1,000g 마다	2	2	
상품견본	100g까지/50g마다	5/3	5/3	
소형포장물	300g까지/50g마다	30/5	30/5	

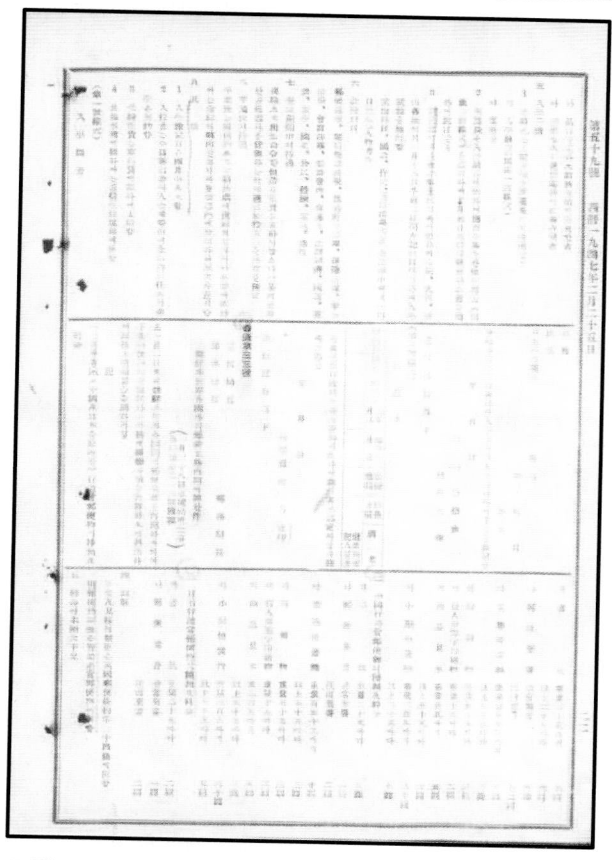

그림 35-1. 세계 각국과의 우편업무 재개에 따라 그 세부내용 통첩

그림 35-2. 우편엽서요금 6원 말소인 48.1.30됨, 반송인 48.2.26

요금미납, 부족우편물은 당분간 인수하지 말고, 통신문의 용어는 조선어, 영어, 불어, 중국어, 포투갈어, 노어, 서반아어, 일본어에 한했다. 우송금지물건은 우편편상권 우편규칙 제17조, 우편편하권 제7류 우송금지물건이었다. 인수우편물의 일본행은 부산우편국, 기타 국가행은 경성중앙우편국으로 발송하고, 이외의 취급은 만국우편조약 규정에 의거 처리해야 했다. 국제우편사무를 재개함으로서 통 제259호(미국), 통 제406호(필리핀), 통 제435호(일본), 통 제448호(중국) 통첩은 자연 소멸되었다.

세계 각국간 우편물 교환(만국우편물 교환이라 한다)이 1947년 1월 2일 시작된 이후에 이를 기념하기 위하여 통신일부인을 8월 1일부터 15일까지 사용하고(부달 제82호; 47.7.15), 기념우표를 8월 1일부터 발매하였다(부달 제81호; 1947.7.15).

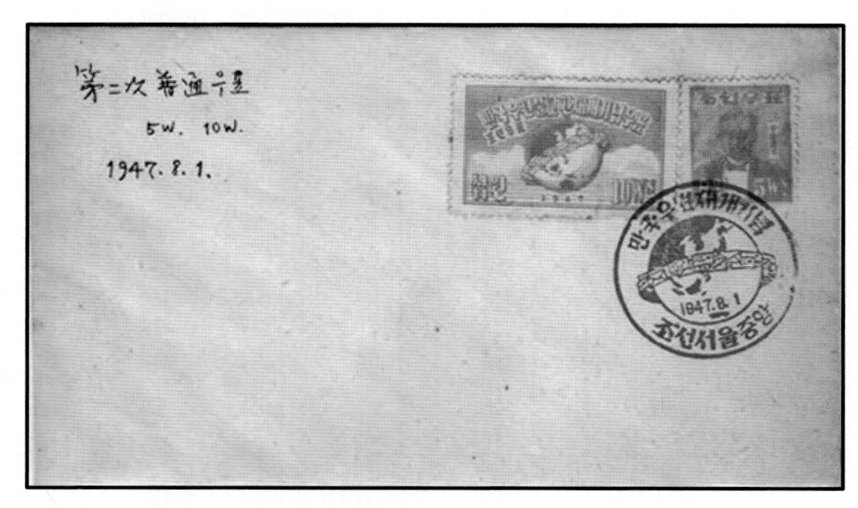

그림 35-3. 만국우편 재개기념우표와 통신일부인 사용 (47.8.1-45.8.15)

(9) 국제간 서유(등기) 우편업무 재개(再開)

각종 우편물은 서유로 할 수 있다. 1947년 6월 1일(남조선과도정부 체신부령 제17호; 1947.5.19)부터 시행하며, 서유우편물의 분실, 훼손, 과오를 방지함을 요한다. 다만 현재에 있어서 분실, 지연 혹은 수취인에게 완전한 상태로 송달치 못함에 대하여 배상을 지불하지 않는다(통 제146호, 통 제147호; 1947.6.7). 요금미납, 부족우편물은 취급하지 않았다.

*요금;	서유우편 요금	20원
	배달증명료 (차출시 청구)	15원
	배달증명료 (차출후 청구)	20원

참고로 국제간 서유우편업무 재개 이전에 미국에서 서유통상 우편물을 취급하게 되어 도착한 우편물은 외국우편취급 제65조의 5, 제308조, 제318조에 의하여 처리하고, 배달불능우편물은 서울중앙우편국으로 송부하여 보관토록 하였다(통 제80호; 1947.4.8.). 그리고 남조선과도입법의원에서 남조선과도정부라 호칭했다(법령 제141호; 1947.5.17. 참조).

(10) 조미(朝美) 항공우편 재개(再開)

조선과 미국의 항공우편업무를 재개하여 1947년 8월 5일에(체신부령 제18호) 시행했다. 우편종류는 서장, 우편엽서, 인쇄물, 업무용 서류, 맹인용점자인쇄물, 상품견본에 한하며, 서유와 배달증명의 특수취급을 했다. 다만 분실, 지연, 주소불명 등으로 발생한 손해는 배상하지 아니하며, 항공우편물은 창구접수를 원칙으로 하고, 이를 서울중앙우편국으로 송부하여야 하며 외국항공우편물의 수도국(受渡局) 역시 서울중앙우편국이다. 이외의 특이 사항으로 업무적 재정적 또는 상업적 통신문은 미군정청에서 인가한 것을 제외하고는 사실의 확인 또는 소식의 교환문에 제한했다. 기타취급방법에 대하여는 만국우편조약 규정에 의했다(통 제194호; 1947.7.30.).

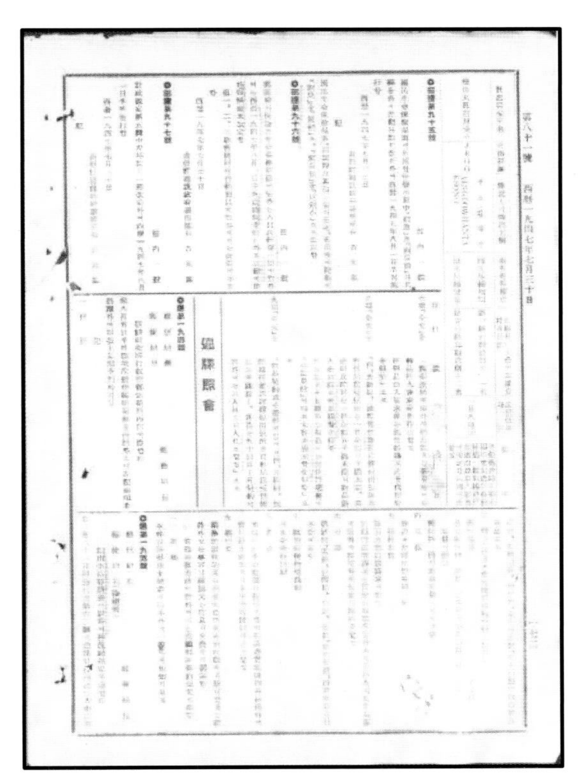

第八十一號 西紀一九四七年七月三十日

그림 36-1. 통 제194호(47.7.30). 조미간 항공우편 업무 재개에 따른 업무를 통보됨.

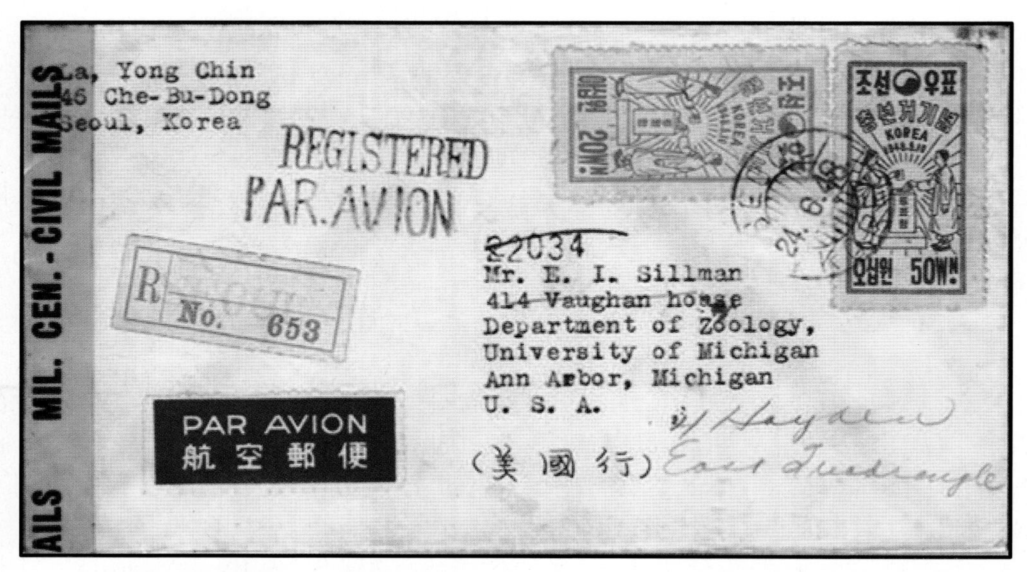

그림 36-2. SEOUL- KOREA 48.6.24. 조미간 항공등기 실체우편물 적정요금 70원

우편요금

* 서장, 업무용서류, 인쇄물, 맹인용점자 인쇄물, 상품견본 10g마다 50원
  (1kg을 초과할 수 없음. 가로·세로·높이를 합하여 90cm, 원통길이와 직경의 2배가 100cm를 초과하지 못하며, 한 면의 길이가 최대 80cm)
* 우편엽서 (최장 15cm×15cm, 최소 10cm×7cm) 50원
* 서유우편물 (우편요금에 더한다) 20원
* 도착증 청구료 (발송시 청구) 15원
* 도착증 청구료 (발송후 청구) 20원

(11) 세계 각국 간 항공우편업무 개시(開始)

1941년 12월 8일 일본이 태평양전쟁을 일으키면서 국제항공업무는 완전히 두절되었다. 1947년 8월 5일 조미간 항공업무를 재개하고(체신부령 제18호; 1947.8.5) 약 2개월 후 10월 1일(체신부령 제19호; 1947.10.1, 통 제245호 1947.10.10)부터 세계 각국과 항공우편업무를 재개(이하 만국항공우편 재개라 함)하며, 만국우편조약 제33조에 따라 서장, 우편엽서, 업무용 서류, 인쇄물, 맹인용점자인쇄물, 상품견본 등 우편에 한하여 항공우편을 개시하였다. 다만 일본행 우편물에 접수를 금지하는 사항이 있었으며(통 제245호; 47.10.10, 그림 37-1) 그 내용은

1) 통화, 小切手, 手形, 지불명령서 또는 신용 및 재정적 증서의 양도에 관한 통신문.
2) 위임장, 대리권, 지령 및 외국의 재정을 교환 또는 개변(改變)에 관한 SCAP(연합군 최고사령관) 규정을 위반할여는 일본인의 외국 소재 재산의 변경 양도 또는 가탁(假託)에 관한 통신문.

3) 서적, 논설, 각본, 음악, 영화 등의 번역, 개판, 연주, 미허가(未許可) 중인 신안특허 또는 판권에 관한 통신문을 승낙하거나 양도하는 통신문
4) 악보와 음악의 지엽(紙葉)
5) 신문 또는 작품의 원고
6) 소송수속 서류
7) 정부 장교에 의한 각 종류의 서류
(주) 사진, 제도, 지도, 모형, 도안 및 형록(型錄) 등은 무방함.

항공우편요금은 보통통상 우편료와 항공료를 포함한 것이며 10g 또는 그 단수마다.
1) 중국, 일본 및 구류열도 ---------- 20원
2) 서부아시아(아프카니스탄, 이란, 이락, 사우디, 시리아, 터키) ---------- 60원
3) 홍콩, 인도, 필리핀, 보루네오, 네팔 등 5개국 ---------- 40원
4) 캐나다, 미국, 멕시코 등 1개국 ---------- 50원
5) 중앙아메리카 10개국, 서부인도제도 등 ---------- 60원
6) 남미주 11개국 등 ---------- 70원
7) 호주, 뉴질랜드 및 영령제도 ---------- 50원
8) 서구라파 25개국 ---------- 90원
9) 아프리카 ---------- 100원

최고 중량은 1kg이며, 가격표기, 별배달 또는 대금인환우편은 취급하지 않았다.
특수취급 우편으로 서유우편료 ---------- 20원
도달증 청구료 (발송시) ---------- 15원
도달증 청구료 (발송후) ---------- 20원

세계 각국과 우편금지 제품에 해당한 것은 우편물로 취급하지 않았다. 체신용어는 조선어, 중국어, 영어, 불어, 노어, 일본어 포르투갈어, 서반어에 한한다. 수도국(受渡局) 및 집중국(執中局)은 서울중앙 우편국이었다. 항공우편물의 체송요금은 군정청의 승인을 얻어 미국달러로 결재하거나 체신기관의 선택에 의하여 재조선 미군정청 소정의 대미군표 환산율에 기하여 조선통화로 지불했다. 그 외에는 만국우편조약 항공체송규정에 의해 취급했다.

만국항공우편 재개에 따라 기념우표를 1947년 10월 1일 발행(부달 제121호; 1947.9.30)하고, 기념 통신일부인(부달 제120호; 1947.9.30, 그림 37-2)을 10월 1일부터 15일까지 서울중앙우편국에서 사용하였다.

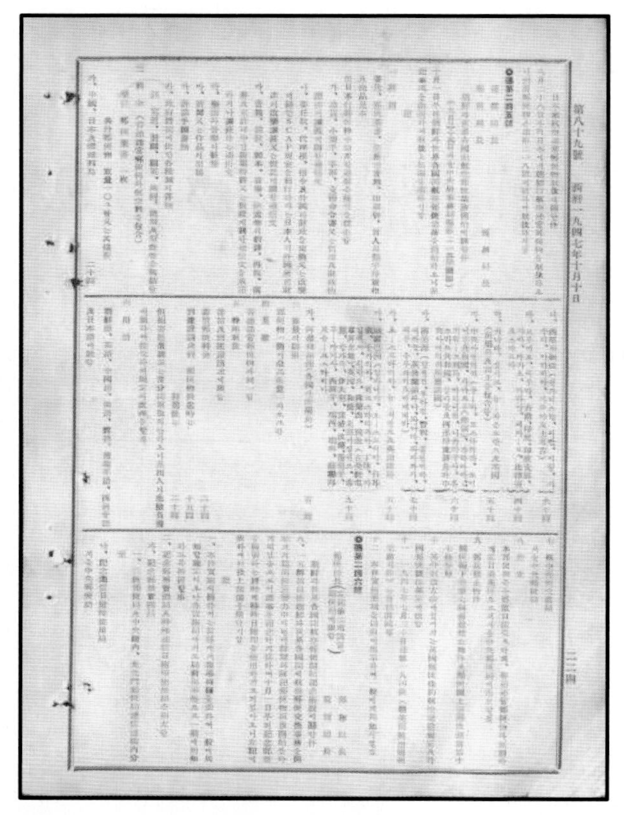

그림 37-1. 통 제245호(47.10.10). 세계 각국간 항공 우편업무 개시에 따른 업무에 관한 건

그림 37-2. 기념일부인 실체 (서울중앙 47.10.2)

(12) 조선 중국간 우편업무의 요금 및 일반조건

1947년 2월 14일 체신부령 제8호로 조선과 중국간 우편업무의 요금 및 일반조건에 관하여 규정하고 있으나, 1947년 10월 15일 이후 체신부령 제7호(1947.2.14 국제우편업무 재개)에 규정된 바와 같이 적용한다.

(13) 조선 일본간 우편업무

조선 일본간 우편업무에 관하여 특수적 조건을 규정한 이 규정을 1947년 10월 15일 체신부령 제23호로 시행함과 동시에 체신부령 제9호는 폐지되었다.

우편의 종별은 봉서, 엽서, 업무용 서류, 인쇄물, 맹인용점자인쇄물, 소형 포장물 및 상품견본은 조약의 규정에 의하여 연합군총사령관이 제한한 일본 내에서 배달되는 우편물을 발송하였다(체신부령 제23호; 1947.10.15).

1) 봉서 및 엽서

* 개인과 가족통신의 봉서와 엽서

* 상업, 재정, 통상, 취인(取引)등에 관한 통신은 아래사항을 제외한다.

가. 通貨, 小切手, 手形, 支拂命令書, 그 외 신용 혹은 재정적증서를 양도하는 통신문

나. 조선의 對外國 換金 및 外國 貿易統制에 있어서 미국정청 및 연합군 총사령관의 규약을 배반하고자 하는 통신문.

다. 서적, 논설, 각본, 음악, 영화 또는 기타통지와 표현 등의 매개물에 관하여 번역, 전재, 연주 또는 기타권리를 승낙하거나 양도하는 통신문 및 해당관청의 허가 없는 특허 또는 판권에 관한 통신문.

2) 업무용서류

만국우편연합조약의 규정에 의하여 아래사항을 제외한다.

가. 악보와 악보의 원고

나. 신문 또는 작품의 원고

다. 법적 수속에 관한 전 서류.

라. 관리의 기초한 각종서류

3) 인쇄물

만국우편연합조약의 규정된 인쇄물의 발송은 아래 범위에 한한다.

사진, 제도, 도안, 지도, 모형, 목록.

* 조일간 우편업무 취급에 관한 건

48년 5월 1일부터 인쇄물중 신문, 잡지, 기타정기간행물, 책, 인쇄한 증명서, 사진과 사진첩, 회화, 기타각종의 인쇄물 등을 조일간 취급 교환함(통 제95호; 1948.5.6).

4) 소형포장물 및 상품견본

만국우편연합조약의 규정에 의하여 발송할 수 있다.

5) 용어

통신용어는 조선어, 중국어, 영어, 불어, 일본어, 포르투칼어, 노어, 서반아어

6) 취급치 않는 우편물

가격표기, 별배달, 대금인환 우편은 취급치 않는다.

7) 서유우편물

* 서유우편요금 20원
* 도달증우편요금 (발송시) 15원
* 도달증우편요금 (발송후) 20원

우편요금은 발송인이 조선우표를 우편발송지에서 첩부해야 하며, 서유요금은 통상 우편요금에 가산해야 한다. 서유우편물을 취급할 때에는 분실, 지체, 주소불명 등으로 발생하는 손해는 배상치 않는다.

8) 금제품

조선과 일본에서 우편금제품에 해당한 우편물은 취급치 않는다.

9) 발송

우편물은 매월 2회식 인천, 부산을 경유하여 출항선편에 의하여 발송된다.

10) 지정

일본행 우편물은 동경우편국을, 일본래 우편물은 서울중앙우편국을 각각 교환국으로 지정하며 발송은 부산, 인천을 경유한다.

11) 우편요금

* 봉서 20g까지 5원
  20g초과 기 단수마다 3원
  총중량 2kg을 초과하지 못함. 용적은 가로 세로 높이를 함하여 90cm, 최장 60cm. 권물(卷物)은 길이 및 직경의 2배를 합하여 10cm 이내
* 엽서 통상엽서 3원
  왕복엽서 6원 최대 길이 15cm, 폭 15cm
  최소 길이 10cm, 폭 7cm
* 업무용 서류 (중량단위 50g) 3원 (기단수마다 3원, 중량제한 2kg)
* 인쇄물(중량단위 50g) 3원 (기단수마다 3원, 중량제한 2kg, 서적단책 3원)
* 맹인용 점자 인쇄물 (중량단위 1,000g) 2원 (기단수마다 2원, 중량제한 7kg)
* 소형포장물 (중량단위 50g) 5원 (기단수마다 5원, 중량제한 2kg)
  접거나 또는 접지 않은 우편물은 우편엽서와 동일하게 취급.
* 상품견본 (중량단위 50g) 3원 (기단수마다 3원, 중량제한 500g)

12) 시행일; 1947년 10월 15일부터 효력이 발생함

(14) 국제우편요금 개정 (선박편)

1) 국제우편 취급요령

외국우편물의 요금을 1947년 10월 15일 개정(부달 제130호; 통 제268호)하여 시행하였다. 이를 계기로 외국우편업무의 점차광장에 대처하여 우편업무의 능률적인 운영을 도모하고 종래의 통첩을 정비하였으며, 취급요령은 아래와 같다.

① 외국우편물의 보관료 1일2원, 통관료 10원 징수.
② 서유우편물의 배상청구는 당분간 취급불가
③ 요금미납, 부족, 별납시는 사유를 부전(附箋)하여 차출인에 환부.
④ 조선어, 영어, 중국어, 불어, 노어, 포르투갈어, 서반아어, 일본어
⑤ 우표를 취체(取締)하는 사고 발생이 없도록 하고
⑥ 외국 왕복 우편엽서 반신부의 거절사례 없도록 하며,
⑦ 한 개 소포는 453kg, 가로 세로 높이의 길이 1200cm 미만.
⑧ 일본은 부산우편국, 기타외국은 서울중앙우편국 차입. 월 2회 부산항, 인천항 경유하여 발송함

위와 같이 여러 통첩을 정비하여 우편업무를 간단명료하게 하였으며, 이로 인해 아래통첩들이 소멸하게 되었다.

* 통 제253호(1946.7.10) 일본행 우편물 차입에 관한 건
* 통 제329호(1946.8.31) 미국행 우편물 접수에 관한 건
* 통 제345호(1946.9.9) 외국래 우편물에 첩부된 우표의 취체에 관한 건
* 통 제372호(1946.9.24) 요금미납 및 부족우편물취급에 관한 건
* 통 제33호(1947.2.25) 조선과 세계 각국 간 우편업무 재개에 관한 건
* 통 제137호(1947.5.31) 외국래 왕복엽서 취급에 관한 건
* 통 제139호(1947.5.31) 외국래 우편물에 첩부된 우표의 취체에 관한 건
* 통 제146호(1947.6.7) 외국행 서유통상우편물 취급에 관한 건
* 통 제147호(1947.6.7) 국제우편업무취급에 관한 건
* 통 제178호(1947.7.15) 외국행 통상우편물 취급에 관한 건

2) 국제우편요금 개정(선박편)

통용기간; 1947.10.15-1948.9.30

종별	중량 및 기타	세계 각국	일본국	비고
봉서	20g까지 가로 세로 높이 합 90cm	10원	5원	
〃	20g 마다 중량제한 2kg	6	3	
우편엽서	통상엽서 최장15cm 폭15cm	6	3	
〃	왕복엽서 소장10cm 폭7cm	12	6	
인쇄물	50g 마다 중량제한 2kg	3	3	
맹인용점자인쇄물	1,000g 마다. 중량제한 7kg	2	2	
업무용 서류	150g 까지	10	10	
〃	50g 마다 중량제한 2kg	3	3	
상품견본	100g 까지	5	5	
〃	50g 마다 중량제한 500g	3	3	
소형포장물	300g 까지	30	30	
〃	50g 마다 중량제한 2kg	5	5	
서유료	통상우편물	20	20	
도달증료	차입시	15	15	
〃	차출후	20	20	

국제우편요금을 1947년 10월 15일(부달 제130호; 1947.10.31)부터 변경하여 실시하고, 외국우편 업무의 점차확장에 대처하여 능률적인 운영을 도모하고 종래의 규정을 정비하게 된 것이다 (통 제268호; 1947.10.31).

그림 38-1. 통 제268호(47.10.31). 외국우편업무 취급에 관한 건

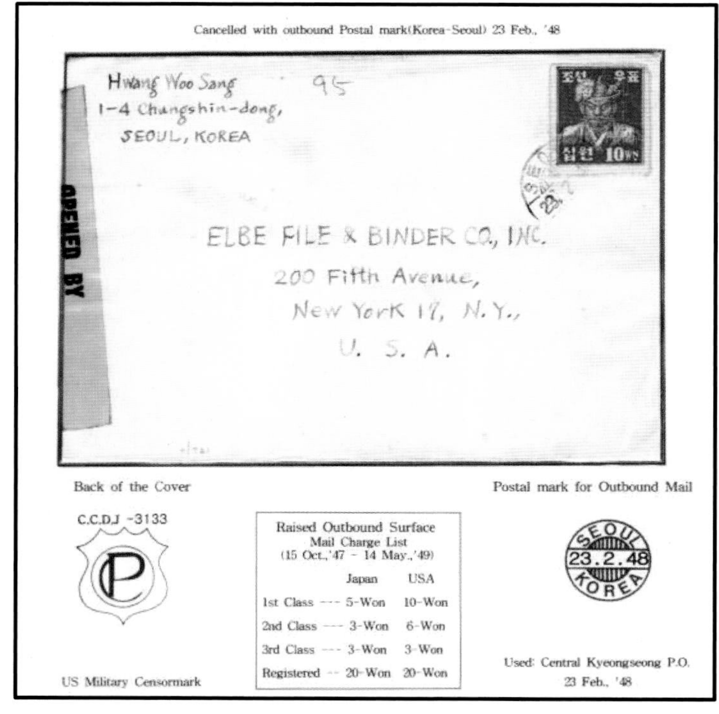

그림 38-2. SEOUL-KOREA 48.2.23 미국으로 발송된 1종 서장 우편물

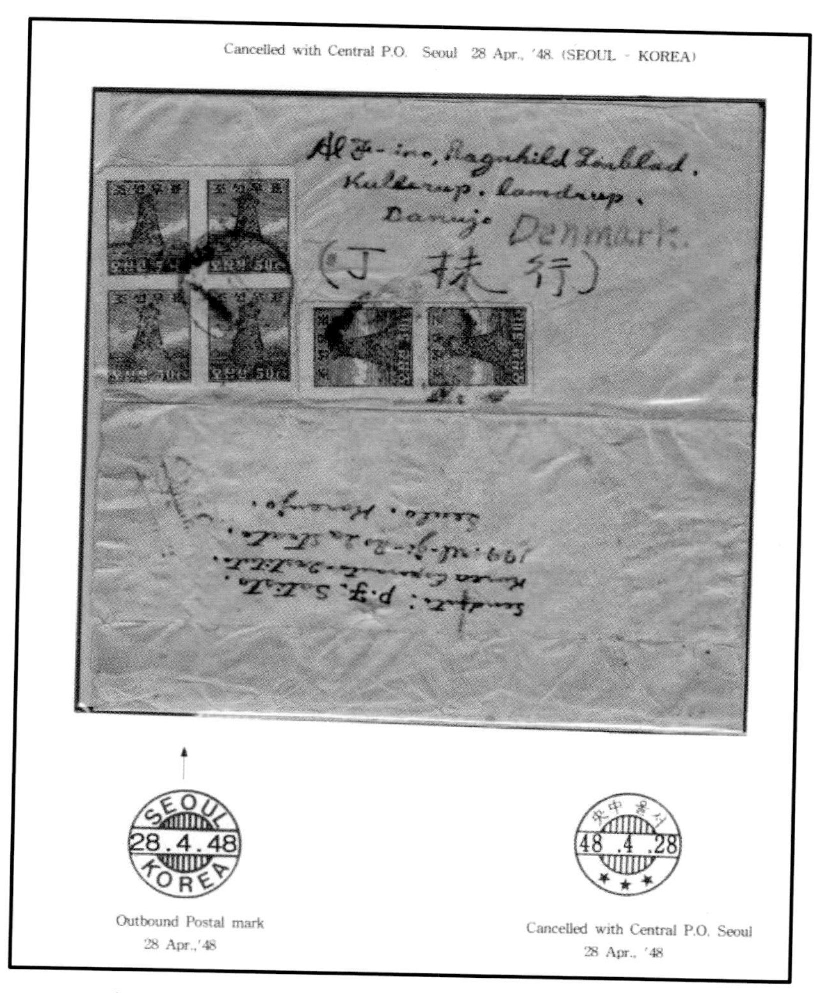

그림 38-3. 서울중앙 48.4.28. 덴마크로 발송된 인쇄물 띠지

3) 외국 소포우편물의 취급요령

외국에서 온 소포우편물에 대하여 특별조치를 시행하여 분실사고를 방지함과 동시에 취급 업무를 명확히 했다(통 제306호; 47.12.24).

가. 외국우편교환국 처리

① 외국래 소포우편물은 세관통관 후 전부를 개별로 개량하여 중량을 당해 소포 표면에 기록하고 당무자 및 입회자 날인할 것.

② 소포 포장파손 도착시 재리품(在裡品) 탈출할 정도의 것은 책임자 입회하에 재리품 내역증명서를 정,부본 작성하고 적당한 우편행낭에 납입 봉한 후 당해 소포에 소포번호, 수취인 주소 성명 및 파손소포 재중이라고 기록한 부전(附箋)을 달고 여백에 일부인을 날인할 것.

③ 외국소포는 중계국에 계송(繼送)치 말고 배달국으로 직접체절(締切)할 것.

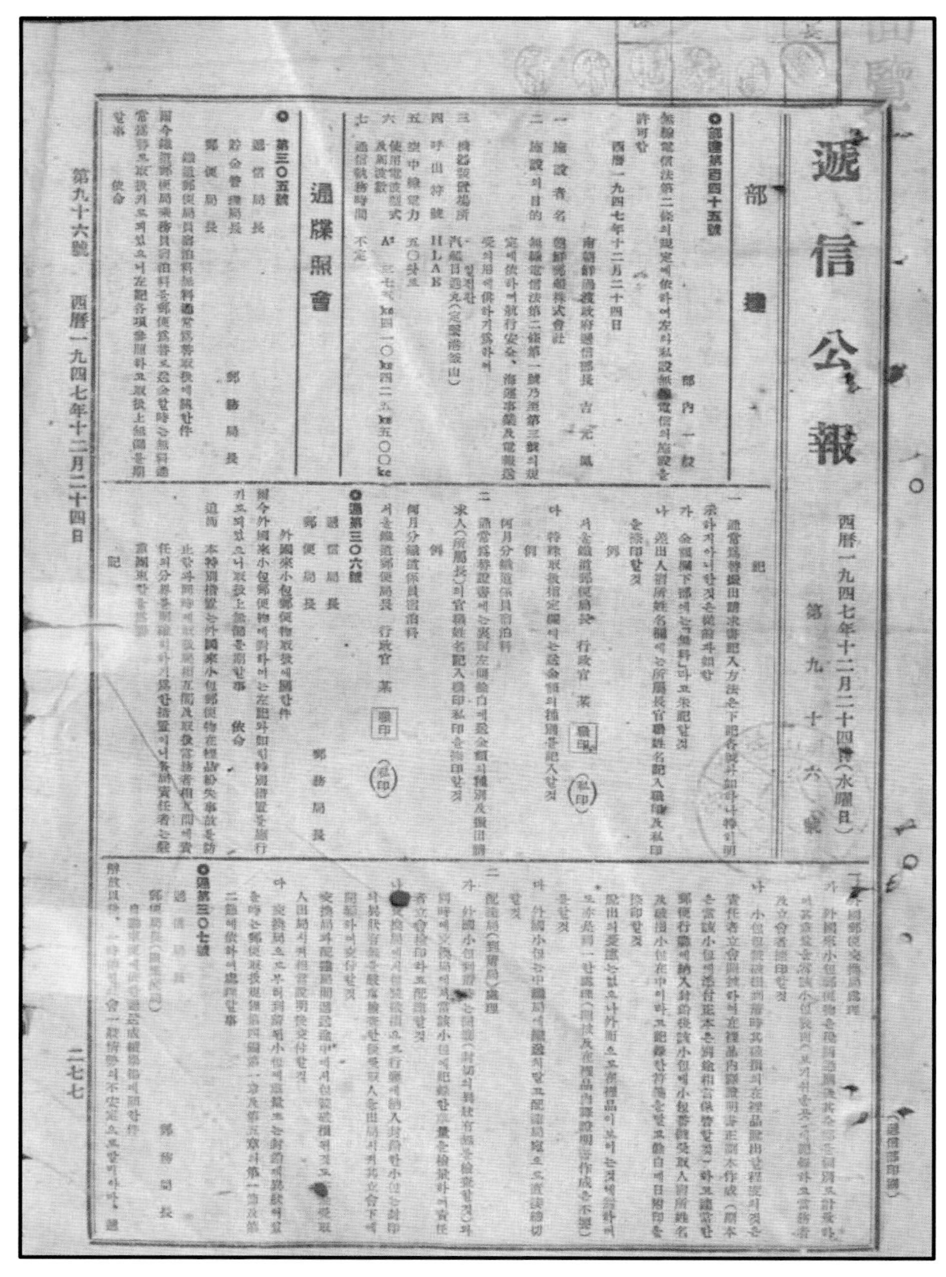

遞信公報

西曆一九四七年十二月二十四日(水曜日) 第九十六號

部令

○部達第四百四十五號

無線電信法第二條의規定에依하여左와如히私設無線電信의施設을許可함

西曆一九四七年十二月二十四日

南朝鮮過渡政府遞信部長 吉元鳳

一 施設者名 朝鮮郵船株式會社

二 施設의目的 無線電信法第二條第一號乃至第三號의規定에依하여航行安全、海運事業及電報送受의用에供하기爲하여

三 機器裝置場所 汽船日道丸(定繫港釜山)

四 呼出符號 HLAB

五 空中線電力 五〇와트

六 使用電波型式及周波數 A² 三七五kc四一〇kc四二五kc五〇〇kc

七 通信執務時間 不定

通牒照會

○第三〇五號

遞信局長

貯金管理局長

郵便局長

郵務局長

○通第三〇六號

遞信局長

郵便局長

郵務局長

外國來小包郵便物取扱에關한件

○通第三〇七號

遞信局長

郵便局長

郵務局長

第九十六號 西曆一九四七年十二月二十四日

二七七

그림 38-4. 통 제306호 47.12.24. 외국 소포우편물의 취급요령 지침

나. 배달국(도착국) 처리

① 외국소포 도착시 개낭(開囊)(封切의 이상유무를 검사)과 동시에 교환국에서 당해 소포에 기록한 중량을 검량하여 책임자 입회검인하고 배달할 것

② 교환국에서 포장 파손으로 행낭에 넣고 봉한 소포는 봉인의 이상 유무를 엄중검

사 후 수취인 출국(出局) 후 입회하에 개낭(開囊)하여 교부할 것. 교환국과 배달국간 체송도중 포장파손된 것도 수취인 출국시켜 설명 후 교부할 것.

③ 교환국으로부터 도착된 소포에 중량 또는 봉합에 이상이 있을 때는 우편취급규정 제4편 제1장 및 제5장의 제1절 및 제2절에 의하여 처리할 것.

4) 외국우편 취급상 주의사항

일부우편국에서 외국간의 우편물을 교환하고 있다는 사실조차도 알지 못하는 실정이며 외국우편을 취급하고 있는 국에서도 우편요금 징수의 상위(相違) 등이 허다하여 교환국 사무 처리에 막대한 지장을 초래하고 있던 것을 시정하기 위하여 취급상 주의를 환기시켰다(통 제59호; 1948.4.8).

가. 통상국 취급상 주의

① 외국우편 취급 종류 및 요금표 기타 취급상의 주의사항 등을 창구에 게시하여 일반에 주지시킬 것.

② 외국행 우편물로서 요금의 미납, 부족, 별납 등의 우편물은 취급치 않음.

③ 외국래 소포우편물 및 소형포장 우편물에 대한 통관료 1개당 10원 징수. 인쇄물 및 상품 견본이라도 세관검사에 회부하여 통관국에서 "통관 제"라고 날인한 것은 통관료를 징수할 것.

④ 외국래 소포우편물 중 소정의 기일을 정하여 그 기일을 경과한 다음날부터 보관료를 1개당 1일 2원을 징수.

⑤ 외국소포우편물의 사고발생이 빈번하므로 책임자는 체절행낭 수도시(受渡時) 봉함의 검사 및 개낭(開囊)시부터 배달완료할 때까지 소정의 입회, 검량 등을 엄중히 실행하고 사고발생시 즉시 사고원인을 명확히 파악하여 취급할 것.

⑥ 우편물에 첩부한 우표 등이 취급도중 탈락하였을 시는 요금부족 또는 요금미납 우편물로 취급하게 되니 우표를 밀착 첩부하도록 주지하는 동시에 우편소인시는 통신일부인을 명확히 날인할 것.

⑦ 외국행 우편물로서 등기 및 항공등의 표시를 요하는 것에 대하여는 명료한 인장 혹은 표부(票符)를 사용하여 취급상 누락이 없도록 할 것.

나. 교환국 취급주의

① 요금 미납, 부족, 별납우편물은 그 사유를 부전하여 인수국으로 즉시 환송할 것.

② 외국래 우편물에 대한 번역사무를 신속히 하여 배달에 지장이 없도록 할 것.

③ 불능 배달통상우편물은 규정에 의하여 직시(直時)처리할 것.

5) 외국행 등기우편물의 일부 중지(통 제94호; 1948.5.6)

국제우편업무 중 일부국가에 대한 등기 우편물 취급이 1948년 5월 6일부터 중지되었다. 대상 국가는 일본, 중국, 서아시아(아프카니스탄, 이란, 이락, 사우디, 시리아, 터키), 보루네오, 버마, 홍콩, 인도, 인도네시아, 쟈바, 마카오, 마라야, 네팔, 필리핀, 스마트라, 뉴질랜드와 그 부근의 영국령 섬 국가들이다.

6. 맺는 말

미군정에 의한 남조선과도정부는 위와 같이 거의 불가능에 가까울 정도로 우편업무, 금융보험업무, 전신전화업무를 담당할 공무원이 부족한 상태에서 방대한 조직을 인수하고 유지하면서 제도를 개혁하고 확충한 것에 이르며, 국제우편업무의 원활한 확장도 이룩하였음은 참으로 놀라운 일이었다. 이것은 조선총독부 체신국의 조선인 고급요원(판임관 이상의 요원 1,543명)들이 일치단결하여 제도를 인수·재건·확충하기 위해 노력한 결과이다. 이것이 1948년 8월 15일에 출범한 대한민국 체신부의 초석을 다져주었다 해도 과언이 아닐 것이다.

해방이후 일제총독부는 사회혼란과 일본국민을 보호하기 위하여 경찰과 군인의 경계를 강화했다. 과도기는 해방된 8월 15일부터 미군이 한반도에 상륙하여 포고 제1호(조선주민에게 고함)를 선포한 후 재조선미군정을 실시하는 시기까지를 가리킨다. 이 혼란기간에도 우편업무는 계속 유지되었다. 재조선미군정청이 한반도에 실시되고 조선인으로 하여금 우편업무를 수행하게하고 더 나아가 책임자도 선발하는 등 조선인이 자주적 운영을 실시하게 하는 제도적 조치를 하였다.

38도선 남쪽의 한반도에서는 과도입법의원 선거를 실시(1946.10.26)하고 입법의원을 개원(1946.12.2, 의장 김규식)했다. 1947년 2월 5일에 행정부문의 조선인 민정장관으로 안재홍이 지명되었고, 1947년 5월 17일에 남조선 과도정부를 운영(법령141호)하게 되었다.

일본은 대동아전쟁을 일으켜 물자와 인력을 한반도에서 객출해갔으며 전쟁으로 인하여 전쟁당사국과는 우편업무가 두절되었다. 일본과 그 점령지역 등과 우편업무가 통용되었으나 해방으로 인하여 우편업무 통용이 두절된 혼란 상태에서 미국 태평양군사령부에서 본국 귀환우편을 승인함으로서(1945.10.28) 우편엽서에 한해 통용되었다. 재조선군정청은 1946년 7월 4일 미국과 우편업무를 재개(체신부령 제3호)하였고, 1946년 10월 20일 필리핀(체신부령 제4호), 1946년 11월 20일 일본(체신부령 제5호), 1946년 11월 30일 자유중국(타이완, 체신부령 제6호) 등과 상호 협약에 의하여 우편업무를 재개하였다. 이후 세계 각국과 국제우편사무 재개를 1947년 1월 2일(체신부령 제7호) 시행하게 된 것이 국가체제를 갖춘 것이라 할 수 있다.

우편제도를 정비하고 각종 규정을 정리하여 우리의 현실에 적용되었으며, 새 우표를 발행하고 구 우표를 폐지하는 등 일본의 잔재를 지우기 위해 무단히 노력한 결과가 대한민국 건국에 밑그림이 된 것이라 할 수 있다.

과도기 우편사를 집필하면서 자료의 부족과 사실에 근거한 내용을 최대한 반영하고자 했으며, 여기에 제시된 내용과 우편실체들은 필자의 "Postal History in KOREA Under U.S.M.G. 1945-1948"에서 발췌한 것임을 밝힌다. 본문의 내용이 우취작품을 만드는데 참고가 되었으면 하며, 부족한 면에 대해서는 우취인의 지도편달이 있으시기를 진심으로 기대하는 바이다.

미군정하 과도기 우편사의 주요내용 일람

1. 38도 이남에 미국군정청 설치(조선국민에 고함: 포고 제1호): 1945.9.7
 * 북위 38도 이남의 조선지역을 점령함.
 * 북위 38도 이남지역과 동지의 주민에 대하야 군정을 설립함.
 태평양 미국육군최고지휘관 미육군대장 더글러스 맥아더
 참조: 별도 관보철의 太平洋美國陸軍總司令部布告第1號 참조
2. 요금수납제도: 44.7.7 ~ 46.4.30 郵便料金徵收에 關한 臨時措置의 件
 시행: 통 제229호(44.7.7)
 변경: 통 제329호(44.9.22)
 변경: 조선총독부체신국 고시 제101호(45.3.7), 통 제55호(45.3.7)
 폐지: 통 제122호(46.4.19) 46.4.30
 * 다량우편물(50통에서 20통으로)의 요금별납, 요금후납 제도와 별개임.
 * 우편엽서의 우편요금별납제도와 별개임.
 * 통 제229호(47.9.20) 요금별납우편취급에 관한 건(통 제182호; 46.5.31, 통 제314호46.8.22)
 참조: 광복직전·직후 우편요금 별납제도 고찰 (우표지 2009.1월호 46-49쪽 외 2.4.6.7월호에 연재
3. 우편요금 인상: 45(소화20).4.1 ~ 46.8.11
 (법령 제29호, 부령 제33호, 고시 제138호; 20.3.25)
 서장 10전, 엽서 5전, 신문 3전, 맹인용 3전, 서유 30전, 배달증명 20전, 소포 1원
 * 해방(45.8.15) 이후 상기 요금이 적용됨.
4. 일부인 "소화" 년호 사용기간: 45.8.15 ~ 45.10.19
5. 일부인 "서력" 년호 마삭 사용: 45.10.20 ~ 45.12.31
 通信日附印年活字의 改正에 關한 件 (통 제3호 46.1.7)
 * 참고: 10월 20자로 통(전통을 잘못기록) 제416호로 통신일부인의 연활자 마삭사용. 단, 신년 활자는 제조 후 可急 송부하겠기로 병기함(내용상 45년 말에 결재되어 46년 1월 7일에 통 제3호로 통첩되었다고 봄)
 참조 : 우표지 2001년 1월호 14~17쪽
6. 일부인 "서력" 년호 사용기간: 45.10.19 ~ 48.9.30 (통 제239호; 45.10.19)
7. 일본우표 사용기간: 45.8.15 ~ 46.6.30 (폐지: 통 제122호; 46.4.19)
8. 미군정청 민간우편물 검열: 45.10.1 ~ 48.8.14
9. 미군 무료우편: 45.10.10 ~ 48.8.14
 법령 제13호; 45.10.10 (통 제237호; 45.10.17 통보됨)
 통 제233호; 46.6.26. "군정우편"표시는 관직씨명을 표기한 것에 한하여 무료우편
 참고: 법령집 및 체신공보
10. Repatriation Mail: 45.10.28 ~ 46.11.20 (귀환우편)

USMG 인가: 45.10.28
인가폐지: 통 제435호(46.12.6) 46.11.20
참조: 광복 후한국 우편사 중의 공백, 우표지 2002년 7월호 55~56쪽, 2002년 11월호 38~40쪽

11. 잠용가쇄우표 발행: 46.2.1 ~ 46.6.30(6종) 郵便切手更生使用에 關한 件
발행: 통 제15호; 46.1.22
사용금지: 통 제122호; 46.4.1

12. 남북우편물교환: 46.3.15 ~ 50.6.22 三十八道 南北郵便物 交換에 關한 件
교환국: 경성중앙.
교환지: 개성 (통 제52호; 46.3.4)
제1차 교환: 46.3.15 개성역에서 교환시행
제165차 교환: 50.6.22 교환이후 한국전쟁으로 중지됨
참조: 남북우편물 교환에 대한 고찰, 우표지 2001년 7월호 28~31쪽

13. 해방조선 기념우표발행: 46.5.1(6종) 新郵票 使用에 關한 件 (통 제122호; 46.4.19)
*일반이 소지한 일본우표와 갱생우표는 6월30일까지 신우표와 병용함. 이후 사용금지
*보통국에서 4월 30일 소지한 각종우표는 체신부회계국에 송부.
*특정국에 보유한 각종우표는 신우표와 교환
*4월 20일까지 신우표를 우표매수국에 배부예정. 5월 1일 발매에 지장 없도록 함.
*45.3.7 고시 제101호; 요금수납제도실시에 관한 것은 폐지함.

14. 선로변경: 서울발 부산행은 하1, 부산발 서울행은 상1 (통 제250호 45.11.13)
일본 동경중심 기차선로를 서울중심으로 변경함 (부경선 ➛ 경부선)

15. 조미우편물 교환: 46.7.4 (통 제259호; 46.7.15, 7월 3일 경성국지급 사무국보 제223호 관련)
서장 10원, 엽서 6원, 인쇄물 10원(50g)
*보통통상 우편물에 한함.
*미본토, 기속지 및 소속도서
*영어로 기입할 것
*경성중앙우편국에 차입, 인천우편국 경우 인천항으로부터 美國船에 搭載함.
*통 제372호(46.9.24) 환율 200:1
1) 서장 20g까지 5仙 (20g마다 3仙)
2) 엽서 통상 3仙, 왕복 6仙
3) 인쇄물, 서류 50g마다 1,5仙

16. 요금인상 46.8.12 ~ 47.3.31 (부달 제10호; 46.8.10)
서장 50전, 엽서 25전, 신문 15전, 등기 1.50전, 배달증명 1원, 소포 5원(2k)
통 제246호(46.7.4) 우편법, 우편규칙 중 개정에 관한 건 (단, 실시기일은 결정되는대로 電牒함)
*구엽서의 별납 20통, 후납승인 득한 경우에 차출한 부족액의 별납처리

*구5전 엽서를 발매할 때는 20전 별납인을 44년 7월 7일 통 제229호 3에 의거 처리
엽서요금별납제도: 46.8.12 ~ 47.3.31 (통 제246호; 46.7.4)
46.8.12 요금인상으로 종전에 사용된 엽서류(5,3,2전 등)를 부족액 만큼 우표를 첩부하거나, 별납인을 날인함. 별납인에는 20전, 22전,23전등이 있다.
다량우편물(20통)의 요금별납: 우편규칙 제80조, 종류 급 요금액 동일의 우편물로서 동일의 차입인으로 부터 동시에 20통 이상 차출하는 것은 요금별납(통 제246호; 46.7.4)

17. 해방1주년 기념우표 및 그림엽서: 46.8.15

기념우표 50전, 그림엽서 25전 (부달 제3호 46.8.1)
특수통신일부인 사용: 46.8.15 ~ 46.8.24, 1·2·3급 우편국 (부달 제4호; 46.8.1)
통 제286호(46.8.1) 解放1周年 記念施設에 關한 件
*해방1주년 기념우표, 동 그림엽서를 발매, 특수통신일부인 사용.
*8.15은 공휴일이나 기념우표 매팔 사무만은 평일과 같이 취급
참조: 우리나라 최초 그림엽서 발매와 실체에 관하여, 우표지 2004년5월호 14~17쪽

18. 체신공보 규정: 46.8.1 (부달 제1호 46.8.1)

제3조중 <국장달 국달제00호>를 <부장달 부달제00호>로, 제5조중 <부달 체신부장으로부터 부내에 영달하는 사항> 개정함.

19. 통신일부인 규정 제2조 제3호 양식 변경: 46.7.4부터 실시(부달 제2호; 46.8.1)

20. 우편국을 5등급으로 구분: 46.7.1 시행 (부달 제5호; 46.8.8)

*1급: 경성중앙, 인천, 대구, 부산.
*2급: 광화문, 서대문, 용산, 영등포, 개성, 청주, 대전, 춘천, 군산, 전주, 광주, 목포, 마산, 진주.
*3급: 군정청구내, 수원, 연안, 안성, 충주, 제천, 영동, 강경, 공주, 조치원, 천안, 온양, 논산, 예산, 홍성, 남원, 이리, 정읍, 김제, 제주, 순천, 여수, 영산포, 나주, 벌교, 송정, 강능, 원주, 삼척, 울산, 진해, 통영, 동래, 삼천포, 밀양성내, 거창, 하동, 경주, 상주, 안동, 김천, 포항, 의성, 영주, 영천, 예천.
*4급: 평택 외 115개국
*5급: 왕십리 외 390개국

21. 조미간 우편물교환기념: 46.9.9

일부인 46.9.9 ~ 46.9.30, 사용국: 경성중앙우편국 (부달 제22호; 46.8.31)
우표발행 46.9.9, 10원우표 1종 (부달 제23호; 46.8.31)
통 제324호(46.8.31) 朝美間 郵便物 交換 再開記念施設에 關한 件
*제2차 세계대전 발발로 조미간 우편물교환사무 중지를 46.7.4부터 재개됨을 기념.
*기념우표(10원)과 특수통신일부인 사용함.
*기념우표 매팔은 경성중앙우편국 외 18. 기념일부인은 경성중앙우편국에서 사용
*조선 미국간 요금미납 및 부족우편업무취급개시: 46.9.20 (통 제372호; 46.9.24) 환율은 200:1로 한다.

22. 한글500년 기념: 46.10.9

일부인 46.10.9 ~ 46.10.15, 사용국: 경성중앙 외 18 (부달 제29호; 46.9.20)

우표발행 46.10.9, 우표50전, 매발소: 경성중앙 외 18 (부달 제30호; 46.9.20)

통 제365호(46.9.20) 한글제정 500주년 기념시설에 관한 건

23. 군정 제1차 보통우표발행

46.9.10 5원, 10원 (부달 제24호; 46.8.31) (5종)

46.10.5 50전, 2원 (부달 제38호; 46.10.16)

46.11.10 1원 (부달 제44호; 46.11.26)

24. 조선 일본간 우편업무재개: 46.11.20 (통 제435호; 46.12.6)

통상엽서 및 왕복엽서에 한함. 통상엽서 1원, 왕복엽서 2원

*조선어, 중국어, 영어, 불어, 노어, 서반아어, 일본어로 하되 가정적 사신에 한함.

*교환국은 부산우편국, 일본은 博多

*복원우편업무의 폐지: 45.10.28 인가된 복원우편업무는 폐지

*종래(일정시대) 조일간 우편업무에 관한 규정류는 필요부분을 제외하고 소멸된 것임.

25. 조선 중화민국간 우편업무 재개 46.12.10 (통 제 448호; 46.12.20)

서장 2원, 엽서 1원, 왕복엽서 2원, 인쇄(50g) 2원

*조선어, 중국어, 영어, 불어, 노어, 포르투갈어, 서반아어, 일본어.

*집중국은 경성중앙우편국

26. 조선 필리핀간 우편업무 재개 46.10.20 (통 제 406호; 46.11.2)

서장 10원, 엽서 6원, 인쇄물(50g) 10원

*로마문자 사용, 집중국: 경성중앙

27. 명칭변경 47. 1. 1 경성중앙➤서울중앙 (부달 제52호; 46.12.31)

이외의 경성체신국을 서울체신국으로 변경 외 46건.

*46.9.28 경성시를 서울특별시로 변경함.<SEOUL Special City>

28. 조선과 세계각국과의 우편업무재개: 47.1.2 (통 제33호; 47.2.25)

각국: 서장 10원, 엽서 6원, 업무용 서류 10원, 인쇄물 3원, 소포(300g) 30원

중국: 서장 2원, 엽서 1원, 업무용 서류 10원, 인쇄물 3원, 소포(300g) 30원

일본: 서장 2원, 엽서 1원, 왕복엽서 2원

*조선어, 영어, 불어, 중국어, 포르투갈어, 노어, 서반아어, 일본어에 한함.

*집중국은 일본은 부산국, 기타 제각국행은 경성중앙우편국으로 차입.

* 통 제259호(미국), 통 제406호(필리핀), 통 제435호(일본), 통 제448호(중국) 통첩은 자연소멸한다.

*기타 취급에 대하여는 만국우편조약규정에 의한다.

*국제우편물 취급에 관한건(국제우편물 접수 불가에 대한 민원, 통 제 147호; 47.6.7)

46.7.10 통 제253호 일본행 우편물 차입에 관한 건

46.8.31 통 제329호 미국행 우편물 접수에 관한 건

46.9.9 통 제345호 외국내 우편물에 첩부된 우표의 취체에 관한 건

47.2.25 통 제33호 조선과 세계 각국과의 우편업무재개에 관한 건
47.6.7 통 제147호 외국행 서유통상우편물 취급에 관한 건
*외국통상우편물 취급에 관한 건 (접수받지 않는다는 민원, 통 제 178호; 47.7.15)

29. 제주도 설치에 따른 행정구획 명칭변경 (부달 제2호; 47.2.5)

釜山遞信局 관할

30. 요금인상: 47.4.1 ~ 47.9.30 (부달 제24호; 47.3.15)

서장 1원, 엽서 50전, 신문 30전, 등기 4원, 배달증명 5원, 소포 20원(2k)
통 제43호 (47.3.15) 郵便料金 調書
통 제44호 (47.3.15) 通貨收納에 關한 件
*종래에 우표로 징수하던 요금별납우편물에 관한 요금은 당분간 통화로 수납하게 됨.
*우편규칙 제81조에 의한 요금별납우편요금에 적용하며, 우편요금영수증동원부에 수납요금액을 기입하고 당무자 확인할 것.
*우편요금영수증동원는 통신요금가수입부로 대체

31. 요금인상으로 엽서별납처리: 47.4.1 (통 제59호; 47.3.31)

*3전은 47전, 5전은 45전 차액을 우표첩부 또는 별납인 처리. 기20전 별납인은 차액을 우표첩부 또는 별납인 처리.
*당분간 郵票賣捌所로부터 葉書買受청구에는 應하지 말 것.

32. 왜정잔적 倭政殘跡 완전제거에 관한 건 (통 제72호; 47.4.8)

*직원의 일어사용을 절대금지함
*청사내외 간판, 개시판, 시설물 및 첨부물 등 전반적으로 재검사
*장부, 용지, 봉투 등에 기재된 "조선총독부" 등 문자를 말소 사용
*문서 및 각종기록에 용어와 문구를 혁신하여 일어준용을 피할 것
*기성장부 용지 등에 일어로 기재된 것은 가능한 한국어로 개서(改書) 사용
*전화번호 호칭 또는 전화통화상 일어사용을 억제하고 일반에게 불쾌감 주지 않을 것.

33. 미국에서 도착 서유통상우편물의 배달에 관한 건 (통 제80호; 47.4.8)

*미국에서 조선행 서유우편물을 취급함.
*불능배달 우편물은 당국의 지시가 유할시 까지 서울중앙우편국에서 보관

34. 만주국 등 이외의 외국우편물 송달 불능에 관한 건 (통 제81호 47.4.8)

*본건(소화20년 4월 14일부 고시 제151호)은 통 제33호(47.2.25)에 의해 자연소멸됨.
*통신원 고시 제151호 (20.4.14) 만주국 등 이외의 외국완 우편물 송달정지

35. 철도우편 계원 취급편 재개에 관한 건 (통 제93호 47.4.19)

*47.4.15부터 하기선에 한하여 계원 취급편을 재개함.
경부본선(서울-부산), 대목선(대전-목포), 부진선(부산-진주).

36. 교부식지 판매: 47.5.1 ~ 47.9.30

시행: 통 제111호; 47.4.24
폐지: 통 제235호; 47.9.30
*액면 50전 우편엽서 용지대금 1.50전 도합 2원에 매팔.

*사업용 교부식지 매팔제도 폐지에 관한 건 (우편엽서 이외의 식지는 본 통첩에 의하여 폐지함, 통 제141호; 82.7.31)

참조: 사업용 교부식지 매팔에 따른 엽서요금의 변동에 관하여, 우표지 2005년 6월호 32~34쪽

37. 외국행 서유통상우편물 취급에 관한 건 (통 제146호; 47.6.7)

*47.6.10부터 외국행 서유통상우편물 취급함.

*서유료 20원, 도달증료차출시 청구 15원, 차출후 청구 20원,

*손해배상청구는 당분간 취급 불가함.

38. 철도우편계원 취급우편재개광장에 관한 건 (통 제151호; 47.6.14)

하기 선내에서 우편업무 취급 시행(47.6.15). 단 특수우편물은 서부별선과 이려선에 한함.

서釜別線(安東-慶州경유)	天群線 (천안-군산간)	鳥忠線 (조치원-충주간)
裡麗線 (이리-여수간)	松麗線 (송정리-여수간)	大浦線 (대구-포항간)

39. 남조선 과도정부의 명칭 (법령 제141호; 47.5.17)

*남조선과도입법의원에서 법률로 정할 때까지 남조선과도정부라 호칭한다.

건의함.	민정장관	안재홍
인준함.	조선군정장관 미육군소장	Archer L Lerch

*과도입법의원법 공포 46.8.24 (법령 제118호; 46.8.24)

40. 신우편엽서의 매팔과 구엽서류의 처리 (부달 제78호; 47.6.30)

47.5.1부터 신우편엽서를 발행하여 차를 매팔하고 구엽서류(엽서, 봉함엽서, 왕복엽서)는 47.7.31한 차를 폐지함.

통 제174호(47.6.30) 신우편엽서 매팔 및 구우편엽서류 처리 건

*신우편엽서를 47.5.1부터 사용중임, 병행사용 중인 구우편엽서는 7.31한 사용폐지

*신우편엽서 도착과 동시 구우편엽서 매팔은 중지하고, 남은 구엽서는 7.31까지 체신부 자재과로 반납할 것

*신우편엽서 매팔 방법은 통 제59호(47.3.31)에 의거 처리

*일반인이 소지하고 있는 엽서는 47.8.31한까지 교환에 응할 것

*현행엽서우편요금 50전에 매팔한 구엽서를 신엽서와 교환시는 1원50점과 무관하게 교환에 응할 것

*45전 별납 처리 또는 우표첩부

41. 만국우편물 재개 기념우표 발행: 47.8.1 (통 제177호; 47.7.15)

10원 기념우표 (부달 제82호; 47.7.15)

기념일부인: 사용기간 47.8.1-47.8.15, 사용국; 서울중앙 (부달 제81호; 47.7.15)

*47.1.2 세계각국간 우편물 교환을 기념하기 위하여 기념우표 발행함.

42. 보통우표발행 (군정 제2차)

47.8.1	5원, 10원.	(부달 제80호; 47.7.15)
48.4.10	20원, 50원.	(부달 제24호; 48.3.29)

43. 조미항공우편 재개: 47.8.5 (통 제194호; 47.7.30)

*서장(10g) 50원, 엽서 50원, 10g마다 50원, 수도국: 서울중앙

*서유 도달증청구를 취급하며, 다만 손해배상취급은 불가함.

*조선어, 영어, 중국어, 불어, 노어, 포르투갈어, 서반아어, 일본어에 한함.

*미국에서 오는 항공우편물 취급 건 (통 제218호; 47.9.1)

44. 일본래 항공통상우편물 취급에 관한 건 47.8.28부터시행 (통 제244호; 47.10.10)

45. 특별주관국 명칭변경 "부산"을 "서울중앙"으로 (부달 제99호; 47.8.7)

46. 조미간 항공우편재개 기념을 위해 특수일부인을 사용함 (부달 제100호; 47.8.7)

*사용국: 서울중앙국, 기간: 47.8.5~47.8.15(10일간)

*요금 완납한 미국행 우편물의 희망에 한하여 사용

*엽서 및 기념을 목적으로 50전 이상 우표를 첩부한 물건에 소인 요구에 응함.

47. 국내요금인상 47.10.1 ~ 48.7.31 (부달 제109호; 47.9.30)

서장 2원, 엽서 1원, 신문 50전, 등기 5원, 배달증명 10원, 소포(2k) 30원 (통 제234호; 47.9.30)

*요금 인상에 따른 엽서 매팔에 관한 건 (통 제235호; 47.9.30)

통 제111호(47.4.24) 엽서용지 판매는 폐지함. 엽서의 요금별납 처리는 통 제59호(47.3.31)에 의거 처리

48. 우편절수 명칭변경 47.10.1 (부달 제112호; 47.9.30)

우편함, 우편매팔소 및 수입인지매팔소 설치규정 중 개정하여 1947년 10월 1일부터 시행함.

"우편절수"를 "우표", "지방체신국장"을 "체신국장", "특정우편국장"을 "4·5급국장"으로 개정함.

49. 항공우편업무개시 47.10.1 (47.9.25 서울중앙국사무국보 제215호 관련, 통 제245호; 47.10.10)

중국·일본(10g) 20원, 이란·터키 60원, 북미 50원, 호주 50원, 남미 70원, 유럽 90원. 등기료 20원, 배달증명 15원, 수도국 서울중앙.

50. 항공우표 발행 및 통신일부인 47.10.1 (통 제246호; 47.10.10)

일부인: 47.10.1 - 47.10.15, 사용국; 서울중앙국 (부달 제120호; 47.9.30)

우표발행: 47.10.1 (부달 제121호; 47.9.30)

우표판매국: 2급우편국 중앙청내, 광화문우편국체신부구내분실

*통신일부인은 조미항공기념통신일부인 사용과 동일함.

51. 도착우편물에 도착일부인 압인에 관한 건 (통 제241호; 47.10.10)

*제1종 및 제2종우편물 전부에 도착 당일 압인

*잘못 도착된 우편물은 당일 일부인 압인 후 송달

52. 국제 우편요금인상(선박편) 47.10.15 (부달 제130호; 47.10.31)

세계각국: 서장 10원, 엽서 6원, 인쇄물 3원, 소포(300g) 30원 (통 제268호; 47.10.31)

일본: 서장 5원, 엽서 3원, 인쇄물 3원, 소포(300g까지) 30원, 등기료 20원.
*외국우편물특수취급요금: 등기료 20원, 토착증청구료 발송시 15원, 발송후 20원.
보관료 1일 2원, 통관료 10원.
*서유우편물의 배상청구는 당분간 취급 불가
*요금미납, 부족, 별납시는 사유를 부전하여 차출인에 환부
*조선어, 영어, 중국어, 불어, 노어, 포르투갈어, 서반아어, 일본어
*우표 박리(剝離)되는 사고 발생이 없도록 할 것
*외국왕복우편엽서반신부의 거절사례 없도록 할 것
*1소포는 453g, 1200cm. 통관료 및 보관료를 징수
*일본은 부산우편국, 기타외국은 서울중앙우편국 차입, 월2회 부산, 인천항경유함.
하기 각 통첩은 자연 소멸됨.
46.7.10 통 제253호 일본행 우편물 차입에 관한 건
46.8.31 통 제329호 미국행 우편물 접수에 관한 건
46.9.9 통 제345호 외국래 우편물에 첩부된 우표의 취체에 관한 건
46.9.24 통 제372호 요금미납 및 부족우편물 취급에 관한 건
47.2.25 통 제33호 조선과 세계각국간 우편업무 재개에 관한 건
47.5.31 통 제137호 외국래 왕복우편엽서 취급에 관한 건
47.5.31 통 제139호 외국래 우편물에 첩부된 우표의 취체에 관한 건
47.6.7 통 제146호 외국행 서유통상우편물 취급에 관한 건
47.6.7 통 제147호 국제우편업무취급에 관한 건
47.7.15 통 제178호 외국행 통상우편물 취급에 관한 건
외국래 소포우편물취급에 관한 건 (통 제306호 47.12.24)
외국우편 취급상 주위에 관한 건 (통 제59호 48.4.8)
통상국 취급상 주의
*외국행 우편요금 미납, 부족, 별납 등은 취급치 않음(통 제268호 9항 참조)
*외국래 소포우편물 및 소형포장우편물의 통관료10원씩을 징수 (외국우편규칙 85조, 통 제268호 6항)
*외국래 소포우편물중 배달전 자국에 보관한 것에 소정의 기일을 경과한 익일부터 계산하여 1일 2원씩 보관료를 징수 (외국우편규칙 제70조의 4, 통 제268호 6항)
*외국우편물 사고방지를 위하여 입회, 검사 등을 엄중히 실행하고 사고발생시원인 규명을 명확히 할 것 (통 제306호; 47.12.24)
*우표 첩부를 밀착하고 일부인을 명확히 압인. 등기 및 항공등의 표시를 명확히 할 것
*미납, 부족 및 별납우편물은 사유를 부전하여 즉시 환송할 것
*외국래 우편물은 번역사무를 신속 철저히 하여 배달에 지장 없도록 할 것
외국행 등기우편물 중지의 건 시행: 48.5.6 (통 제94호; 48.5.6)
*일본, 중국, 서아시아, 보루네오, 버마, 홍콩, 인도, 인도차이나, 쟈바, 마카오, 필리핀, 뉴질랜드, 그 부근 영국령 섬나라

53. 연하특별우편취급 부활 기간 47.12.10 ~ 47.12.20 (통 제291호; 47.11.29)

*일부인은 통신일부인규정 제2조 제1호, 제2호 일부인사용
*<년하우편>이라 주서하고 배달국에 직접 발송할 것
*각국에서 우편엽서를 다량 준비할 것
*일부인 인주를 색 구분할 것
연하우편취급 정지 81.10.( ) (부달 제87호; 81.10.)
통 제250호 (81.12.31) 연하우편취급정지 함에 따라 47.12.12 통 제304호에 의한 보고서 당분간 정지
참고: 47년 연하우편 시행하고 48년 10월에 정지함.

54. 선거무료우편물 취급 규정 48.3.29 (부달 제22호; 48.3.29)

*국회의원선거법 시행세칙 제44조의 보통통상, 동 제45조의 무봉서장과 사제엽서를 무료 우편으로 한다. 통신일부인을 압인해야 한다.
*1회에 한하여 10g까지 무봉서장과 사제엽서를 무료로 한다.
*당해 선거구내에 1우편국을 지정하여 선거위원회의 인증서 첨부후 우편국에 발송
*무료우편물은 그 표면 좌측상단에 "선거"라 표시해야 한다.

55. 신용어 발표(바른 우리글로 된 문서 작성과 신용어 발표의 건, 통 제57호; 48.4.8)

문서작성의 개선, 체신국어정화의 표어, 국어정화에 대한 체신부의 태도.
*신 용어제정범위: 서유-등기, 우편절수-우표, 差出人- 發信人, 差出-發送 등 다수
참고: 바른 우리말을 쓰기위해 2년 동안 직원공모, 연구한 결과 발표한 것임

56. 총선거(국회의원) 기념우표 발행 및 일부인; 48.5.10 (통 제91호; 48.5.6)

기념우표: 2원, 5원, 10원, 20원, 50원 (부달 제32호; 48.5.6)
통신일부인: 48.5.10 ~ 48.5.19 (부달 제31호; 48.5.6)
*사용국: 1·2급국, 중앙청구내, 광화문국체신부분실

57. 유엔위원단행 우편물 취급에 관한 건; 48.5.6 (통 제93호; 48.5.6)

유엔감시단행 우편물은 48.2.7 사무국보 제201호로 전첩한 바 있음.
*"유엔위원단 행 우편물"이라 봉투에 기재하고 서울중앙우편국 발송
*동우편물은 검열을 면제하기 위하여 우편창구에서 직접 차출토록 국전에 개시할 것

58. 세계올림픽대회 참가기념우표 및 통신일부인; 48.6.1 (통 제102호; 48.5.18)

*기념우표 발행 48.6.1 5원, 10원 2매 (부달 제35호; 48.5.18)
*기념통신일부인 48.6.1 ~ 6.10(10일간), 사용국: 서울중앙 (부달 제34호: 48.5.18)

59. 국회개원기념우표 및 기념통신일부인; 48.7.1 (통 제123호; 48.6.21)

*기념우표 발행 48.7.1 4원 (1매) (부달 제37호; 48.6.21)
*통신일부인 48.7.1~ 48.7.10, 사용처: 서울중앙, 중앙청구내 (부달 제38호 48.6.21)

60. 국제반우표신권 취급에 관한 건; 48.7.1 (통 제129호; 48.7.1)

*과거매팔용 국제반신우표권 및 日滿 반신우표권을 보관중인국은 6.20까지 자재국 반납요망.
*외국발행 반신권은 서장요금 1통 요금, 일본발행은 5원, 기타외국은 10원으로 인환

교부
*매팔국의 일부인이 압인되지 않은 것 취급치말 것.
*교환된 반신권 우측에 일부인 압인

61. 국내우편요금인상; 48.8.1 (부달 제56호; 48.7.27)
*서장료 4원, 엽서료 2원, 등기료 10원, 소포 30원. (통 제150호; 48.7.27)

62. 초대 대통령기념우표 및 통신일부인 (통 제156호; 48.8.3)
*기념우표 발행 48.8.5, 매팔은 1·2급국, 중앙청구내국 10원(1매) (부달 제58호; 48.8.3)
*통신일부인 48.8.5 ~ 48.8.14, 사용처: 서울중앙, 중앙청구내국 (부달 제59호; 48.8.3)

63. 대한민국정부수립 기념우표 및 기념통신일부인; 48.8.15 (통 제164호; 48.8.12)
*기념우표발행 48.8.15 5원, 4원(2매) 1·2·3급국 매팔 (부달 제63호; 48.8.9)
*통신일부인 48.8.15~48.8.24, 사용처: 서울중앙, 중앙청구내 (부달제64호; 48.8.9)
8.15은 휴일이나 기념우표와 통신일부인 압인사무는 정오까지 집행.

64. 외국우편요금 인상; 48.9.1 남조선과도정부 (부달 제72호; 48.8.26)
* 수령증청구료 4원, 보관료 8원, 통관료 20원 (통 제184호; 48.9.9)

65. 보통우표 발행; 48.10.1, 4원, 14원 (2종) 남조선과도정부 (부달 제75호; 48.8.27)
* 대한민국우표 4원 이준열사, 대한민국우표 14원 첨성대

66. 체신공보 및 호수갱신; 81.10.1(제1호) 체신부장관 윤석구 (통 제202호; 81.10.1)
*대한민국 수립으로 체신공보를 갱신하여 제1호로, 연호를 단기로 사용

67. 대한민국년호 단군기원(단기)으로 결정; 4281.10.1 (통 제203호; 81.10.1)
*대한민국년호를 단군기원(檀紀)으로 정식결정

68. 체신부장관 업무인수완료; 4281.9.13 (훈시 81.11.10)

69. 여수·순천 반란사건 발생; 81.10.20(10시경)

70. 임시우편단속법 81.12.1 (법률 제11호; 81.12.1)
*국방 또는 치안상 위해가 인정될 때 국내 국외 전달되는 우편물의 송달금지
*우편물을 검열케 할 수 있다.
*우편물 송달을 정지하거나 압수할 수 있다

71. 항공우편요금인상; 81.12.5 (통 제241호; 81.12.20, 체신부고시 제3호; 81.12.2)
*일본, 중국 40원, 남아시아 60원, 서아시아 150원, 북중미 150원, 남미 200원, 호주 100원, 유럽 200원, 아프리카 200원

72. 유엔가입 기념통신일부인 사용; 81.12.15 ~ 81.12.24 (부달 제93호; 81.12.15)
*사용처: 서울중앙우편국, 광화문우편국, 중앙청구내우편국.

73. 우편엽서 매팔대금 별납처리; 81.12.31 (통 제252호; 81.12.31)
*우편엽서 별납인 인형 확정 (직경3cm 원형)

74. UN 한국위원단 내한 환영 기념우표 및 기념통신일부인 (통 제18호; 82.2.5)
*기념우표 발행 82.2.12, 10원(1종) 1·2·3급국 매팔 (체신부고시 제6호; 82.1.20)

*통신일부인 82.2.12~82.2.21, 사용처: 서울중앙, 중앙청구내국 (체신부고시 제7호; 82.1.20)

75. 우편검열사무개시에 관한 건; 개시일 82.1.17 (통 제21호; 82.2.25)

*검열실시국: 서울중앙국, 부산국, 기타는 신고

*검열인 (인형생략) 및 봉함지

76. 반란지역 내 피해우편물처리에 관한 건 (통 제23호; 82.2.25)

*여수 순천지역 반란폭동은 우편법 제35조에 의한 불가항력으로 간주 처리

77. 외국우표 탈락 또는 박취에 관한 건 (통 제24호; 82.2.25)

*교환국은 도착즉시 조사하여 우표탈락과 박취여부를 파악 명기할 것

*각 통상국은 교환국 명기사항을 확인할 것

외국우편물 사고방지

*외국우편물 사고발생에 대한 직원처분에 관한 건 (통 제137호; 82.7.31)

*외국우표탈락 또는 박취에 관한 건 (통 제136호; 82.7.31)

*통상우편물 취급에 관한 건 (통 제149호; 82.8.16)

o 도착우편물에 통신일부인날인 (47.10.10, 통 제241호에 의할 것)

o 우편물에 첩부된 우표의 탈락방치, 고의로 박취 행위

o 우편물 소인되지 않은 상태

o 요금미납, 부족을 배달국에서 그대로 배달 행위

o 우편물 봉투가 파손, 회송되어 내용물 누락, 탈출 또는 파손된 것 배달

이상과 같은 사례 발생되지 않도록 각별유념

*외국우편물 사고처리에 관한 건 (통 제172호; 82.9.15)

o 사고발생시는 관계직원의 연대책임으로 시가에 의한 변상과 문책 실시

참고문헌

1. 월간우표, 한국우취연합
2. 체신공보 및 회보, 체신부
3. 대한민국 관보, 대한민국정부
4. 한국우정사(I, II), 체신부
5. 한국우표 90년, 대한우표회
6 .한국우표 100년, 대한우표회
7. 표준한국우표목록, 대한우표회
8. 우표세계, 대한우표회
9. 대한민국전자관보, 인터넷
10. 일간신문(동아일보, 조선일보, 중앙일보)
11. 재조선 미국육군사령부 군정청 법령집, 군정청
12. 재조선 미국육군사령부 군정청 관보, 군정청
13. 한국우표도감, 우문관

14. 한국 우편엽서도감, 한국 우편엽서회
15. 대한민국 우편엽서발행총람, 정보통신부
16. 대한민국 우표발행총람, 정보통신부

김 정 석 (#2327)
대한우표회장
수집과목 : 한국 우편사 1945~1948

대한민국 제2차 보통(1951~1953)

The 2nd Definitive Stamp Issues of Korea (1951-1953)

김영린

Kim, Young Lin

대한민국 제2차 보통 (1951～1953)

김영린(金永麟) 한국우취연합 고문

대한민국 제2차 보통우표는 북한의 6·25 남침으로 후퇴를 거듭하면서 정부가 부산으로 옮겨가는 등 전쟁의 와중에 피난처인 부산에서 1951년 4월 1일부터 1953년 휴전이 되기 전까지 발행한 우표를 말한다.

연합군의 인천상륙작전 등 전진과 후퇴를 거듭하는 동안 전 국토가 초토화 되었으며, 특히 인민군이 후퇴하면서 모든 시설과 자재를 불태우고 약탈해 가는 정황에서 우표류 수급 역시 제대로 이루어질 수 없게 되었다. 그러나 우리생활의 동맥인 우편업무를 계속하기 위해서는 우표를 제조하지 않을 수가 없었다. 소실된 우표를 충당하여 우편업무를 계속함으로서 전쟁으로 심신의 불안과 공포에 지쳐있는 우리국민을 안도시키는데도 많은 도움이 되었으리라 본다.

대한민국 제2차 보통우표가 발행되던 시기는 전쟁으로 물자수급이 원활치 못해 악성인플레이션이 만연하여 생필품의 폭등은 물론 우편요금도 1950년부터 1953년 휴전이 될 때까지 네 차례나 큰 폭으로 인상이 되어 당시에 체송된 우편물에는 우표의 액면과 종류가 다양한 혼첩이 많아 적정요금의 실체를 입수하기가 어렵고 요금부족우편과 과납우편물 등이 많다. 또한 발행당국의 관리가 허술하여 우표수집을 의식해서라기보다 쓸모없는 인쇄교정파지(印刷校正破紙)로만 생각하고 인쇄공들이 적당히 처리한 것으로 전해지고 있다.

다음은 필자의 대한민국 제2차 보통우표 작품 중 분야별로 대표적인 부분의 우표와 우취자료를 발췌하여 발행시기와 우표류 제조과정 등을 설명코자 한다.

6·25 전후(前後)의 우편요금 변동표

요금인상 시기	1종		2종 우편엽서		3종 정기간행물		4종인쇄물		5종	등기료	배달증명	속달
	1종서장	인쇄서장	통상	봉함	일간	정기	서적 인쇄물	점자	농산물			
50. 5. 1	30원	20원	20원	30원	2원	10원	20원	50전	2원	50원	30원	-
50.12. 1	100원	50원	50원	100원	2원	10원	50원	50전	5원	200원	100원	200원
51.11. 6	300원	200원	200원	300원	50원	100원	200원	50원	100원	700원	300원	1000원
52. 9.20	1,000원	700원	500원	1000원	100원	200원	500원	100원	200원	2000원	1000원	5000원
1953년 2월 15일 제1차 화폐개혁「원」에서「환」으로 100:1의 비율로 평가절하												
55. 1. 1	20환	15환	10환	20환	2환	5환	10환	1환	5환	30환	20환	50환

1. 동양정판사판 백지(白紙) 선공(線孔)

5원 일월학

20원 백호

50원 태극기

100원 마패

그림 1. 동양정판사판 백지 선공

동양정판사판 인쇄는 당시 서울에서 인쇄업을 하던 동양정판사가 인쇄 시설 일부를 용케도 피난 열차에 실어 부산으로 옮겨간 인쇄기로 인쇄를 할 수 있었다. 처음 인쇄한 4종의 우표는 인쇄시설의 미비와 우표용지수급이 원활치 못해 우표의 질이 형편없이 나빴을 뿐 아니라 인쇄가 채 끝나기도 전에 우편요금이 인상되어 우표의 기능을 제대로 하지 못했다(우편요금표 참조). 우표용지 역시 요즘 갱지만도 못한데다 천공기가 준비되지 않아 선공(Roulette)[1]으로 처리했으며 우표 뒷면에 있어야할 풀도 없이 발행하였다. 이때 인쇄한 우표는 인쇄교정 파지(破紙; 접힌 인쇄, 이중 인쇄, 양면 인쇄, 밀린 인쇄 등)[2]가 난무하였으며 쇄색의 농도 차이가 아주 다양한 우표들이다.

따라서 6·25 전란(戰亂)중에 발행한 우표이기 대문에 우표를 통해 전쟁당시의 사회상을 엿볼 수 있으며 우표 발행배경과 제작과정에서 발생된 다양한 에러와 버라이어티를 비롯하여 우편요금 변동에 따른 복잡한 실체가 많아 수집에 가장 흥미를 느낄 수 있는 부문이 대한민국 제2차 보통우표가 아닌가 생각된다.

(1) 일월학

그림 2. 양면 인쇄 및 이중 인쇄

그림 3. 이중 인쇄(진한 자색)

1) 선공(roulette): 우표를 전지에서 낱장으로 뗄 수 있게 점선(----)모양으로 뚫어놓은 형태를 말하는 것으로 선공 12라 함은 20mm 안에 점선으로 뚫어놓은 것이 12개가 있음을 뜻한다.
2) 인쇄교정파지(印刷校正破紙); 인쇄를 할 때 쇄색의 농도와 핀을 정확하게 맞추기 위해 같은 종이로 몇 차례 반복해서 인쇄를 해본 파지(error 또는 proof가 아님)를 뜻한다.

이 우표는 1951년 4월 1일 70만장을 발행한 우표로 발행당시에 이미 우편요금의 인상으로 5원에 해당되는 우편물이 없어 사용할 수 없게 되었다. 위 그림 2, 3은 인쇄교정 파지로 우취용어의 Proof(시쇄)와는 전연 개념이 다른 우표들이다.

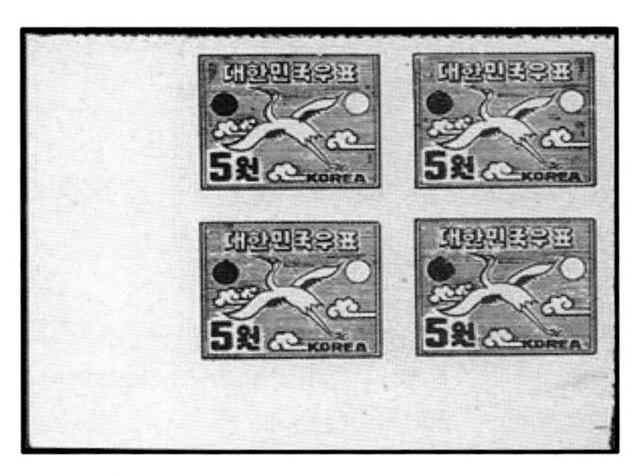

그림 4. 인쇄 잉크색이 현저히 다른 상태로 발행한 우표가 허다하다.

동양정판사판 백지선공에는 우표와 함께 증정시트3) 4종(5원 일월학, 20원 백호, 50원 태극기, 100원 마패)이 발행되었다.

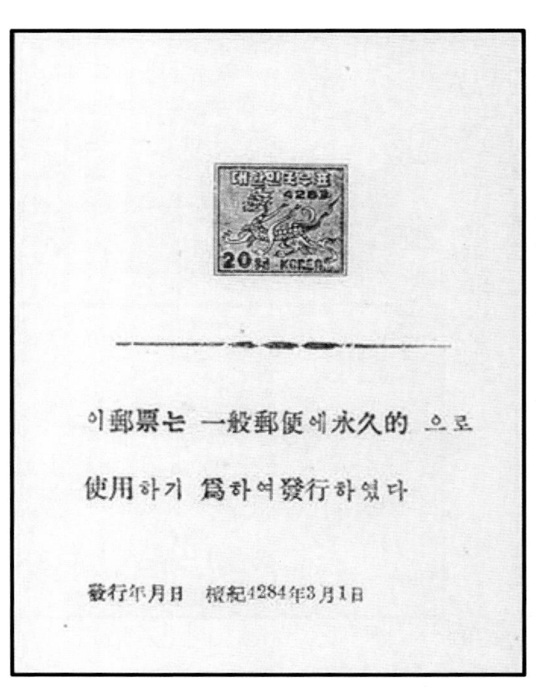

그림 5. 증정시트 發行年月日이 檀紀4284年3月1日로 되어 있으나 실제발행일은 4월 1일이다

3) 증정(贈呈)시트는 정부 고위급 관계자 등에게 우표가 발행되었음을 알릴 겸 증정을 목적으로 우표와 같은 도안, 쇄색, 인쇄원지를 사용하여 그림 5와 같이 발행한 것을 말한다.

그림 5에서 보는바와 같이 증정시트의 발행 년. 월. 일이 단기 4284년 3월 1일로 되어 있으나 체신부고시 제83호(4284.3.10)로 단기 4284년 4월 1일 발행일로 고시하였다. 처음 3월 1일 발행 예정이었으나 당시 불안한 사회여건으로 보아 실제 발행일이 예정보다 늦어진 것으로 짐작된다.

(2) 백호

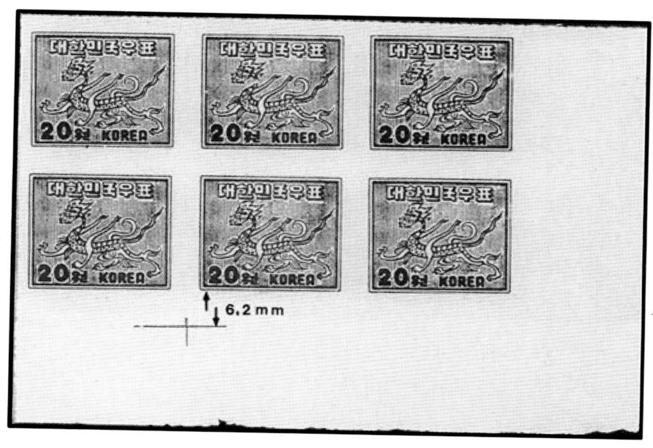

그림 6. 인면과 가늠표사이 6.2mm

그림 7. 인면과 가늠표사이 10mm

그림 8. 무공 (Imperf.)

그림 9. 이사 (먼저 인쇄물이 잉크가 마르기 전에 다음 인쇄물이 포개져 뒷면에 잉크가 묻은 것

이 우표 역시 앞에서 말한 5원 일월학 우표와 같이 발행이 채 끝나기도 전에 우편요금이 인상되어 20원 1장으로는 우편용으로 쓸모없는 우표가 되었다. 쇄색의 농도가 같은 전지에서도 위 아래가 다른 것이 많고 인쇄가늠표(인쇄자리표) 위치가 많이 다를 뿐만 아니라 전지 4방 변지의 크기도 다른 것이 많다(그림 6, 7, 8, 9).

그림 10. PUSAN 1951.11.21 접수된 일본행 실체(100+300+20×2=440원). 우편요금의 잦은 인상으로 저액 우표는 주로 우편요금 보조용으로 사용되었다. 1951년 7월 10일 일본행 국제항공 우편요금은 180원에서 440원으로 인상되었다.

그림 11. PUSAN 1951.11.6 접수된 미국행 실체(1,000+300×2+20×2=1,640원). 1951년 7월 10일 미국행 국제항공 우편요금(항공서장 20g까지)은 1,640원으로 인상되었다. 이 자료는 혼첩이기는 하나 적정요금의 우편물로 시대를 반영하는 매우 귀중한 자료이다.

(3) 50원 태극기

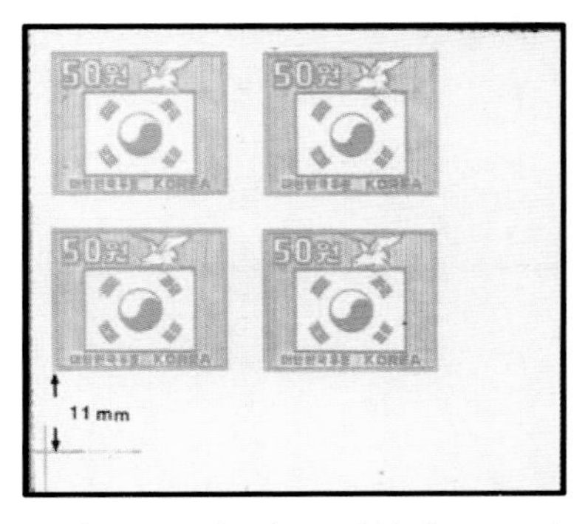

그림 12. 제4번 코너불럭으로 인면과 가늠표 사이 간격 11mm

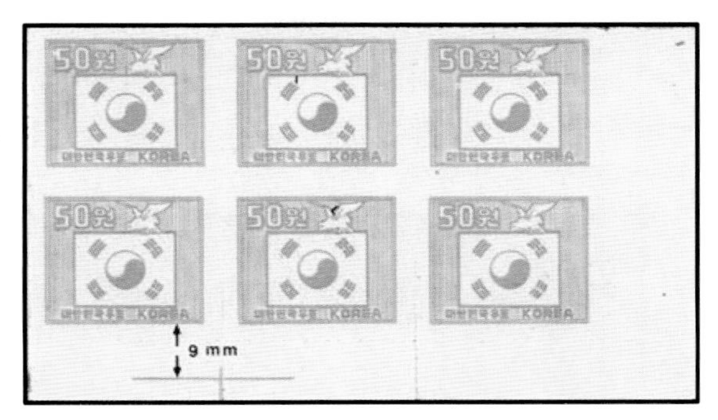

그림 13. 제4번 코너불럭으로 인면과 가늠표 사이 간격 9mm

이 우표 역시 먼저 설명한 것 중 중복되는 것은 사진과 설명을 생략하고 우편요금 체계에 대한 실체봉투 중심으로 설명해 보기로 한다. 이 우표는 우표 용지가 아주 얇고 허물 허물하여 다루기가 힘든 우표이다. 전지를 보면 색깔이 서로 다르고 인면과 인쇄 가늠표 사이의 간격이 서로 다른 것이 많다.

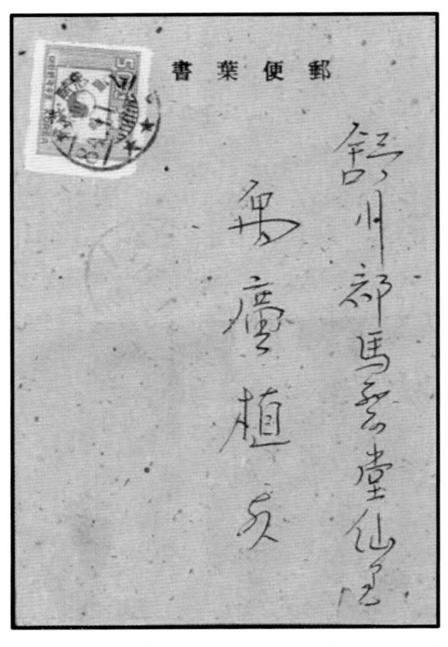

그림 15. (충남 홍성 84(51).11.2 접수) 통상엽서 50원우표

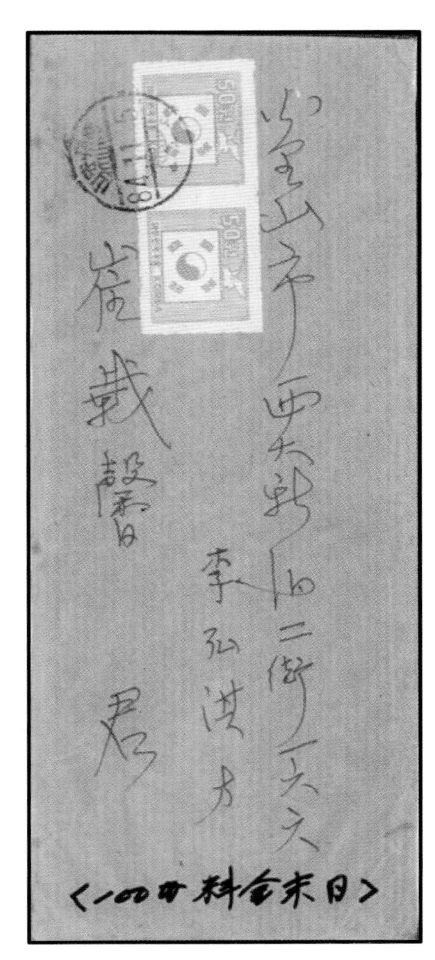

그림 14. 일반서장 실체
경남수산 84(1951).11.5 접수

그림 14와 15는 제2차 보통우표 실체 중 저액우표가 첩부된 것으로 입수가 어려운 종류 중 하나로 꼽힌다. 5원, 20원, 50원 등 저액우표는 1951년 4월 1일 발행된 후 180일만인 1951년 11월 6일 우편요금 인상과 전쟁으로 인해 우편이용자가 급감한 관계로 액면별로 1장씩 첩부되어 체송된 단첩 실체 봉피라는 것을 생각조차 못하던 시기였다. 때문에 초기에 발행한 제2차 보통우표의 실체 봉피 구하기란 하늘에 별따기(?) 만큼이나 어려운 실정이다.

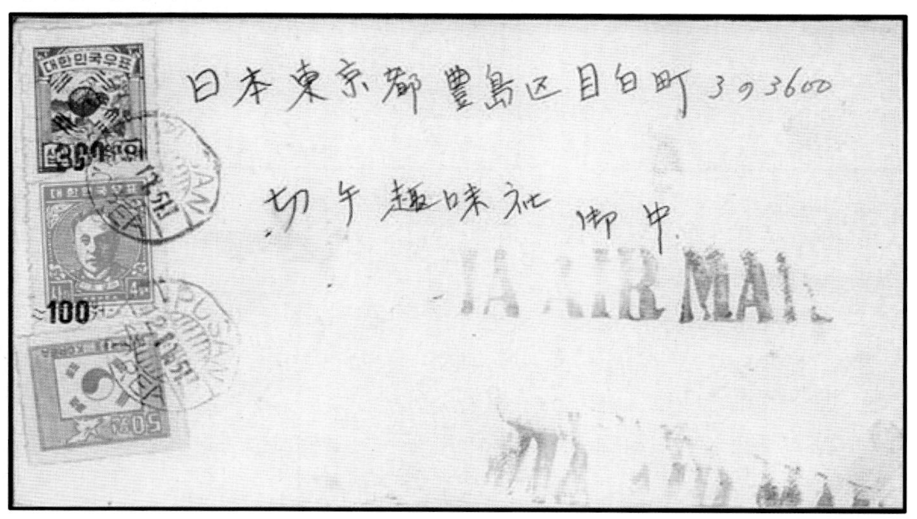

그림 16. 일본행 항공서장. PUSAN 51.11.12 접수, 일본항공료 440원 (51.7.10) 10원 과납우편

(4) 100원 마패

100원 마패는 우표용지가 두터운 것과 얇은 것이 있다. 함께 발행한 다른 우표와 같이 변지에 인쇄가늠표만 있으며, 뒷면에 풀이 있는 것(有糊)과 없는 것(無糊)이 있다. 발행당시(1951.4.1)에 일반서장 기본요금에 해당되었으나 7개월 후(1951.11.6)에 기본료가 300원으로 인상되어 100원 마패 역시 적정요금의 실체가 아주 드문 편에 속한다.

그림 17. 100원 마패(10×2=20) 상변지 2열을 접은 상태로 왼쪽과 오른쪽의 우표 쇄색의 농도가 현저하게 다르다.

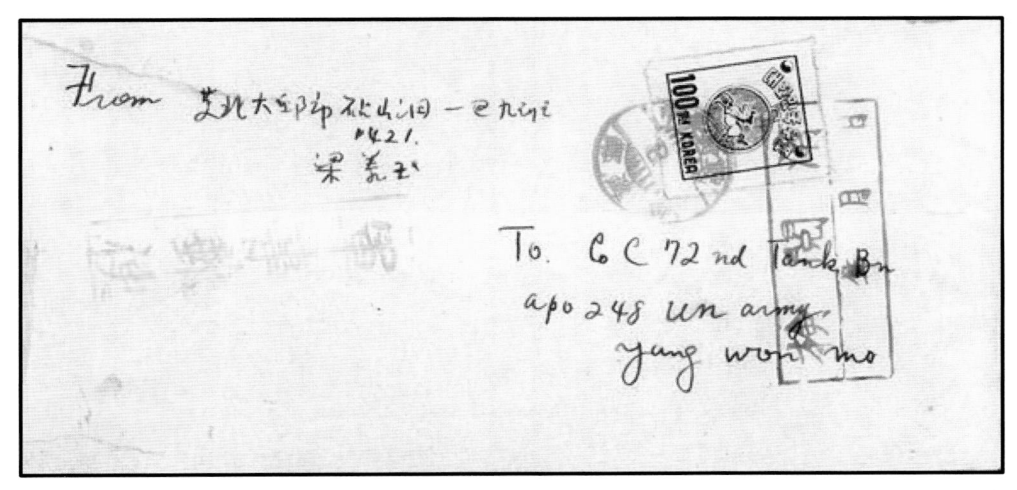

그림 18. 군사우편 실체 군사우편은 접수일자 검열 일자의 기록이 없고 “중앙 야전우체국”의 증시인만 날인되어 있다.

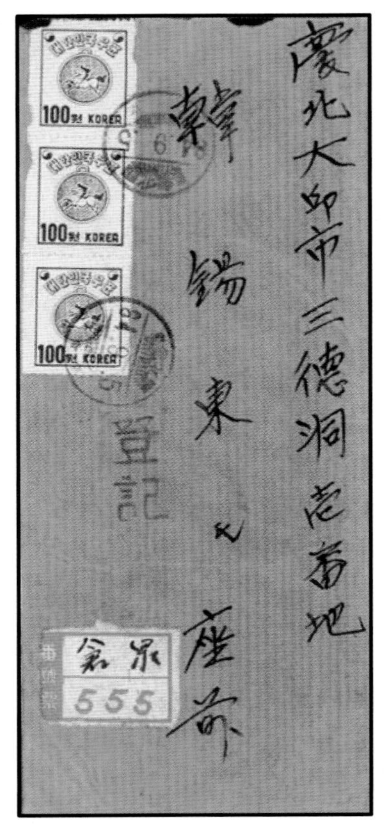

그림 19. 국내등기우편 경북창천(慶北倉泉) 84.9.5 접수 (1종 기본료 100원+ 등기 200원)

그림 20. 증정시트 발행량 각 900장. 이 郵票는 一般郵便에 永久的으로 使用하기 爲하여 發行하였다. 發行年月日 檀紀4284年3月1日로 되어 있으나 체신부고시 제83호(4284.3.10)에 의하여 발행일이 4284.4.1일로 고시되어 있다.

2. 동양정판사판 백지(白紙) 천공(perf. 11)

체신부에서 1951년 7월 1일 1000원권 우표를 제조하면서 이미 발행한 우표 4종과 함께 천공기로 타공을 했다. 이를 동양정판사판 백지 천공(perforation)[4]이라 한다. 백지 천공 5원, 20원, 50원 100원의 4종은 같은 인쇄판으로 추가 인쇄한 것인지, 아니면 처음 인쇄하여 무공상태로 남아있던 우표에 천공기로 타공만 한 것인지 알 수 없으나 당시의 여건으로 보아 후자일 가능성이 높아 보인다.

동양정판사판 백지는 명판이 없으나 7월 1일에 발행한 1,000원권 선녀는 변지에 명판이 있으며 증정시트 900장을 발행하였다.

(1) 일월학

이 우표는 천공기로 타공을 했다. 천공기가 좋지 않아 우표에 천공이 안된 부분 등 버라이어티가 가장 많은 우표들이다. 초기 선공우표와 유사한 형태의 인쇄교정 파지가 많은 우표 중 몇 가지만 예시해본다.

4) 천공(perforation): 우표를 전지에서 낱장으로 뗄 수 있게 바늘구멍 모양으로 뚫어놓은 것을 말한다. 예를 들면 천공 11이라 함은 우표에 뚫어놓은 구멍이 20mm 안에 11개가 있는 것을 가리키고, $11\frac{1}{2}$라 함은 20mm안에 천공(구멍)이 11개 반(1/2)이 뚫려 있음을 가리킨다.

그림 21. 종무공 (imperf. vertical)

그림 22. 상변지 무공
(top margin perf. missing)

그림 23. 인쇄교정 파지(破紙)
(printer's, waste-paper)

그림 24. 무공 田형
(imperf. block of 4)

5원 일월학 보통우표는 저액이어서 우편요금 인상 후 보조용 우표로도 쓸모가 없게 되었다. 수집용으로 당시의 우편요금과는 관계없이 우표를 종류별로 첩부하여 체송된 것은 간혹 있으나 실제 우편물에 사용된 단첩이나 다수첩은 찾아볼 수 없다고 보면 된다.

(2) 백호 (벽지 천공)

앞서 언급한 바와 같이 대한민국 제2차 보통우표는 전쟁 중에 피난지 부산에서 민간 인쇄소인 동양정판인쇄사에서 발행한 우표로 전반적으로 질이 좋지 못한 우표들이다.

그림 25. 상변지 일부 이중인쇄로 대한민국 국호부분이 아래쪽 국호와 쇄색의 차이가 많이 난다

그림 26. 제4코너 Block 쇄색이 약간 흐리다. 하변지에 2번 코너와 같은 위치에 인쇄가능표(十)가 있다.

그림 27. 1951.4.4 부산발 미국행 항공 우편료 520원(1950.6-1951.7)으로 1차보통 100원+400원+2차보통 20원을 첩부했는데 20원은 보조용이다.

(2) 태극기 (백지 천공)

50원 태극기 백지 천공은 우표용지가 아주 엷은데다 침이 마모된 천공기로 타공을 한 까닭에 천공이 안 된 것처럼 보이는 것이 많고 중간중간에 천공이 안 된 부분이 많은 것이 특징이다. 같은 우표이나 인면과 인쇄가능표 사이의 간격이 서로 다른 것이 많이 발견되고 있다. 50원 태극기 백지 천공은 사진에서 보기는 선공(線孔)같이 보이나 실물을 잘 보면 천공(穿孔)이 보인다.

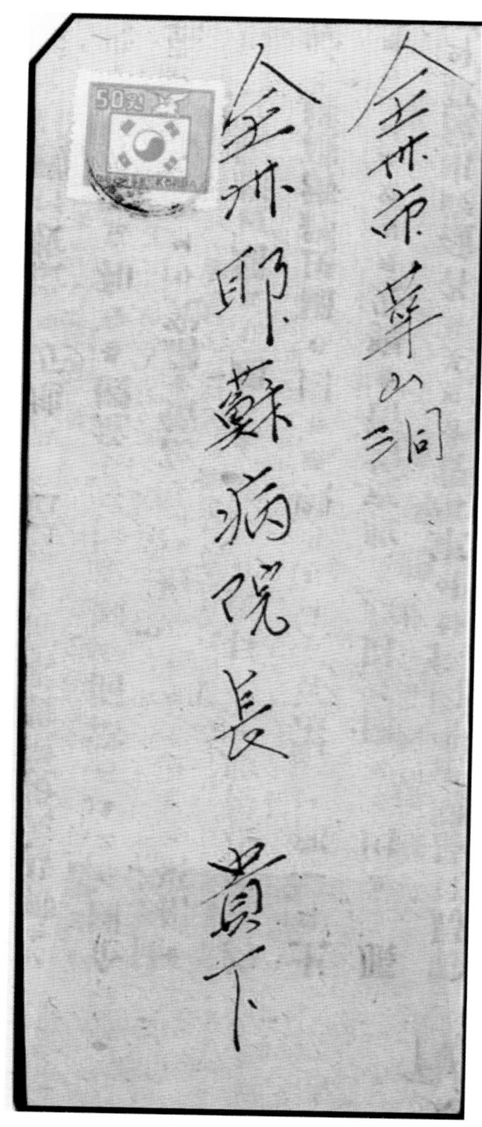

그림 28. 편지 내용으로 보아 전주세무서에서 1951.6.30에 발송한 인쇄서장으로 보인다.

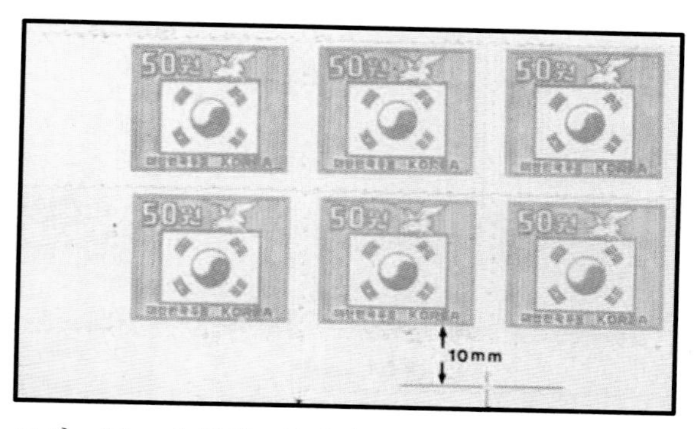

그림 29. 우표의 인면과 인쇄가늠표사이 간격 10mm.

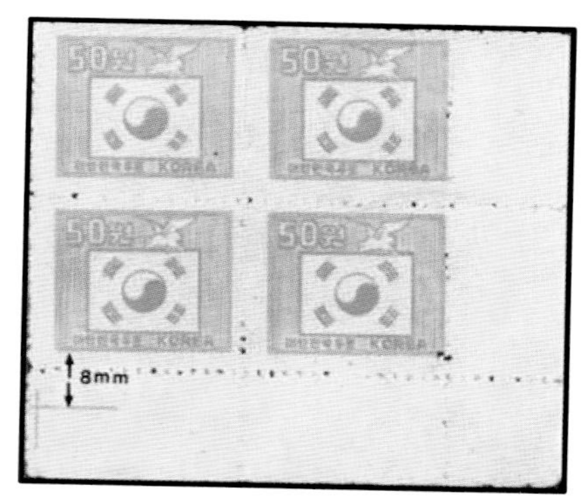

그림 30. 우표의 인면과 인쇄가늠표 사이 간격 8mm

(4) 마패 (백지 천공)

이 우표 역시 발행 공고나 고시 없이 천공을 했는데 처음 발행하여 선공처리가 안 된 우표에 타공을 한 것인지 새로 재조한 우표에 천공을 한 것인지 알 수 없으나 전자일 가능성이 있어 보인다.

대한민국 제2차 보통(1951~1953)

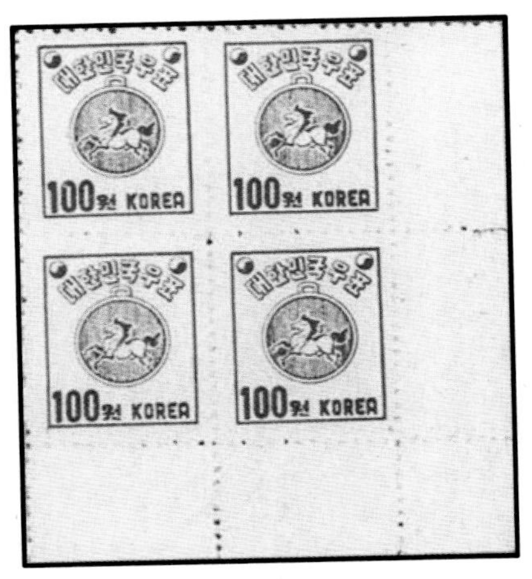

그림 31. 코너 田형으로 5원~100원까지 4종은 명판 없이 발행되었다.

그림 32. 하변지 무공으로 천공 부분누락

그림 33. 횡간 2중 천공

(5) 고구려벽화 선녀 (백지 천공)

전쟁으로 인한 잦은 우편요금인상으로 고액우표가 필요하게 되었다. 1951년 7월 1일에 발행한 우표로 1951년 11월 6일 우편요금이 개정되어 통상우편요금이 100원에서 300원으로 인상되고 등기료 200원에서 700원으로(우편요금표 참조), 속달우편이 신설되면서 1,000원이 되었다. 불과 10여 개월 만인 1952년 9월 20일에 통상요금이 300원에서 1,000원으로 인상되고 등기료 700원에서 2,000원으로, 속달우편이 1,000원에서 5,000원으로 인상되었다. 속달요금이 1,000원에서 5,000원으로 인상된 것은 전쟁으로 인한 악성 인플레이션에 의한 것임을 알 수 있다.

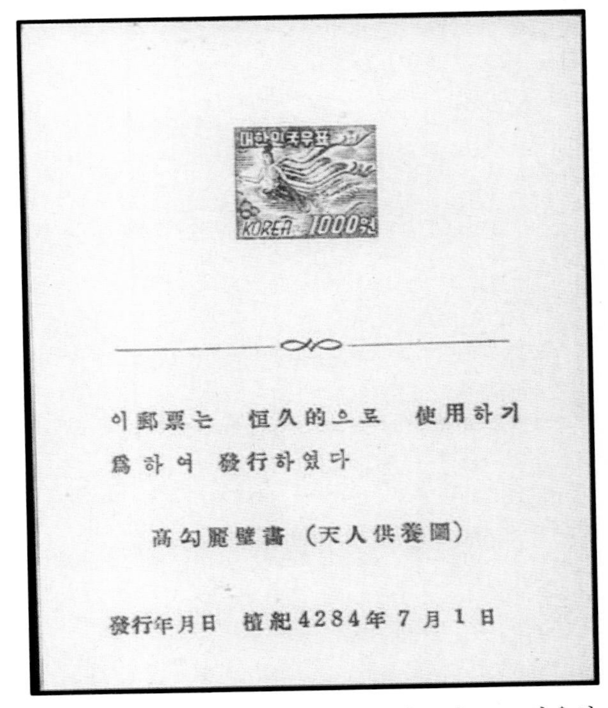

그림 34. 증정시트: "이 우표는 항구적으로 사용하기 위하여 발행하였다"로 되어 있고 그 아래 고구려 벽화(천인공양도)와 發行年月日 檀紀4284年 7月 1日이라는 문구가 인쇄되어 있다.

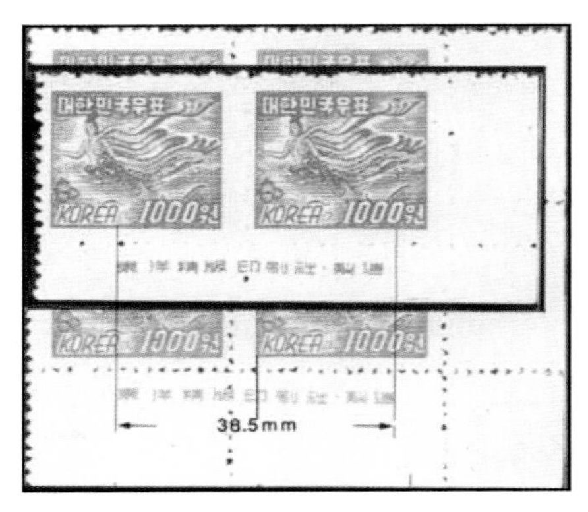

그림 35. 명판: 東洋精版印刷社 製造 간격과 위치가 서로 다르고, 변지의 넓이가 서로 다르다.

그림 36. 명판: 東洋精版印刷社 製造 위치가 왼쪽 명판에 비해 오른쪽으로 당겨져 있고 자체가 약간 크고 평형이다.

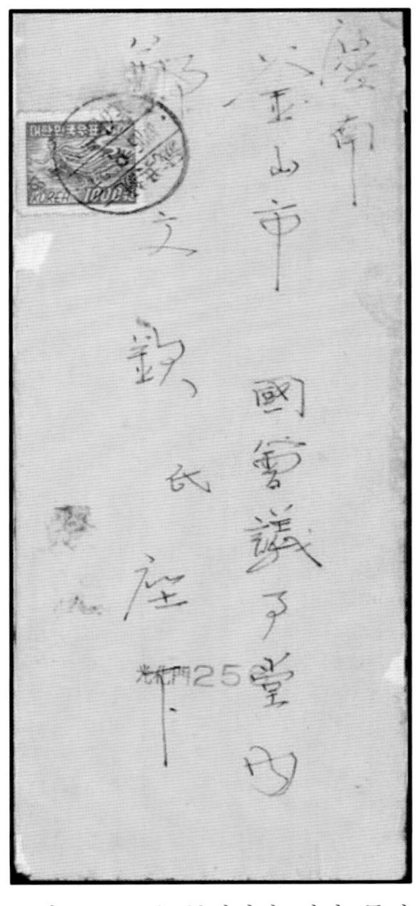

그림 37. 1종 등기서장 광화 등기 85(1952).8.27

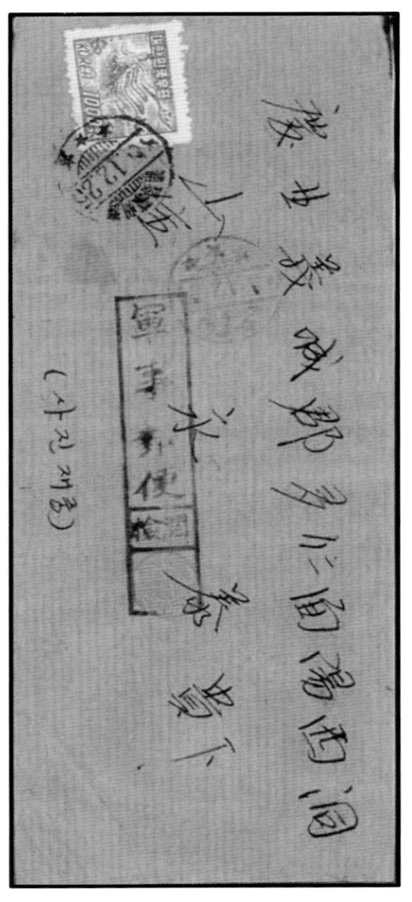

그림 38. 1종 서장 모슬포 85(1952).12.25

위 실체봉투 2통을 비교하면 같은 1,000원이 첩부되어 배달된 것으로 그림 37이 등기우편인 반면 그림 38은 1종서장이다. 불과 4개월 사이에 1종 서장 300원+등기료 700원 계 1,000원에서 그림 38의 1종 서장이 1,000원으로, 등기료는 2,000원으로 인상되었다. 요금기간을 보면 300원시기가 1951.11.6~1952.9.19이고, 1,000시기는 1952.9.20~1954.12.31인데, 1953.2.15 100:1의 평가절하 하는 제1차 화폐개혁으로 '원'에서 '환'으로 환산하여 계속 사용되었다.

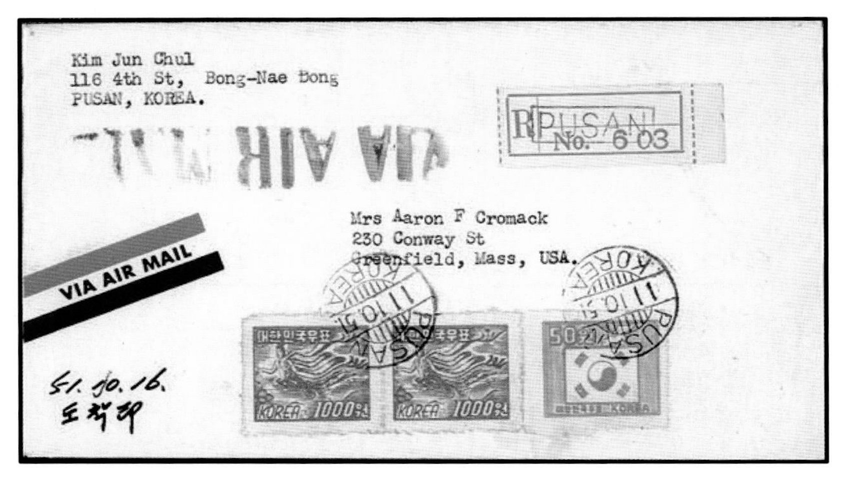

그림 39. 1951.10.11 부산발 미국행 항공등기. 1951.12.16. 미국 Greenfield 도착. 미국항공료 20g까지 1,640원+등기료 400원 계 2,040원 (10원 과납)

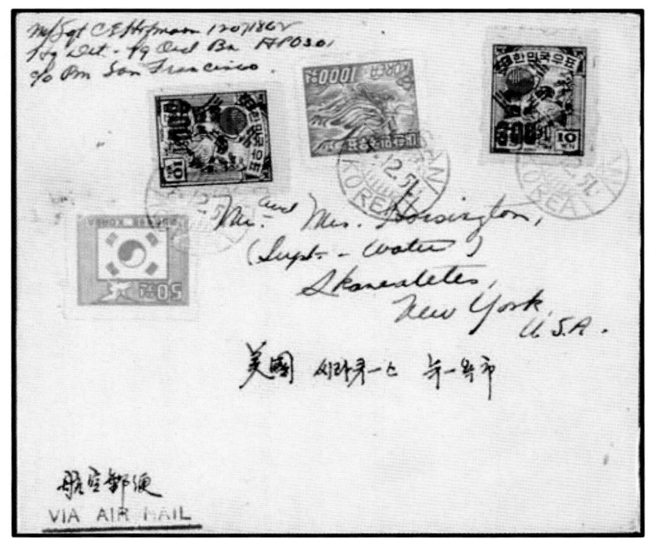

그림 40. 1951.12.4 부산발 미국행 항공서장
미국항공료 1,640원으로 10원 과납

우편요금이 1951년 들어서 외국행 특히 미국행 우편물이 늘어나면서 고액우표가 필요하게 되었다. 그러나 1952년에 들어 더 큰 고액권 우표를 발행하기도 전에 국내 1종 서장요금이 300원에서 1,000원으로 인상되어 외국에 우편물을 발송하려면 여러 종의 우표를 혼합해서 사용할 수밖에 없었다.

(6) 선녀(천인공양도) 시쇄 (백지천공)

시쇄(試刷)는 우표를 정식으로 인쇄하기 전에 인쇄의 됨됨이를 알아 보기위해 시험적으로 인쇄를 해 보는 것으로 다음의 색시쇄(color proof)는 우표가 뒤집혀있다.

명판: 동양정판인쇄사 제조 (東洋精版印刷社 製造) 뒤집어놓고 보면 사진과 글이 바로 보인 된다.

그림 41. 황적색?

그림 42. 자색(purple)

그림 43. 농회색?

그림 44. 녹색(green), 제4번 코너

이상 4가지 색상 중 그림 44. 녹색(green)으로 우표가 발행되었다.

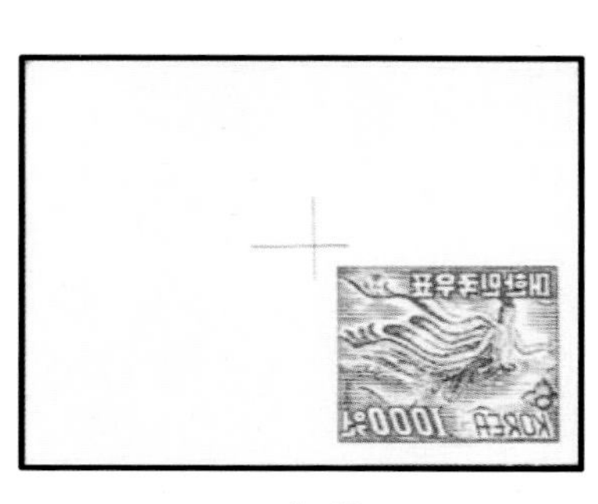

그림 45.

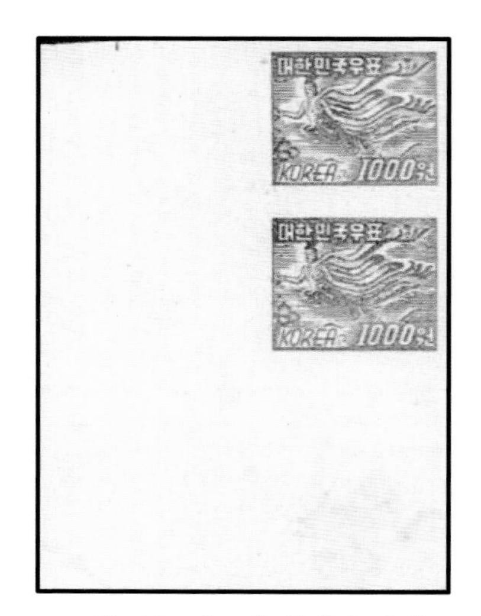

그림 46. 바르게 인쇄된 시쇄

대한민국 제2차 보통우표는 전부 평판 옵세트 인쇄로 인쇄과정을 보면 지금은 원화 1장을 촬영하여 기계(혹은 컴퓨터)로 간단히 전지 구성과 인쇄판을 만든다. 과거에는 원화 1장을 촬영하여 전사지로 만든 석판에서 전사지에 필요한 장수를 찍어낸 낱장 한 장을 대지에 들어있는 눈금을 이용하여 정확히 손으로 한 장씩 붙여 100장 전지판을 구성한 다음 이것을 아연판위에 엎어놓고 수동 석판기를 이용하여 인쇄판에 전사를 시킨 후 수정 및 에칭을 하여 만든 인쇄판으로 종이에 인쇄를 했다. 다음의 역쇄는 인쇄판을 만들기 전 단계에서 전사기(석판기)로 종이에 인쇄를 한 것으로 보입니다.

요약하면 원화를 촬영 하면 뒤집어 보임 → 전사지에 옮겼을 때 원화가 정상으로 보임. 이 전사판(아연판)으로 종이에다 소부단계를 거치지 않고 바로 인쇄하면 뒤집혀 보인다.

3. 동양정판사 판 물결무늬 보통

그림 47. 우표용지를 밝은 불빛에 비추어보면 위 그림과 같은 무늬가 보인다. 비침무늬(透紋)라 하는데 물결같이 생겼다 하여 물결무늬라 함.

전쟁 중이였으나 어느 정도 안정을 되찾은 후 외국에서 수입한 물결무늬가 들어있는 종이로 제조한 우표를 동양정판사 물결무늬 보통우표라 한다. 이 물결무늬 우표는 이미 발행한 20원, 50원, 100원, 1,000원 등 4종과 새 도안으로 200원 석굴암, 300원 불국사를 발행하였다. 새 도안으로 발행한 200원 석굴암과 300원 불국사 2종은 1952년 2월 20일 발행하였으나 나머지 4종은 발행 공고 없이 물결무늬 용지로 발행되었다.

동양정판 백지 천공은 천공이 11이었으나, 물결무늬 6종은 모두 천공 12인 것으로 보아 천공기도 새로 교체 한 것으로 생각된다. 인쇄는 역시 평판 옵세트로 전지 또한 10×10(100장)으로 구성되어 있다.

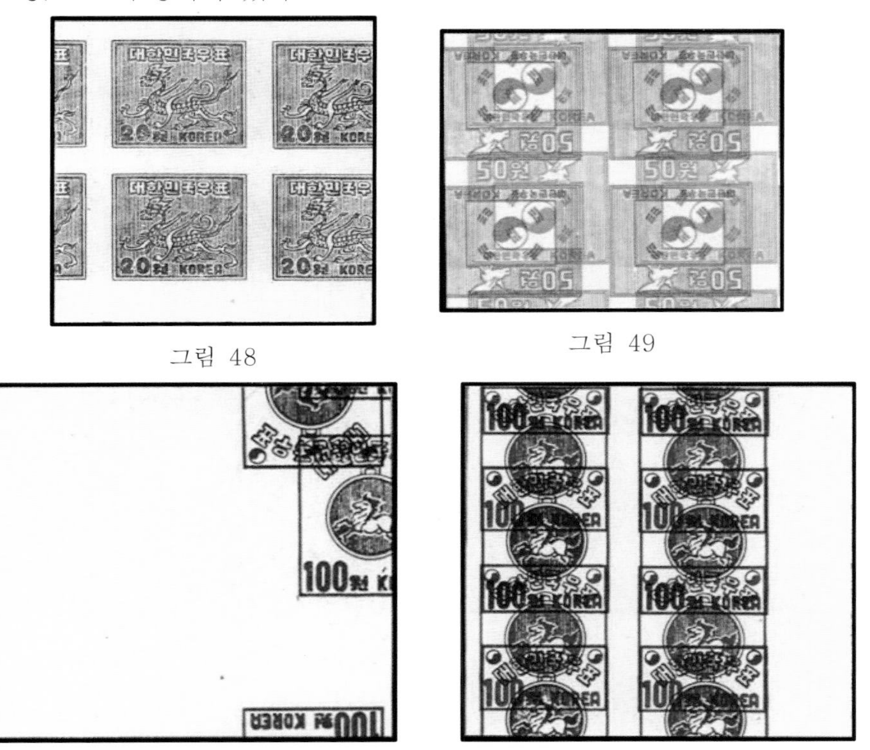

그림 48

그림 49

그림 50. 여기 예시된 우표는 error나 variety가 아닌 인쇄시험용 각종 폐지임

그림 51

이 우표 역시 발행배경과 인쇄과정 등은 백지천공과 다를 바 없이 인쇄가 거칠고 천공의 간격이 고르지 못하고 다양한 천공에러(error)와 버라이어티(variety), 인쇄상의 각종 에러를 비롯하여 인쇄교정파지가 난무하는 우표들이라 우표제조과정을 연구하는데 가장 흥미를 느낄 수 있다. 우편요금의 잦은 인상으로 실체봉투에 우편요금을 각종 우표를 혼합해서 첩부한 봉투가 많고, 적정요금의 단첩(單貼)은 쉽게 찾아보기 힘들 정도다.

동양정판사 제조 우표들은 백지선공이나 천공 그리고 물결무늬 우표의 제조과정이나 각종 변종 등이 비슷하기 때문에 그 중 새로 발행 한 200원 석굴암과 300원 불국사에 대하여 요약해서 설명코자 한다.

(1) 석굴암

발행일: 1952년 2월 20일, 발행량: 300만장, 증정시트 300장

새 도안으로 발행한 200원 석굴암의 특기할 만한 것은 명판이 없는 것으로 알고 있었으나「東洋精版印刷社製造」라는 명판을 #99~100에 삽입하였다가 인쇄 도중에 삭제한 것으로 보인다. 그 증거로 故 이종구 작품에 들어있는 것을 볼 수 있는 것이 전부이다.

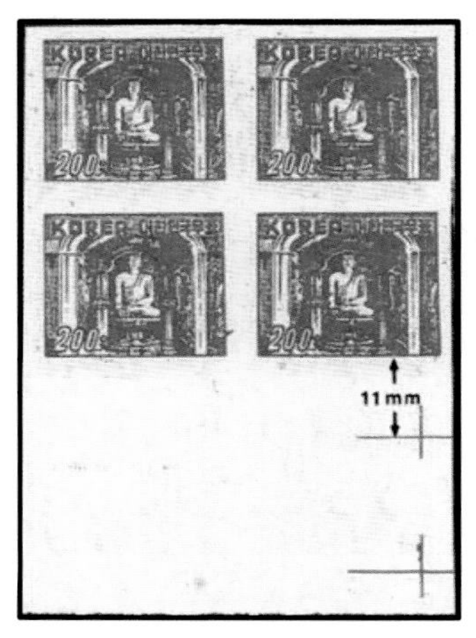

그림 52. 하변지에 인쇄가늠표 간격이 11mm로 그림 53보다 4mm 짧다. 그 아래쪽 인쇄가늠표는 재단하기 전 인쇄판 아래쪽 전지의 것으로 보인다.

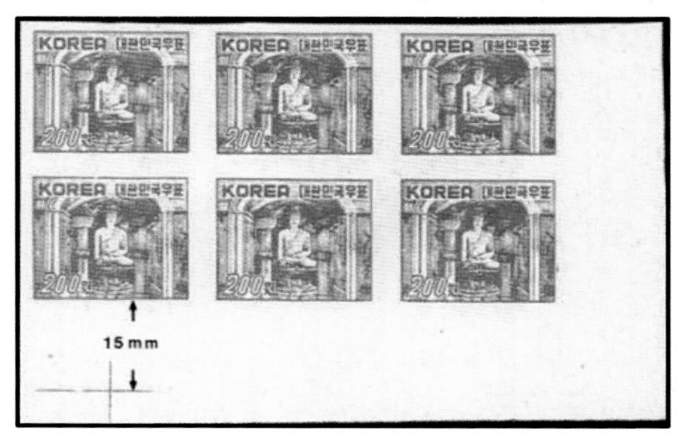

그림 53. 하변지 #98에 인쇄가늠표가 있는데 인면과의 간격이 15mm다.

그림 54. 증정시트는 물결무늬 용지로 비침무늬(透紋)가 가로(橫)로 된 것과 세로(縱)로 된 시트가 있다. 증정시트의 문안을 보면 "이 郵票는 恒久的으로 使用하기 爲하여 發行하였다" (石 窟 庵) 發行年月日 檀紀4285年 2月20日.

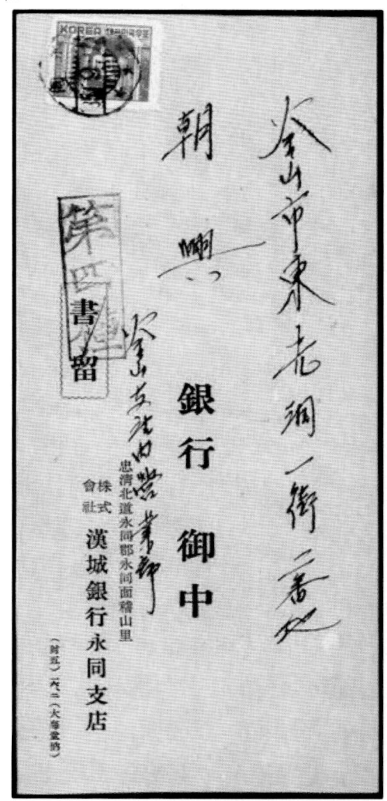

그림 55. 인쇄서장
영동국 1951.9.7 접수(적정요금)

변지 상하에 인쇄가늠표(—|—)[5]가 있는데 그림에서 보는바와 같이 우표인면과 인쇄가늠표 사이의 간격이 서로 다른 것이 있다. 그것은 인쇄판 전지의 제판과정에서 생긴 것으로 보인다. 그 당시 보통우표 전지구성이 100(10×10)매였는데 전사판(轉寫版)에 전지 4장을 배열하여 인쇄판 하나를 만들고 아연판에 소부하여 인쇄를 한 다음 4등분으로 재단하여 창구전지를 만들었다.

(2) 불국사

발행일: 1952년 2월 20일, 발행량: 300만장, 증정시트 300장

이 우표 역시 명판이 없으며 전지의 변지 상하에 인쇄가늠표(—|—)만 있다. 인쇄교정용 파지와 무공, 간무공 등 천공 error와 variety가 많은 우표다. 증정시트는 200원 석굴암과 같이 비침무늬가 가로형과 세로형이 있다. 단 300장 인쇄에 우표용지가 두 종인 것을 보면 우표용지를 무분별하게 다룬 것으로 짐작된다.

그림 56. 제4코너 천공 부분누락

그림 57. 제4코너 시쇄 넓은변지 무공

그림 58. 시쇄 양면 인쇄

그림 59. 하변 2열 무공

그림 60. 인쇄교정 파지

그림 61. 인면천공

5) 인쇄가늠표(혹은 인쇄 자리 맞춤표)는 제판과정이 모두 수동으로 처리를 하였는데 인쇄의 각도와 간격 등을 정확하게 맞추기 위하여 전사판 가장자리에 십자를 표시하여 인쇄판을 만들어 인쇄를 할 때 기준을 잡는 것으로 예를 들어 인쇄물이 3도색일 경우 인쇄판 3장으로 1도씩 인쇄를 해야 하는 데 똑같은 위치에 십자표시를 해놓고 한 판 한 판 핀을 맞추어가면서 인쇄를 함으로서 정확한 인쇄물을 생산할 수 있게 하기 위한 기초 작업이라 보면 된다.

그림 62. 증정시트 (300장 발행)

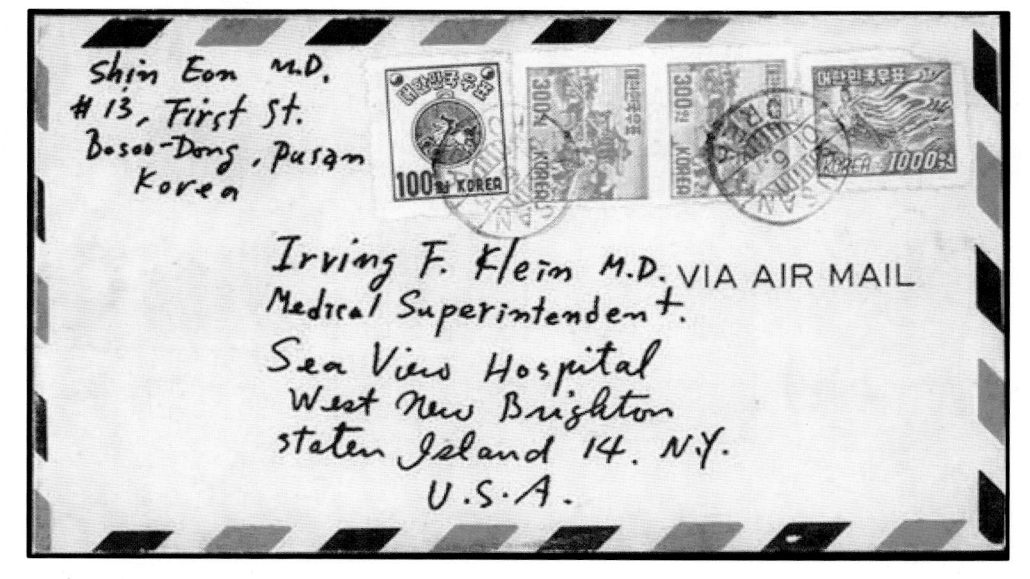

그림 63. 85(1952).6.10 부산발 미국행 항공서장. BUSAN. 외체인에 단기 년도인 85를 사용한 일부인년도 에러(10.6.85)

(3) 선녀

발행고시나 공고 없이 발행하였으며 명판은 東洋精版印刷社·製造로 명판 자체의 크기와 위치가 서로 다른 전지가 존재한다. 인쇄판정리 번호 (1)이 같은 위치(#100)에 있는데 小자와 大자가 있다. 즉 인쇄판 정리번호가 있는 전지는 명판이 #96~#96에 있고 자체가 크고, 실용판 번호가 없는 전지의 명판은 제4코너 #100에 있으며 자체가 작다.

그림 64. 1000원 명판 #100에 위치하고 製造에 造자가 빠져있다.

그림 65. 인쇄판정리번호 (1) 小자가 #100에 위치

그림 66. 인쇄판정리번호 (1) 大자가 #100에 위치 (명판위치 #95~96)

그림 67. 명판(대자) #95~96. 東洋精版印刷社· 製造의 造자가 있다.

그림 68. 사용필 大邱. 85.4.24. 당시 일부인의 양식을 알 수 있는 자료이다.

그림 69. 사용필 4285. 8.30. 滅共統一 大邱

그림 70. 국제우편요금 인상 직후 발송된 미국행 항공서장 (요금 4200원, 요금기간; 1952.6.21~1954.4.4). PUSAN, 1952.9.9 접수

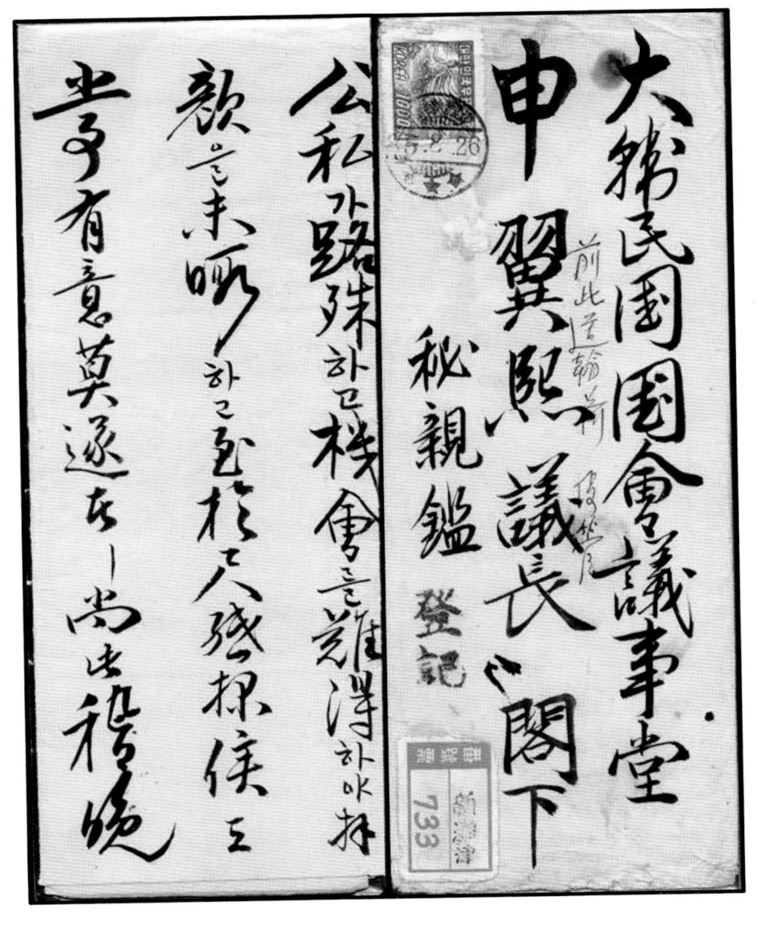

그림 71. 단기 4285년 8월 26일 신탄진 우체국 접수 등기우편 (요금인상 20일전 접수, 1종 서장 300원+등기료 700원). 왼쪽 그림은 편지의 내용물로 펼쳤을 때 길이가 1m 10cm로 戰亂에 대한 탄식과 격려의 내용이 담겨 있다.

이 우표 발행 때부터 1종 서장 기본요금이 1,000원이었다. 외국행 우편물과 특수 우편물 등에 사용된 우표이면서 오랫동안 우편요금 인상이 없었던 관계로 수요에 따라 계속 발행했다. 따라서 명판의 위치, 크기 등이 다른 것이 여러 종이 있으며, 사용필 우표 역시 가장 많은 우표에 속한다. 이 무렵부터 휴전협정 이야기가 나오자 어느 정도 물가가 안정되자 우편우표금도 54년까지 인상되지 않았다. 1953년 2월 15일 제1차 화폐개혁으로 원화 100에서 1로 평가절하 한 이후에도 1,000원을 10환으로 사용할 수 있었다

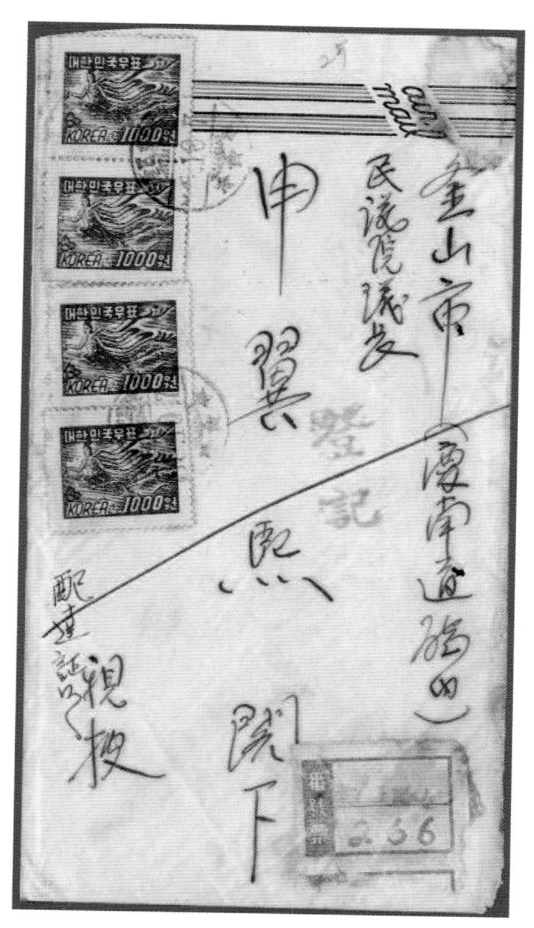

그림 72. 단기 4285년 10월7일 서울 을지로7가 우체국 등기배달증명으로 4,000원이 첩부되어 있다. (1종 서장 1,000원+등기료 2,000원+속달료 1,000원 합계 4,000원)

신익희 국회의장에게 보낸 이 2통의 편지 봉투와 내용으로 한국전쟁으로 정부가 부산 피난중임을 알 수 있는 중요한 증거물일 뿐 아니라 우편요금 1종서장이 300원에서 1,000원으로 대폭 인상된 것으로 보아 인플레이션이 얼마나 심했던가를 가늠할 수 있는 귀중한 자료이기도 하다(그림 72의 실체에 붙은 우표는 한국조폐공사에서 제조한 것임).

4. 한국조폐공사 판 물결무늬

한국조폐공사는 1951년 9월, 조폐공사법이 공포되면서 한국조폐공사가 같은 해 10월 부산시 동래구 온천동에 있던 재무부 직할 인쇄공장을 인수하여 한국은행권을 인쇄·발급하였고, 1952년 5월 7일부터 우표를 인쇄하기 시작하여 최초로 2대 대통령 취임기념 우표를 인쇄·제조한데 이어 1952년 10월 20일 새 도안으로 500원(거북비)와 2,000원(충렬사) 등 우표 2종과 증정시트 2종을 발행하였다. 이미 동양정판사에서 인쇄한 50원 태극기, 100원 마패, 200원 석굴암, 300원 불국사, 1,000원 선녀를 포함해서 총 7종이 발행되었다. 그 외 우편엽서에 첩부해서 사용할 목적으로 적색 500원 거북비 우표를 군청색으로 바꾸어 제조한 거북비(청거북)를 발행하여 1946년에 발행한 해방조선엽서에 첩부하여 판매하였다. 우표 인쇄는 외국에서 수입한 용지(물결무늬)로 하였으며, 전지구성은 10×10(100매)이고 천공은 12½이다. 우표의 인쇄와 용지 천공 등이 깨끗하여 해방 이후 처음으로 양질의 우표를 발행하기 시작하였다.

한국조폐공사가 인쇄한 구 “원/圓"화 우표로는 제2대 대통령우표와 대한민국 제2차 보통우표 7종을 비롯하여 항공우표 3종인데 1953년 2월 15일 화폐개혁으로 인해 1953년 2월 17일부터 “원”표시의 우표류는 100:1의 비율로 판매하고, 1953년 4월 7일 이후의 “원”표시 우표는 국제우편물에 사용이 금지되었다.

대한민국 제2차 보통 한국조폐공사판 발행 일람표

액면	디자인	발행일	발행량		디자이너	발행 근거	비고
			우 표	증정시트			
50	태극기	53.10 ?	미 상	추가발행 없음	최정한	공고나 고시없이 발행	
100	마패	53.10 ?	〃	〃	〃	〃	
200	석굴암	52.05 ?	〃	〃	박문조	〃	
300	불국사	52.05 ?	〃	〃	〃	〃	
500	거북비	52.10.20	150만	300장	〃	고시 제190호 1952.9.29	
1000	선녀	52.05 ?	미상	추가발행 없음	〃	공고나 고시없이 발행	
2000	충렬사	52.10.20	150만	300장	〃	고시 제190호 1952.9.29	

※ 증정시트는 같은 액면, 같은 디자인의 우표는 인쇄제조처가 달라도 추가 발행은 하지 않고 새로운 디자인 500원 거북비와 2,000원 충렬사만 각 300매를 발행하였다.

(1) 태극기(太極旗)

우표 인면의 크기는 동양정판사판과 같이 24 × 20 mm이며, 우표크기는 동양정판사판이 28 × 23 mm인 반면 조폐공사판은 30 × 27 mm로 약간 크고 인쇄와 천공이 선명하다.(이하 조폐공사판 7종 모두 우표의 크기와 인면의 크기가 동일함) 이 우표의 전지여백에 실용판 번호 대신 하변지 중앙에 영문자 A・B가 있는데 인쇄판 전지에서 창구전지로 재단할 때 변지에 표시된 'A', 'B''와 인쇄가늠표 등이 잘려나가서 보이지 않는 것이 대부분이다. 지금까지 조사된 것으로 전지 하단에 'A'와 'B'가 전지 중앙에 있는데 식별방법은 천공 하발 1점이 'A'판이고 천공 상 1발이 'B'판으로 밝혀져 있다.

그림 73-1. 사용필: 태극기 4287(54).1.11

그림 73-2. A판- 전지 하단 중앙에 있다

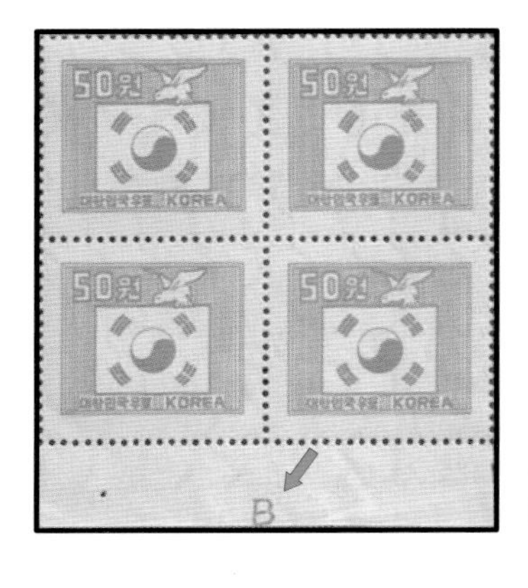

그림 73-3. B판- 전지 하단 중앙에 있다

그림 74. 馬山우체국 86(1953).1.20 접수

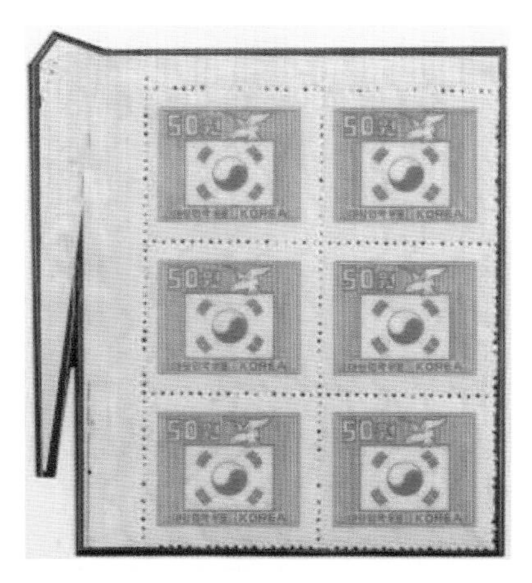

그림 75. 재단 Variety. 종이가 접힌 상태에서 재단

그림 76. 천공 Variety. 종이가 접힌 상태에서 타공

국내 인쇄물 100g까지 700원 시기를 맞이하여 이 50원권 우표는 단편으로는 쓸모없는 우표가 되어 주로 보조용으로 사용되었다(우편요금표 참조).

(2) 마패(馬牌)

100원 마패우표 역시 50원 태극기우표와 같이 체신공고나 고시 없이 발행한 관계로 정확한 발행일자는 알 수 없으나 1953년 10월에 발행한 것으로 조사되고 있다.

1	2	3	4	5	6	7	8	9	10
11	12	13	14	15	16	17	18	19	20
21	22	23	24	25	26	27	28	29	30
31	32	33	34	35	36	37	38	39	40
41	42	43	44	45	46	47	48	49	50
51	52	53	54	55	56	57	58	59	60
61	62	63	64	65	66	67	68	69	70
71	72	73	74	75	76	77	78	79	80
81	82	83	84	85	86	87	88	89	90
91	92	93	94	95	96	97	98	99	100

그림 77. 인쇄가늠표. 변지의 사방에 있다.

그림 78. #21에 있는 인쇄 가늠표 및 1코너 귀지

우표변지에 명판이나 실용판 번호 등이 없고, 그림과 같이 조폐공사에서 인쇄·제조한 전지는 인쇄판 제판당시 우표 변지에 인쇄가늠표가 있었는데 창구전지로 재단할 때 대부분 잘려 나가고 없는 것이 많다.

그림 79. #80번과 4코너의 인쇄 자리표가 잘 안 보인다

그림 80. 변지의 인쇄 가늠표가 선명하다 (#30)

그림 81.

그림 82. 군사우편 일간 신문띠지(wrapper)

(3) 석굴암(石窟庵)

앞서 언급한 바와 같이 동양정판사에서 발행한 우표에 쓰인 디자인의 경우 한국조폐공사에서 재인쇄 제조시에는 체신공고나 고시 없이 발행한 관계로 50원, 100원 우표와 마찬가지로 정확한 발행일자를 알 수 없는 우표이다. 전지의 변지에 있는 인쇄가늠표 50원 태극기, 100원 마패와 같으나 실용판번호 #1과 #2가 있다. 대한우표회에서 발행한 『한국우표 100년』에서 故이규봉님의 원고에는 실용판번호가 없다고 했으나 그 후에 자료가 입수되어 벽산선집 제1권에 실용판번호 1,2를 수록하였다.

그림 83. 실용판번호 #96번에 1번

그림 84. 실용판번호 #96번에 2번

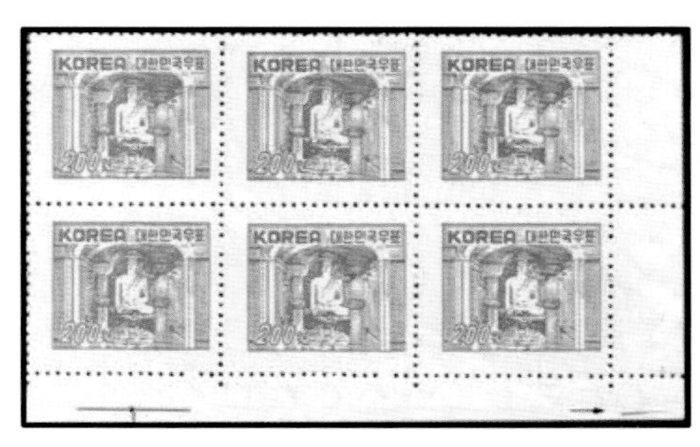

그림 85. #98인쇄가늠표와 4코너변지에 기늠표가 보인다

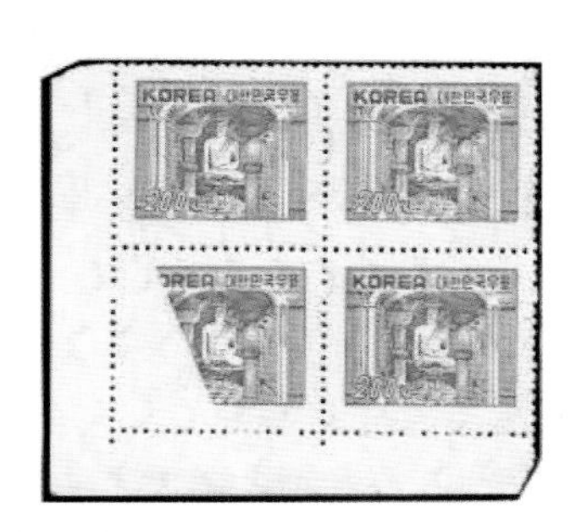

그림 86. 제3코너가 접힌 인쇄 error

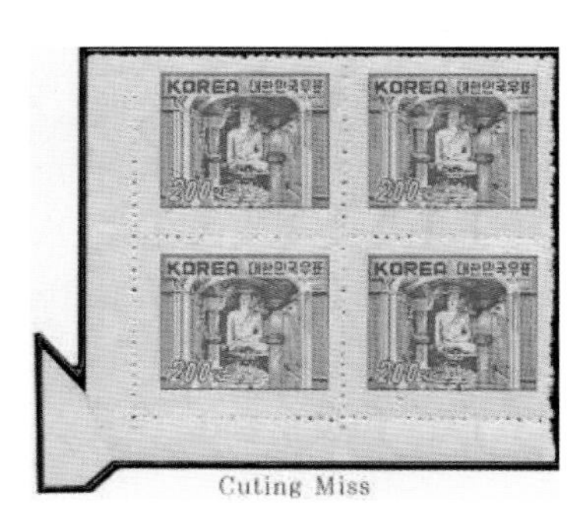

그림 87. 제3코너 귀지 (접힌 재단)

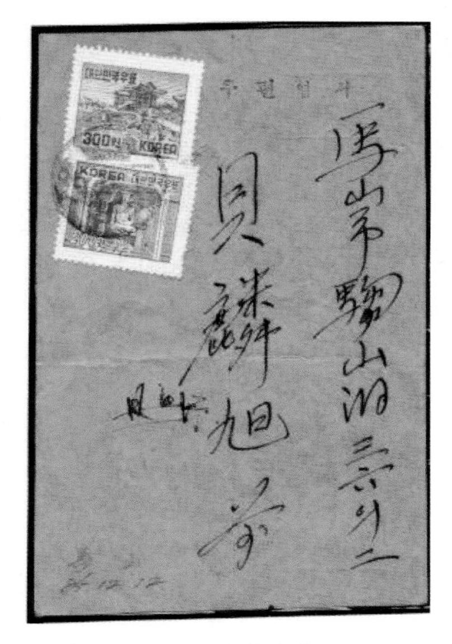

그림 88. 1종 인쇄서장 700원(7원) 단기 4286(53).1.7 경남가조(加祚)

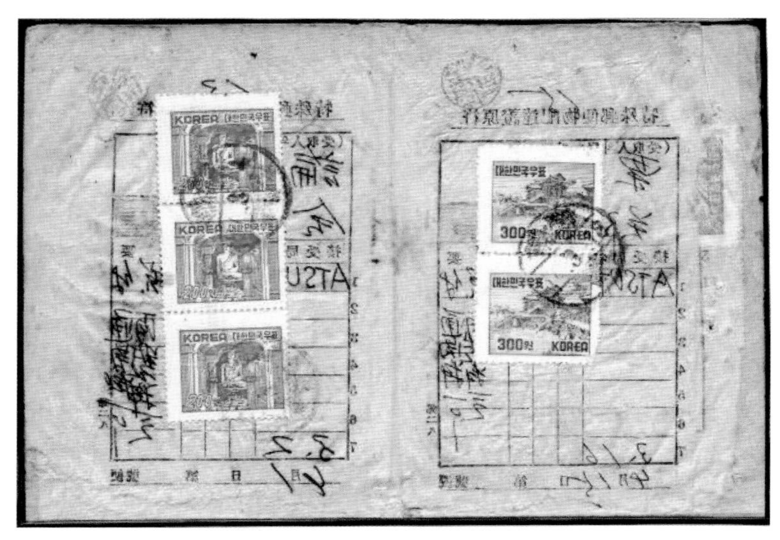

그림 89. 특수우편물배달증원부(特殊郵便物配達證原簿)
외국으로부터 배달된 등기나 소포 등 특수우편물 수령시 우편물의 종류에 따라 통관 수수료를 지불하고 우편물을 수령하였다. 국제우체국에 도착된 소포는 수취인과 우체국에 파견된 세관원의 입회하에 개봉하고 과세 대상품은 세금을 납부하고 우편물을 수령해갔다.

그림 90. 1종 인쇄서장 700원
경남가조 86(53).1.7 접수

그림 91. 1종 서장 1,000원(10원) 화폐개혁 이후에 발송. 단기4286(53).10.14 접수 10.17 도착인)

(4) 불국사(佛國寺)

이 우표 역시 200원 석굴암과 같이 인쇄판 제조과정이 같으며 변지의 인쇄가늠표가 있으나 보이지 않는 것이 대부분이다. 실용판 번호는 하변지 #95에 13이 있고, 하변지 중앙에 19, 20, 23, 27, 28 등이 발견되고 있다.

그림 92. 실용판번호 #95에 13번

그림 93. 실용판번호 하변지중앙에 19번

그림 94. 실용판번호 하변지중앙에 20번

그림 95. 실용판번호 하변지중앙에 23번

그림 96. 실용판번호 하변지중앙에 27번

그림 97. 양면(兩面)인쇄

그림 98. 비침무늬(물결무늬)가 똑똑히 보인다.

그림 99. 인면과 인쇄가늠표사이 간격 9mm

그림 100. 하변지 중앙에 실용판 번호 20과 인면과 인쇄가능표사이 간격 10mm. 제4번 코너 변지의 인쇄가능표가 일부 마모됨

법률 제222호(1951.11.6)에 의하여 1951년 11월 6일부터 기본우편료 100원에서 300원으로 인상되었다. 불과 10여 개월만에 법률 제250호(1952.9.20)에 의하여 1952년 9월 20일부터 기본료 300원에서 1,000원으로 대폭 인상되었다. 여기 제시한 2통의 봉투는 전쟁으로 인플레이션의 심각함을 실감케 하는 실체 봉투이다.

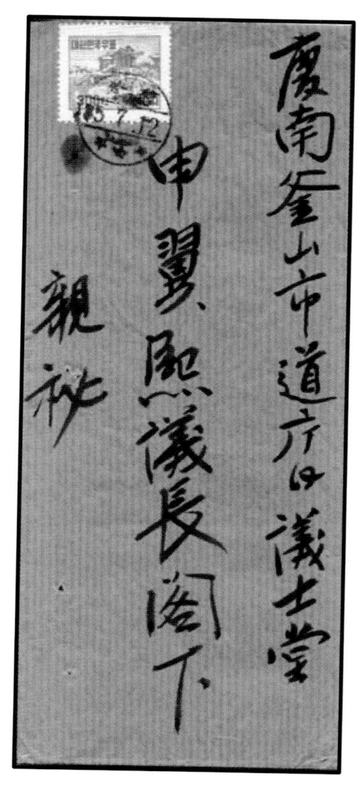

그림 101. 수원. 85(1952) 7.12 접수. 1종 서장 300원.

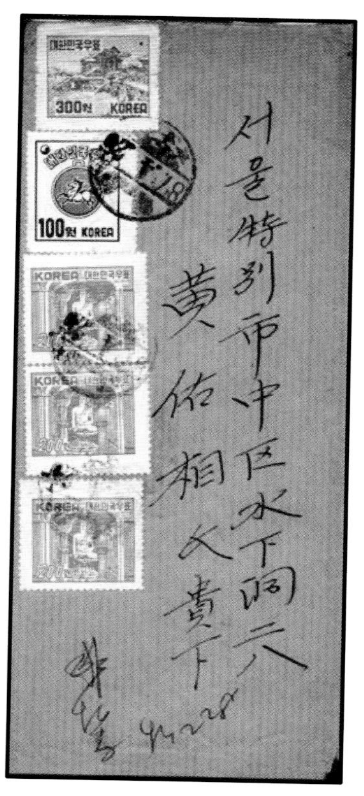

그림 102. 진해. 87(1954) 4. 25 접수. 1종 서장 1,000원.

(5) 거북비(龜碑)

체신부 고시 제190호(1952.9.29)에 의하여 1952년 10월 20일 새 도안으로 500원권 거북비 우표와 2,000원권 충렬사 우표를 각 150만장과 증정시트 각 300장을 발행하였다. 500원 거북비는 실용판 번호는 #96에 3번과 4번이 있고 인쇄가늠표는 앞서 제시한 그림103과 다 같으나 인쇄과정에서 마모 되었거나 창구전지 재단이 일정하지 않아 잘려 나간 것과 조금 보이는 것이 있다.

그림 103. 무공(無孔) 인쇄자리표

그림 104. 실용판번호 #2

그림 105. 공식발행 무공(無孔) 실용판번호 #2

그림 106. 인쇄자리표 일부가 보인다

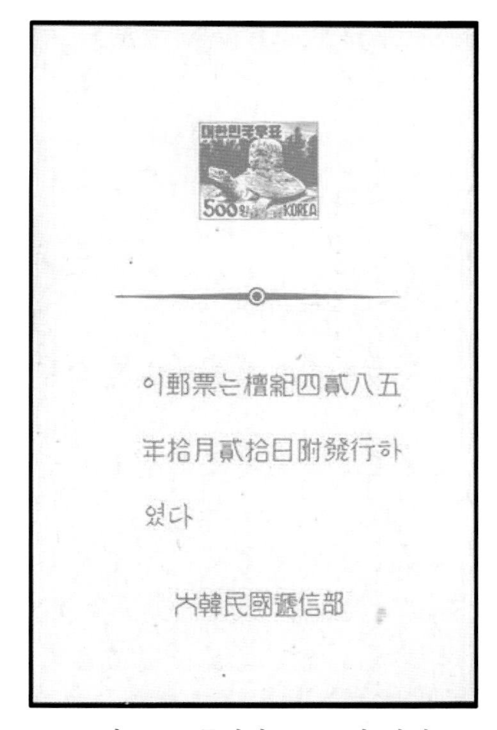

그림 107. 증정시트 300장 발행

그림 108. PUSAN 1953.4.18 접수 일본행

오른쪽 우편물은 화폐개혁(1953.2.17) 이후에 발송한 우편물로 거북비 2환+5환+500원 3장(15환)을 첩부하여 부산에서 1953년 4월 18일 일본으로 발송한 우편물이다. 1953년 3월 8일 공고 제92호에 의하여 1953년 2월 15일 이전에 발행한 구 원(圓)화 표시 우표와 엽서류는 1953년 4월 5일부터 외국행 우편물에 사용금지되었으나 500원 거북비 3장을 첩부 등기우편으로 발송된 우편물이므로 규정위반이다.

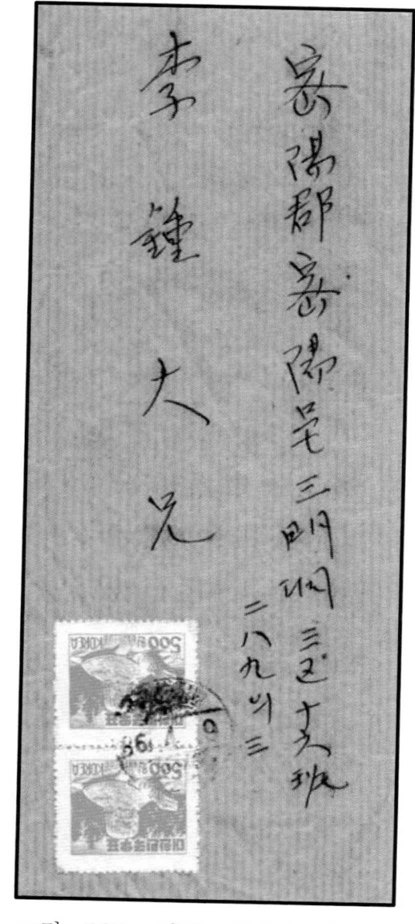

그림 109. 진해, 87(1954).4.25 접수. 1종 서장 1,000원 시기

(6) 선녀(仙女)

한국조폐공사에서 인쇄 제조한 우표로 체신부 고시나 공고 없이 발매했으므로 정확한 발행일자를 없으나 1952년 5월로 생각된다. 전지변지의 인쇄가늠표는 전자와 같고 실용판 번호가 전지하변 중앙에 2, 3, 21, 22, 25, 37, 41, 43, 44, 57, 61 등이 있다.

그림 110. 실용판번호 #37 실용판번호의 위치가 하변지 중앙에 있음을 알 수 있다.

그림 111. 실용판번호 #2

그림 112. 실용판번호 #25

그림 113. 실용판번호 44

당시의 인쇄판은 인쇄도중 쉽게 마모되므로 많은 양의 우표를 한꺼번에 인쇄를 할 수 없어서 같은 인쇄판을 여러 벌 만들어 인쇄판마다 번호를 매겨 보관해 두었다가 인쇄판을 수시로 교체했다. 판 번호 숫자를 한사람의 제판공이 매기는 것이 아니고 여러 제판공이 교대로 매기면서 같은 번호의 중복을 피하기 위해 제판공마다 주어진 번호를 매겼으므로 중간에 없는 번호가 생길 수가 있다. 이 우표의 실용판 번호는 그 종류가 많아 전부제시를 못하고 일부만 제시하였다.

그림 114~118 은 제조 과정상에서 생겨난 각종 변종을 제시한 것이다.

그림 114. 용지밀림 인쇄 (사용필)

그림 115. 접힌인쇄

그림 116. 횡간 이중천공

그림 117. 87.1.24 (사용필)

그림 118. 묘하게 잘려져 나간 인쇄파지

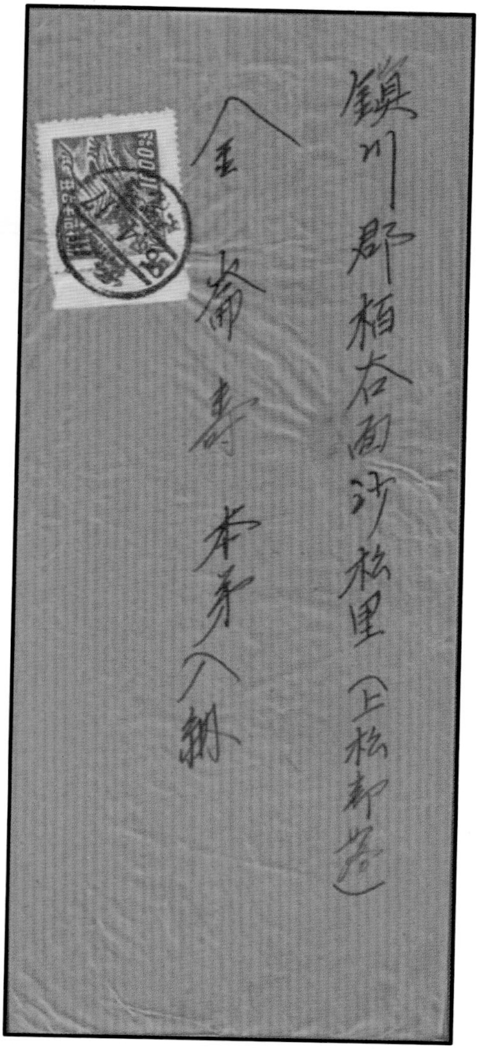

그림 119. 86(1953).4.17 옥천

그림 120. 52.11.8 미국행 항공등기 서장 (5,200원)

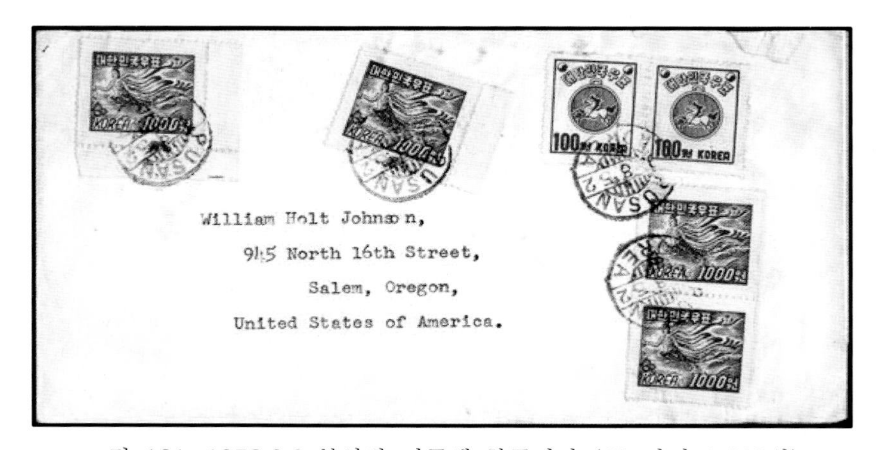

그림 121. 1952.8.9 부산발 미국행 항공서장 (20g까지 4,200원)

그림 122. 우편요금수령증원부 (郵便料金受領證原簿)

"우편요금수령증원부"는 우편요금별납 등을 현금으로 납부하지 않고 우편요금에 해당되는 금액만큼 우표를 구입해서 우편요금수령증원부에 첩부하여 주소성명을 기입하고 우체국에 제출하는 서식지이다. 1961년 초반까지 우체국에서 취급하는 별납요금, 우편사서함사용료, 전보요금, 장거리전화요금을 우표를 구입해 지불하였다.

그림 123. PUSAN, 1952.8.22. 접수. 외국행 소포우편요금 첩부 라벨. 소포는 반드시 끈으로 묶어 발송하게 되어 있었는데 우편요금를 첩부할 여백이 모자랄 때 사용하였다.

(7) 충렬사(忠烈祠)

체신부 고시 제190호(1952.9.29)에 의하여 1952년 10월 20일 새 도안으로 500원권 거북비와 함계 발행한 우표로 우표 150만장과 증정시트 300장을 발행하였다. 이 우표는 #96에 실용판 번호와 전지 아래쪽 변지 중앙에 가18, 가26, 가29 등이 있다. 이 우표 역시 전지의 변지 4방에 인쇄가늠표(인쇄판 자리표) 있으나 창구전지 재단과정에서 잘려 나간 것이 많다.

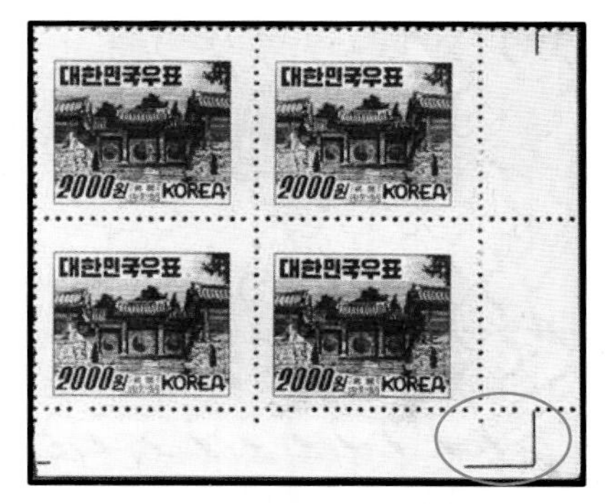

그림 124. 제4코너 인쇄가늠표

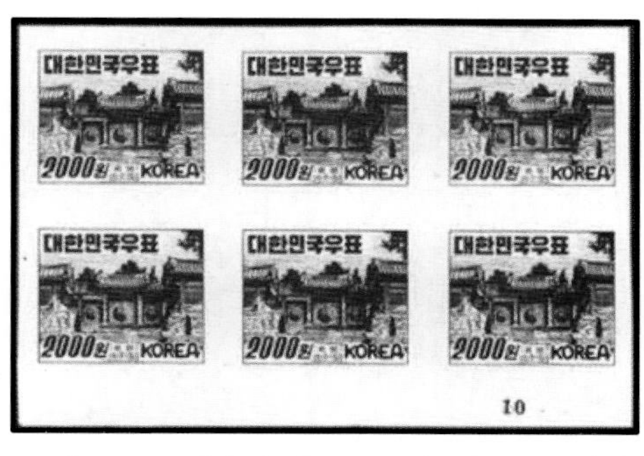

그림 125. 실용판번호 10번 있는 공식발행 무공

그림 126. 증정시트 300장 발행

수집품은 완전하게 다 수집했다는 말은 있을 수 없다고 한 말이 생각난다. 지난날 실용판번호 수집에 남달리 애착을 가졌던 故이규봉, 이종구 선배가 수집 못한 실용판 번호가 없는 것이 필자의 수집품에 하변지 중앙에 필서체로 쓴 2번이 발견된 것이 있는 것으로 보아 누군가의 수집품에 또 다른 모양의 실용판 번호가 있을 것으로 생각된다.

그림 127. 제4코너 실용판번호 7, #98에 인쇄가늠표가 있으나 코너변지에는 없다

한국조폐공사 초기에 발행한 우표는 인쇄 제조 공정상 variety가 많고 민간인쇄소에 비해 보안과 관리가 잘 되긴 하였으나 인쇄교정용 시쇄와 파지가 눈에 띄게 많이 발견되었다.

그림 128.

그림 129. 횡간 이중천공

그림 131. 접힌용지에 천공

그림 130. 용지 밀림인쇄

그림 132. 제3코너 인쇄가늠표가 안 보이고, 천공 부분이 탈락되고, 아래로 쏠림

그림 133. 종이모서리가 접힌 채로 인쇄된 우표

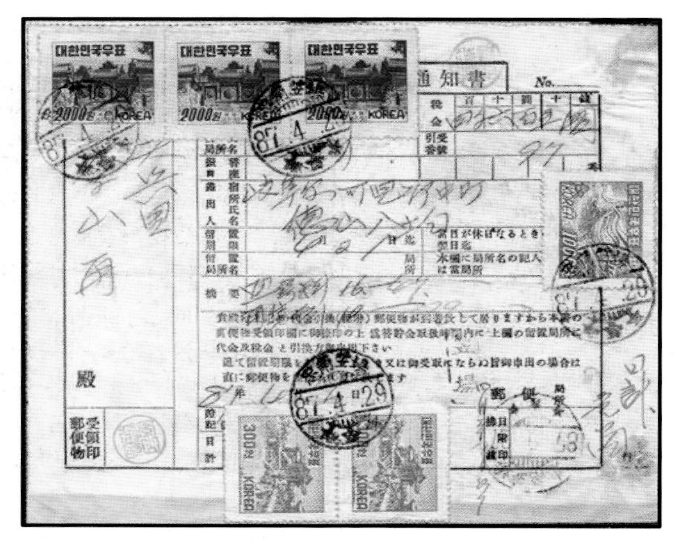

그림 134. 우편물도착통지서 (郵便物倒着通知書)
이 우편물도착통지서는 일제강점기에 사용하던 식지로 해방된지 9년이 지난 1954년까지 사용한 것인데 왜 그랬는지 회답이 나오지 않는다.

6.25 전쟁의 휴전을 전후하여 비교적 안정세를 보이면서 국내외적으로 우편의 이용이 많아 다양한 실체봉투가 많은 편이긴 하였으나 당시는 우리나라수집가 중 극히 일부를 제외하고는 실체봉투에 관심이 별로였던 반면 주한 외국인들이 즐기는 수집대상물로 귀한 실체 등은 외국으로 흩어져 나갔기에 역수입한 것이 많다.

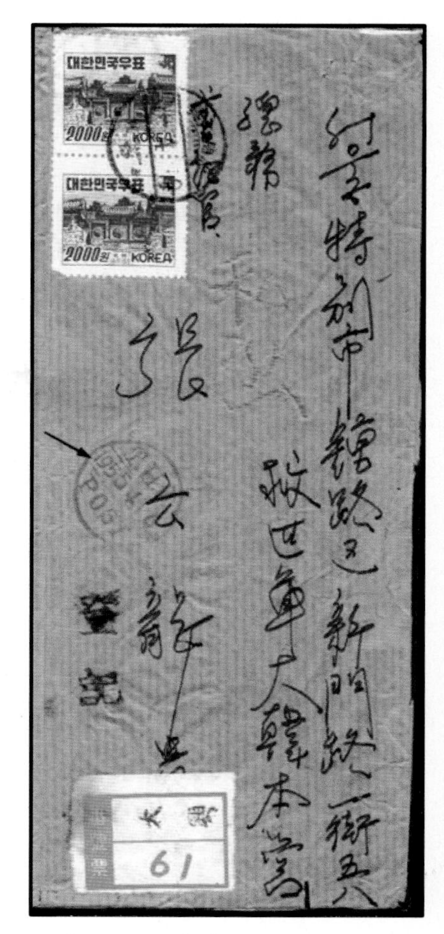

그림 135. 우편료 1,000+ 등기료 2,000+ 배달증명1,000

(5a) 엽서전용 거북비

발행일: 1953.4.2.

이 우표는 해방이후 발행한 해방조선엽서에 우편요금이 인상될 때마다 45전별납 혹은 요금수납 등의 별납인을 우편일부인 형식으로 만들어 사용하던 엽서에 첨부하여 사용하기 위한 것이다.

그림 137. 천공쏠림
Off Center

그림 138. 용지밀림
인쇄

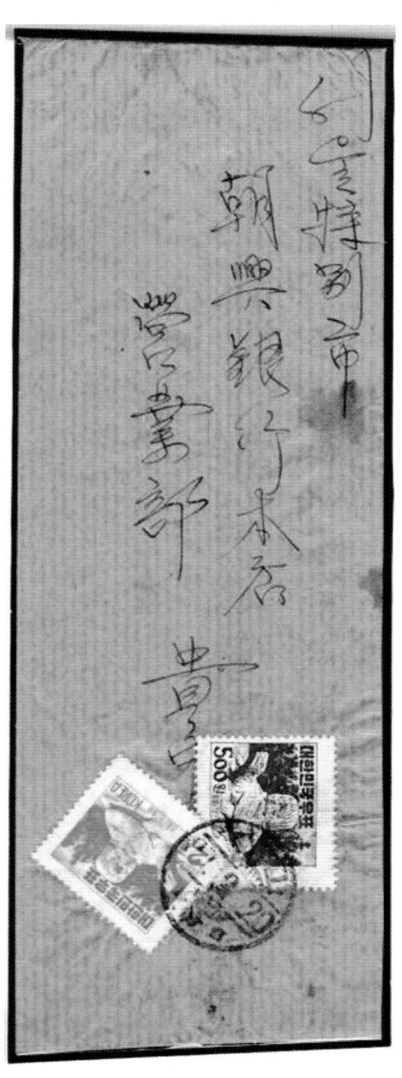

그림 139. 1종 인쇄서장
기본료 7환 1952.9.20-1954.12.31
단기 4287(1954.2.20 마산국 접수.
500원(5환) 청거북비 우표는 우편엽서 전용으로 일반우편물에는 사용이 금지되었으므로 사용한 것은 우편법 위반이다.

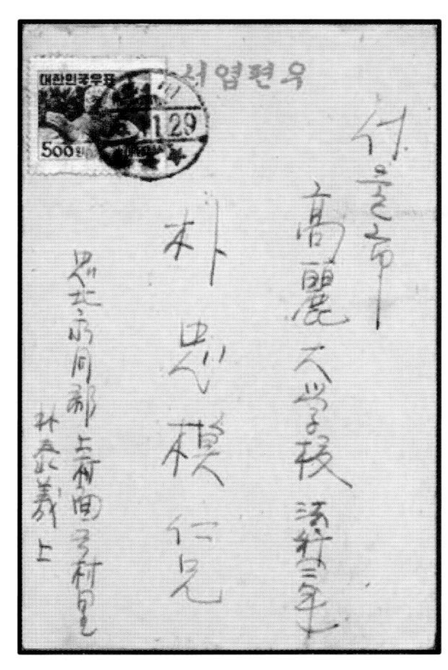

그림 138. 500원 전용우표첩부 우편엽서
통상엽서 500원시기(1952.9.20-1954.12.31) 4286(1953).11.29 인천우체국 접수

대한민국 제2차 보통(1951~1953)

1952년 10월 20일에 발행한 금적색의 500원 거북비우표를 색깔만 군청색으로 바꾸어 발행하여 잔량이 많은 해방조선엽서에 첩부하여 판매하였다. 새로 발행한 이 우표는 전량 엽서에만 첩부하여 판매하였으며, 다른 일반우편물에는 절대 사용할 수 없게 하였다. 때문에 수집가들 중 미사용 낱장이 있는 것은 엽서에서 때어낸 것으로 뒷면에 풀이 없다.

대한민국 제2차 보통우표가 발행될 당시(1951~1952) 대한우표회 회원 다수가 부산으로 피난을 가 있으면서 그 어려운 여건에도 불구하고 회원간에 연락이 되어 자주 모임을 가지고 수집을 계속하면서 신입회원을 모집하는 등 수집활동을 계속한 것이 부산지방을 중심으로 영남일대의 우표수집이 활성화의 시작이었다.

당시 한국우표수집은 주로 명판과 인쇄판 정리번호 와 각종 변종 등을 빠짐없이 경쟁적으로 수집을 하였기에 지금껏 후배들이 큰 도움을 받고 있으며, 조금 아쉬운 것은 Catalog Collection에만 치중하다보니 실체봉투 등 다양한 우취자료(사료 포함) 수집에는 크게 신경을 쓰지 못한 것이다. 그러나 전쟁의 와중임에도 불구하고 알뜰하게 수집을 해놓으신 선배수집가들이 있었기에 후배들이 우취활동에 많은 도움을 받을 수 있었다.

참고문헌

1. 전자관보, 대한민국정부
2. 체신공보, 대한민국정부
3. 한국우표이야기, 김갑식 편저
4. 벽산선집(1), 이규봉 작품집

김 영 린 (한국전통우취회)
한국우취연합 전회장, 현 고문
수집과목 : 한국우표

어린이저금 보통우표에 대한 고찰

A Study on the Definitive Stamps for Children's Savings Series

남상욱

Nam, Sang Wook

어린이저금 보통우표에 대한 고찰

남상욱 (#2361)

1. 우표저금제도와 어린이저금 보통우표 발행

어린이저금 보통우표는 우체국을 통한 어린이들의 저축 장려와 저금대지를 사용하는 우표저금 업무를 위하여 발행되었다. 우표저금이란 체신부에서 발행한 일정 규격의 "우표저금대지(그림 1-1)"에 어린이저금 보통우표 10매를 모두 첩부(貼付)하여 제출하면 액면에 해당하는 금액을 아동저금통장(그림 1-2)에 입금해 주는 소액 저금제도이다. 그러나 저금대지 사용이 활성화하지 못한 관계로 이용자가 매우 적어 나중에 어린이저금 보통우표는 주로 우편요금의 저액용으로 사용되었다.

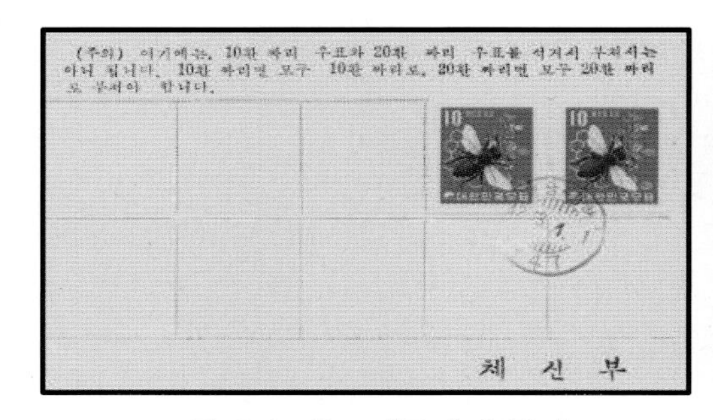

그림 1-1. 우표저금대지(뒷면)

그림 1-2. 아동용 우편저금통장(예)

어린이저금 보통우표는 모두 8종이 발행되었으나 도안은 "벌과 벌집" 및 "달팽이와 복주머니"의 2종류로 매우 단순하며 발행된 우표는 액면, 용지, 투문이 서로 다른 관계로 용지를 기준으로 4가지 종류로 분류하고 있다. 우편사무를 취급하는 우체국에서 우표를 사용한 우표저금 업무를 시행하게 된 것은 언제부터일까? 이에 대해 먼저 일반 우편저금 제도의 기원은 다음과 같다.

(1) 국내 우편저금제도

1) 일반 우편저금제도의 기원

1875년 9월 20일, 강화도 부근 해상에서 발생한 일본 군함 운양호(雲揚號)사건으로 인하여 이듬 해 2월 27일, 조선과 일본은 통상조약인 강화도조약을 강화도 연무당(練武堂)에서 체결하였다. 이로 인해 조선은 부산, 인천, 원산항의 3개항을 개항하고 일본인에게 거류지(居留地)를 제공하였다. 일본은 거류지에 일본인을 위한 일본우편국[1)]을 임의로 설치하고 조선에서 우편업무를 실시하였으며, 우편업무 이외에 거류지의 일본인을 위한 우편저금 업무도 병행 실시하였다.

1905년 4월 1일, 통신권이 피탈(被奪)된 "한일통신기관협정"이 체결된 후 일본은 조선에도 우편저금 제도를 도입하였다. 그 해 7월 1일부터는 각 우편국소에서 우편저금을 취급하고, 1909년 2월에는 한글로 된 저금통장을 교부하였으며[2] 이후 조선총독부 훈령 제7호(1910.10.1)로 "우편위체(爲替)저금관리소"를 설치하였다. 일제 강점기 초기에는 조선에서 우편저금이 매우 낮은 저축률로 인하여 1912년 12월부터는 일본보다 높은 이자를 지급하였으며(일본은 연 4.2%이나 조선은 연 5.4%), 조선총독부에서는 우편저금을 자금동원의 한 수단으로 활용하였다.

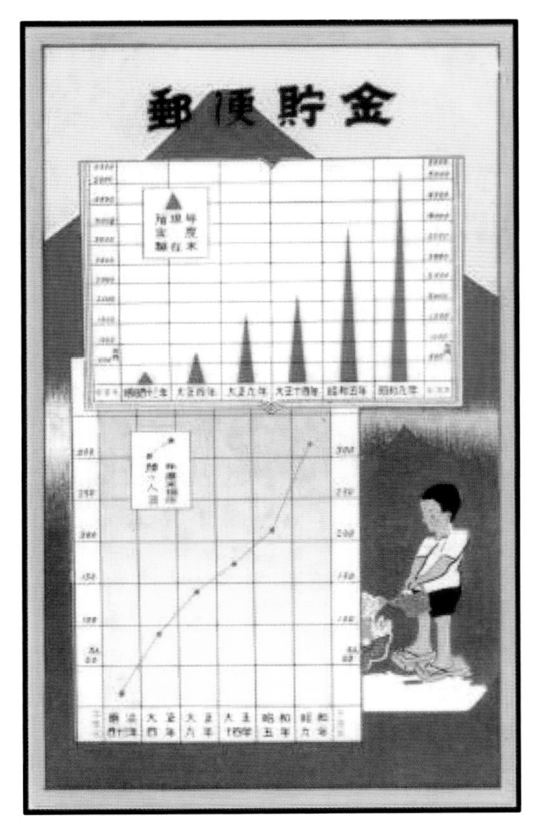

그림 1-3. 그립엽서(1935)

그림 1-3의 그림엽서는 조선총독부 체신국에서 1935년에 발행한 우편저금 그림엽서로 1910년부터 1934년까지 우편저금 예금액과 예금인에 대한 통계자료 그림엽서이다.

2) 우표를 이용한 우표저금 제도

조선총독부에서는 1911년 3월 31일자로 우편저금규칙[3]을 제정하고 동 규칙 제50조에 저금대지를 사용하는 우표저금(법령상 용어는 郵便切手預入)을 전국 우편국소에서 취급하도록 했다. 저금대지에 사용하는 우표는 제51조에서 5리, 1전, 1전 5리, 2전, 3전의 5종류에 한하여 사용하도록 규정하고 있다. 규칙 제정 후인 1914년(大正 3년) 4월에 조선총독부 체신국에서 발행한 "貯金의 必要" 전단(그림 1-4)에 따르면 우표저금 금액은 최소 10전 이상이고, 저금대지에 이를 붙인 후 20장이 되면 해당금액을 저금통장에 저금할 수 있으며, 저금대지는 전국의 우편국소에서 무료로 배부한다고 기재되어 있다.

1) 이는 在조선 일본우편국인 IJPO(Imperial Japan Post Office)를 뜻한다.
2) 한국우정 100년사. 163쪽 체신부(1984.11.15)
3) 우편저금규칙은 조선총독부령 31호로 총 144개의 조문으로 된 법령(게재 원문은 조선총독부 관보 173호, 243쪽 참조)으로 시행은 1911년 5월 1일부터이다. 따라서 국내에서 저금대지를 사용하는 우표저금의 시작은 1911년 5월 1일이다.

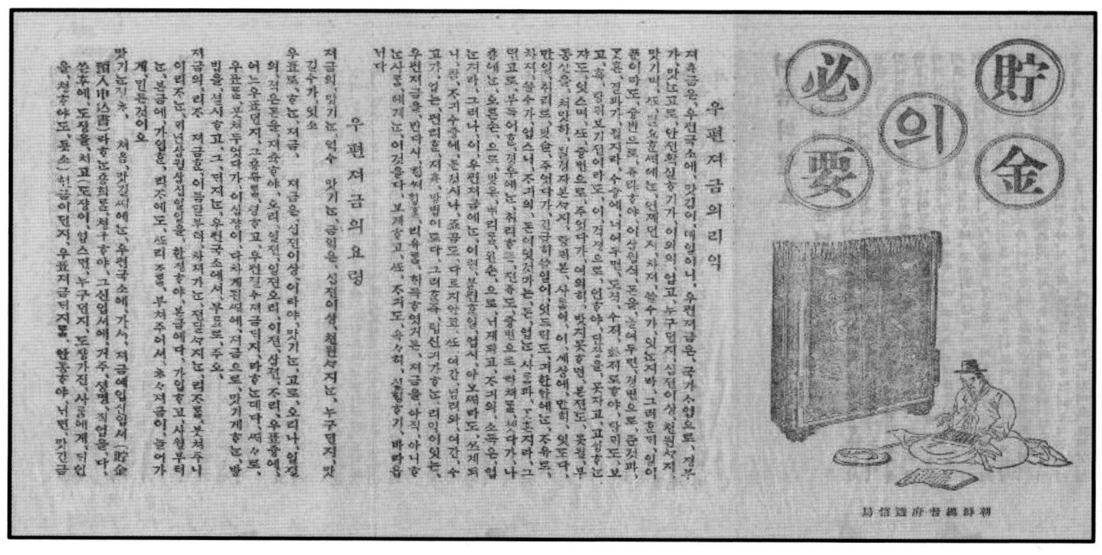

그림 1-4. 貯金의 必要(조선총독부 체신국 발행, 1914)

3) 해방 이후의 우표저금 제도

해방 이후는 일제 강점기 시기에 제정한 우편저금제도의 규정을 준용하다가 우편저금운용법(법률 제106호; 1950.3.2)을 제정하여 우편저금 적립금에 대한 운영기준을 확립하였으며, 우편저금법(법률 제815호; 1961.12.6)을 제정하였다. 저금대지를 사용한 우표저금은 별도로 시행하지 않았으나, 통 제27호(1960.2.11.)에 따라 우표저금 제도를 부활한다고 통첩하고, 추기(追記)에 지정우표를 별도 고시한다고 알리고 있으며, 이에 따라 지정우표로 어린이저금 보통우표를 발행하게 되었다.

◉ 통 제27호. 체신청장 (단기 4293.2.11): 우표저금의 부활 실시에 관하여

오는 四월부터 우표저금을 부활 실시할 계획으로 목하 제반준비를 진행 중에 있는 바 이의 실시에 있어서는 현행법규에 의해 취급할 것이로되 그 내용을 다음과 같이 상기념첩(詳記念牒)하니 각 항을 숙독연찬하여 그 취급에 유루없기를 기하시압.

추기: 실시일자는 결정되는 대로 추첩(追牒))할 것이며 우표저금을 할 수 있는 자의 범위와 지정우표 등은 별도 고시할 것이니 겸양하시압.

다 음

一. 郵遞局處理要領

(중략)

6. 郵票貯金用郵票는 따로 發行하여 窓口와 兒童郵遞局에서 販賣하고 割引販賣(旣賣捌人 請求의 것)는 하지 아니한다. 但, 이 郵票를 一般通信用으로 使用함은 無妨하다.

7. 郵票貯金은 兒童貯金通帳(記號에 「아」를 冠記한 것)에 限하여 取扱한다.

(2) 어린이 저금 보통우표의 발행

어린이저금 보통우표는 1960년 4월 1일 발행하였으나 저금대지 이용이 활성화되지 않았음에도 용지나 투문을 달리하여 수차례 발행되었다. 이로 인해 어린이저금 보통우표의 발행목적과 달리 대부분은 우편요금의 저액용으로 사용되었으며, 발행된 우표는 액면, 용지, 투문에 따라 다음과 같이 분류할 수 있다.

환화 우정마크투문 용지 (고시 제1161호)
① 액면; 환(圜) ② 투문; 우정마크투문
③ 용지; 청색과 적색(소량)의 색소섬유 용지

(1960.4.1/1,500만매)

(1960.4.1/250만매)

새"원"화 외산백지 (공고 제498호)
① 액면; 원(圓) ② 투문; 없음
③ 색소섬유; 없음
④ 용지; 스웨덴(sweden)산 외산용지로 호면(糊面)이 누렇게 보임.

(1963.2.5/15만매)

(1962.12.28/140만매)

우정마크투문 용지 (공고 제591호)
① 액면; 원(圓) ② 투문; 우정마크투문
③ 용지; 청색과 적색(다량)의 색소섬유 용지
*1원 우표는 공고 없이 발행됨

(공고 없음)

(1964.5.10/60만매)

국산백지 무투문 용지 (공고 제631호)
① 액면; 원(圓) ② 투문; 없음
③ 색소섬유; 극소량(청색)
④ 용지; 한국조폐공사에서 개발한 백색 용지
*1원 우표는 공고 없이 발행됨

(공고 없음)

(1964.12.20/240만매)

우표 디자이너는 10환은 강박(姜博), 20환은 나부영(羅富榮)이며, 어린이저금 보통우표가 처음 발행되고(1960.4.1), 2년 후인 1962년 6월 10일, 화폐개혁 실시로 인하여 액면이 "환"에서"원"으로 개정되었다. 이에 따라 개정된 액면의 우표(새원화 외산백지)를 추가로 발행하였고, 또한 계속하여 우정마크투문 용지와 국산백지 무투문 용지를 사용하여 우표를 발행하였으며, 이 경우 1원 우표는 공고 없이 발행되었다.

(3) 우표저금대지의 기준

1) 저금대지의 규격

우표저금대지의 규격 및 적용에 대한 근거는 다음과 같이 통 제27호(1960.2.11)에서 세로 14cm×가로 9cm의 모조지에 인쇄한 형식으로 규정하고 있다.(원문 참조).

> ◉ 통 제27호. 체신청장 (단기 4293. 2. 11); 우표저금의 부활 실시에 관하여
>
> 다 음
>
> 一. 郵遞局處理要領
>
> (전략)
>
> 3. 郵票貯金台紙의 様式은 別表 1號와 같으며 그 規格은 다음과 같다. 세로 14cm 가로 9cm, 紙質 模造紙
>
> (중략)
>
> 8. 郵票貯金台紙에 貯金用이 아닌 郵票가 貼付되어 있을 때에는 取扱規程 第六十五條 및 第六十七條의 例에 依하여 處理할 것.

또한 통 제27호의 별표 1에서는 저금대지의 앞뒷면을 그림으로 예시하고 있으나 실제 제작되어 우체국에서는 사용한 우표저금대지의 경우 앞면은 별표와 같은 그림 1-5이나, 뒷면은 별표에서 그림 1-6과 같이 규정하였으나 실제는 첫 페이지의 그림 1-1과 같이 제작되었다.

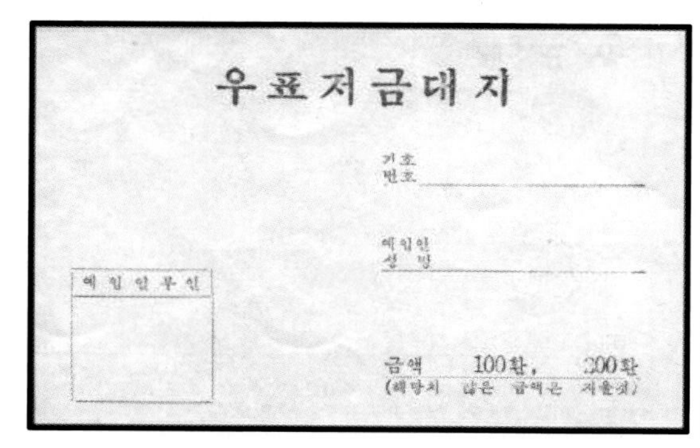

그림 1-5. 우표저금대지(앞면)

늘어가는 우편저금 약진하는 대한민국

1	2	3	4	5
6	7	8	9	10

체 신 부

그림 1-6. 별표 1에서 규정한 저금대지(뒷면)

2) 저금대지의 통장입금

어린이저금 보통우표 발행 당시의 우편저금규칙(대통령령 제1533호; 1960.1.1)에 따르면 저금대지를 이용한 입금방법을 제51조에서 규정하고 있으며, 제52조에서는 저금대지는 개인이 만들 수 없다고 규정하고 있다.

우편저금규칙(대통령령 제1533호; 1960.1.1)

제51조

우편저금으로 매입할 수 있는 우표의 종류는 10환 및 20환의 우표로 한다.

우표로서 저금의 예입을 하고자 하는 자는 우표저금 대지에 필요한 사항을 기재하고 그 상당란의 전부에 소정의 우표를 첩부한 다음 이를 우체국에 제출하여 우편저금 통장에 그 금액의 기입을 받아야 한다.

제52조

우표저금대지는 사제(私製)할 수 없다.

제53조

우표저금을 할 수 있는 자의 범위는 체신부장관이 고시한다.

3) 입금된 저금대지의 처리

우표저금대지의 경우 일제 강점기 시기에는 다양한 저금대지를 제작하여 사용하였으나 1960년대에는 오히려 한 종류의 우편저금대지만 사용하였음에도 소기의 성과를 거두지 못했다. 저금통장에 입금 처리가 끝난 우표저금대지는 통 제27호(2. 관리국 처리요령 제5호)에서 6개월간 보관하고, 익월에 관련 책임자 입회하에 소각처분하도록 되어 있으며 이러한 사항은 서면으로 결의하고 그 취급상황을 명확히 하도록 규정하고 있다. 또한 우표저금대지에 첩부된 우표에 대해서는 통 제27호(3. 기타사항 제2호)에서 저금관리국에서 처리가 끝난 우표저금대지를 철저히 간수하여 우표를 박취(剝取) 재사용하는 사고가 없도록 각별히 유의하라고 규정하고 있다.

그림 1-7. 10환우표 첩부 저금대지(대구)

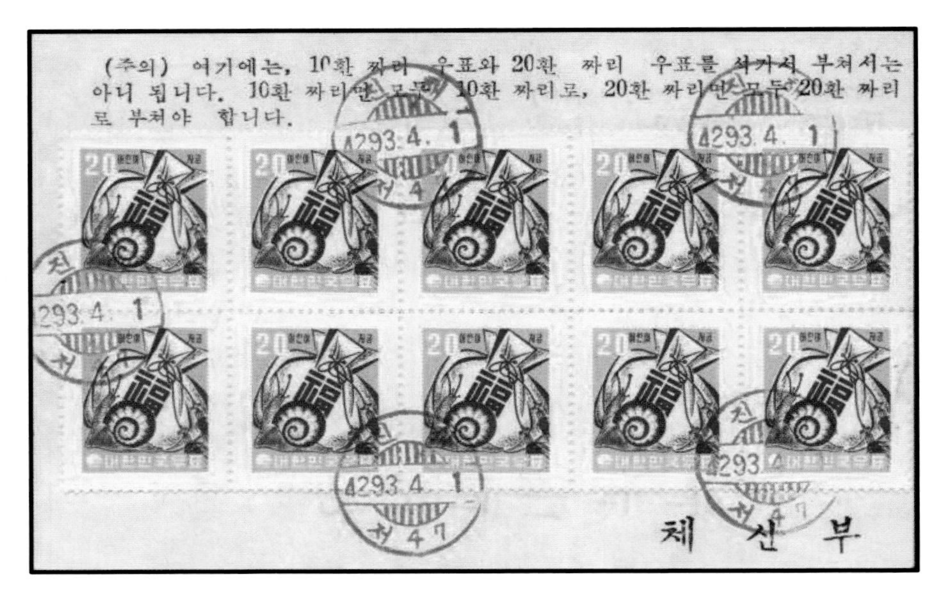

그림 1-8. 20환우표 첩부 저금대지(진해)

2. 어린이저금 보통우표 둘러보기

(1) 우표 일람

1) 우표의 발행사항

어린이저금 보통우표는 "벌과 벌집(이하 벌)" 및 "달팽이와 복주머니(이하 달팽이)" 도안을 사용하여 1960년 4월 1일에 처음 발행한 후 여러 번에 걸쳐 용지를 달리하여 발행하였으며(표 2-1), 벌 도안 우표의 경우는 2차례나 공고 없이 발행되었다.

표 2-1. 어린이저금 보통우표의 발행사항

용지 분류	벌 도안		달팽이 도안	
	발행일	발행량	발행일	발행량
① 환화 우정마크투문용지	1960. 4. 1 (고시 1161호)	1,500만매	1960. 4. 1 (고시 1161호)	250만매
② 새원화 외산백지	1963. 2. 5 (공고 제523호)	15만매	1962. 12. 28 (공고 제498호)	140만매
③ 새원화 우정마크투문용지	공고 없음		1964. 5. 10 (공고 제591호)	60만매
④ 국산백지 무투문용지	공고 없음		1964. 12. 20 (공고 제631호)	240만매

새원화 외산백지의 경우 1원 및 2원 저금우표 발행에 대해 그림 2-1의 공고를 보면

발행량을 별도로 공고하지 아니하였다. 그러나 이에 대해 여러 공식자료[4]에서는 1원우표의 발행량을 모두 15만매로 기록하고 있다. 2원우표의 경우는 대부분 자료에서 미상으로 되어 있으나 대한민국 체신연혁(체신부; 1971.12.4)에서는 2원우표 발행량을 140만매로 기록하고 있다.

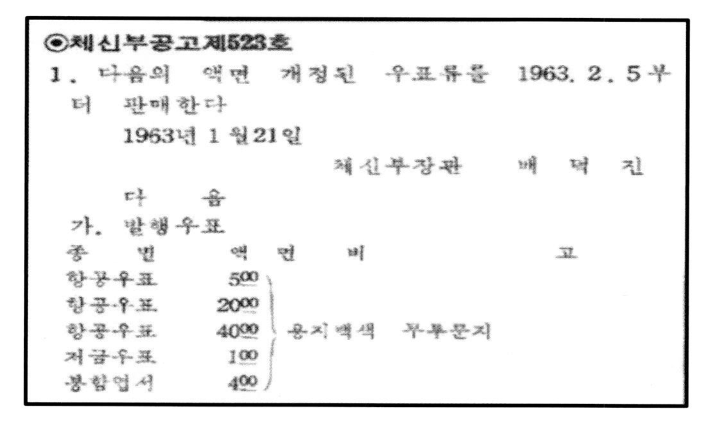

⊙체신부공고제523호

1. 다음의 액면 개정된 우표류를 1963. 2. 5부터 판매한다

1963년 1월21일

체신부장관 배 덕 진

다 음

가. 발행우표

종 별	액 면	비 고
항공우표	5.00	용지백색 무투문지
항공우표	20.00	용지백색 무투문지
항공우표	40.00	용지백색 무투문지
저금우표	1.00	용지백색 무투문지
봉함엽서	4.00	용지백색 무투문지

⊙체신부공고제四九八호

항공우표 一〇〇환권의 액면을 一〇·〇〇으로, 저금우표 二〇환권의 액면을 二·〇〇으로 개정하여 一九六二년十二월二十八일부터 판매한다

一천九백六十二년十二월二十一일

체신부장관 배 덕 진

그림 2-1. 새원화 외산백지 발행 공고문(1원우표 발행공고) (2원 우표 발행공고)

2) 어린이저금 보통우표의 특징

어린이저금 보통우표는 해방 이후 발행된 다른 보통우표와 비교할 경우 여러 특징을 가지고 있으며 주요 내용은 다음과 같다.

① 보통우표 중 최초의 다색도 우표다. : 벌 및 달팽이 우표 도안의 쇄색(刷色)은 각각 3도색으로 되어 있으며 벌 도안 우표의 경우 황토색, 황록색, 흑갈색이고, 달팽이 도안 우표는 흑갈색, 분홍색, 남색이다.

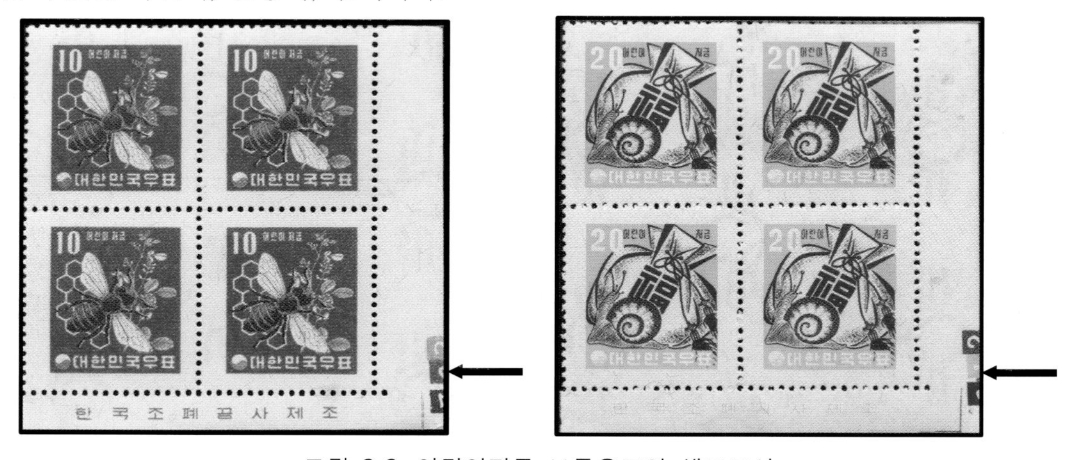

그림 2-2. 어린이저금 보통우표의 색도표시

---

4) ① 체신부(1971.12.4), 대한민국 체신연혁, 1567쪽, ② 체신부(1984.4.22), 한국의 우표, 671쪽, ③ 정보통신부(1961.1.3), 대한민국 우표발행총람, 63쪽 등에 모두 15만매로 기록되어 있다.

② 보통우표 중 최초로 변지에 색도 표시를 시도한 우표다. : 다색도 우표인 관계로 색도누락을 확인하기 위하여 보통우표로는 변지에 처음으로 색도 표시를 하였다.(환화우정마크투문용지)

③ 하나의 우표 도안에 대해 4가지의 서로 다른 용지를 사용한 우표다.

④ 화폐개혁(1962.6.10)으로 인하여 2가지의 액면("환"과 "원")이 존재하는 우표다.

⑤ 명판의 쇄색이 매우 다양한 우표다. : 우표 명판의 쇄색은 총 4가지 색이며, 달팽이 도안 우표는 같은 우표에서도 명판 쇄색을 다르게 인쇄하였다.

⑥ 견본우표를 공식적으로 제작하여 배포한 우표다. : 견본우표는 우표 수집 홍보를 위하여 1966년도에 체신부에서 제작하여 무료로 배포한 취미우표첩에 첨부된 우표(그림 2-3)로 벌 도안은 남색으로, 달팽이 도안은 적색으로 "견본" 글자를 첨쇄하였다.

그림 2-3. 견본우표 (체신부 공식 제작)

⑦ 가장 다양한 일부인이 소인된 시기의 우표이다. : 발행기간 중 연호 변경(단기→서기)[5]과 일부인의 변경(빗형인→시험인[6]→원형일부인)으로 인하여 사용필 우표는 다양한 일부인이 소인된 우표가 존재한다.

⑧ 발행 목적이 우편요금 용도가 아닌 우표저금용 저금대지에 첩부할 목적으로 발행된 우표이다.

(2) 인쇄용지

1) 용지의 분류

어린이 저금 보통우표에 사용된 인쇄용지는 ① 환화 우정마크투문용지, ② 새원화 외산백지, ③ 새원화 우정마크투문용지, ④ 국산백지 무투문용지의 4종류로 분류할 수 있다. 우표 도안은 벌과 달팽이 두 가지로 단순하지만, 동일한 도안의 우표가 그림 2-4와 같이 각 4종류씩 있어 외관상 이를 구분하려면 용지에 대한 기초적인 이해가 필요하다.

---

5) 단기 연호의 일부인은 1961년 12월 31일까지 사용하다가 1962년 1월 1일부터는 서기 연호의 일부인을 사용하였다.(고시 제1689호)

6) •시험인: 시험인이란 반달형에 시각표시를 넣은 일부인으로 서울중앙우체국과 광화문 우체국에 한하여 1961.6.1~1962.12.31까지 시범적으로 병용사용 하였다.(고시 제1433호)
•원형인 : 빗형일부인 이후 빗살무늬와 내원을 제거한 시각표시 원형일부인을 1964년 7월 10일부터 16개 시범국에 한해 사용하였으며, 이후 1965년 5월 1일부터는 전국적으로 이를 사용하였다.(고시 제2095호)

환화 우정마크투문용지　　　새원화 외산백지

새원화 우정마크투문용지　　　국산백지 무투문용지

그림 2-4. 어린이저금 보통우표의 용지분류

도안은 동일해도 인쇄용지를 구분할 수 있는 것은 우표의 앞뒷면에서 액면, 투문, 색소섬유, 호면(糊面, 풀이 있는 뒷면) 상태에 따라 지질에 차이가 있기 때문이다(표 2-2). 봉투에 첩부된 실체의 경우에도, 액면과 인면이 동일한 1원 및 2원의 우표는 돋보기로 인면의 색소섬유를 관찰하면 확실하게 이를 구분할 수 있다.

표 2-2. 어린이저금 보통우표의 용지 구분

용지 분류	액면	투문	색소섬유	호면
① 환화 우정마크투문용지	환	우정마크( )	소량(청색+적색)	광택이 없는 엷은 미색이다.
② 새원화 외산백지	원	없음	없음	누렇게 보인다.
③ 새원화 우정마크투문용지	원	우정마크( )	다량(청색+적색)	광택이 없는 엷은 미색이다.
④ 국산백지 무투문용지	원	없음	극소량(청색)	밝은 백색이다.

2) 용지별 비교

① 환화 우정마크투문용지

일본에서 수입하여 1957년 말부터 우표 인쇄에 사용한 용지로 우정마크투문이 있으며 최초사용은 1957년 9월 1일에 발행한 "제1차 수해구제모금(우정투문)"우표이고, 이후 보통우표 및 기념우표에 광범위하게 사용하였다. 특히 1959년 이전의 우정마크투문용지는 색소섬유가 청색섬유만 소량으로 분포되어 있으나(초기용지), 1960년 이후의 우정마크투문 용지는 청색과 적색이 혼합된 색소섬유가 다량으로 분포되어 있다(후기용지).[7] 이는 인쇄용지의 수입시기에 따라 인쇄 원지의 색소섬유에 차이가 있는 것으로 추정된다. 그러나, 어린이저금 보통우표 10환 및 20환에 사용된 용지는 초기용지에 적색섬유가 극소량으로 포함되어 있는 용지를 사용하였으며 이 경우 적색섬유는 빈도가 매우 낮아 우표 2~3매에 1올 정도가 있는 관계로 전지로 이를 확인하지 않으면 존재여부를 확인하기 어렵다. 호면의 풀은 광택이 없으며 호면은 전등 빛에 반사되지 않는 무광상태의 지질이다. 10환 및 20환의 경우는 발행수량이 많아서 인쇄기간이 길다 보니 일부 우표의 경우는 후기용지를 사용한 경우도 발견되고 있다.

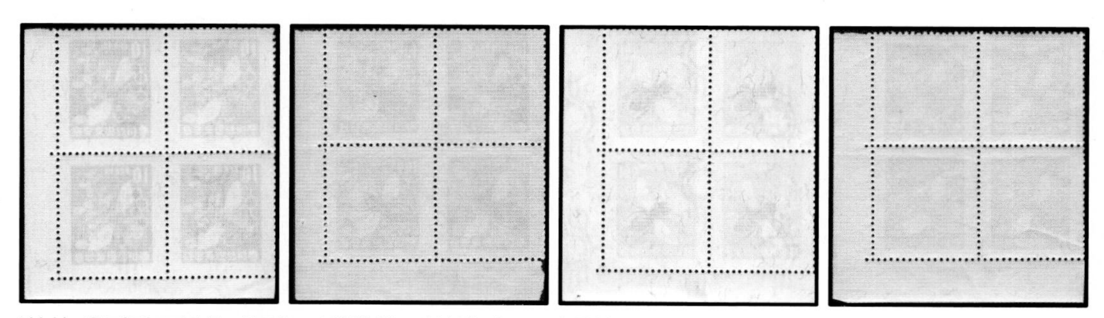

(환화 우정마크투문 용지) (새원화 외산백지) (새원화 우정마크투문 용지) (국산백지 무투문용지)

그림 2-5. 어린이저금 보통우표의 호면

② 새원화 외산백지

스웨덴(Sweden)에서 수입한 용지로 두께는 약간 두터운 편으로 인쇄효과가 좋으며 다른 용지와 달리 색소섬유는 없다. 뒷면의 풀이 매우 강해서 공기 중의 습기로 인하여 우표끼리 서로 달라붙게 되므로 보관시 특히 조심하여야 한다. 풀은 광택이 있으며, 풀로 인해 호면은 물론이고 앞쪽의 인면까지도 누렇게 보이는 특징이 있다. 1961년경부터 수입하여 우표용지로 사용하였으며, 해당 용지를 사용한 우표로는 백지 환화보통(1961.12.1~1962.5.27), 새원화 외산백지보통(1962.9.1~1963.9.10), 고궁도안항공(1961.12.1), 새원화 백지항공우표(1962.12.28~1963.2.5)[8] 등이 있다.

③ 새원화 우정마크투문용지

외산백지의 경우 호면의 풀이 달라붙는 현상으로 인하여 국내 기후 조건과 맞지 않게 되자 이를 대체하기 위하여 일본 대장성(大藏省)산하 제지공장에서 제작된 우정마크투문이 있는 용지를 다시 수입하여 사용하였다. 초기용지에 비해 청색과 적색의 색소섬유가 다량으로 있는 후기용지로 육안으로 인면을 볼 경우에도 쉽게 용지가 구별되며, 해당 용지를 사용한 우표로는 새원화 우정마크투문보통(1963.5.20~1964.5.10), 새원화 우정마크 항공우표(1964.5.10) 등이 있다.

---

7) 초기용지 및 후기용지라는 표현은 우정마크투문 용지에 대해 색소섬유의 차이에 따라 필자가 편의상 구분한 용어이다.

8) 새원화 백지항공우표로 통용하고 있으나 용지의 특성을 고려하면 "새원화 외산백지항공우표"가 정확한 표현이다.

④ 국산백지 무투문용지

한국조폐공사 대전의 제지공장에서 우표인쇄용으로 국내에서 처음으로 개발한 용지로 1964년 8월 7일부터 생산을 개시하고 동년 8월 19일자로 체신부와 우표용지 공급계약을 체결해 우표 용지 국산화를 이루게 되었다. 국산백지는 시기에 따라 색소섬유에 차이가 있어 이에 따라 실용판을 구분하고 있으나, 어린이 저금 보통우표에 사용된 국산백지는 초기의 국산백지인 관계로 청색의 색소섬유가 아주 극소량만 있는 백색의 무투문용지이다. 해당 용지를 사용한 우표로는 제1차 국산백지보통우표(1964.9.20~1966.2.20), 새원화 국산백지항공우표(1964.10.16) 등이 있다.

(3) 명판의 쇄색

1) 명판 쇄색의 특징

환화 우정마크투문용지(남색과 분홍색 명판)

새원화 우정마크투문용지(남색과 흑갈색 명판)

그림 2-6. 달팽이 도안우표의 명판 쇄색

일반적으로 보통우표 명판의 쇄색은 우표 인면과 같은 색이거나 또는 검정색으로 인쇄하였으나 어린이저금 보통우표의 경우는 명판의 쇄색이 4개가 되는 매우 특이한 시리즈 우표이다. 일반적으로 인쇄소 명칭이 다르거나 또는 변지 내 명판의 인쇄 위치가 달라서 명판이 상이한 경우는 있어도, 어린이저금 보통우표의 경우와 같이 명판의 쇄색을 달리 하여 명판이 상이한 경우는 유일한 경우이다. 이는 해당 우표가 해방 이후 보통우표 최초의 다색도 우표인 관계로 명판도 도안의 쇄색으로 인쇄한 것으로 판단되며, 특히 달팽이 도안의 경우 2종류의 용지에서는 같은 우표임에도 그림 2-6과 같이 명판 색을 다르게 인쇄하였다.

2) 명판쇄색의 종류 및 명칭

명판 쇄색의 명칭을 우문관 도감에서는 청색, 분홍색, 다색(茶色)명판으로 표기하고 있으나 어린이저금 보통우표 "환화 우정마크투문 용지"의 발행고시 제1161호에 따르면 벌 도안은 황토색, 황록색, 흑다색으로, 달팽이 도안은 흑다색, 분홍색, 남색으로 고시하고 있다. 황록색은 누런빛을 띤 초록색이며 남색은 푸른색에 검정색이 혼합된 것이며 흑다색은 갈색에 검정이 혼합된 것이다. 흑다색의 공식 명칭[9]은 흑갈색(黑褐色)이며, 우문관 도감에서는 황록색→“녹색”, 남색→“청색”, 흑다색→“다색”으로 기재하고 있으나 도안별 명판의 공식적인 쇄색 명칭은 표 2-3과 같다.

표 2-3. 어린이저금 보통우표의 명판 쇄색

용지 분류	명판의 쇄색	
	벌	달팽이
① 환화 우정마크투문용지	황녹색	남색 또는 분홍색 (2종류임)
② 새원화 외산백지	흑갈색	남색
③ 새원화 우정마크투문용지	흑갈색	남색 또는 흑갈색 (2종류임)
④ 국산백지 무투문용지	흑갈색	남색

(4) 색도표시 (Color check dot)

우표에서 색도표시란 우표인쇄의 쇄색을 나타내는 표시로 이를 통해 쇄색의 종류와 색도의 누락여부를 확인할 수 있다. 어린이저금 보통우표는 해방 이후 발행된 보통우표 중 최초의 다색도 우표인 관계로 색도 누락을 확인하기 위하여, 1960.4.1 발행된 환화 우정마크투문용지에 대하여 변지에 색점(사각형의 색도 표시)을 처음으로 인쇄하였다.

해당 용지는 발행량이 10환은 1,500만매, 20환은 250만매인 관계로 여러 차례 인쇄 판형을 교체하였기에 매우 다양한 실용판이 존재하고 있다. 아울러 색도 표시가 있는 실용판보다 색도표시가 없는 실용판 우표가 더 많이 존재한다. 색점의 기본 위치는 10환

9) 지식경제부 산하 기술표준원에서 제정한 공식적인 색채 명칭을 뜻한다.

우표는 명판의 우측인 제4코너에, 20환 우표의 경우는 제4코너와 제2코너에 여러 방식으로 인쇄되어 있으며 이로 인해 다양한 명판이 존재하고 있다. 아울러 20환 우표 중 제2코너에 색점이 인쇄된 판의 경우는 명판 쇄색이 분홍색인 특징이 있다. 10환 우표는 매우 드물게 제4코너 이외에도 제1, 2, 3코너에, 20환 우표는 제3코너에 색점이 인쇄된 실용판이 발견되었으나 20환우표의 경우 1코너 색점은 현재까지 알려진 예가 없다10).

10환우표의 색도표시는 색점의 구역별 위치, 색점간의 간격, 색점의 순서를 다르게 한 여러 실용판이 있으며, 20환우표의 경우도 색점의 위치, 간격 및 순서가 다른 실용판이 존재한다. 그동안 발견된 것을 기준으로 10환 및 20환 우표에 대한 색도 표시 사항을 정리하면 다음의 표와 같다.

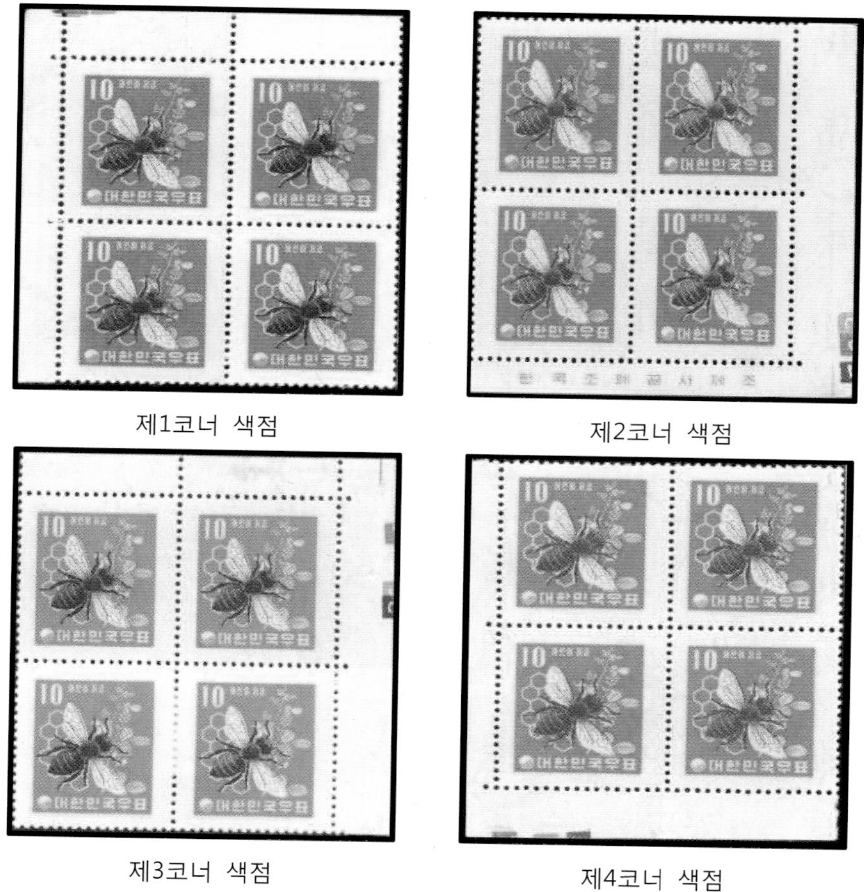

제1코너 색점 / 제2코너 색점 / 제3코너 색점 / 제4코너 색점

그림 2-7. 10환우표의 색점 (환화 우정마크투문용지)

10) 우문관 도감에는 20환 환화 우정마크투문용지의 색점 기본위치가 제1코너(#1번)에 인쇄된 것으로 표기하고 있으나 이는 오류로 수정되어야 한다.

표 2-4. 어린이저금 보통우표의 색도 표시

환화 우정마크투문용지	벌 도안	달팽이 도안
① 색점의 인쇄구역	제1, 2, 3, 4코너 (주로 제4코너)	제2, 3, 4코너 (주로 제2, 4코너)
② 명판(제4코너)의 색점	4가지 타입	2가지 타입

(5) 인쇄가늠표 (Guide mark)

인쇄가늠표란 변지에 각종 선이나, 십자표시 등의 마크를 인쇄하여 우표를 인쇄, 천공, 재단하는 제작과정에서 기준 역할을 하는 표시이다.

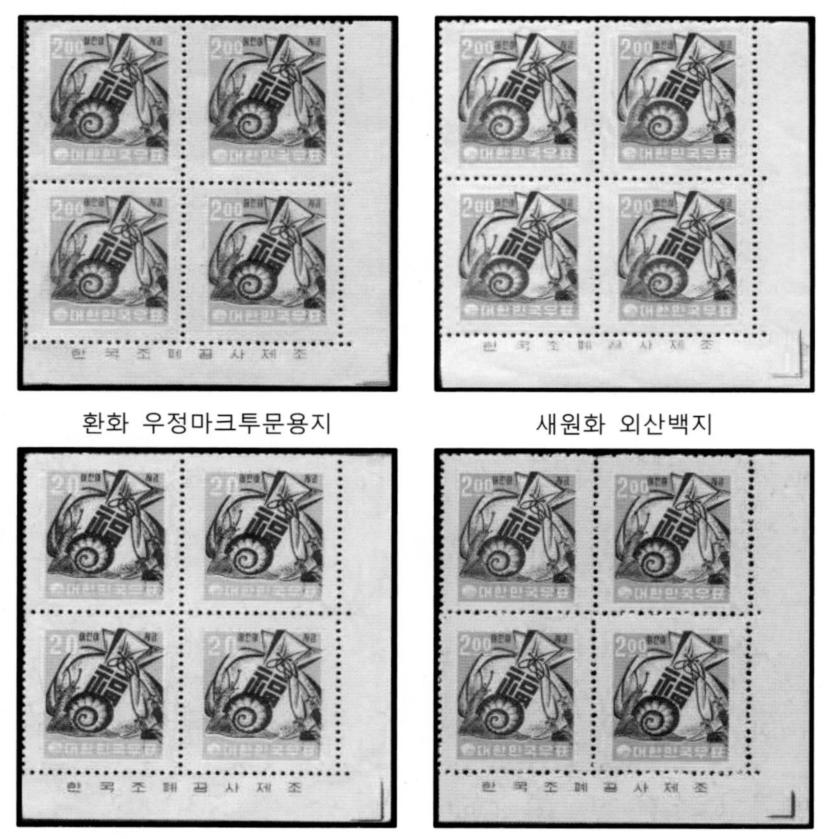

환화 우정마크투문용지　　새원화 외산백지

새원화 우정마크투문용지　　국산백지 무투문용지

그림 2-8. 달팽이 도안 명판의 인쇄가늠표 ("⌟"형)

특히 다색도 우표의 경우는 색도별로 제판용 인쇄판을 제작하여 인쇄하게 되므로 이때 색도별로 색상을 정확히 맞추기 위해 필요하며 아울러 천공을 타공하거나 인쇄전지

를 재단할 때 기준선으로 사용하기도 한다. 어린이저금 보통우표의 경우 가늠표는 각 변지에 "|, ―, ⊥, ┐, ┘"자 모양으로 다양하게 표시되어 있으며 가늠표가 없는 실용판도 존재한다. 인쇄 가늠표가 인쇄된 4개 용지의 경우에도 이를 창구전지로 미장재단하는 과정에서 한쪽의 가늠표가 잘려 나간 것이 많이 존재한다.

아울러 국산백지 무투문용지 1원 우표는 "┘"형 가늠표가 제4코너에 여러 크기(폭 및 높이)로 인쇄되어 있으며 이로 인해 매우 다양한 명판이 존재한다. 필자가 조사한 국산백지 무투문용지(1원) 명판의 경우 가늠표 크기가 ① 6.4×10.6, ② 6.9×11.0, ③ 7.1×10.4, ④ 8.2×10.8, ⑤ 8.4×10.2mm 등이 발견되고 있다. 4개의 용지에 대해 나타나는 인쇄가늠표를 제시하면 다음과 같다.

표 2-5. 어린이저금 보통우표의 인쇄가늠표[11]

용지 분류	벌 도안	달팽이 도안
① 환화우정마크	상하변지(⊥) · 우변지(│,―)	상변지(⊥) · 좌변지(―) · 우변지(│, ┘)
② 새원화외산백지	상하변지(⊥) · 좌변지(―) · 우변지(│,┼, ┐, ┘)	상변지(⊥) · 좌변지(―) · 우변지(―, ┘)
③ 새원화우정마크	상하변지(⊥) · 좌변지(―) · 우변지(┐, ┘)	상변지(⊥) · 좌변지(―) · 우변지(―, ┘)
④ 국산백지무투문	상하변지(⊥) · 좌변지(―) · 우변지(┼, ┘)	상하변지(―, ⊥) · 좌변지(―)우변지(┼, ┐, ┘)

(6) 전지의 천공 (Perforation)

전지의 천공은 상변지에만 천공이 되어 있는 상발형(上拔型)으로, 고정식 빗형 천공기를 사용하였으며 천공은 12½이다. 빗살무늬 형태의 고정식 빗형천공기는 좌우 변지에 천공이 없는 "보통형 빗형천공"과 좌우변지에 천공 구멍이 각 각 1개씩 있는 "횡발형 빗형천공"으로 구분할 수 있다.

표 2-6. 어린이저금 보통우표의 천공분류

용지 분류	벌 도안(빗형천공)	달팽이 도안(빗형천공)
① 환화우정마크	횡발형	횡발형
② 새원화외산백지	횡발형	횡발형
③ 새원화우정마크	횡발형 및 보통형	횡발형
④ 국산백지무투문	횡발형 및 보통형	횡발형 및 보통형

11) 위에 제시한 인쇄가늠표가 없는 판형도 있으며, 미장재단으로 가늠표가 잘려나간 판형도 많다.

기본적으로 어린이저금 보통우표의 창구전지는 빗형천공기를 사용한 횡발형 천공이나 표 2-6과 같이 2종류의 용지는 횡발형과 보통형의 2가지가 존재한다.

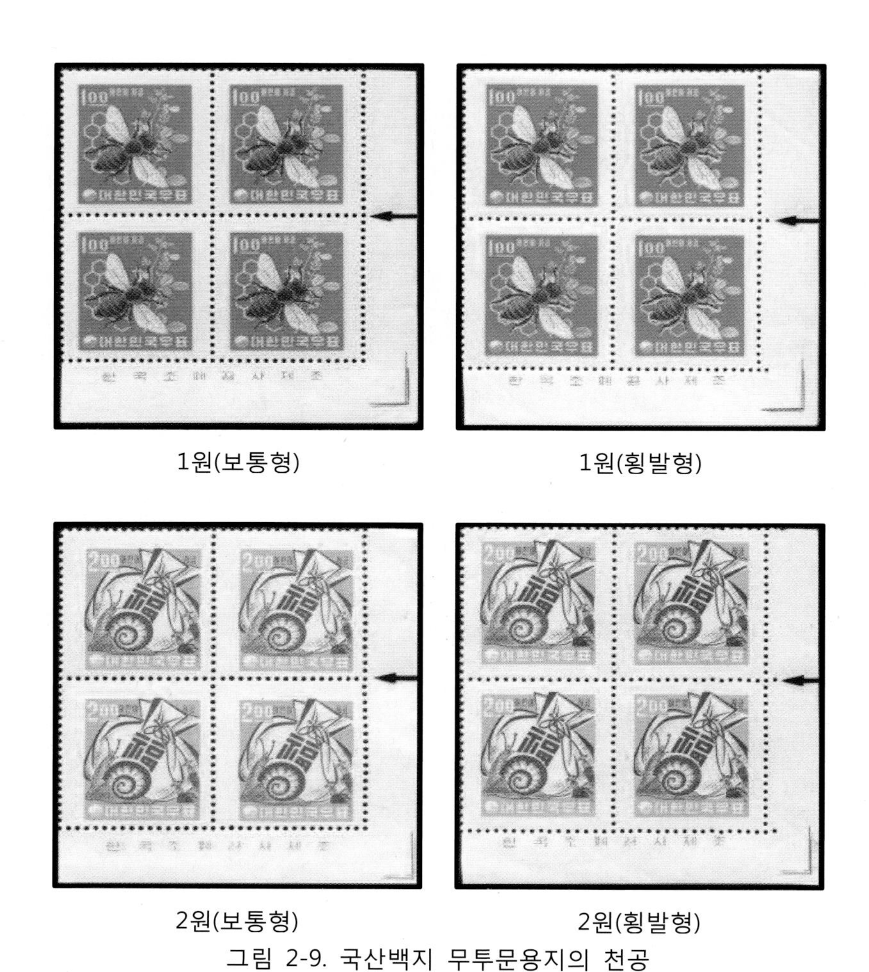

1원(보통형) 1원(횡발형)

2원(보통형) 2원(횡발형)

그림 2-9. 국산백지 무투문용지의 천공

새원화 우정마크투문용지의 경우 하변지가 천공된 하발형(1원 우표)이 있으나 이는 정상적인 것이 아니라 천공변종이며, 또한 일부 용지에 대해서는 그림 2-10과 같이 천공 에러가 존재한다.

환화 우정마크투문용지 10환 및 20환

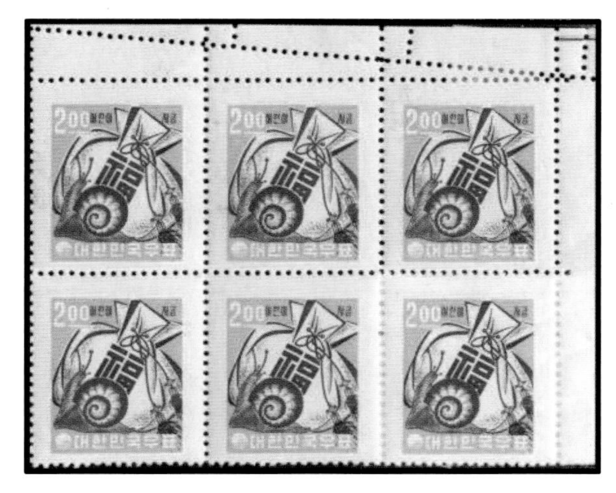

국산백지 무투문용지 2원

그림 2-10. 천공 에러 (2중 천공 및 난공)

(7) 저금대지

어린이저금 보통우표의 발행목적인 저금대지는 통 제27호에 따라 10매의 우표를 첩부한 후 입금처리가 된 것은 6개월간 보관하고 책임자 입회하에 이를 소각하도록 규정하고 있다. 이로 인하여 우표 10매가 모두 첩부되어 소인된 저금대지의 수집은 매우 어려우며 용이하지 않다. 저금대지의 소인은 우편일부인이 아니라 우체국별로 별도의 우편저금용 전용의 소인을 제조하여 사용하였다. 다음 그림과 같이 대구우체국의 경우는 "어", 진해우체국의 경우는 "저"로 표시된 말소인을 국명과 날자를 병기한 빗형일부인으로 제작하여 말소처리하였다[12].

12) 통 제27호 우체국 처리요령에 따르면 우표저금의 경우 지역별로 경북은 "어"를, 경남은 "저"로 표기하도록 규정함.

대구 4293(1960). 4. 1. 어 3

진해 4293(1960). 4. 1. 저 47

그림 2-11. 저금대지의 사용(예)

(8) 우표 사용시기의 우편일부인

1) 발행기간 중 우편제도 변경

어린이 저금 보통우표가 발행된 1960.4.1~1964.12.20 기간은 표 2-7과 같이 화폐개혁, 연호 변경, 시험인 및 원형인 시범사용 등 우정사적으로 매우 다양한 제도 변경이 발생하였다.

표 2-7. 발행기간 중 우편제도 변경

제도 변경	시행 일자	비 고
① 화폐 개혁	1962. 6. 10	환 → 원
② 연호 변경	1962. 1. 1	단기 → 서기
③ 시험 일부인 사용	1961. 6. 1~1962. 12. 31	서울중앙 및 광화문우체국
④ 원형 일부인 사용	1964. 7. 10	16개 시범국

2) 저금우표에 소인된 일부인(철인)

우편제도 변경으로 수차례 일부인이 변경되었다. 이로 인해 어린이저금 보통우표는 단일우표로는 가장 다양한 8종류의 일부인(철인)이 다음과 같이 소인된 우표가 존재한다.

ⓐ 삼성인(단기) 사용필　ⓑ 빗형인(단기) 사용필　ⓒ 빗형인(서기) 사용필

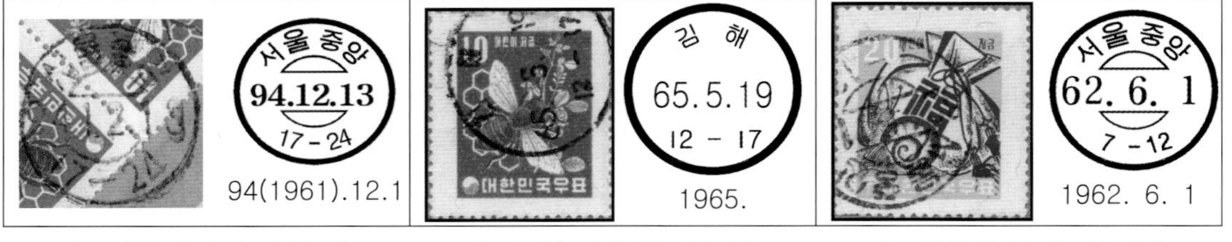

ⓓ 시험인(단기) 사용필　ⓔ 시험인(서기) 사용필　ⓕ 원형인(서기) 사용필

그림 2-12. 사용필 우표 및 소인

① 삼성인(三星印): 해방이전부터 사용한 빗살 하부에 별 3개가 있는 삼성형 일부인은

1957년 9월 30일(部令 제88호)자로 폐지되었으나 일부 지역은 이후에도 몇 년간 계속하여 사용하였으며, 그림과 같이 환화 우정마크투문 용지에서도 삼성인의 사용필 우표가 존재한다.

② 빗형 일부인(단기 사용): 1957년 10월 1일(部令 제88호)부터 하부에 별 대신 시각표시를 한 빗형일부인을 사용하고, 연호는 단기연호를 1961년 12월 31일까지 사용하였다.

③ 빗형 일부인(서기 사용): 고시 제1689호에 따라 일부인의 연호 "단기"를 "서기" 연호로 변경한 빗살모양의 일부인을 1962년 1월 1일부터 사용하였다.

④ 시험 일부인: 반달형에 시각표시를 넣은 시험인을 서울중앙우체국과 광화문우체국에 한하여 1961.6.1~1962.12.31까지 시범적으로 사용하였다. 시험인은 단기과 서기 2종류가 있으며, 이에 1961.6.1~1961.12.31까지는 단기 연호를, 1962.1.1~1962.12.31까지는 서기 연호를 시험인에 사용하였다.

⑤ 원형 일부인: 빗형 일부인 이후 빗살무늬와 내원을 제거한 시각표시 원형일부인을 1964년 7월 10일(고시 제2095)부터 16개 시범국[13)]에 한해 사용하였으며, 이후 1965년 5월 1일부터는 전국적으로 이를 사용하였다.

3. 환화우정마크 투문용지 - 10환(벌과 벌집)

(1) 환화우정마크 투문 우표의 도안

1) 액면 10환 "벌과 벌집"(이하 벌) 우표의 디자이너는 1세대 우표 디자이너인 동시에 화폐 디자이너로도 활동한 강박(姜博)으로 한국조폐공사 도안실장을 역임하였다. 액면 20환 "달팽이와 복주머니"(이하 달팽이) 우표는 1959년 당시 체신부 전속도안사로 채용된 나부영(羅富榮)으로 처녀작으로 디자인한 것이 보통우표로는 어린이저금 보통 20환의 달팽이 우표이며, 기념우표로는 세계난민구제 기념우표(1960.4.7)다.

2) 우표 도안은 당시 체신부 우정국 우표계에서 담당하였으며, 어린이 저금 보통우표의 당초 도안은 그림 3-1과 같이 벌 우표 및 달팽이 우표 총 12종이 첩부된 에세이(Essay)로 1960년 3월 5일 한국조폐공사 부산지사에서 인쇄하여 이를 체신부에 납품하였다. 동 에세이에 대해 체신당국에서는 10환 벌 우표는 7번 벌 색상에 8번의 바탕색으로 하고, 20환 달팽이 우표는 11번 달팽이 및 복주머니 색상에 9번의 바탕색으로 하며, 아울러 20환은 "어린이저금"과 "福"글자의 위치를 수정하도록 조폐공사에 의뢰하였다. 이에 따라 1960년 3월 9일자로 그림 3-2와 같이 우표계장 명의로 우표도안에 대해 색상을 선정하고 이를 조속히 납품하도록 조폐공사측에 요청하였다. 이로서, 에세이에서는 20환우표의 경우 "저금" 글자가 복주머니와 겹쳐 있으나, 최종 도안에서는 겹치지 않도록 인면의 우상부에 인쇄되었다.

---

13) 16개 시범국은 서울중앙, 부산, 광화문, 서대문, 동대문, 용산, 영등포, 대구, 대전, 광주, 전주, 북부산, 제주, 청주, 춘천, 서울국제우체국이다.(공고순)

그림 3-1. 어린이 저금 보통우표 에세이

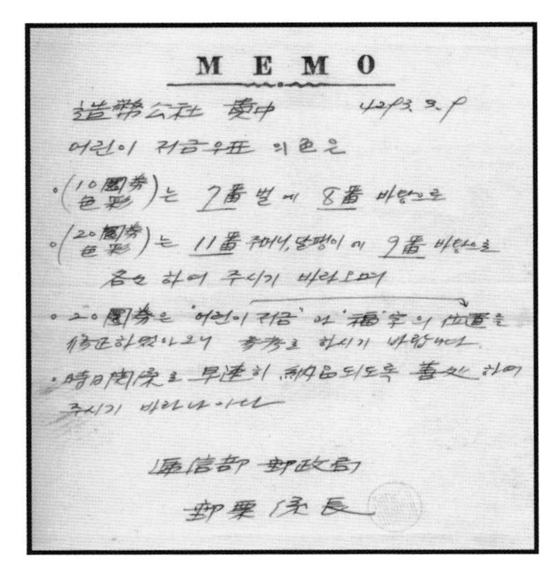

M E M O

造幣公社 貴中 4293. 3 .9

어린이 저금보통우표의 色은

◦ (10圓券 色彩)는 7番 벌에 8番 바탕으로

◦ (20圓券 色彩)는 11番주머니.달팽이에 9番 바탕으로 各各하여 주시기 바라오며

◦ 20圓券은 "어린이저금"과 "福"字의 位置를 修正하였아오니 參考로 하시기 바랍니다.

◦ 時間關係로 早速히 納品되도록 善處하여 주시기 바라나이다.

遞信部 郵政局

郵票係長

그림 3-2. 도안 선정에 대한 요청서

(2) 환화우정마크 투문 우표의 발행

어린이저금 보통우표의 발행은 우편요금에 사용하기 위한 것이 아니라 저금대지에 첩부하여 어린이들을 대상으로 우표저금제도를 시행하기 위해 발행한 것이다. 우표의 발행일은 1960년 4월 1일로 고시 제1161호 그림 3-3에 따라 10환용은 1,500만매 20환용은 250만매를 발행하였으며 용지는 우정마크 투문용지를 사용하였다. 초기의 용지는 청색의 색소섬유가 소량으로 분포되고 적색의 색소섬유는 육안으로 식별이 곤란할 정도로 극소량만 있으나, 발행수량이 많은 관계로 후기에는 청색과 적색의 색소섬유가 다량으로 분포된 용지도 발견되고 있다.

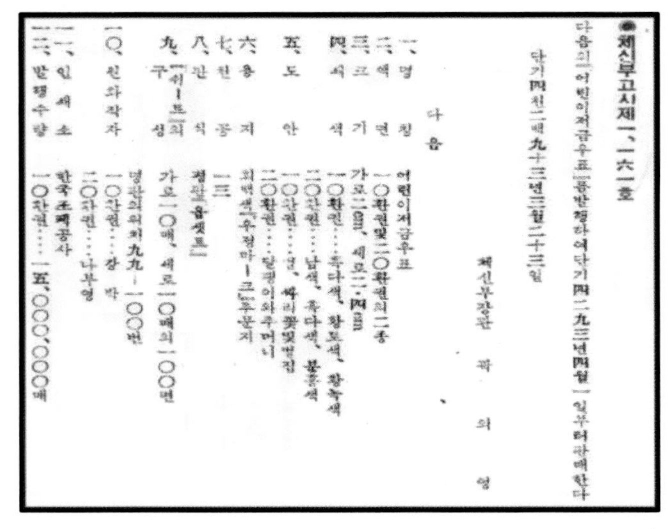

●체신부고시제一、一六一호

다음의「어린이저금우표」를발행하여단기四二九三년四월一일부터판매한다

단기四천二백九十三년三월二十三일

체신부장관 곽 의 영

다음

一、명칭 어린이저금우표
二、액면 一〇환권및二〇환권의二종
三、크기 가로二〇㎜、세로二四㎜
四、색 一〇환권…녹다색、황토색、황녹색 / 二〇환권…남색、녹다색、분홍색
五、도안 一〇환권…벌、싸리꽃및벌집 / 二〇환권…달팽이와주머니
六、용지 회백색「우정마ー크」투문지
七、천공 一三
八、판식 평판「옵셋트」
九、「쉬ー트」의구성 가로一〇매、세로一〇매의一〇〇면 / 명판의외좌九九―一〇〇번
一〇、원화작자 一〇환권…강 박 / 二〇환권…나부영
一一、인쇄소 한국조폐공사
一二、발행수량 一〇환권…一五、〇〇〇、〇〇〇매

그림 3-3. 어린이저금 보통우표의 발행공고

어린이저금 보통우표에 대한 영문 명칭은 우문관 도감에서는 “Children‘s Savings Se-ries”로 표기하나 체신부 발행 우표 안내카드에는 “Juvenile Saving Stamps”로 기재하고 있다. 이 경우 Saving은 복수인 Savings(저금)의 오류이며, Juvenile은 청소년의 의미이다. 10환 및 20환 우표의 인쇄는 평판인쇄로 색도는 3도색이며 10환 및 20환 우표에 대한 각론은 다음과 같다

(3) 10환 우표(벌 도안)

1) 우표의 명판

전지는 100매(10×10)의 우표로 구성되고 명판의 위치는 #99와 100번 위치이다.

인면~명판간격 5.8mm

인면~명판간격 5.0mm

그림 3-4. 명판의 위치

그림 3-4와 같이 인면과 명판간의 거리가 5.8mm형과 5.0mm형의 2종류가 있다. 우정마크 투문용지에서 초기용지(청색과 적색이 극소량 포함된 용지)를 사용한 경우는 명판 간격이 5.8mm이나, 후기용지(청색과 적색이 다량 포함된 용지)는 명판 간격이 5.0mm이다.

2) 우표의 색점

우표의 쇄색은 고시에 의하면 흑다색, 황토색, 황록색이며, 해당하는 색상의 색점을 변지에 처음으로 인쇄한 우표가 어린이저금 보통우표이다. 제4코너의 색점은 색점간의 길이나 순서가 다르기 때문에 매우 다양한 명판이 존재한다. 그림 3-5의 명판을 보면 변지에 인쇄된 색점의 순서가 흑다색인 경우와 황토색인 경우의 2종류가 있으며, 색점 3개의 길이(mm) 또한 매우 다양하다. 색점은 일반적으로 제4코너에 있으나 그 외에도 제1코너, 2코너, 3코너에도 인쇄된 실용판도 발견되고 있다.

ⓐ 흑다색이 맨 위에 있는 경우

색점 길이 19mm

색점 길이 20mm

ⓑ 황토색이 맨 위에 있는 경우

색점 길이 12.5mm

색점 길이 21mm

그림 3-5. 색점이 있는 명판

명판의 경우는 색점이 있는 명판보다 색점이 없는 명판이 더 흔하며 색점이 없는 경우는 명판 우측에 인쇄가늠표가 있으나 인쇄가늠표 및 색점이 없는 명판도 있다.

인쇄가늠표 및 색점 없음

가늠표 있으나 색점 없음

그림 3-6. 색점이 없는 명판

3) 우표의 천공

천공은 고시(체신부 고시 제1161호)에서는 13으로 명기하고 있으나 20mm안에 존재하는 천공의 실제 수는 12½이다. 천공은 빗형천공기를 사용한 횡발형(橫拔型, 좌우 변지에 천공 구멍이 1개씩 있는 것) 천공이며, 전지의 경우는 상변지까지 천공된 상발형의 천공이다. 환화우정마크 투문용지의 경우는 10환우표의 경우 상변지에 2중천공이 있는 경우가 존재하며, 특히 그림 3-7의 경우는 색점이 제1코너에 있는 매우 특이한 경우이다.

그림 3-7. 상변지 2중천공

4) 우표의 인쇄가늠표

인쇄가늠표는 어린이저금 보통우표와 같은 다색도 우표의 경우 색도별로 제판용 인쇄판을 제작하여 인쇄하게 되므로 이때 색도별로 색상을 정확히 맞추기 위해 필요하며 아울러 천공을 타공하거나 인쇄전지를 재단할 때 기준선으로 사용하기도 한다. 10환 별도안 우표의 경우 상하변지에 "⊥" 형태나 우변지에 "|, —" 형태의 가늠표가 인쇄되어

있다. 그러나 가늠표가 없는 실용판도 있으며 또한 인쇄 가늠표가 인쇄된 전지의 경우에도 이를 창구전지로 미장재단하는 과정에서 한쪽의 가늠표가 잘려 나간 것이 많이 존재하게 되므로 전지 1~2매를 가지고 인쇄가늠표를 확인할 수는 없는 실정이다.

그림 3-8. 상변지의 인쇄가늠표

5) 사용실체 우편물

환화 우정마크 투문용지의 발행시기에 해당하는 우편요금은 표 3-1과 같이 40환시기(1957.1.1.~1962.6.9)이며, 1962년 6월 10일 화폐개혁으로 인해 액면이 “환”에서 “원”으로 개정되었으나(10환→1원), 1965년 12월 31일까지는 요금변동이 없었다. 별 우표를 사용한 1종우편물 중 연하우편물이나 제3종 및 제4종 우편물의 실체는 입수가 용이하지 않다. 당시 연하우편을 발송할 경우는 기본료 40환대신 30환(20g)을 첩부하였으며 연하우편물의 경우는 시행기간이 짧아서 매우 귀하며, 또한 3종우편물인 정기간행물 띠지(10환/100g)와 4종우편물(20환/100g) 인쇄물 등에 대한 실체도 매우 귀한 편이다.

표 3-1. 40환시기의 우편요금

종별	구분		우편요금	
① 1종우편물	유봉서장	(연하우편)	40환(20g마다)	30환(20g마다)
	인쇄서장	(연하우편)	30환(100g마다)	25환(100g마다)
② 2종우편물	통상엽서	(연하우편)	20환	15환
③ 3종우편물	정기간행물 등		10환(100g마다)	
④ 4종우편물	인쇄물 및 서적류 등		20환(100g마다)	

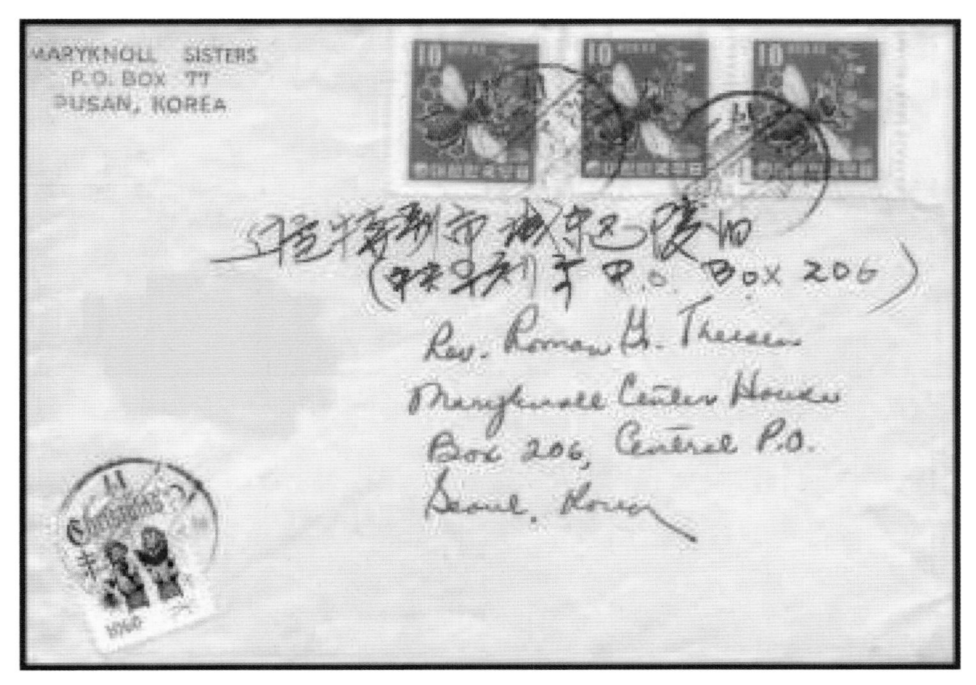

그림 3-9. 연하우편물 (30환첩부, 부산 1960.12.3)

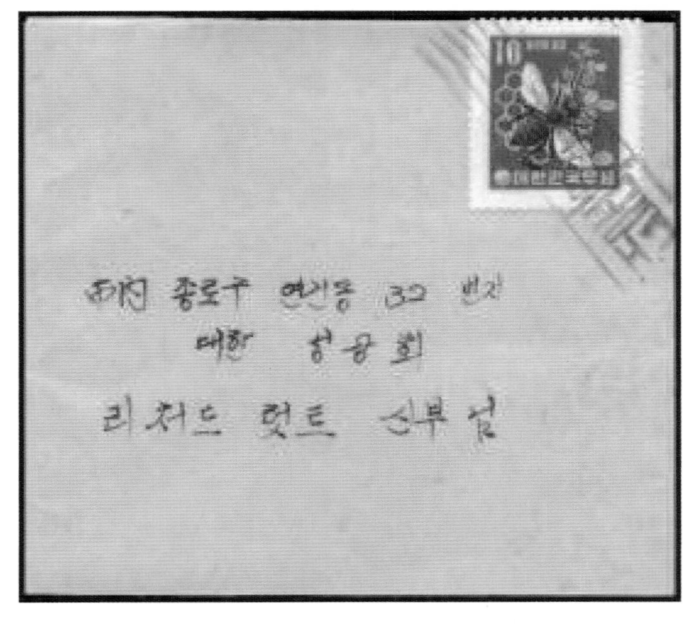

그림 3-10. 3종우편물 (신문 띠지, 동대문 1963년)

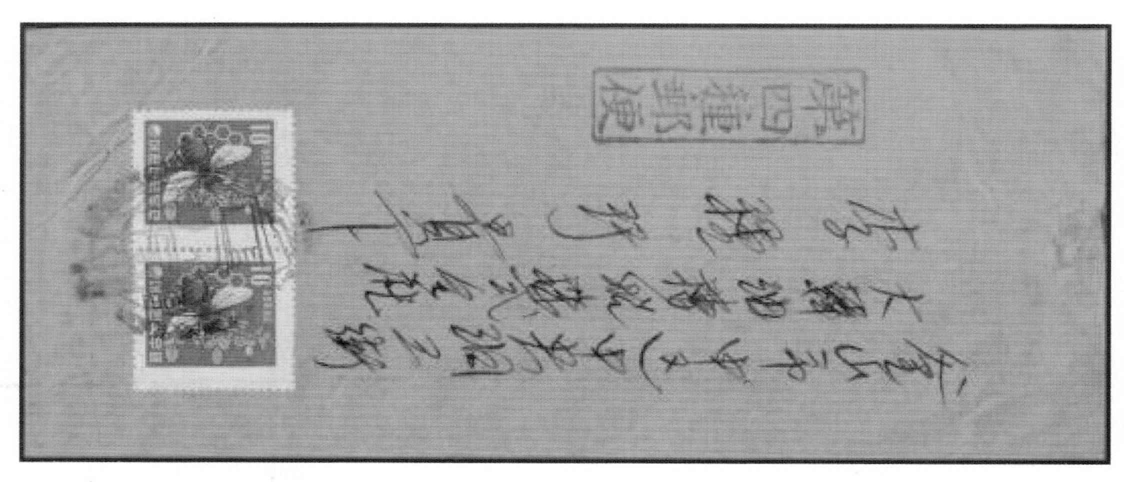

그림 3-11. 제4종우편물(20환 첩부): 소인은 "뉴욕세계박람회 참가" 기념인(서울중앙 1964.4.22)

실체 우편물 이외 소인된 우편자료는 "우편물 도착통지서"와 "우편물 수령증원부"가 있다. 우편물 도착통지서란 당시, 해외 우편물 중 과세대상 우편물은 관세 부과문제로 세금을 납부하고 수령하여야 하며, 이를 수취인에게 통보하는 것이 국제 우편물 도착통지서이다. 수령증 원부란 우체국에서 현금 수납한 요금을 현금 대용으로 해당요금의 우표를 원부에 첩부 후 날인한 다음 일정기간 보관한 자료이다.

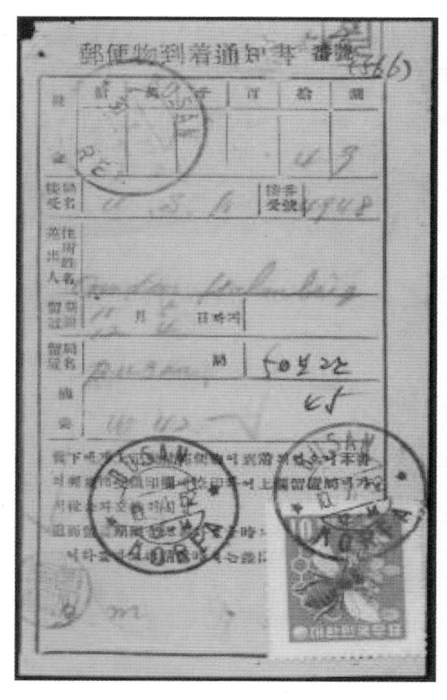

그림 3-12. 우편물 도착통지서
(부산. 1962.11.10)

그림 3-13. 우편물 수령증 원부
(충남 홍산 1962.12.30)

4. 환화우정마크 투문용지 - 20환(달팽이와 복주머니)

(1) 20환 우표(달팽이와 복주머니 도안)

환화우정마크 투문용지 10환 우표 도안은 저금우표를 상징하기 위하여 벌집과 벌을 채택했으나 20환 우표는 달팽이와 복주머니로 선정되었다. 20환 우표의 에세이(그림 3-1 참조)를 보면 6종의 도안 중에서 그림 4-1의 바탕색에 그림 4-2의 달팽이와 복주머니(이하 달팽이) 색으로 결정한다고 되어 있으나 최종 도안을 보면 그림 4-2의 도안 색상을 사용한 것으로 판단된다. 에세이 도안에서는 "어린이저금" 문구의 "저금" 글자가 복주머니와 겹쳐서 보이지 않으나 발매된 그림 4-3의 최종 도안을 보면 "저금" 글자가 인면의 우측으로 배치된 것을 알 수 있다.

그림 4-1. Essay-1

그림 4-2. Essay-2

그림 4-3. 최종 도안

그림 4-4. 달팽이 우표 원도

우표 포털(www.kstamp.go.kr)에서는 그림 4-4를 20환 어린이 저금우표의 원도로 제시하고 있으나, 이는 표시된 액면으로 보아 화폐개혁(1962.6.10) 이후의 도안으로 새 "원"화 외산백지 2원 달팽이 우표(1962.12.28 발행)의 원도다.

(2) 명판의 쇄색(刷色)

어린이저금 보통우표의 다양한 특징 중 가장 특이한 사항은 일부 우표에서는 명판의 쇄색을 다르게 하여 우표를 발행한 것이다.

분홍색 명판

남색 명판

그림 4-5. 20환 우표 명판의 쇄색

해방 직후 발행된 우표에서도 동일 우표에서 명판이 1칸, 2칸, 3칸 걸침이 있는 경우, 명판의 인쇄위치가 다른 경우, 인쇄소 명칭이 상이하여 명판의 종류가 다른 경우가 있으나, 명판의 쇄색을 달리한 경우는 어린이 저금 보통우표가 유일하다. 20환 달팽이 우표 명판의 경우는 그림 4-5와 같이 분홍색과 남색(우문관 도감에서는 청색으로 표기됨)의 2가지 색으로 명판을 인쇄하였다. 명판의 색인 분홍색과 남색은 달팽이 우표가 평판인쇄 3도색인 관계로 이 중에서 2종류의 색을 선정하여 명판을 인쇄한 것으로 추정된다.

(3) 우표의 색점

1) 색점의 색상

20환 달팽이 우표의 쇄색은 체신부 고시 제1161호(1960.3.23)에 의하면 남색, 흑다색(黑茶色), 분홍색의 3도색으로 공고하고 있다.

2코너 색점

3코너 색점

4코너 색점

그림 4-6. 색점의 인쇄 위치

흑다색은 갈색에 검정이 혼합된 색으로 우문관 도감에서는 이를 다색으로 표기하고 있으나, 기술표준원에서 제정한 국가의 공식적인 색채명은 흑갈색(黑褐色)이므로 본고(本稿)에서는 남색, 흑갈색, 분홍색으로 표기하였다. 변지에 인쇄된 3도색의 색점 위치는 기본적으로 2코너 또는 4코너이나, 그림 4-6과 같이 3코너에서도 발견되고 있다. 그러나 20환 달팽이 우표의 경우 1코너에 색점이 인쇄된 경우는 발견된 사례가 없으나 도감에서는 기본적으로 1코너에 색점이 있는 것으로 표기된 것은 매우 잘못된 사항으로 시급히 수정되어야 한다.

2) 색점의 형태

10환 벌 우표와 마찬가지로 20환 달팽이 우표의 경우도 모든 실용판에 색점이 있는 것이 아니라 색점이 없는 실용판이 훨씬 많은 비율을 차지한다. 색점의 경우는 위쪽부터 흑갈색으로 시작하는 것과 분홍색으로 시작하는 2가지 타입이 있으며 동일 색상의 색점에서도 색점의 간격(색점 3개의 상하간격)이 다른 다양한 실용판이 존재한다.

색점 간격 19mm

색점 간격 12.6mm

색점 간격 12.2mm

그림 4-7. 4코너 흑갈색 색점의 경우

(4) 천공 및 인쇄가늠표

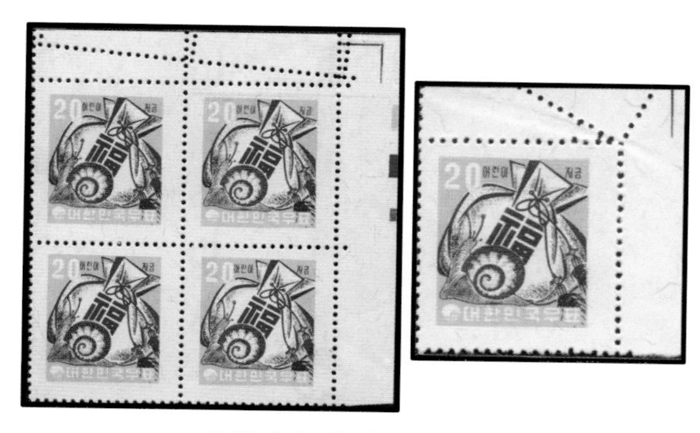

그림 4-8. 접힌 천공의 예

그림 4-9. 명판의 인쇄가늠표

10환 벌 우표와 마찬가지로 천공은 12$\frac{1}{2}$이며, 빗형천공기를 사용한 좌우변지에 천공

구멍이 1개씩 있는 횡발형(橫拔型)천공이며, 전지의 경우는 상변지까지 천공된 상발형의 천공이다. 아울러 10환 벌우표에서도 상변지에 천공에러가 있으나, 그림 4-8과 같이 20환 우표의 경우에도 상변지에 천공에러인 "접힌 천공"이 존재한다.

인쇄가늠표는 20환 달팽이 우표의 경우도, 10환 벌 우표와 마찬가지로 상변지에 "⊥, ㄱ" 형태나 좌변지 및 우변지에 "—, |, 」" 형태의 인쇄가늠표가 그림 4-9와 같이 표시되어 있다. 그러나 가늠표가 없는 실용판이 더 많으며 또한 가늠표가 인쇄된 전지의 경우에도 이를 창구전지로 미장재단하는 과정에서 한쪽의 가늠표가 잘려 나간 것이 많이 존재하고 있다.

(5) 정상변종

20환 달팽이 우표에 대한 정상변종은 달팽이집과 "福"자의 위치에 따라 다음의 3가지 타입으로 분류할 수 있다. A 타입은 福자와 달팽이집이 1mm 정도 완전히 이격(離隔)되어 있으며, B 타입은 福자의 "田" 끝부분만 달팽이집과 이격되어 있다. 이에 비해 C 타입은 福자와 달팽이집이 완전히 붙어있는 형태로 인쇄되어 있다.

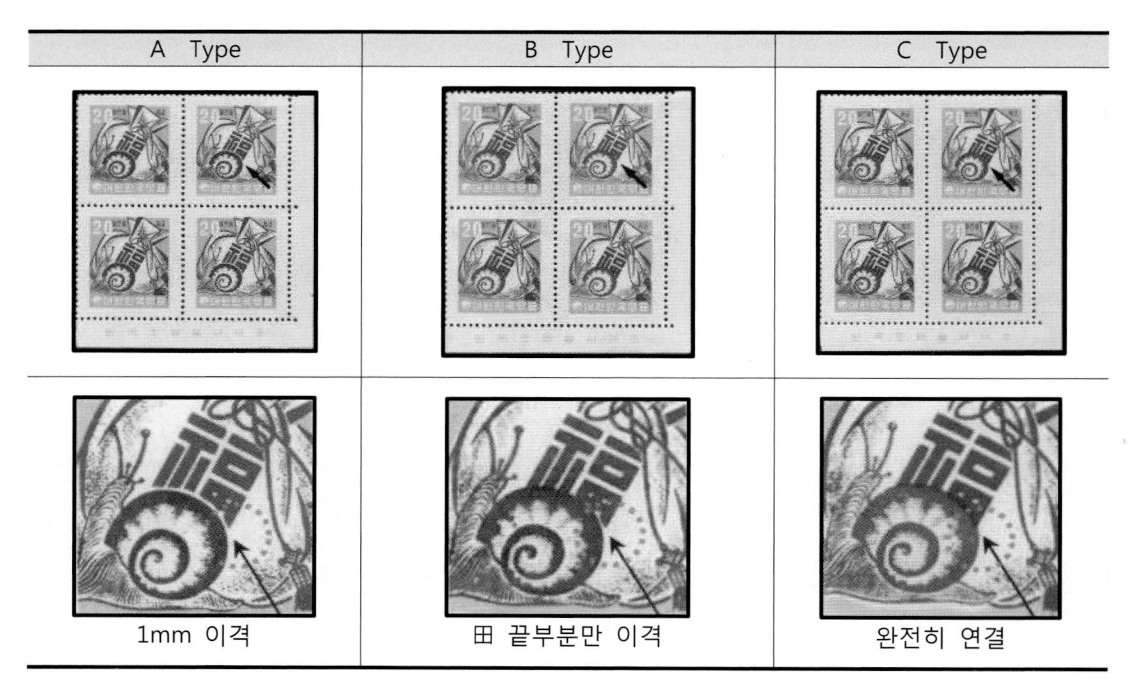

A Type
B Type
C Type
1mm 이격
田 끝부분만 이격
완전히 연결

그림 4-10. 달팽이 도안 인쇄변종의 형태

(6) 실체 우편물

20환 우표(환화 우정마크 투문용지) 발행시기의 우편요금은 "40환시기"(1957.1.1~1962.6.9)로 이후 화폐개혁(1962.6.10)이 있었으나 1965년 12월 31일까지는 국내우편의 요금변동이 없었다. 그림 4-11은 달팽이 우표를 첩부한 2종우편물 중 사제엽서이며 그림 4-12는 120환 우표를 가첩한 220환 시기(1961.3.1~1962.6.30)의 항공서간으로, 1962년 7월 1일자로 18원으로 항공서간 요금인하가 되어 1년 4개월간만 사용한 입수가 어려운 항공서간 사용실체이다. 그림 4-13은 20환 우표 5매의 복첩으로 총 100환이 첩부된 등기우편물(서장 40환+ 등기료 60환)이다.

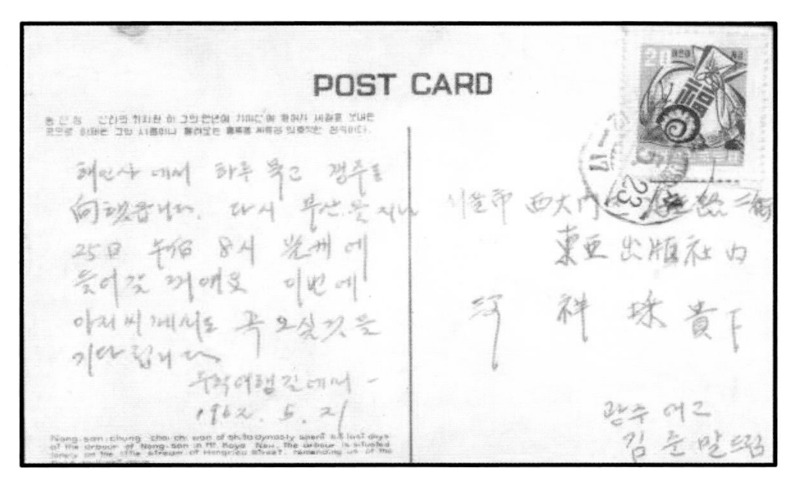

그림 4-11. 2종우편물 (경주 1962.5.23.)

그림 4-12. 항공서간 (서울중앙 1961.5.13)

그림 4-13. 등기우편물
(충북단양 1960.7.13)

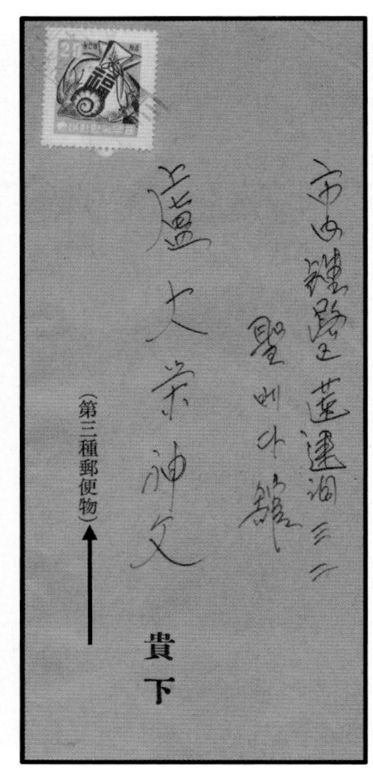

그림 4-14. 3종우편물
(서울중앙 1964.1.20)

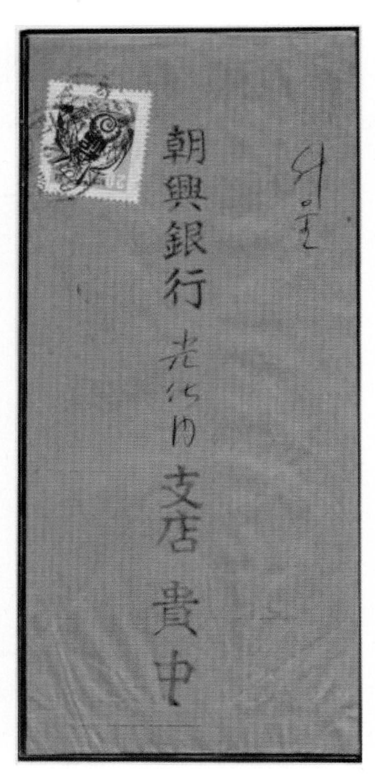

그림 4-15. 4종우편물
(천안 1963.12.14)

그림 4-14와 그림 4-15는 모두 20환 1매를 첩부하였으나 각 3종 및 4종우편물로 종별이 다른 우편물이다. 그림 4-14의 경우는 3종우편물 중 정기간행물로 기본중량 100g마다 10환으로 중량 100~200g인 관계로 우편요금 20환이 적용되었으며, 그림 4-15는 4종우편물 중 인쇄물의 경우로 이는 100g 당 20환의 요금이 적용된 것이다.

그림 4-16의 어린이 저금보통우표 철도우편물은 매우 귀한 실체로서 일부인에 표기된 "상"이란 서울을 기점으로 각 지방에서 서울로 오는 것은 "상"으로 표기하고, 서울에서 각 지방으로 체송되는 철도편은 "하"로 표기하였다. 그림 4-17은 국제우편물 항공우편 인쇄물(Printed matter)로 적정요금은 미국본토의 경우 13원/20g(사용시기 1961.3.1~1966.7.1)이며, 그림 4-18은 우체국에서 현금 수납한 요금을 현금 대용으로 해당요금의 우표를 원부에 첩부 후 날인한 다음 일정기간 보관하는 자료인 우편물수령증 원부이다.

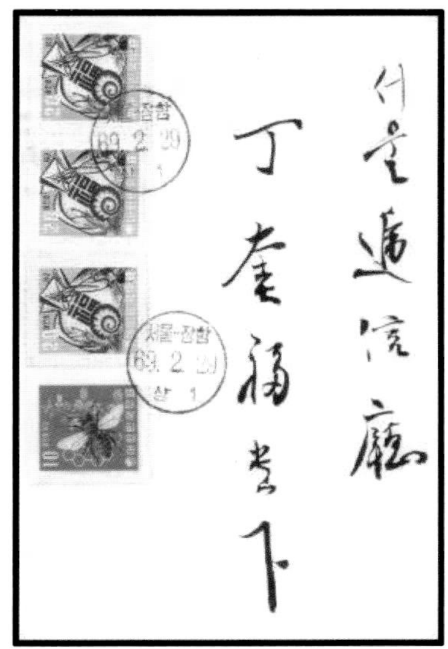

그림 4-16. 철도우편물
(서울-장항 1969.2.29 상1)

그림 4-17. 국제우편 항공서장
(서울중앙 1964.4.2)

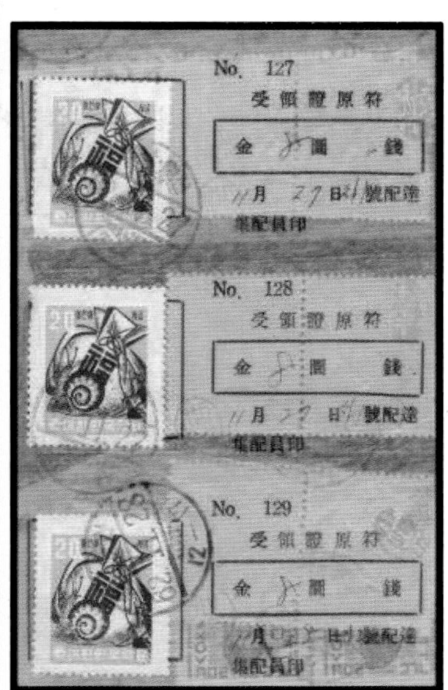

그림 4-18. 우편물수령증 원부
(충남 홍산 1962.11.28)

5. 새원화 외산백지 - 1원, 2원 우표

(1) 우표의 발행일과 발행량

1) 우표의 발행일

새원화 외산백지 우표의 경우 1원 우표의 발행 공고는 그림 5-1과 같이 체신부 공고 제523호(1963.2.5)이며, 2원 우표는 체신부 공고 제498호(1962.12.28)로 1원 우표보다 약 1개월 전에 먼저 발행되었다.

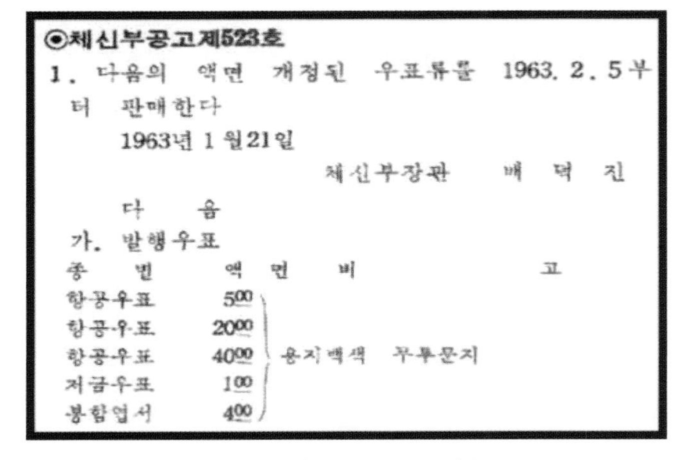

◉체신부공고제523호
1. 다음의 액면 개정된 우표류를 1963. 2. 5부터 판매한다
1963년 1 월21일
체신부장관 배 덕 진
다 음
가. 발행우표

종 별	액 면	비 고
항공우표	5.00	용지백색 무투문지
항공우표	20.00	
항공우표	40.00	
저금우표	1.00	
봉함엽서	4.00	

그림 5-1. 발행 공고문(1원우표)

◉체신부공고제四九八호
항공우표 一○○환권의 액면을 一○·○○으로, 저금우표 二○환권의 액면을 二·○○으로 개정하여 一九六二년十二월二十八일부터 판매한다
一천九백六十二년十二월二十一일
체신부장관 배 덕 진

그림 5-2. 발행 공고문(2원우표)

기존의 어린이저금 보통우표(환화우정마크 투문용지 10환 및 20환)가 있음에도 불구하고 또 다시 동일한 도안의 우표를 액면을 달리하여 발행한 것은 1962년 6월 10일 화폐개혁으로 인하여 "10환"이 "1원"으로 변경되었기에 기존의 어린이저금 보통우표에 개정된 액면을 적용하여 추가로 우표를 발행하게 된 것이다. 1원 우표보다 2원 우표를 왜 먼저 발행하였는지는 지금까지도 의문이나 1원보다 2원 우표를 먼저 발행한 것이 당시 우편요금 제도(국내 우편요금 4원 시기임)에 더 필요한 액면이거나 실제 사용하는 우표의 빈도 등을 고려하여 발행순서를 정한 것으로 판단된다.

2) 우표 발행량

그림 5-1과 그림 5-2와 같이 공고시 발행량을 고시하지 않은 관계로 새원화 외산백지우표의 발행량은 공식적인 자료는 없는 실정이다. 2개의 공고문을 보면 모두 새원화 외산백지 항공우표[14]와 같은 날 발행했으며, 이로 인해 동 항공우표의 경우도 10원은 발행일이 1962년 12월 28일이고, 5원, 20원 40원은 발행일이 1963년 2월 5일이다.

공고에는 발행량을 고시하지 않았으나, 어린이저금 보통 "새원화 외산백지"(이하 신원외백이라 함)우표에 대한 발행량이 명기된 공식 자료를 살펴보면 다음 표와 같다.

표 5-1. 어린이저금 신원외백 우표의 발행량 자료

발행량이 기재된 공식 자료		1원 우표 발행량	2원 우표 발행량
① 대한민국 체신연혁	체신부 (1971.12.4)	15만매(p1567)	140만매(p1567)
② 한국우표 목록	체성회 (1966.4.1)	15만매(p 283)	미상(p 278)
③ 한국의 우표	체신부 (1984.4.22)	15만매(p 671)	미상(p 671)
④ 대한민국우표 발행총람	정보통신부 (1996.1.3)	15만매(p63)	미상(p 61)

현재 우문관 도감을 포함한 모든 우취자료에서는 위에 따라 발행량을 1원은 15만매로 표기하고 있다. 아울러 유일하게 2원의 경우는 대한민국 체신연혁에서 발행량을 140만매로 기록하고 있다.

(2) 우표 용지

해방이후 발행된 보통우표(자선 및 항공우표 포함)는 1951년에 발행된 동양정판사판

14) 도감이나 대부분 우취자료에서 새원화백지 항공우표로 표기하고 있으나, 필자는 본고에서 우표용지를 감안하여 새원화 외산백지 항공우표로 기재하였으며 이것이 더 정확한 표현 방법이다.

백지 보통우표를 제외하고는 1960년대 이전까지는 우표에 투문이 있는 용지를 사용하였다. 그러나 1961년 스웨덴에서 수입한 백색용지(외산백지)는 투문이 없는 용지로 두께가 약간 두껍고 색소섬유가 없으며 뒷면의 풀이 매우 강하고 광택이 나는 게 특징이다. 이 용지는 인쇄효과는 좋으나 공기 중의 습기로 인하여 우표가 달라붙게 되어 보관시 매우 조심하여야 하며 풀의 색으로 인해 쉽게 용지를 구별할 수 있다.

1961년 말부터 스웨덴산 외산백지를 사용하여 환화 외산백지 보통우표, 새원화 외산백지 보통우표, 고궁도안 항공우표, 새원화 외산백지 항공우표 등을 발행하였다. 어린이저금 신원외백의 경우는 풀로 인해 그림 5-3과 같이 호면(糊面) 및 우표 인면까지 누런 색상을 띤다. 그림 5-4의 1원 우표 미러프린트(Mirror print)는 필자의 애장품 중 하나로 벌의 날개 색은 백색이라 전사(轉寫)가 되지 않아 누런색의 호면에 마치 개미가 기어가는 문양으로 표시되어 있다.

그림 5-3. 신원외백 (1원,2원용지)

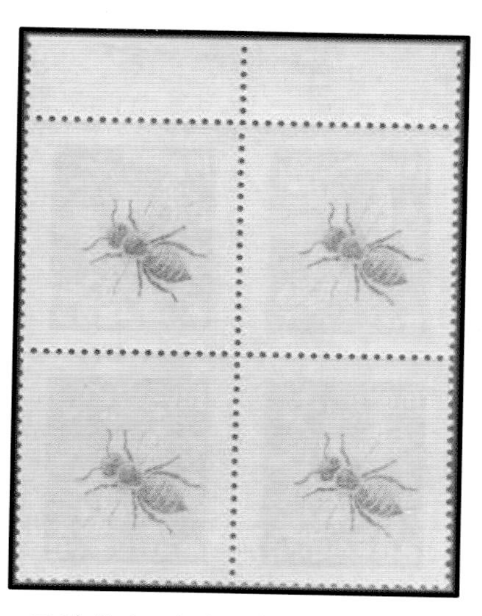
그림 5-4. 미러프린트 (1원 우표)

아울러 용지분류를 보면 우문관 도감에서 어린이저금 “견본우표”를 신원외백 우표로 분류하고 있으나 이는 잘못된 것으로 틀린 내용을 고치지 않고 수십년 동안 도감에서 반복되고 있는 견본우표 분류는 국산백지 무투문용지이므로 시급히 수정되어야 한다.[15)]

(3) 우표의 각론

1) 명판의 인쇄가늠표

1원 및 2원 우표의 인쇄가늠표는 각 변지에 “⊥,—,|,ㄱ,」”형태의 다양한 가늠표가 인쇄되어 있다. 명판을 기준으로 4코너의 인쇄 가늠표를 살펴보면 기본적으로 “」”모습이나 이외에도 4코너에 가늠표가 없거나 있는 경우에도 “—”나 “|”형태가 많이 있으나

15) 견본우표에 대한 상세한 해설은 “국산백지 무투문용지”편에서 해설한 내용을 참고하기 바람

이는 판형이 다른 것이 아니라 창구전지의 미장재단 과정에서 발생한 것으로 추정된다.

(a) 1원우표 가늠표(4코너)

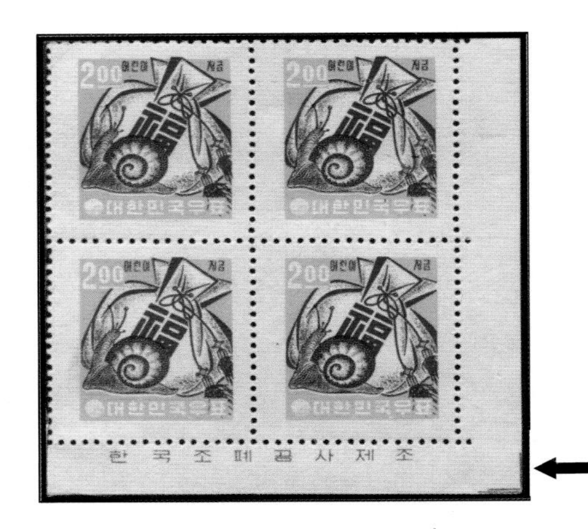

(b) 2원우표 가늠표(4코너)

그림 5-5. 4코너의 인쇄 가늠표

2원우표의 경우 4코너에 가늠표가 있는 경우는 하변지의 명판 좌측 부분에 "—"형의 가로선이 있는 판형과 없는 판형의 2가지가 있다.

(a) 가로선 없음(명판 좌측)

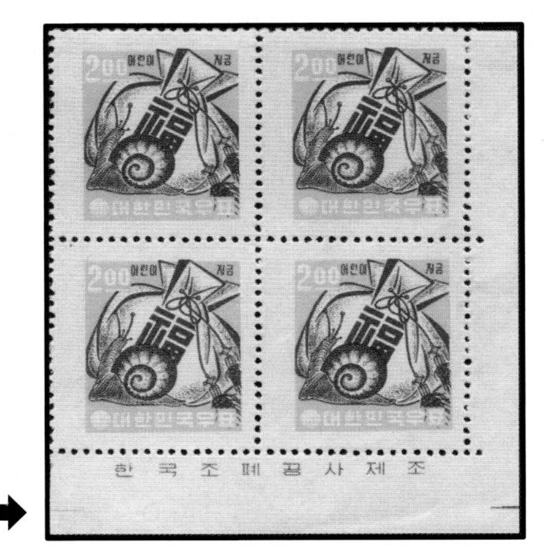

(b) 가로선 있음(명판 좌측)

그림 5-6. 하변지 가늠표(2원 우표)

2) 우표의 정상변종

1원 우표의 경우 전지의 판형에 따라서 벌의 뒷다리 부분에 인쇄된 흰색선의 위치에 미세한 차이가 있다. 그림 5-7과 그림 5-8은 동일한 전지내 우표로서 같은 전지내에서 그림 5-7은 벌의 뒷다리 윗부분(#6번~#27번 우표)에 흰색이 있으나 그림 5-8의 경우는 뒷다라 아랫부분(#56번~#97번 우표)에 흰색이 인쇄되어 있다. 그러나 이는 신원외백의 모든 전지에 공통된 사항이 아닌 관계로, 이러한 인쇄 변종이 어느 비율로 존재하는지는 추후 연구과제로 생각한다.

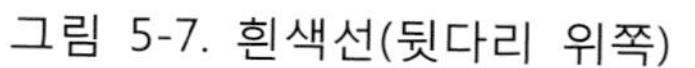

그림 5-7. 흰색선(뒷다리 위쪽)

그림 5-8. 흰색선(뒷다리 아래쪽)

2원 우표의 경우는 달팽이와 복주머니의 인쇄 위치에 따라 그림 5-9와 같은 3가지의 정상변종이 존재한다.

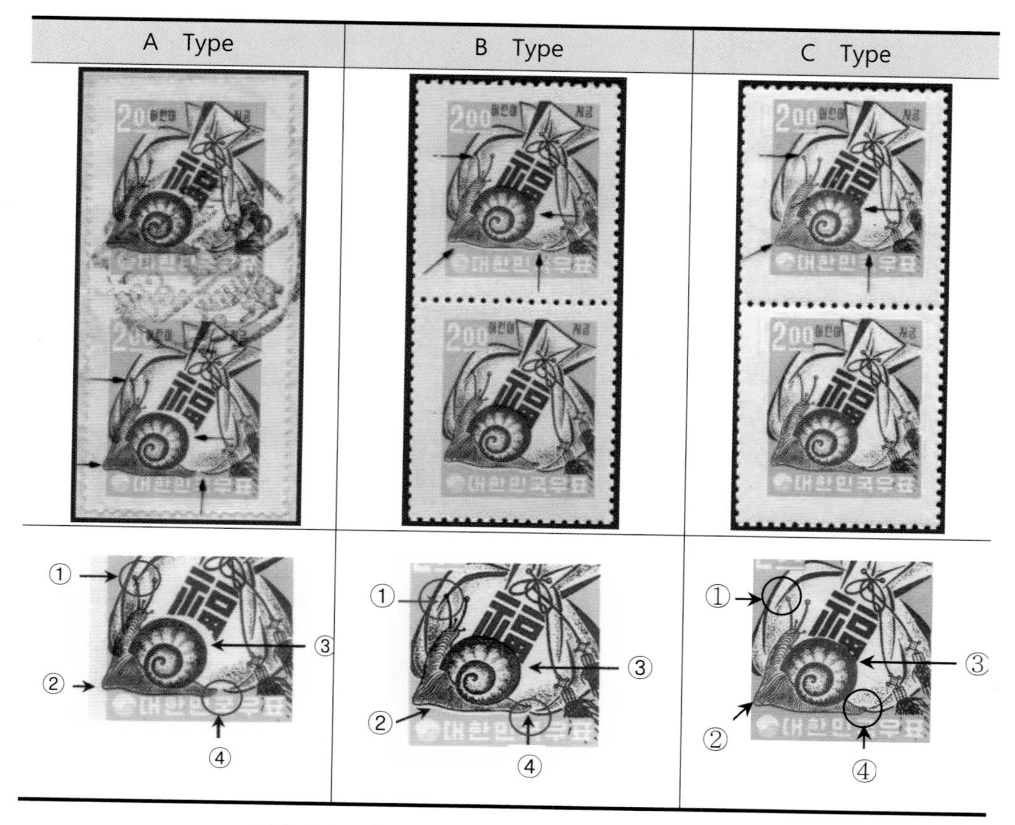

그림 5-9. 정상변종의 형태 (신원외백 2원우표)

A형의 경우	① 달팽이의 더듬이 : 복주머니의 주름선 위쪽에 있다. ② 달팽이 몸체 : 인면 밖으로 돌출 되어 있다. ③ 福자 : 달팽이집과 2~5mm 이격되어 있다. ④ 달팽이 꼬리 : 복주머니와 2mm 이격되어 있다.
B형의 경우	① 달팽이의 더듬이 : 복주머니의 주름선과 붙어있다. ② 달팽이 몸체 : 인면 외곽선과 붙어 있다. ③ 福자 : 달팽이집과 완전히 붙어 있다. ④ 달팽이 꼬리 : 복주머니와 0.1mm 이격되어 있다.
C형의 경우	① 달팽이의 더듬이 : 복주머니의 주름선 아래쪽에 있다. ② 달팽이 몸체 : 인면 외곽선 안쪽에 있다. ③ 福자 : "示"는 달팽이집과 이격되고 田은 달팽이 집 속에 있다. ④ 달팽이 꼬리 : 복주머니와 완전히 붙어 있다.

3) 우표의 천공

어린이저금 보통우표는 8종 전체가 빗형천공기로 천공하여 좌우변지에 천공구멍이 1개씩 있는 횡발형(橫拔形) 빗형천공이 기본형이며, 상하변지는 상변지만 천공이 끝까지 되어 있는 상발형 천공이다. 새원화 우정마크투문용지(1원우표)나 국산백지 무투문용지(1원, 2원우표)의 경우에는 좌우변지에 천공 구멍이 없는 보통형 빗형천공이 존재한다.

(a) 하무발형: 정상천공

(b) 하발형: 천공변종

그림 5-10. 하변지의 천공

특이하게 그림 5-10(b)과 같은 천공 변종인 하발형의 명판이 존재하는데 이는 어린이저금 보통 2원 우표 전체 종별에서 하발형 천공이 발견된 유일품으로 어린이저금 보통우표 소장품 중 매우 희귀한 천공 변종사례이다.

4) 우표의 사용실체

① 1원우표의 경우

신원외백 1원우표는 보통우표로서는 매우 적은 발행량인 15만매(추정)이기에 어린이 저금 보통우표 중 실체 입수가 가장 어려운 종별에 해당하며, 특히 국제우편물의 경우는 발행기간 중 미국지역 항공요금이 13원(20g 기준)으로 1원 우표로만 된 복첩 실체는 입수가 가능하지 않은 실정이다.

그림 5-11은 국내 1종우편물로 1원우표 발행일(1963.2.5)에 매우 근접한 1963년 2월 23일의 실체로 당시 우편요금은 4원(20g)시기이다. 그림 5-12는 왕복엽서로서 1966년 1월 1일부터 엽서요금은 4원으로 왕신과 복신에 각 4원이 적용되었다. 그림 5-13은 연하엽서로 엽서요금 4원에 해당하며 소인은 "광복20주년 기념우표전시회"기념인이 날인되어 있다. 그림 5-14는 미국지역의 항공우편물로서 적정요금은 13원(20g)으로 1원 우표 3매가 첩부된 복첩이다.

그림 5-11. 1종우편물 (부산 1963.2.23)

그림 5-12. 엽서 (경북 화목 1966.2.18)

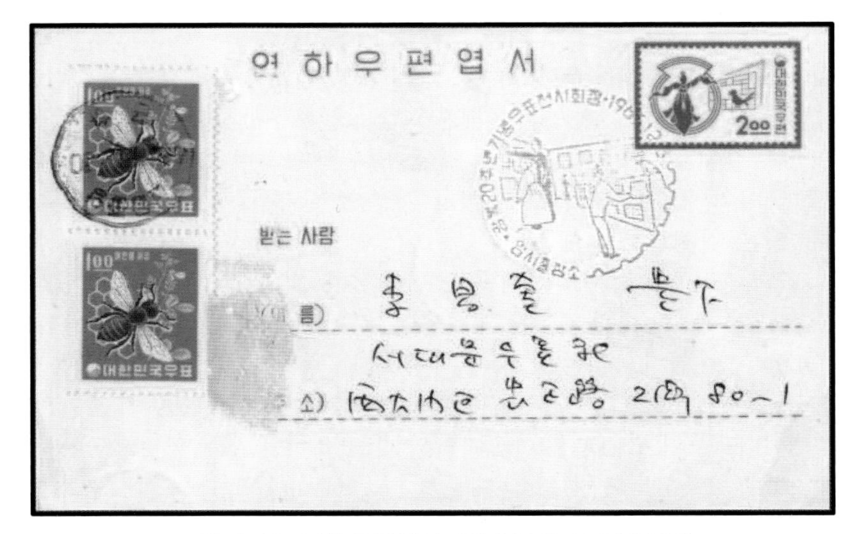

그림 5-13. 연하우편엽서 (서울중앙 1966.12.30)

그림 5-14. 국제 항공우편물 (부산 1964.3.19→미국)

② 2원우표의 경우

2원우표의 실체는 1원우표보다 입수가 다소 용이하다. 그림 5-15는 국내 1종우편물이며, 그림 5-16은 엽서로 당시 엽서요금은 4원이다. 그림 5-17은 매우 귀한 띠지(3종우편물)로 당시 요금시기(1962.6.10~1965.12.31)의 적정요금은 2원(100g)이다. 그림 5-18은 2원우표가 15매가 첩부된 홍콩으로 발송된 국제 항공 등기우편물로 해당지역의 당시 적정요금은 37원(항공 우편요금 20원/20g+등기료 17원)이다. 한 가지 옥에 티는 1원 농악우표 2매를 2원 신원외백 우표로 첩부하였으면 하는 아쉬움인데 "이는 필자만의 욕심일까?" 하고 생각하게 되는 귀물(貴物)이다.

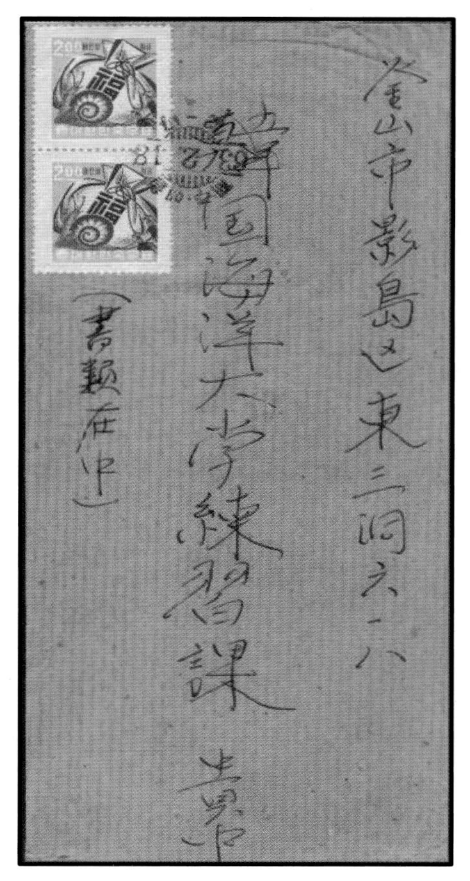

그림 5-15. 1종우편물 (제주 1963.2.18)

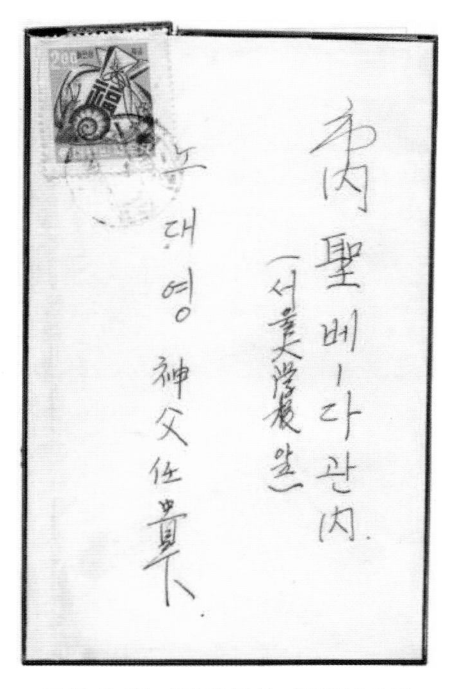

그림 5-17. 3종우편물 (1963.2.26.)

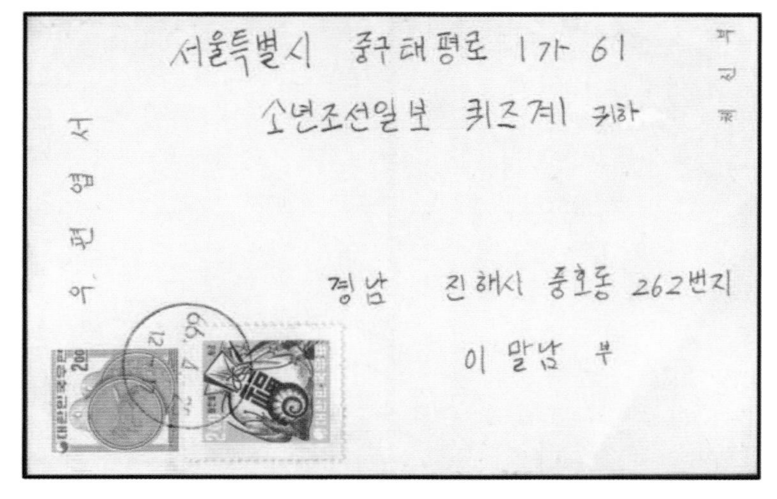

그림 5-16. 엽서 (진해 1966.4.25.)

그림 5-18. 국제 항공우편물 (서울 1963.2.23→홍콩, 뒷면에 4원첩부)

6. 새원화 우정마크투문용지 – 1원 (벌과 벌집)

(1) 1원 우표의 발행 미스터리

1) 1원 우표의 발행여부

어린이저금 "새원화 우정마크투문" (이하 신원우정이라 함) 용지 1원(벌과 벌집) 우표는 체신부의 공식적인 발행 공고가 없이 우표가 발행되었다. 당시 우취계에서는 신원우정 용지의 1원 우표 발행에 대해 어느 누구도 사전에 이에 대한 소식을 들은 바가 없기에 동 용지의 2원 우표가 발행된 1964년 5월 10일까지도 1원 우표는 발행되지 않은 것으로 알고 있었다. 그러나 1964년경 신원우정의 1원 우표가 존재한다는 소식과 실물이 우취계에 조금씩 알려지게 되자 여러 우취인들이 발행여부를 확인하려고 백방으로 노력하게 되었다. 신원우정 용지 1원 우표를 발견하게 된 일화는 [그림 6-1]의 대한우표회 회보에 게재되어 있으며[16] 이를 간략히 소개하면 다음과 같다.

어린이 저금 보통우표의 수상(隨想)

上

(# 151) 金光載

(1) 例言

몇년전의 이야기가 되겠지만 그것도 日本서 우표商을 경영하는 젊은 친구를 소개 받게 되었다. 그러나 용모가 서구적인 스타일이고 앞으로 한국 우표를 전문적으로 취급해 보겠다는 이야기에 호감을 갖게 되었다.

그는 이미 몇차례 한국을 다녀 갔었고 그 사이 그나름대로 한국우표에 대해 많은 공부를 하고 있었다.

그런데 그가 필자에 들려준 한국우취계의 인상중에서『한국의 우취가들은 너무 完全셑에 집착한 것 같다』고 한 말이 지금도 필자의 귀에서 떠나지 않고있다.

처음 그 이야기에는 좀 건방스럽다고 느꼈기에 대답을 하지 않았으나 실은 비교적 정확한 관찰이었다고 마음 속으로 시인하지 않을 수 없었다.

많은 한국 우표수집가들이 한국 우표의 수집에 있어 마치 토피칼 수집을 하듯 명판 1매 또는 단편 1매, 사용제 1매, 초일봉피 1매등으로 고정하여 매 종목마다 이런 틀으로 통일하려 든다.

또 銘版의 경우는 거의 4매 블럭이고 설사 어떤 Set 중 한쪽의 명판만 市中에 나왔을 경우 마침 짝을 찾고 있는경우가 아니면 관심을 두지 않는다.

이제 우리 郵趣도 stock-book 에서의 수집에서 Albume으로 많이 전환되고 있으나 "한국우표 몇벌"하는 식의 商品的인 콜렉션에서 leaf에의 콜렉션으로 전환되어야 할 것이다.

그래서 필자는 "다시 초보자가 되자 그리고 한가지 우표라도 좋으니 Perfact하게 수집하자"고 주장하고 싶다.

너무 여담이 길었으나 반드시 그러한 뜻에서만 아니더라도 어떤 테마든 목표를 정하고 보면 資料가 너무 없고, 지금것 너무 막연히 수집하여 왔다는 것을 느끼게 된다. 모든 우표가 다 그러하겠지만 우연히 관심을 갖게된 어린이 저금보통우표도 평범하고 쉬운 테마 같으면서 실상은 資料조사도 어려운 것으로 会員 여러분에게 도움을 청하는것이다.

– 3 –

그림 6-1. 대한우표회 회보 191호

16) 金光載. 어린이저금 보통우표의 隨想 상편. 대한우표회 회보 191호(1978.3.20), 5~6쪽

2) 1원 우표의 발견

당시 많은 우취인들이 체신부를 통하거나 또는 각 지역의 우취인들에게 연락하여 신원우정 1원 우표를 찾기에 나섰으며, 1원 우표의 발행여부에 대해 관심을 갖고 있던 대표적인 우취인은 당시 부산의 대한유조선(주)사장인 해군제독 출신의 우취인 이종우(李種玗)님이다. 1964년 이종우사장이 처음에는 부산 체신청 우표 보관창고에 해당 우표가 보관되어 있다고 제보하였으나 두 달 후 사실이 아닌 것으로 판명되었으며, 이듬해인 1965년 10월경 드디어 그림 6-2의 당시 대전체신청[17] 우표 보관창고에 해당우표가 보관되어 있다는 것이 알려지게 되었다.

그림 6-2. 당시 대전체신청 건물

이때 한국조폐공사 대전공장을 공식방문하게 된 우취인 김광재(金光載)님은 체신부에 요청하여 오지섭(吳智燮)님과 동행했고, 한국조폐공사 대전공장 견학 후 오후에 대전체신청의 보관창고에 들려 신원우정 1원 우표가 보관된 것을 확인하고 오지섭님이 당시 액면가인 1만원에 1만매를 인수하였다. 이에 대해 김광재님은 "창고에서 한 묶음이 모두 우정마크임을 확인하였을 때의 기쁨, 이런 기쁨은 우취가들이 10년에 한번쯤 맛볼 수 있는 기회가 아닌가 생각된다"라고 회고한 바 있다. 이때 인수받은 1만매가 현재 우취계에 존재하는 미사용 우표의 대부분으로 생각된다. 이와 같이 1원 우표의 정확한 발행일은 모든 공식적인 자료에서 미상으로 되어 있으나, 대체적으로 1964년도 2원 우표가 발행된 일자를 전후한 시기로 추정된다. 아울러 2원 우표는 기존 우표를 우정마크투문 용지로 변경하여 발행한다고 별도로 공고하였음에도(체신부 공고 제591호), 1원 우표에 대해서는 왜 공고가 없이 발행하였는지는 아직까지도 규명되지 않는 미스터리다.

17) 대전체신청은 1979년 9월 7일 충청체신청으로 기관 명칭이 변경되고 현재는 충청지방우정청으로 개칭되었다.

(2) 우표의 용지 및 투문

1) 우표의 용지

우정마크투문 용지는 자선우표인 1차 수해구제모금 우표(1957.9.1)에 처음으로 사용된 後, 1958년부터 보통우표(산업도안 보통)와 기념우표(2차 연하우표, 2회 우편주간) 등 우표 인쇄에 사용되기 시작했다. 이후 우표 용지는 1961년 스웨덴에서 수입한 외산 백지를 사용하였으나 이 용지가 국내 기후 조건과 맞지 않아 뒷면의 풀이 달라붙게 되어 우표 보관에 많은 불편함이 있었다. 이에 대처하기 위해 1963년도에 일본 대장성(大藏省) 산하 제지공장에서 만든 우정마크투문 용지를 다시 수입하여 사용했다. 1960년대 이전의 초기용지는 청색의 색소섬유가 다량으로 있으나, 1963년 이후의 후기 용지는 청색과 적색의 색소섬유가 다량으로 있어 그림 6-3과 같이 육안으로 식별이 가능하다. 이로 인해 봉피에 첩부되어 투문을 확인할 수 없는 실체의 경우에도 인면의 색소섬유로 우정마크투문 용지 여부를 확인할 수 있다.

그림 6-3. 신원우정 용지(1원, 2원 우표)

2) 우표의 투문

우정마크투문의 가로 방향 배치는 맨 위의 첫 번째 가로줄은 투문이 우측방향(⚙)이고 다음 가로줄은 좌측방향(⚙)으로 서로 교차로 배열되어 있으며, 가로줄과 가로줄 사이의 간격은 16mm이다. 아울러 세로 방향 배치는 넓은 구간(⚙ ~ ⚙로 배열됨)과 좁은 구간(⚙ ~ ⚙로 배열됨)이 있다. 넓은 구간은 41mm이고, 좁은 구간은 12mm로서 넓은 구간과 좁은 구간이 서로 교차로 배열되어 있다.

(3) 1원 우표의 각론

1) 변지의 인쇄 가늠표

표 6-1. 인쇄 가늠표(신원우정 1원 우표)

우표의 변지	인쇄가늠표 (종류 및 위치)	비고
① 상변지	___ (#1), —┼— (#3, #7), ‾‾┐ (#10)	4코너에 "」"형태의 가늠표가 있는 실용판도 있다.
② 하변지	—┼— (#93, #97)	
③ 좌변지	___ (#21, #71)	
④ 우변지	___ (#30)	

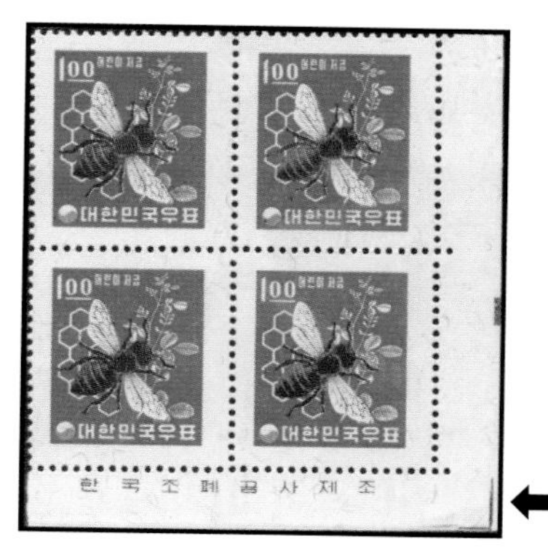

(a) 가늠표 있음

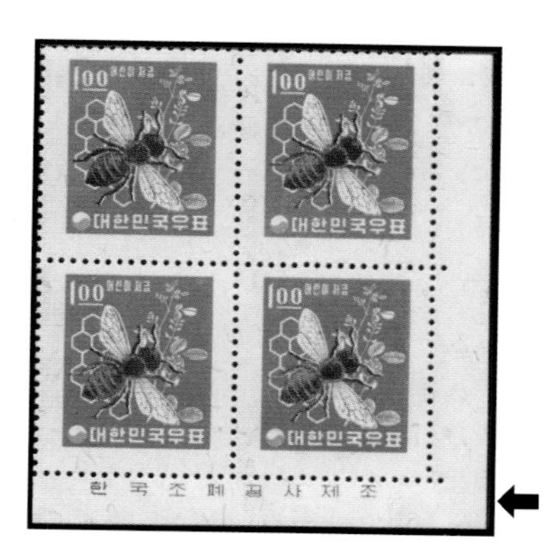

(b) 가늠표 없음

그림 6-4. 4코너 가늠표 (신원우정 1원)

신원우정 1원 우표의 변지에 있는 인쇄가늠표는 각 변지별로 표 6-1과 같으며, 4코너 명판의 경우에는 그림 6-4과 같이 "⌋" 형태의 가늠표가 있는 실용판이 있다.

2) 변지의 색점

아울러 인쇄 가늠표 외에 우변지에 색점이 있는 실용판이 있으며, 이 경우는 1원 우표의 쇄색인 3도색 중 흑다색(黑茶色)의 색점 1개가 우변지의 #10번과 #100번 위치에 그림 6-5와 같이 인쇄되어 있다.

(a) 우변지(#10번 위치) 색점

(b) 우변지(#100번 위치) 색점

그림 6-5. 변지의 색점 (신원우정 1원)

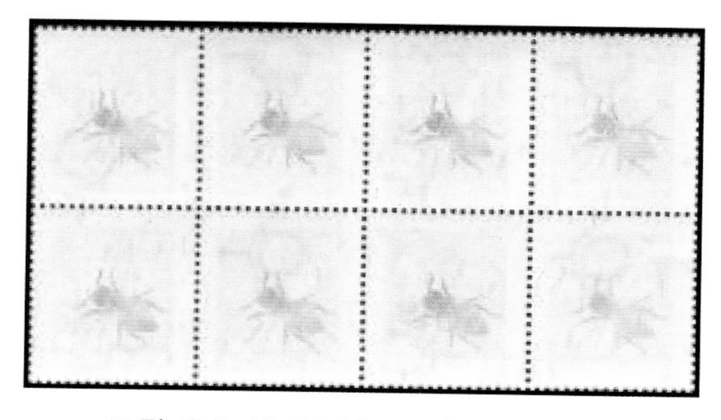

그림 6-6. 미러프린트 (신원우정 1원)

3) 미러프린트

신원우정 1원 우표의 경우도 새원화 외산백지와 마찬가지로 그림 6-6과 같은 미러프린트(Mirror print)가 존재한다. 새하얀 호면을 배경으로 마치 개미가 기어가는 모습으로 전사되어 매우 정감이 가는 모습이다.

4) 변지의 천공

① 좌우변지

좌우변지의 천공은 좌우변지에 천공 구멍이 있는 그림 6-7(a)의 횡발형 빗형천공과 좌우변지에 천공구멍이 없는 그림 6-7(b)의 보통형 빗형천공이 있다. 기본은 횡발형으로 보통형 빗형천공의 경우는 어린이저금 보통우표 8종 전체에서 신원우정 1원 우표와 국산백지 1원 및 2원 우표의 경우에만 존재하고 있다.

(a) 횡발형 빗형천공 (b) 보통형 빗형천공

그림 6-7. 좌우변지 천공 (신원우정 1원)

② 상하변지

상하변지의 천공은 상변지는 상발형이고 하변지는 무발형(無拔形)이 기본형이나, 변종으로 그림 6-8(b)과 같은 하발형 천공이 있으며 이는 매우 희귀한 경우이다.

(a) 하변지 무발형(기본형) (b) 하변지 하발형(변종)

그림 6-8. 상하변지 천공(신원우정 1원)

어린이저금 보통 우표 중 필자가 발견한 하발형 천공의 경우는 현재까지 신원외백 2원과 신원우정 1원 우표의 2종뿐이다.

(4) 우표의 사용실체

신원우정 1원 우표의 실체는 발행 사실 자체를 우취인들이 몰랐기에 실체 입수가 매우 어려운 우표 중 하나로, 오랫동안 관심을 가지고 수집할 경우에도 신원우정 1원에 대한 단첩 입수는 용이하지 않은 실정이다.

그림 6-9와 및 그림 6-10은 각각 기본료 4원시기(1962.6.10~1965.12.31)와 7원시기(1966.1.1~1969.12.26)의 1종우편물(인쇄서장)로 적정요금은 3원(100g)과 5원(100g)이다. 그림 6-9의 일부인은 1966년 1월 1일이나 요금인상 전날에 투함하였기에 개정 전의 요금이 첩부되었으며 또한 신년을 기념하기 위하여 일부인 하단에 "근하(謹賀)"가 표기되어 있다.

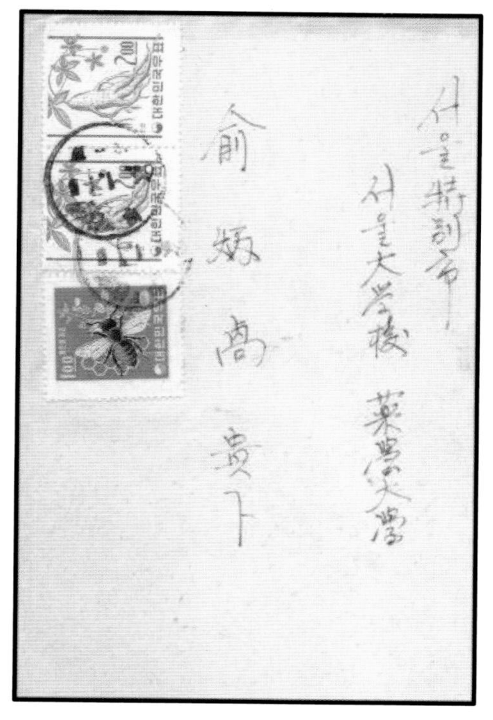

그림 6-10. 1종우편물
(인쇄서장, 부산 1966.1.5)

그림 6-9. 1종우편물 (인쇄서장, 수정 1966.1.1)

그림 6-11은 기본료 7원시기의 2종 우편물 중 통상엽서로 적정요금은 4원이며, 그림 6-12는 서울-목포간 철도우편물(인쇄서장)로서 당시의 적정요금은 5원(100g)으로 일부인의 "상"은 각 지방에서 서울로 체송된 것을 의미한다.

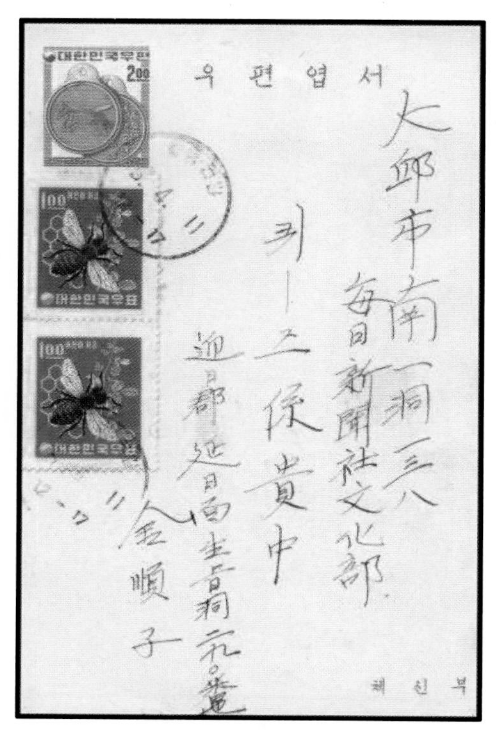

그림 6-11. 엽서 (경북 연길 1966.4.11)

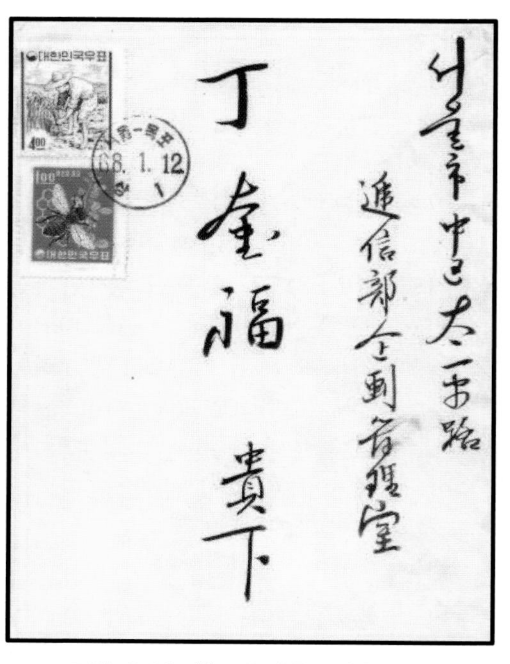

그림 6-12. 철도우편물 (서울-목포 1968.1.12)

7. 새원화 우정마크투문용지 - 2원 (달팽이와 복주머니)

(1) 2원 우표 발행일

◉체신부공고제591호
용지가 바뀐 우표를 다음과 같이 발행하여 1964. 5. 10부터 판매한다.
1964년 5월 1일
체신부장관 홍 헌 표

다 음

보통항공 및 저금우표 판매

가. 변경내용

종별	보통우표		항공우표			저금우표
액면	20전	20원	10원	20원	40원	2원
도안	진도개	미선나무	수원성곽	덕수궁 석류문풍경	경회루	달팽이와 주머니
발행수량	1,710,000매	1,008,000매	1,900,000매	500,000매	500,000매	600,000매
용지	백색, 우정마아크 투문지					

그림 7-1. 2원 우표 발행 공고문

전회에서 언급한 바와 같이 1원 우표는 공고 없이 발행되어 발행량과 발행일을 알 수 없으나 새원화 우정마크투문(이하 신원우정이라 함) 2원 우표는 그림 7-1의 체신부 공고 제591호로 발행일과 발행량을 명확히 알 수 있으며 1964년 5월 10일에 60만매를 발행하였다. 공고의 본문을 보면 용지가 바뀐 우표를 발행한다고 명시하여 당시 사용 중인 외산백지 대신 우정마크투문용지로 인쇄용지를 변경한 내용을 밝히고 있으나, 1원 우표의 용지변경은 왜 공고 없이 발행하게 되었는지 의문이며 당시 관계자들이 대부분 별세한 지금은 이를 규명할 수 없어 아쉬움이 매우 크다.

표 7-1. 어린이저금 보통우표(신원우정) 발행사항

신원우정	발행일	발행량	비고
1원 우표	미상(공고 없음)	미상(공고 없음)	1원 우표 발행은 1964년경으로 추정
2원 우표	1964.5.10	60만매	

(2) 우표 용지

2원 우표는 1원 우표와 동일한 우정마크투문용지를 사용하고 인면에 청색과 적색의 색소섬유를 다량으로 함유하고 있어 용지의 투문을 확인하지 않아도 육안으로 용지식별이 가능하다.

그림 7-2. 신원우정 (1원, 2원 우표)

(3) 우표의 각론

1) 명판의 쇄색(刷色)

(a) 남색 명판 (b) 흑갈색 명판

그림 7-3. 명판의 쇄색

① 쇄색의 종류

어린이저금 보통우표 8종 중 가장 큰 특징 중 하나는 일부 종별의 경우 명판 쇄색을 다르게 하여 우표를 발행한 것으로, 신원우정 2원 우표의 경우는 그림 7-3과 같이 남색과 흑갈색의 2종류 명판 쇄색이 존재한다.

어린이저금 보통우표 8종(용지별 4종)에 대해 명판의 쇄색을 기술표준원의 공식적인 색채명으로 표기하면 표 7-2와 같다. 표와 같이 우정마크투문이 있는 2원 우표(환화 및 새원화의 경우)는 각각 명판 쇄색이 2종류이며, 아울러 어린이저금 1원 우표 전체의 명판 쇄색은 황록색과 흑갈색의 2종류이나 2원 우표의 경우는 남색, 분홍색, 흑갈색의 3종류이다.

표 7-2. 어린이저금 보통우표 명판의 쇄색

용지별 분류	명판의 쇄색	
	1원 우표(벌과 벌집)	2원 우표(달팽이와 복주머니)
① 환화 우정마크투문용지	황록색	남색 · 분홍색
② 새원화 외산백지	흑갈색	남색
③ 새원화 우정마크투문용지	흑갈색	남색 · 흑갈색
④ 국산백지 무투문용지	흑갈색	남색

② 남색 명판

남색명판의 특징은 명판의 왼쪽 옆에 길이 1mm 크기의 청색 가로선이 있으며 천공과 인면간 간격에 차이가 있는 판형이 존재한다. 판형에 따라서는 창구전지에서 변지가 잘린 경우가 있으나 명판의 변지 4코너에는 "」" 형태의 인쇄가늠표가 있다.

(a) A형(인면~천공 2.8mm)

(b) B형(인면~천공 3.2mm)

그림 7-4. 남색 명판의 도안 인쇄

③ 흑갈색 명판

흑갈색 명판의 경우도 남색명판과 같이 4코너에는 “ 」” 형태의 인쇄가늠표가 있으며, 명판에는 복주머니가 인면 위쪽으로 밀려 인쇄된 실용판(B형)이 있다.

(a) A형

(b) B Type

그림 7-5. 흑갈색 명판의 도안 인쇄

2) 인쇄 변종

① 왼쪽 밀림: 신원우정 2원 우표는 왼쪽 방향으로 쇄색이 밀린 실용판이 표 7-3과 같이 존재하며 상세한 내용은 그림 7-6과 같다.

표 7-3. 왼쪽 밀림 변종

복주머니 도안	A Type (기본형)	B Type (변종)
인면의 좌우측	왼쪽(①) 및 오른쪽(②) 모두 인면 안쪽에 접해 있다.	왼쪽(①)은 인면 밖으로 돌출되고 오른쪽(②)은 인면 안으로 밀려있다.

② 위쪽 밀림: 왼쪽 밀림 외에 위쪽 방향으로도 쇄색이 밀린 실용판이 표 7-4와 같이 존재하며 상세 내용은 그림 7-6과 같다.

표 7-4. 위쪽 밀림 변종

복주머니 도안	A Type (기본형)	B Type (변종)
인면의 상하측	위쪽(①)은 인면 안쪽에 있으며 달팽이 아래쪽(②)에 흰색선이 보이지 않는다.	위쪽(①)은 인면 밖으로 돌출되고 달팽이 아래쪽(②)에 흰색선이 보인다.

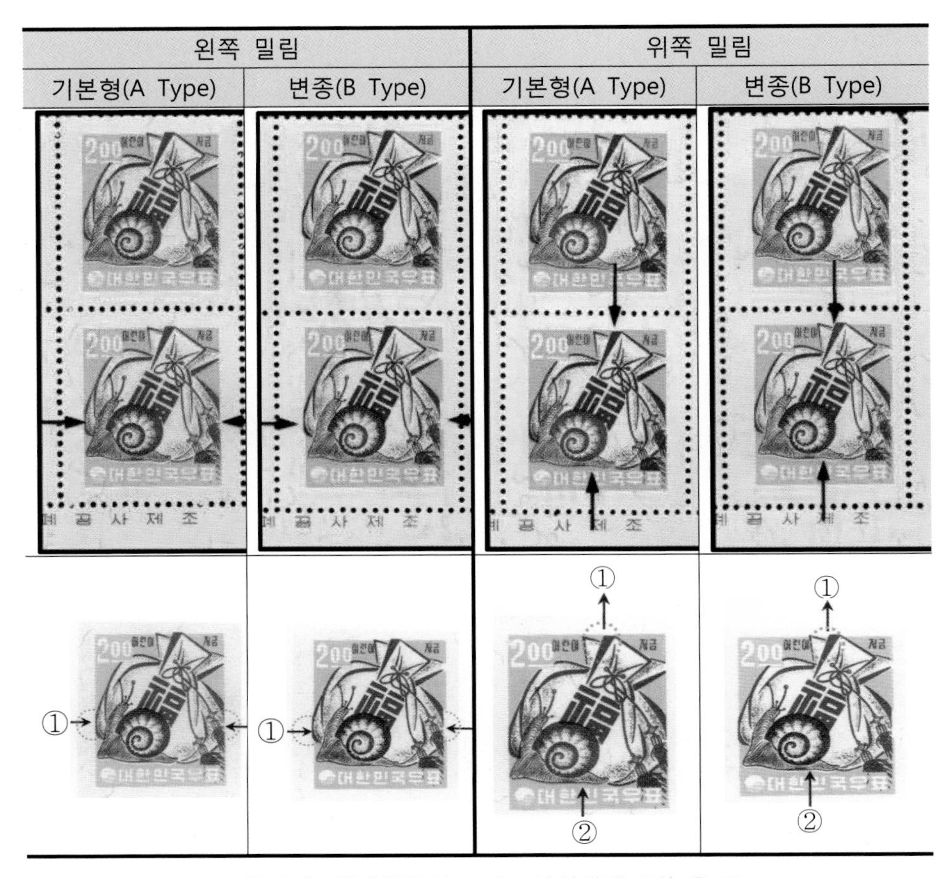

그림 7-6. 인쇄변종의 모습 (신원외백 2원 우표)

(4) 우표의 사용 실체

1) 빗형 및 원형일부인

빗형일부인은 하부에 시각표시를 한 빗살무늬 일부인으로 1962년 1월 1일부터는 단기 연호를 서기 연호로 변경한 일부인을 사용하였다(고시 제1689호). 이후 빗살무늬와 내원을 제거한 시각표시 원형일부인을 1964년 7월 10일부터 16개 시범국에 한하여 사용하다가(고시 제 2095호), 1965년 5월 1일부터 전국적으로 이를 사용하였다. 신원우정 2원은 발행일이 1964년 5월 10일인 관계로 빗형일부인과 원형일부인을 각각 사용한 시기에 해당하므로 신원우정의 실체는 2개의 일부인이 존재하게 된다.

2) 사용 실체

그림 7-7과 그림 7-8은 빗형일부인을 사용한 4원시기(1962.6.10~1965.12.31)의 실체로 그림 7-7은 1종우편(유봉서장)으로 적정요금은 4원/20g이고 그림 7-8은 1종우편(인쇄서정)으로 적정요금은 3원/100g이다.

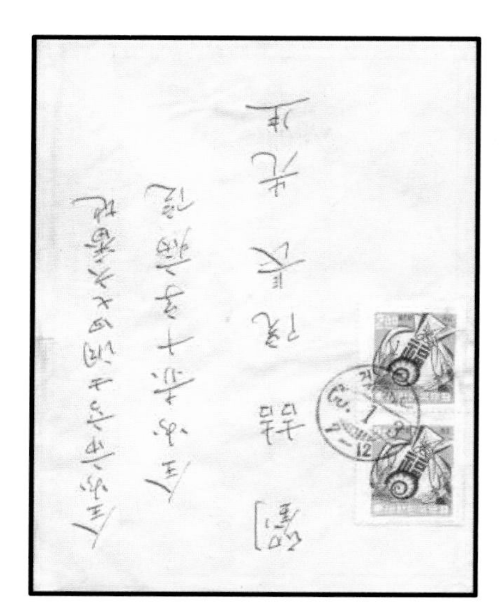

그림 7-7. 4원시기 유봉서장
(빗형인, 거창 1965.1.3)

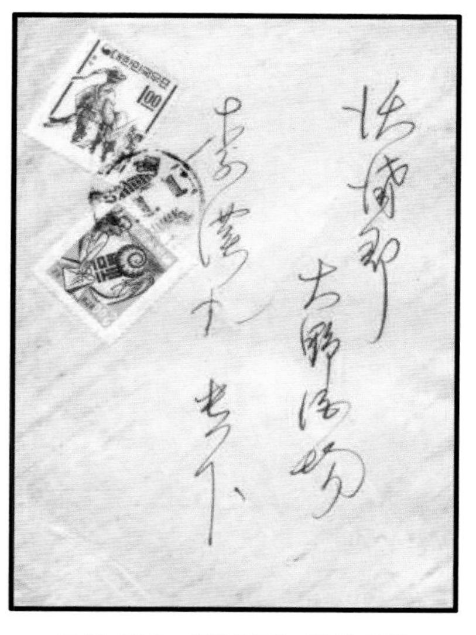

그림 7-8. 4원시기 인쇄서장
(빗형인, 이리 1965.1.1)

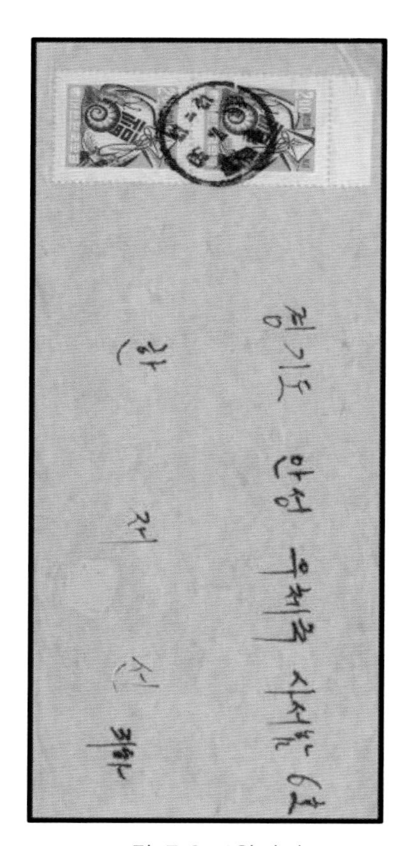

그림 7-9. 4원시기
(원형인, 광화문 1965.7.30)

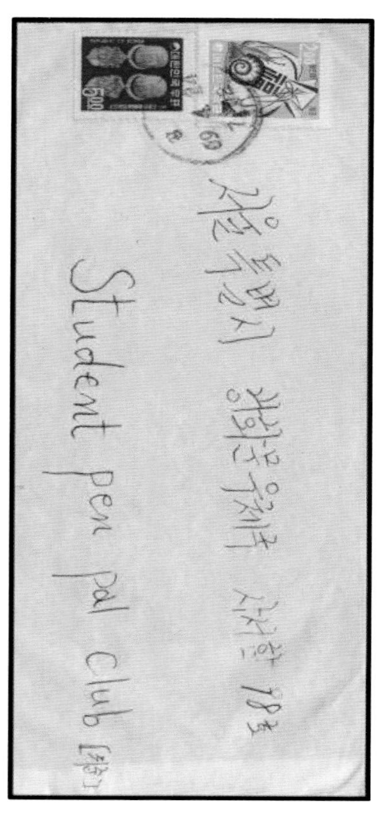

그림 7-10. 7원시기
(원형인, 강진 1969.4.24)

그림 7-9와 그림 7-10은 원형일부인으로 4원시기와 7원시기(1966.1.1~1969.12.26)의 실체로서 적정요금은 4원/20g과 7원/20g이다. 그림 7-11과 그림 7-12는 4원시기의 4종우편물로서 적정요금은 2원/100g으로 빗형일부인과 원형일부인 실체다. 그림 7-11은 인천국으로 당시 빗형일부인을 사용한 시기다(16개 시범국은 원형일부인을 사용한 시기이나 인천은 16개 시범국에 해당되지 않음). 그림 7-12는 전국적으로 원형일부인을 사용한 시기로, 지방경찰서에서 당시 총무처에 보낸 봉피로 겉봉에 당시의 시대상을 반영한 "증산 수출 건설"과 "납세로 자립 경제" 라는 표어가 적색 스탬프로 찍혀 있는 귀물이다.

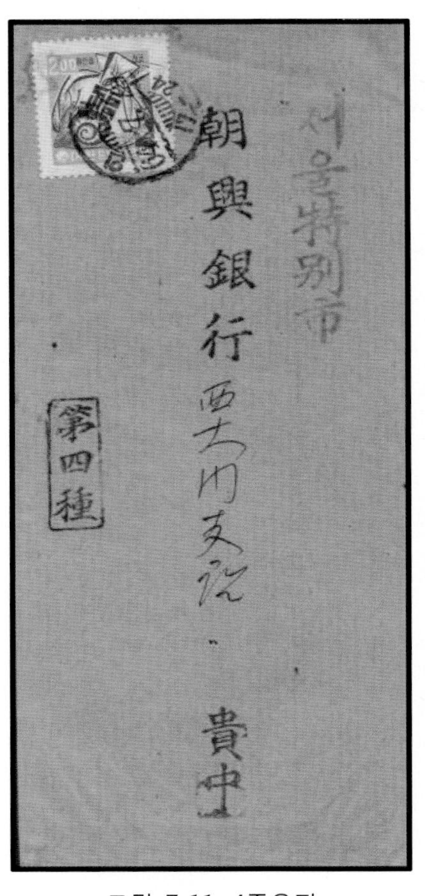

그림 7-11. 4종우편
(빗형인, 인천 1964.7.29)

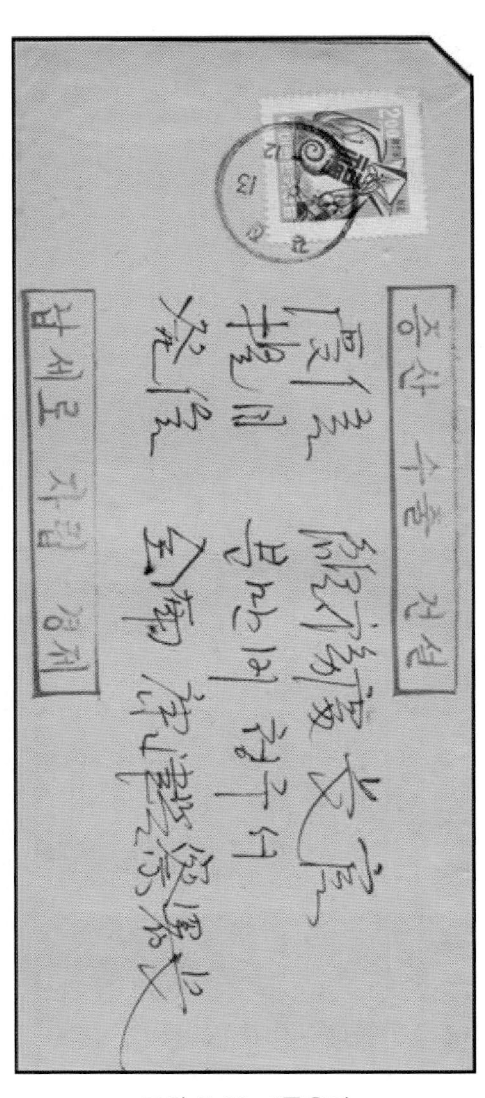

그림 7-12. 4종우편
(원형인, 강진 1965.8.13)

8. 국산백지 무투문용지 - 1원 (벌과 벌집)

(1) 1원 우표 발행

1) 발행일과 발행량

그림 8-1. 국백 1원(벌과 벌집)

국산백지 무투문용지(이하 국백이라 함) 1원 우표는, 새원화 우정마크투문용지 1원 우표와 마찬가지로 공고 없이 발행되었다. 이로 인하여 정확한 발행일과 발행량은 모든 공식적인 자료에 미상으로 되어 있으나, 국백 2원 우표의 발행일이 1964년 12월 20일(공고 제631호)인 것으로 보아 1원 우표의 발행일도 1964년도일 것으로 추정된다.

국백 1원 우표의 발행량에 대해서 우문관 도감에서는 15만매로 기재하고 있으나, 이는 전혀 근거가 없는 오류로 아마도 새원화 외산백지 1원 우표의 발행량을 그대로 기재한 것으로 보인다.

2) 우표의 평가

새원화 우정마크투문용지 1원 우표도 공고 없이 발행 되었다. 당시 대전체신청 보관창고에서 이를 발견하게 된 사연과, 1만매를 당시 액면가 1만원에 인수하여 이것이 현재 우취계에 존재하는 미사용 우표의 대부분에 해당한다고 "6. 새원화 우정마크투문용지"편에서 밝힌 바 있다.

그러나 국백 1원 우표는 이와 유사한 사연이 없었기에 많은 우취인들이 적기에 미사용 우표를 입수하지 못한 관계로, 현재 어린이 저금보통우표 중 평가가 가장 높은 품목이 되었다. 이에 따라 명판전형의 경우 우문관 도감의 평가는 90만원으로 1960년도 이후 발행된 우표 중 액면대비 평가액이 가장 높은 우표가 되었으며, 이로 인하여 국백 1원 우표의 다양한 명판 입수는 용이하지 않은 실정이다.

(2) 우표의 각론

1) 우표의 용지

1960년 이전까지는 우표 인쇄용 원지를 전량 외국에서 수입하였으나 1960년도 초부터는 이를 국산화하기 위하여 노력한 결과, 한국조폐공사의 대전 제지공장에서 국내 처음으로 무투문의 백색용지를 국산화하여 1964년 8월 7일부터 생산하게 되었다. 이에 따라 1964년 8월 19일자로 당시 체신부와 한국조폐공사 간에 우표용지 공급계약을 체결하고 처음으로 국산 우표용지를 공급하게 되었다. 어린이저금 보통우표에 사용하는 국산용지는 투문이 없는 초기의 국산백지로 청색의 색소섬유가 극소량 있어 돋보기로 인면을 보아야 색소섬유를 확인할 수 있다. 해당 용지를 사용한 당시의 우표로는 제1차 국산백지 보통우표(1964.9.20~1966.2.20), 새원화 국산백지 항공우표(1964.10.16) 등이 있다.

2) 우표의 인쇄가늠표

국백 1원 우표의 가장 큰 특징은 4코너에 "」"형태의 인쇄가늠표가 있으며, 가늠표의 색이 1원 우표의 쇄색인 흑갈색, 황토색, 황록색의 3도색[18]으로 되어 있으며 가늠표의 크기가 서로 다른 다양한 종류의 판형이 존재한다는 것이다.

필자가 보유한 10여개의 명판을 살펴보면 가늠표 "」"의 가로(Width) 길이는 최소 6.4mm~최대 8.4mm이며, 세로(Height) 길이는 최소 10.2mm~최대 11.0mm로 다양하나 모두 가늠표의 가로 길이보다 세로 길이가 긴 특징이 있다.

(a) 가로길이 소형(6.4mm) (b) 가로길이 대형(8.4mm)

그림 8-2. 인쇄가늠표의 가로 길이

(a) 세로길이 소형(10.2mm) (b) 세로길이 대형(11.0mm)

그림 8-3. 인쇄가늠표의 세로 길이

3) 변지의 천공

어린이저금 보통우표의 전지는 상변지 끝까지 천공이 되어 있는 상발형의 빗형천공으로 일반적으로 좌우변지에 천공이 1공(孔)씩 있는 그림 8-4(a)의 "빗형천공 횡발형"이

18) 고시에서는 흑다색이나 국가표준원의 공식적인 색채명은 흑갈색이다.

기본형이다. 그러나 새원화 우정마크투문용지 1원과 국백 1원과 2원 우표의 경우는 좌우변지에 천공 구멍이 없는 그림 8-4(b)의 "빗형천공 보통형"이 있다.

(a) 빗형천공(횡발형)

(b) 빗형천공(보통형)

그림 8-4. 변지의 천공

(3) 견본우표

1) 견본우표의 출현

견본우표는 당시 체신부에서 발행한 취미우표첩의 1쪽에 있는 취미우표 첩부용 빈칸(하늘색의 구름무늬)에, 어린이 우표수집의 활성화를 위하여 어린이저금 국백 1원과 2원 우표 1매씩을 첩부한 후 1966년 10월 전국우표전시회[19]에서 무료로 배포하였다. 이때 첩부한 국백 1원과 2원 우표는 재사용을 방지하기 위하여 인면의 바탕색과 유사하게 1원은 청색으로 2원은 적색의 명조체로 인면에 "견본" 글자를 인쇄하였다. 이는 체신부에서 공식적으로 제작하여 배포한 관계로 현재 도감에서 유일하게 견본우표로 등재되어 있다.

2) 견본우표의 우표첩

견본우표가 첩부된 우표첩은 1종이 아니라 그림 8-5와 같이 4종류의 우표첩이 있으며 그림 8-5 (a)~(c)의 3종은 우표첩의 내용은 동일하며 표지(앞뒷면)의 색만 다르다. 이에 비해 그림 8-5의 (d)는 1968년 배포한 것[20]으로 동 우표첩에도 부분적으로 견본우표를 첩부하여 배포하였다. 필자가 보유한 그림 8-5(a)의 청색표지 우표첩 중에는 어린이저금 보통우표 대신 1차 국산백지 보통우표인 농악(1원)과 인삼(2원) 우표에 수날(手捺)로 견본표시를 하여 첩부된 희귀한 경우가 있다. 이 역시 체신부에서 공식적으로 배포한 것이나, 이러한 농악과 인삼의 견본우표를 1차 국산백지 보통우표 작품에 사용할 수 있을지는 매우 의문이다.

---

19) 1966년 우표전시회 전국전은 신문회관에서 1966.10.11~1966.10.17까지 개최되었다.
20) 1967년은 전국전이 개최되지 않았다. 1968년 우표전시회 전국전은 1968.12.14~1968.12.19까지 신문회관에서 개최되었다.

(a) 1966년(청색 표지) 우표첩

(b) 1966년(황색 표지) 우표첩

(c) 1966년(회색 표지) 우표첩

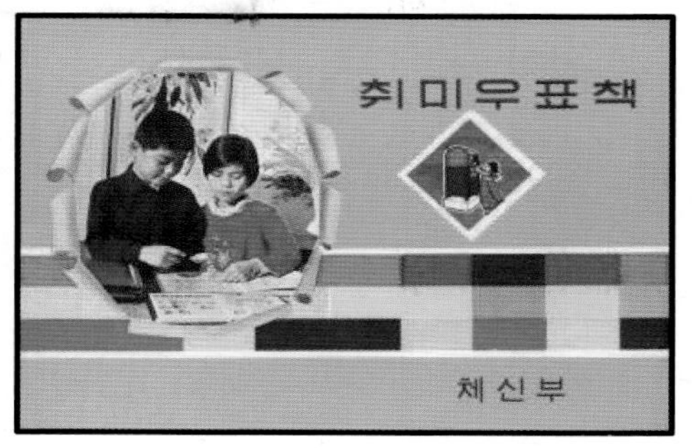

(d) 1968년 우표첩

그림 8-5. 견본우표가 첩부된 우표첩의 종류

3) 견본우표의 에러

견본우표는 인쇄과정에서 견본글자의 다양한 에러가 존재하며 그림 8-6과 같이 역가쇄, 상하 2중가쇄, 좌우 2중가쇄 등이 있다.

(a) 역가쇄(1원)

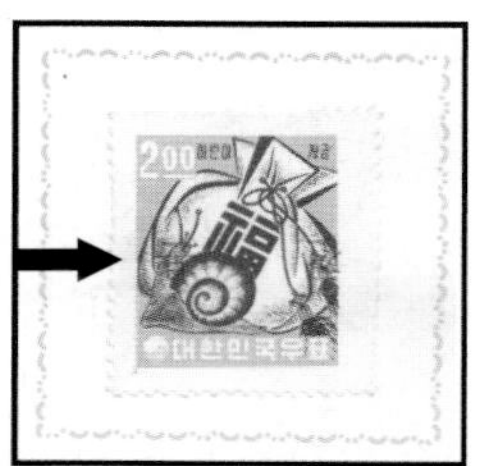

(b) 역가쇄(2원)

(c) 상하 2중가쇄

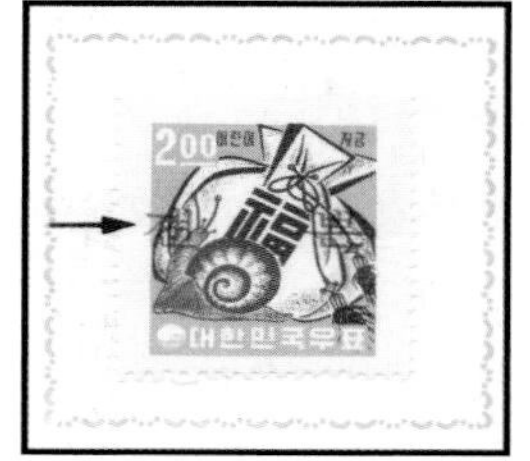

(d) 좌우 2중가쇄

그림 8-6. 견본우표의 에러

우문관 도감에서는 견본우표의 용지를 새원화 외산백지로 분류하고 있으나 견표우표는 국산백지 무투문용지 1원과 2원 우표를 사용하였다. 어린이저금 보통우표에서 견본우표 분류 및 평가의 오류가 수십년간 도감에서 시정되지 않고 잘못 기재되어 있는 것은 매우 유감스러우며, 금년도 도감에서는 평가위원들이 이를 반드시 시정해 주기를 바라는 마음 간절하다.

(4) 우표의 사용실체

국백 1원 우표는 다른 어린이저금 보통우표에 비해 귀한 편이나 장기간 사용하였기에 실체는 우표보다 오히려 입수가 용이하다.

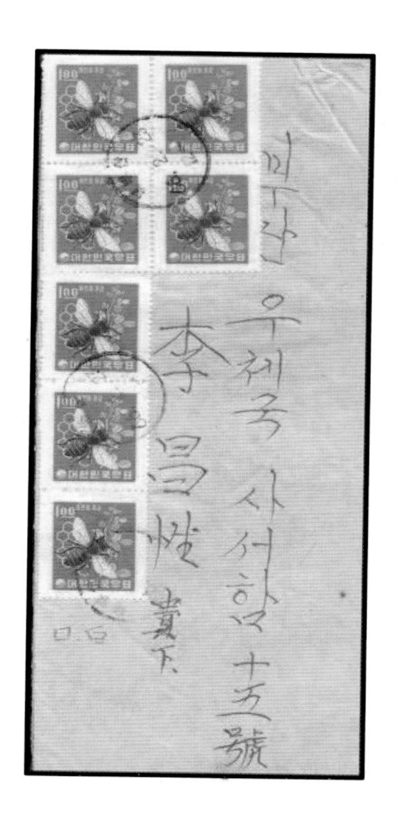

그림 8-8. 1종우편물
(인쇄서장, 경주 1965.12.23)

그림 8-9. 엽서 (서울중앙 1966.4.24)

그림 8-10. 특수우편물 배달증
(뒷면, 북부산 1966.2.23)

그림 8-11. 국제항공우편물 (서대문 1966.8.7)

그림 8-7은 기본료 7원시기(1966.1.1~1969.12.26)의 1종우편물(유봉서장)이며, 그림 8-8은 기본료 4원시기(1962.6.10~1965.12.31)의 1종우편물(인쇄서장)로 적정요금은 3원/100g이다. 그림 8-9는 기본료 7원시기의 통상엽서(적정요금 4원)이며 그림 8-10은 특수우편물 배달증의 뒷면에 첩부한 우표를 소인[21] 처리한 것이며, 그림 8-11은 국제항공우편물로 당시 미주지역의 적정요금은 83원/15g이다.

9. 국산백지 무투문용지 - 2원 (달팽이와 복주머니)

(1) 2원 우표 발행

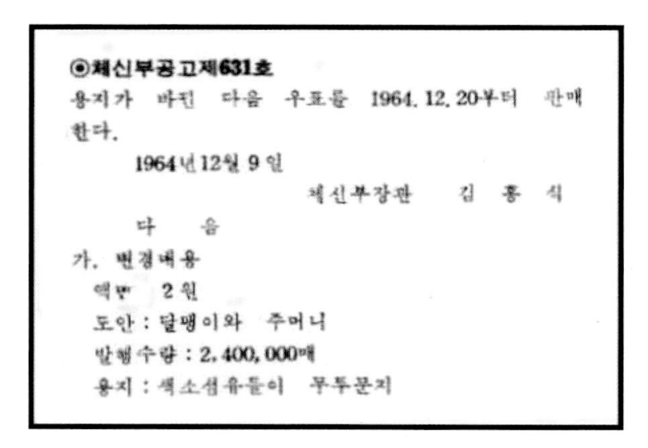

⊙체신부공고제631호
용지가 바뀐 다음 우표를 1964. 12. 20부터 판매한다.
1964년 12월 9일
체신부장관 김 홍 식
다 음
가. 변경내용
액면 2원
도안 : 달팽이와 주머니
발행수량 : 2,400,000매
용지 : 색소섬유들이 무투문지

그림 9-1. 2원 우표 발행 공고문

그림 9-2. 2원 우표 (달팽이와 복주머니)

21) 등기우편물이 반송된 경우 등기수수료를 발송인으로부터 징수하고 장부처리를 위하여 징수한 금액만큼의 우표를 뒷면에 첩부하여 소인한 것으로 모두 13원이 첩부된 것으로 보아 당시(기본료 7원시기)의 등기수수료가 13원임을 알 수 있다.

앞에서 언급한 바와 같이 국산백지 무투문용지(이하 국백이라 함) 1원 우표는 공고가 없이 발행되었으나 2원 우표는 그림 9-1의 "체신부 공고 제631호"와 같이 투문이 없는 색소섬유 용지로 240만매를 1964년 12월 20일자로 발행하였다.

(2) 인쇄전지의 특징

국백 2원 우표 인쇄전지의 특징은 많은 전지가 미러프린트(mirror print) 상태라는 것이다. 미러프린트란 배면전사(背面轉寫)로서 이는 우표를 인쇄할 경우 인쇄잉크가 마르기 전에 다음 전지가 먼저 인쇄된 전지 위에 놓여 도안의 쇄색 중 일부가 뒷면에 전사되어 발생하는 것이다.

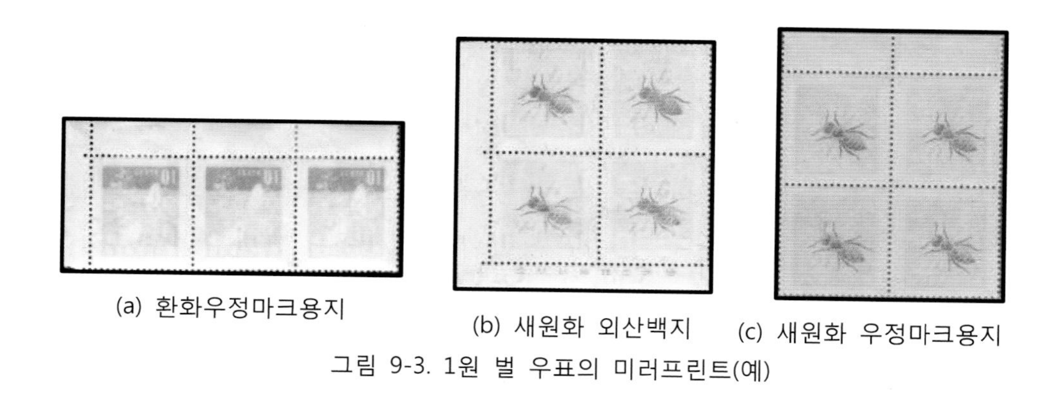

(a) 환화우정마크용지 (b) 새원화 외산백지 (c) 새원화 우정마크용지

그림 9-3. 1원 벌 우표의 미러프린트(예)

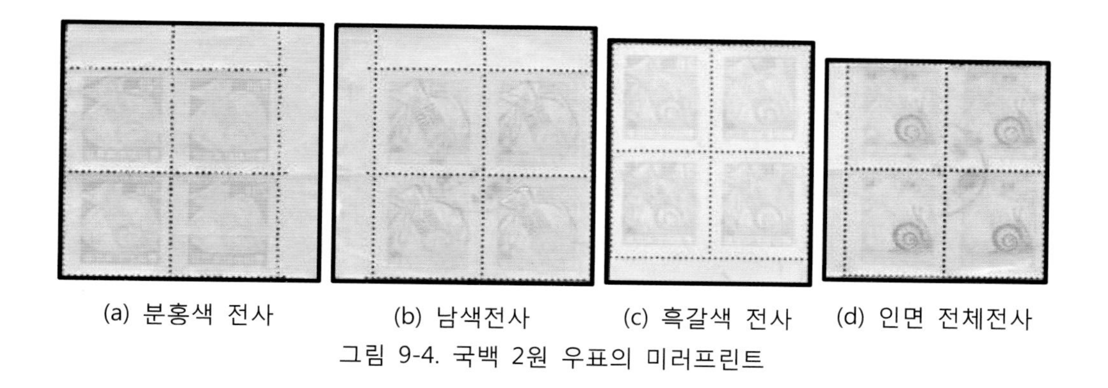

(a) 분홍색 전사 (b) 남색전사 (c) 흑갈색 전사 (d) 인면 전체전사

그림 9-4. 국백 2원 우표의 미러프린트

어린이저금 보통우표에서 1원 벌 우표의 미러프린트는 그림 9-3과 같이 환화우정마크용지, 새원화 외산백지, 새원화 우정마크용지 등에서 발견되고 있다. 그러나 국백 2원 달팽이 우표의 경우는 많은 전지가 미러프린트가 된 상태로 그림 9-4와 같이 인면의 쇄색(분홍색, 남색, 흑갈색)에 따라 4가지 종류로 구분할 수 있다.

(3) 우표의 각론

1) 인쇄가늠표

국백 2원 우표의 인쇄가늠표는 어린이저금 보통우표 중 변지에 가장 다양하게 표기되어 있다. 인쇄가늠표에서 가장 큰 특징은 상변지와 하변지의 가늠표 쇄색은 인면의 쇄색인 3도색으로 표기되어 있으며 좌우변지의 가늠표는 분홍색으로 표기되어 있다. 변지별로 상하좌우 각 변지에 나타나는 인쇄가늠표를 살펴보면 표 9-1과 같다.

표 9-1. 변지의 인쇄가늠표 (국백 2원우표)

변지 구분	인쇄가늠표의 종류	인쇄가늠표의 쇄색
① 상변지	— (#1), —— (#5, 6) , ┐ (#10)	3도색(분홍색, 남색, 흑갈색)
② 하변지	— (#91), ─┬─ (#95, 96), ┘ (#100)	
③ 좌변지	— (#21, 71)	분홍색
④ 우변지	├ (#30, 80)	

(주) #1번은 짧은 가로선이며 # 5, 6번은 긴 가로선이다.

2) 변지의 천공

국백 1원, 2원 우표는 빗형천공으로, 변지의 천공은 좌우변지에 천공이 1공(孔)씩 있는 그림 9-5의 빗형천공 "횡발형"과 좌우변지에 천공 구멍이 없는 그림 9-6의 빗형천공 "보통형"의 2종류가 있으며, 어린이저금 보통우표의 경우는 빗형천공 횡발형이 일반형이다. 또한, 빗형천공 보통형의 경우는 "새원화 우정마크투문용지" 1원 우표의 경우에도 존재하지만, 1원과 2원 우표 모두가 빗형천공 횡발형과 보통형이 존재하는 것은 어린이저금 보통우표 중 국백 우표가 유일하다.

(a) 횡발형(A형)

(b) 횡발형(B형)

그림 9-5. 빗형천공 횡발형(2원 우표)

(a) 보통형(A형) (b) 보통형(B형)

그림 9-6. 빗형천공 보통형(2원 우표)

국백 2원 우표의 경우 빗형천공 횡발형과 보통형에서 인면의 글자 "福"자와 달팽이집 사이의 간격에 따라 그림 9-7과 같이 A형과 B형으로 이를 분류할 수 있다.

횡발형(빗형천공)의 경우		보통형(빗형천공)의 경우	
A Type	B Type	A Type	B Type

그림 9-7. 천공별 도안의 변종

3) 상변지의 천공

어린이저금 보통우표의 전지는 상변지 끝까지 천공이 되어 있는 상발형 천공이며 하변지는 천공이 되어 있지 않는 무발형으로 그림 9-8과 같은 상변지 천공 에러인 접힌 천공이 존재한다.

그림 9-8. 상변지 천공 에러

4) 좌변지(2코너 및 4코너)의 문구

국백 2원 우표의 2코너 및 4코너에는 우측방향으로 90도 회전된 글자가 인쇄되어 있으며 무심히 이를 지나칠 수가 있으나 돋보기로 관찰하면 대부분의 전지에서 이를 확인할 수 있으니 우취 동호인께서는 꼭 한번 확인해 보기 바란다. 2코너의 문구는 그림 9-9(a)와 같이 가독성((可讀性)이 있어 “반2호”로 확인이 되나, 4코너의 경우는 글자 내용을 확인할 수 없는 상태이다. 국백 2원 우표와 같이 발매된 우표 변지에 인쇄과정 중의 글자가 남아 있는 경우는 발행된 국내 우표 전체에서도 매우 드문 희귀한 경우에 해당한다. 이는 우표 전지를 인쇄하는 한국조폐공사의 작업팀에서 인쇄 편의상 기재한 것으로 추정되며, 인쇄 시에는 이를 삭제하여야 하나 어떠한 착오로 인하여 삭제하지 못하고 인쇄가 된 것으로 생각된다.

(a) 2코너의 문구　　(b) 4코너의 문구

그림 9-9. 변지의 코너에 인쇄된 문구

국백 2원 우표의 실체 우편물은 발행량에 비해 입수가 용이하지 않은 편이며, 주로 기본료 4원시기와 7원시기에 걸쳐 사용되었다.

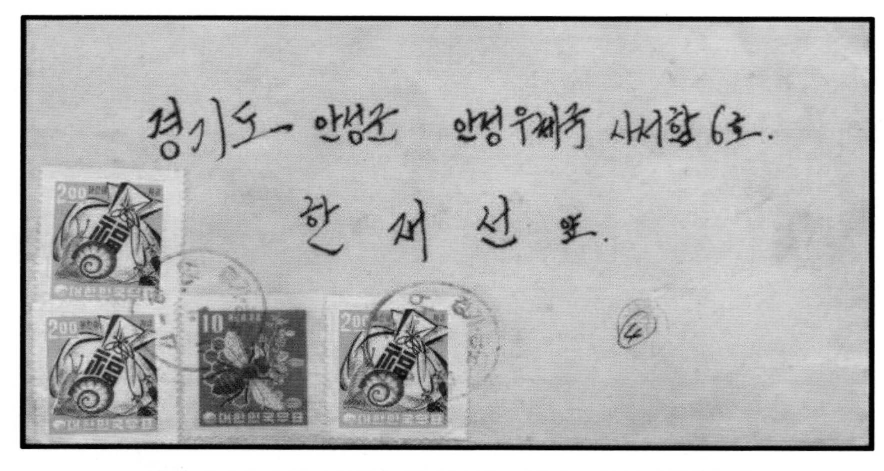

그림 9-10. 1종 우편물 (유봉서장, 경기・공도 1966.1.7)

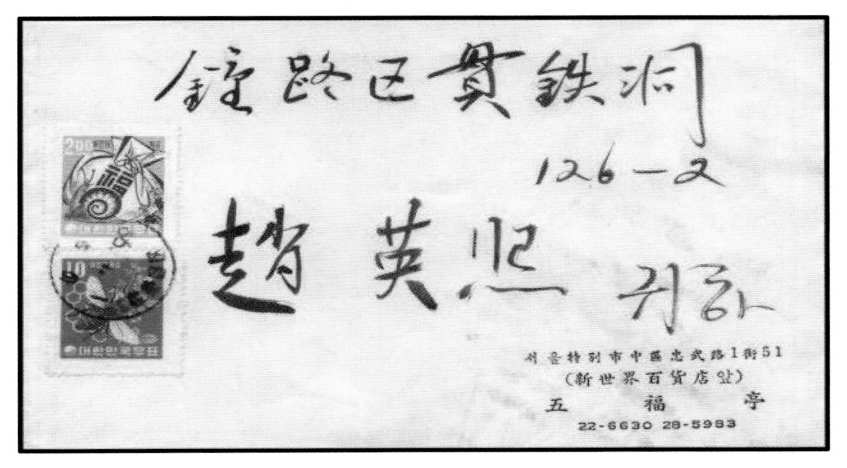

그림 9-11. 1종 우편물 (인쇄서장, 서울중앙 1966.1.1)

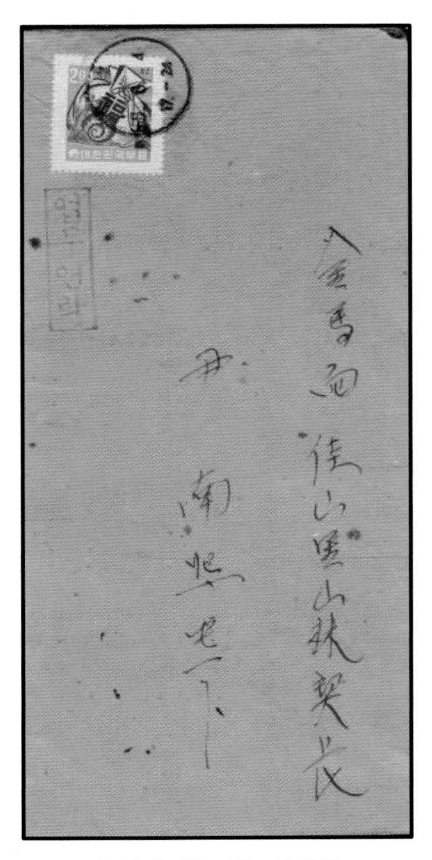

그림 9-12. 4종 우편물
(홍성 1965.1.4)

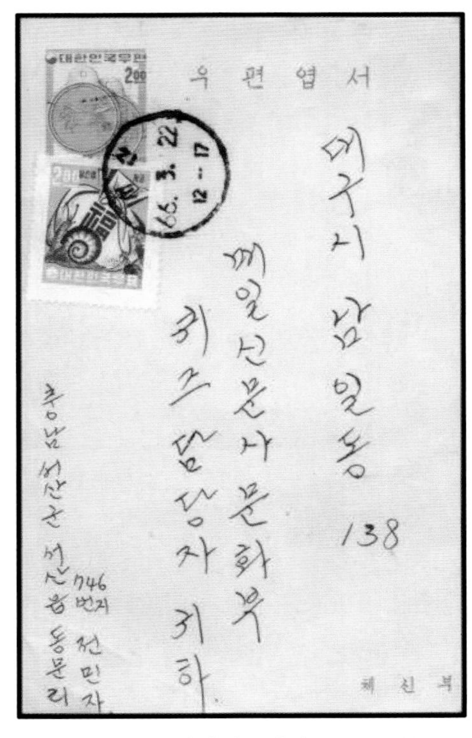

그림 9-13. 관제엽서 (서산 1966.3.22)

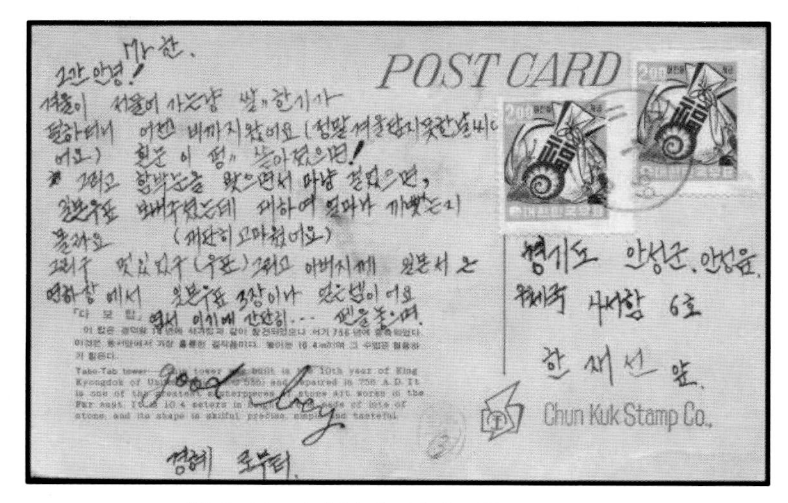

그림 9-14. 사제엽서 (경기・공도 1966.1.1)

그림 9-15. 국제우편물 (항공엽서, 부산→미국 1966.2.19)

그림 9-10은 기본료 7원시기(1966.1.1~1969.12.26)의 유봉서장이며, 그림 9-11은 인쇄서장으로 1966년 1월 1일자로 인쇄서장 요금이 3원(100g)에서 5원(100g)으로 인상되었다. 전날인 1965년 12월 31일에 투함하였기에 소인은 1966년 1월 1일이지만 3원이 첩부되어 있다. 그림 9-12는 4종우편물(업무서류)로 산림계장 앞으로 우송된 우편물로 적정요금은 2원/100g이며 봉피에 “업무연락”이라는 붉은색 스탬프가 찍혀있다.

그림 9-13과 그림 9-14는 기본료 7원시기의 관제엽서와 사제엽서이다. 그림 9-15는 부산에서 미국으로 발송된 항공우편으로 34원이 첩부된 사제 그림엽서이며, 3지역에 해당하는 미국 본토까지 당시(1964.6.1~1966.7.1) 항공우편 엽서의 적정요금은 34원이다.

10. 어린이저금 보통우표 연관 자료 및 총 정리

(1) 우표저금대지

1) 저금대지의 발행

어린이저금 보통우표의 발행 목적은 1960년 2월 11일에 통 제27호에 따라 우표를 사용한 우표저금제도를 부활하기 위한 것으로 저금대지(貯金台紙)에 첩부할 지정우표로 발행하였다. 이로 인해 어린이저금 보통우표를 작품화할 경우 필수적인 자료가 우표가 첩부되고 소인된 저금대지이나, 저금대지 10개의 빈칸에 어린이저금 보통우표 10매를 모두 첩부하고 소인한 저금대지의 입수는 용이하지 않은 실정이다.

왜냐하면 우표를 모두 첩부한 저금대지는 목적상 창구에 제출하여 아동저금통장에 저금액을 예입하고, 저금대지는 6개월간 보관 후 다음 달에 관련 책임자 입회하에 소각하고 그 결과를 서면으로 기록하여야 하며, 대지에 첩부된 우표는 재사용하지 못하게 각별히 유의하도록 아래와 같이 규정하고 있기 때문이다.

> ◉ 통 제27호. 체신청장 (단기 4293.2.11): 우표저금 부활 실시에 관하여
> (전략)
> 二. 管理局 處理 要領
> 5. 處理가 끝난 郵票貯金台紙는 六個月間 保管하고 그 翌月에 相當責任者가 立會하여 燒却 處分할 것. 但 이 事項은 書面決議하여 그 取扱狀況을 明確히 하여야 함.
> (중략)
> 三. 其他事項
> 2. 貯金管理局에서 處理가 끝난 郵票貯金台紙의 管守를 徹底히 하여 郵票를 剝取 再使用하는 等 事故가 없도록 格別 留意措置 할 것

2) 저금대지의 형태

늘어가는 우편저금 약진하는 대한민국

1	2	3	4	5
6	7	8	9	10

체 신 부

그림 10-1. 공고된 저금대지(뒷면)

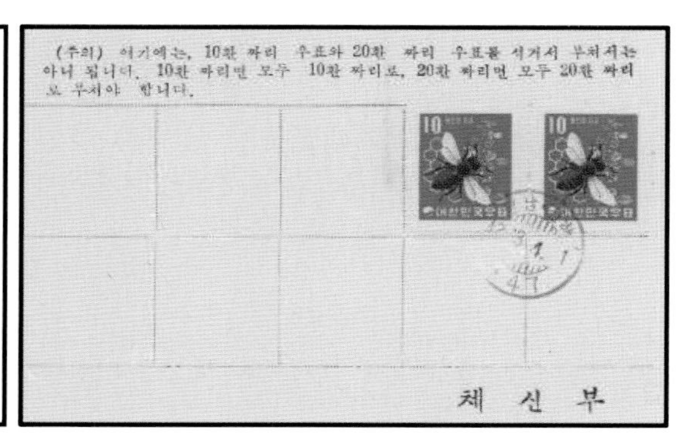

그림 10-2. 실제 제작된 저금대지(뒷면)

저금대지는 가로 14cm×세로 9cm의 크기로 모조지에 인쇄한 형태로 통 제27호의 별표 1에서는 뒷면(우표를 첩부하는 면)을 그림 10-1과 같이 공고하였으나 실제 제작하여 배포한 대지는 그림 10-2와 같다. 법적으로 그림 10-1과 같이 공고를 했음에도 당시 체신부에서 그림 10-2의 형태로 저금대지를 제작한 경위는 미스터리가 아닐 수 없다.

3) 저금대지의 사용 예

저금대지의 소인은 일부인이나 또는 비우편인인 예입보고인(預入報告印)[22]을 사용하도록 규정되어 있으며 저금대지의 앞면에 예입일부인란이 인쇄되어 있다. 필자가 보유하고 있는 소인된 저금대지 다수와 시중의 저금대지를 분석해 보면 소인된 지역은 대부분 진해[23]와 대구, 부산 등으로 당시 영남지역의 우취인들이 저금대지에 많은 관심을 가지고 제작한 것으로 추정된다.

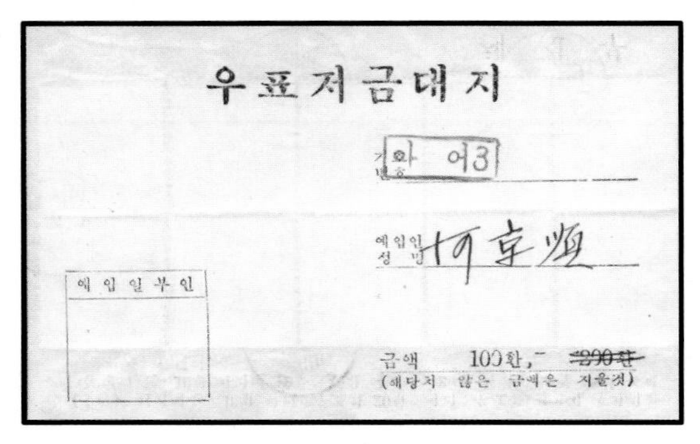

(a) 저금대지(앞면)

(b) 저금대지(뒷면)

그림 10-3. 우표 10매가 첩부된 저금대지

그림 10-3(a)와 같이 저금대지의 앞면에 날인된 기호번호 "아 어3"의 의미는 우표저금인 경우 아동저금통장에 한하여 취급하고 기호에 "아"를 표기하도록 하며(통 제27호 1. 우체국처리요령 제7호), 우표저금의 지역별 기호는 경북은 "어"를 경남은 "저"로 표기했으며(훈령 우편저금취급규정) 뒤의 아라비아 숫자는 해당 소재지 도별 우체국별 국번호를 의미한다. 그러나 진해국의 경우는 그림 10-4와 같이 우표 발행 당일에 사용한 예입보고인(저 47)이 2가지 형태로 이는 복수의 도장을 사용한 것인지, 아니면 후일에 우취인들이 사적으로 제작하여 날인한 것인지 좀 더 연구가 필요한 사안이나 필자의 견해로는 B형의 경우가 후자에 속하는 것으로 추정하고 있다.

---

22) 우편저금취급규정(체신부 훈령) 제31조 4호에서 저금대지는 일부인 또는 예입보고인으로 소인하도록 규정하고 있다.

23) 진해의 경우 1960년대 당시 진해우취회가 결성되어 까세들이 FDC를 자체 제작하는 등의 왕성한 활동을 하였다.

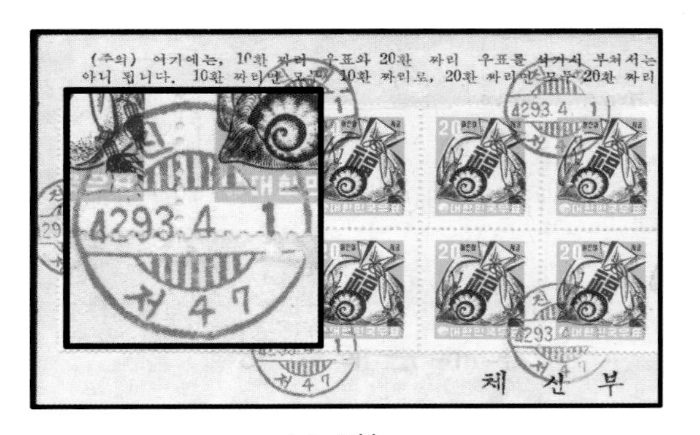

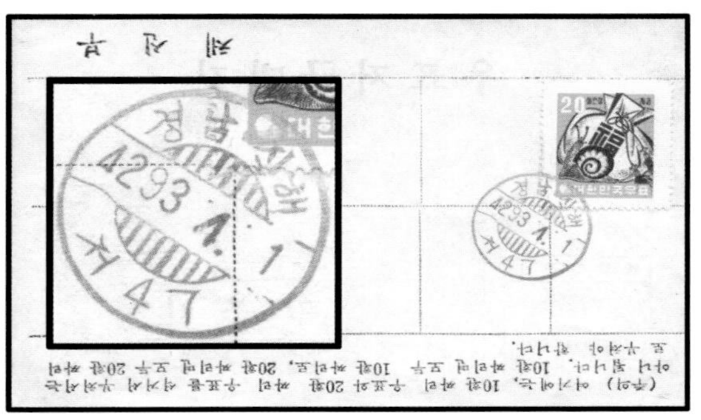

(a) A형 (b) B형

그림 10-4. 진해국의 저금대지

(2) 초일봉피 (F.D.C)

1) 해방 이후 FDC의 시작

해방 이후 FDC의 시초는 1946년 2월 1일 발행한 미군정청 잠용가쇄 보통우표의 초일봉피[24]로 조선우표구락부(Korea stamp club)의 김용택씨가 까세(Cachet)를 인쇄해 제작한 것이 시초이다. 이후 각 우취단체나 우취인들이 개별적으로 FDC를 제작하다가 체신부에서 기념우표에 대하여 공식적인 관제 FDC를 한미통상 기념우표(1957.11.7)부터 제작하여 우체국 창구를 통하여 발매하였으며, 이후 체신부의 관제 FDC는 국세조사 기념우표(1960. 11. 15)까지 제작되었다. 이후 체성회에서는 제10회 국전기념(1961.11.1)부터 FDC를 제작하기 시작하였다. 지금은 FDC의 열기가 식었으나 FDC는 신발행우표의 발행초일과 발행시기별 일부인의 변화를 알려주는 자료로서 가치를 부여할 수 있다.

그림 10-5. 초일봉피 자료집

2) 어린이저금 보통우표의 FDC

새원화 우정마크투문용지 1원 우표와 국산백지 무투문용지 1원 우표는 공고가 없이 발행되었기에 어린이저금 보통우표의 FDC가 존재하지 않으며 어린이저금 보통우표 8종 중 6종의 우표만 FDC가 존재한다. 이 중에서 백봉(白封)에 날인한 경우가 아닌 까세 가 있는 FDC의 경우는 국내 우취문헌인 "초일봉피 자료집(그림 10-5)"[25]을 보면 환화

24) 미군정청 가쇄 보통우표(잠용가쇄)는 1946년 2월 1일에 총 6종이 발행되었다고 알려져 있으나 이 중 5전/5전 가쇄는 나중에 발매된 것으로 판명되었기에 잠용가쇄의 FDC는 5전/5전 가쇄가 제외된 5종의 우표만 소인된 것이 올바른 것이다.

25) 초우회(初郵會)에서 발행한 1945-1970년도까지의 FDC를 집대성한 책으로 책이름이 "초일봉

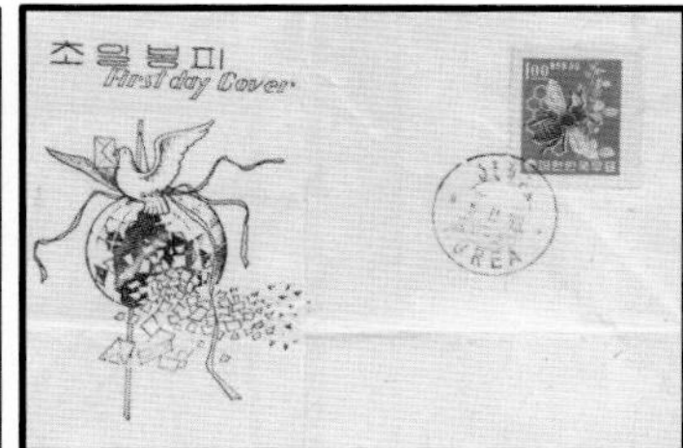

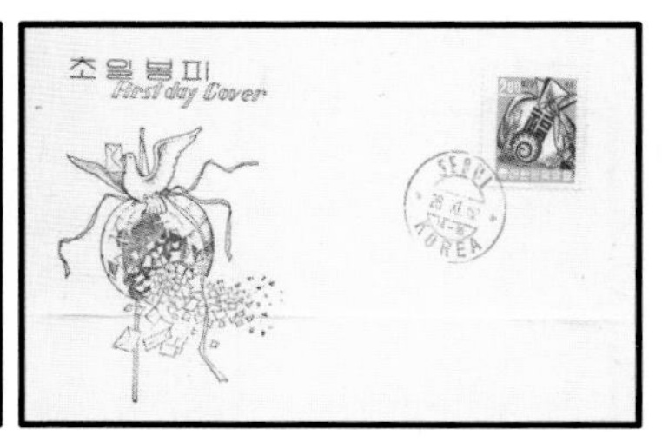

(a)환화우정마크투문용지(10환/20환)　(b)새원화외산백지 1원　(c)새원화외산백지 2원(62.12.28)

그림 10-6. 까세들이 FDC (초일봉피 자료집 미등재 분)

우정마크투문용지의 경우는 4종, 새원화 외산백지는 1종(2원), 새원화 우정마크투문용지는 1종(2원)만 등재되어 있다. 그러나 이 자료집에 등재되어 있지 않는, 필자가 소장하고 있는 FDC를 소개하면 그림 10-6의 환화 우정마크투문용지 FDC 1종과 새원화 외산백지 FDC 2종(1원과 2원)이 있다.

(3) 안내카드

1) 해방 이후 안내카드의 시작

해방 이후 안내카드의 시작은 한미통상 기념우표(1957.11.7) 발행시 체신부에서 제작하여 관제용 초일봉피에 같이 넣어서 우체국 창구에서 유료로 판매한 것이 시초이다. 초창기에는 안내카드를 증정용 시트와 마찬가지로 정부 측의 고위관리나 외교관들에게 우표와 안내카드를 전용의 봉투에 넣어서 기증하였다. 체신부의 관제용 안내카드는 한미통상 기념우표(1957.11.7)부터 6.25 참전 15주년(1965.6.25)까지 제작되었으며, 식물시리즈 7월분(1965.7.15)부터는 체성회에서 제작하여 안내카드를 배포하였다[26].

2) 어린이저금 보통우표의 안내카드

(a) A형(인면이 작음)

(b) B형(인면이 큼)

그림 10-7. 2종류의 안내카드

피 자료집"으로 1989년 4월 7일에 발행하여 당시 3,000원에 판매하였다.

26) 안내카드는 식물시리즈 7월분(1965.7.15)부터 체성회에서 제작하였으나 저축증강운동 특별우표(1965.9.20) 안내카드는 당초 발행계획이 1965년 6월 20일인 관계로 체신부에서 발행하였다.

어린이저금 보통우표의 안내카드는 환화 우정마크투문용지(1960.4.1)의 경우만 발행하였으며, 일반적으로 액면이나 용지의 변화가 있는 보통우표의 경우 안내카드는 대부분 발행하지 아니하였다. 어린이저금 보통우표의 안내카드는 그림 10-7과 같이 우표의 인면이 작은 형태(A형)와 인면이 큰 형태(B형)의 2종류가 있으며 B형의 경우는 A형에 비해 입수가 용이하지 않으며 A형의 경우도 그림 10-8과 같이 위로 밀림과 아래 밀림의 인쇄변종이 있다.

(a) 위로 밀린 인쇄

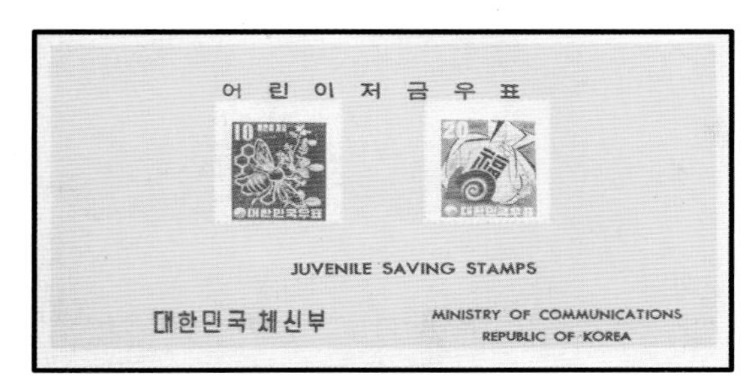

(b) 아래로 밀린 인쇄

그림 10-8. A형의 인쇄변종

(4) 우표 도안의 준용(準用)

어린이저금 보통우표 "벌과 벌집" 도안의 디자이너는 강박(姜博)이며 "달팽이와 복주머니" 도안은 나부영(羅富榮)의 작품이다. 제4회 우편주간 특별우표(소형시트형)의 도안(그림 10-9)은 어린이저금 보통우표중 한화 우정마크투문 10환 및 20환의 도안과 용지를 그대로 사용하여 1960년 10월 7일 발행하였다. 어린이저금 보통우표는 무공우표가 없으나 본 소형시트를 잘라서 사용할 경우 변지가 있는 무공우표로 오해할 소지가 있다.

그림 10-9. 제4회 우편주간 기념

그림 10-10의 경우는 인천에서 미국으로 발송된 선편우편이나, 실체의 좌측에 있는 벌과 벌집 무공우표는 칼라로 된 우표 외곽선이 보여 제4회 우편주간 특별우표에서 10환 우표를 가위로 잘라서 첨부한 것을 쉽게 확인할 수 있다.

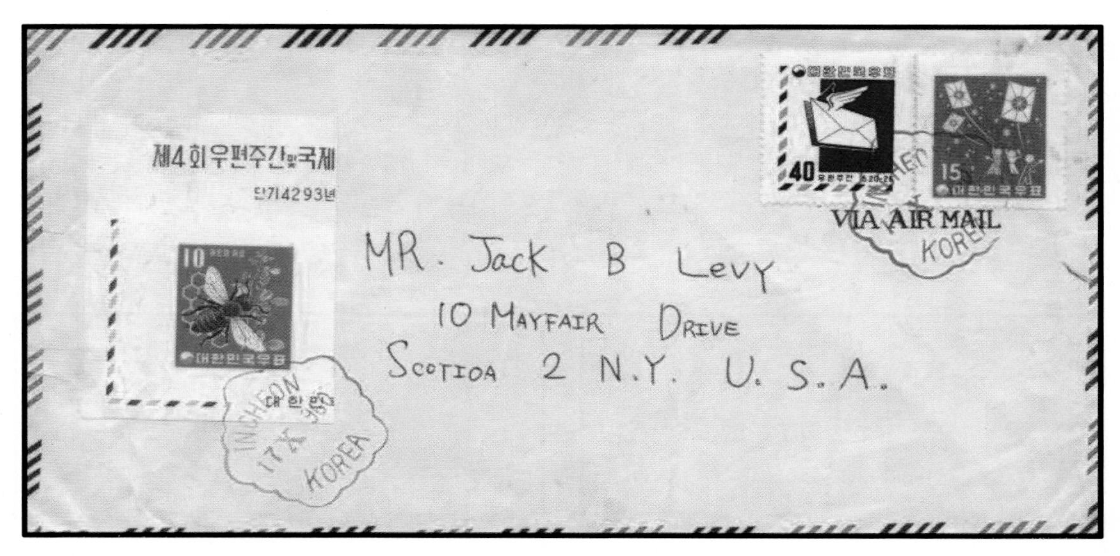

그림 10-10. 시트를 잘라서 체송한 실체 (인천→미국 1960.10.17)

(5) 도감의 오류 내용

우문관 도감에는 여러 군데 오류가 있어 우취정보에 혼란을 주고 있으며, 어린이저금 보통우표의 경우 표 10-1과 같은 발행 일람표가 도감 30쪽에 기재되어 있으나 발행량과 비고란은 사실과 다른 부분이 있어 오류를 수정하면 정확한 내용은 표 10-2와 같다.

표 10-1. 발행 일람표 (도감)

도감번호	발행일	발행량	비교
182(10환)	1960.4.1	1,500만	#100에 색도표시(3색) 도안 : 강박
183(20환)	1960.4.1	250만	#1 색도표시 (3색) 도안 : 나부영
184(1원)	1963.2.5	15만	외산백지
185(2원)	1962.12.28	?	〃
186(1원)			우정투문
187(2원)	1964.5.10	60만	〃
188(1원)		15만	국산백지
189(2원)	1964.12.20	240만	#91에 색도표시(3색)

➡

표 10-2. 오류 수정 일람표

발행량	비교
1,500만	#100에 색도표시(3색) 도안 : 강박
250만	#10,#100에 색도표시(3색) 도안 : 나부영
15만	외산백지
미상	〃
공고 없음	우정투문
60만	〃
공고 없음	국산백지 : #100에
240만	인쇄가늠표(3색)

(6) 어린이저금 보통우표 총 정리

어린이저금 보통우표에 대해 연관된 우취사항을 총 정리하면 다음과 같다.

1) 용지 구분

표 10-3. 용지 구분

용지 분류	액면	투문	색소섬유	호면
① 환화 우정마크투문용지	환	우정마크(우정마크)	소량(청색+적색)	광택이 없는 엷은 미색이다.
② 새원화 외산백지	원	없음	없음	누렇게 보인다.
③ 새원화 우정마크투문용지	원	우정마크(우정마크)	다량(청색+적색)	광택이 없는 엷은 미색이다.
④ 국산백지 무투문용지	원	없음	극소량(청색)	밝은 백색이다.

2) 발행사항(용지/발행일/발행량)

표 10-4. 발행사항(용지/발행일/발행량)

용지 분류	벌 도안		달팽이 도안	
	발행일	발행량	발행일	발행량
① 환화 우정마크투문용지	1960.4.1 (고시 1161호)	1,500만매	1960.4.1 (고시 1161호)	250만매
② 새원화 외산백지	1963.2.5 (공고 제523호)	15만매	1962.12.28 (공고 제498호)	140만매
③ 새원화 우정마크투문용지	공고 없음		1964.5.10 (공고 제591호)	60만매
④ 국산백지 무투문용지	공고 없음		1964.12.20 (공고 제631호)	240만매

3) 명판 쇄색

표 10-5. 명판의 쇄색

용지 분류	명판의 쇄색	
	벌 도안	달팽이 도안
① 환화 우정마크투문용지	황록색	남색 또는 분홍색 (2종류임)
② 새원화 외산백지	흑갈색	남색
③ 새원화 우정마크투문용지	흑갈색	남색 또는 흑갈색 (2종류임)
④ 국산백지 무투문용지	흑갈색	남색

4) 천공 분류 (좌우변지)

표 10-6. 천공의 분류 (좌우변지)

용지 분류	벌 도안	달팽이 도안
① 환화 우정마크투문용지	횡발형	횡발형
② 새원화 외산백지	횡발형	횡발형
③ 새원화 우정마크투문용지	횡발형 및 보통형	횡발형
④ 국산백지 무투문용지	횡발형 및 보통형	횡발형 및 보통형

5) 색점의 위치

표 10-7. 색점의 위치

용지 분류	판형	벌 도안	달팽이 도안
① 환화 우정마크투문용지	① 발견된 판형	제1, 제2, 제3, 제4코너	제2, 제3, 제4코너
	② 일반적인 판형	제4코너	제2 및 제4코너
② 국산백지 무투문용지	① 발견된 판형	-	제3코너

5) 인쇄가늠표

표 10-8. 인쇄가늠표

용지 분류	벌 도안	달팽이 도안
① 환화 우정마크투문 용지	상하변지(—+—)/우변지(│,—)	상변지(—+—)/좌변지(—)/우변지(│, ┘)
② 새원화 외산백지	상하변지(—+—) 좌변지(—),우변지(│,┼, ┐, ┘)	상변지(—+—) 좌변지(—)/우변지(—, ┘)
③ 새원화 우정마크투문용지	상하변지(—+—) 좌변지(—) / 우변지(—, ┐, ┘)	상변지(—+—) 좌변지(—) / 우변지(—, ┘)
④ 국산백지 무투문용지	상하변지(—+—) 좌변지(—)/우변지(┼, ┘)	상하변지(—,—+—) 좌변지(—)/우변지(┼, ┐, ┘)

(주) 위에 제시한 인쇄가늠표가 없는 판형도 있으며, 미장재단으로 가늠표가 잘려나간 판형도 있음

6) 발행기간 중 우편제도 변경

표 10-9. 발행기간 중 우편제도 변경

제도 변경	시행 일자	비 고
① 화폐 개혁	1962.6.10	환→원
② 연호 변경	1962.1.1	단기→서기
③ 시험 일부인 사용	1961,6,1~1962.12.31	서울중앙 및 광화문우체국
④ 원형 일부인 사용	1964.7.10	16개 시범국

글을 마치면서

본 원고를 작성하면서 어린이저금 보통우표에 대해 필자가 그 동안 수집하고 연구한 모든 것을 쓰고자 노력하였습니다. 어린이저금보통 우표에 대한 연재 기사는 필자의 원고가 처음으로 어린이저금 보통우표를 연구하는 우취인들에게 많은 도움을 주고자 노력하였습니다. 본 원고에 대해서는 앞으로도 계속 연구 검토하고 오류가 있거나 미비한 것은 수정하여 보완하도록 하겠습니다.

참고문헌

1. 조선총독부 관보
2. 대한민국 관보
3. 金光載(1978). 어린이저금 보통우표의 隨想, 대한우표회 회보 191호, 192호
4. 한국의 우표(1984), 체신부, 664~675쪽
5. 韓國郵政 100年史(1984), 체신부
6. 韓國郵票百年(1984), 대한우표회
7. 初日封皮資料集(1989), 初郵會
8. 洪政雄(1995), 普通 通信日附印 變遷考
9. 대한민국 우표발행총람(1996), 정보통신부
10. 서울체신청 백년사(2006), 서울체신청
11. 한국우표 이야기(2008), 우취문화사
12. 김정수. 우표발행 안내카드. 월간우표 2009년 11월호
13. 대한민국 우표도감(2012), 우문관
14. 대한민국 체신연혁(1971), 체신부
15. 대한민국 체신사업 연혁사(1959), 체신부
16. 한국우정사 1. 2(1970), 체신부
17. 우표포털싸이트(www.kstamp.go.kr)

남 상 욱 (#2361)
㈜ 윤영방재 엔지니어링 대표이사, 한국우취연합 이사
수집과목 : 1차보통, 항공우표, 어린이저금보통, 크리스마스씰

제2차 국산백지(색소섬유들이 무투문지) 보통우표

The 2nd Granite Paper Series Stamps of Korea

안종만

Ahn, Chong Man

제2차 국산백지(색소섬유들이 무투문지) 보통우표

안종만 (#1601)

제2차 국산백지 보통우표는 앞서 발행된 제1차 국산백지 보통우표와 약 10년간(1966-1975) 함께 사용되면서 필요에 따라 여러 차례 증쇄가 이루어졌다. 따라서 인쇄용지, 변지에 표어유무, 풀의 변화, 천공방법 등 여러 가지로 분류할 수 있어 보통우표 연구나 우취 작품을 만드는 데 가장 좋은 수집 대상이라 할 수 있다.

제2차 국산백지 보통우표는 1966년 7월 1일에 13원 옥사자 향로, 60원 연당초문 수병, 80원 은진미륵 우표가 발행된 것을 필두로 1966년 8월 20일에는 60전 장수하늘소, 1원 농악, 2원 인삼, 3원 세종대왕, 5원 청자 어룡수병, 7원 산업도안 우표가 발행되었으며 1967년 8월 25일에는 20원 미선나무, 40원 팔만대장경, 50원 사슴 우표가 발행되었다. 1968년 2월 1일에는 1원 상원사 동종, 5원 부부총 태환이식, 7원 태극기 우표가 발행되었고, 1969년 6월 1일에는 40전 금강초롱, 10원 장고와 북, 40원 팔만대장경 도안 우표가 크기를 작게 하여 발행됨으로써 총 18종이 발행되었으나 이미 1969년 5월부터 그라비어 인쇄 우표가 발행되었으므로 더 이상 발행되지 않게 되었다(표 1. 제2차 국산백지 보통우표 발행 일람표 참조).

인쇄방식은 전부 평판인쇄, 전지 구성은 전부 10x10 100매이다. 천공은 주로 표준형 천공이 사용되었으나 40전 금강초롱, 60전 장수하늘소, 1원 농악, 1원 상원사 동종, 2원 인삼, 3원 세종대왕, 5원 태환이식, 7원 산업, 7원 태극기, 10원 장고와 북, 50원 사슴, 60원 연당초문수병, 80원 은진미륵 우표에서는 상하발(가로형은 좌우발) 천공 사례가 발견되었고, 5원 태환이식 우표에서는 고정형 횡발 빗형(우1발) 천공 사례가 수집되기도 했다(상하발 천공사례는 표 2. 제2차 국산백지 보통우표 상하발 천공 사례 참조).

1964년 오스트리아 비엔나에서 개최된 만국우편연합(UPU) 총회에서는 우편조약 시행규칙 제186조 제2항의 국명 표시에 가입국은 반드시 영문 국호를 표시하도록 결정하고 이를 1966년 1월 1일부터 시행하기로 했다. 이에 따라 우리나라는 1966년 6월 이후 발행 우표에 모두 영문 국호를 삽입하게 되었고, 우표의 크기도 국제 권장 규격으로 줄여서 인쇄하게 되었던 것이다.

표 2. 제2차 국산백지 보통우표 상하발 천공 사례 (가로형은 좌우발)
(2014년 11월 30일 현재)

액면	도안	표어 유무
40전	금강초롱	있음
60전	장수하늘소	없음
1원	농악	있음
1원	상원사동종	있음
2원	인삼	있음
3원	세종대왕	없음
3원	세종대왕	없음
5원	태환이식	없음
7원	산업과 저축	없음
7원	태극기	있음
10원	장고와 북	있음
50원	사슴	있음
60원	연당초문수병	있음
80원	인진미륵	있음
80원	은진미륵	없음

표 1. 제2차 국산백지 보통우표 발행 일람표

액면	도안	발행일	발행량(매)	공고(날짜)	쇄색	인면크기 (Cm)	천공	원화 작자	명판 위치
40전	금강초롱	1969.6.1	500만	제35호(5.20)	밝은황록색	1.9*2.2	13	강춘환	99-100
60전	장수하늘소	1966.8.20	200만	제733호(8.5)	흐린황록색	2.2*1.9	12.5	강춘환	99-100
1원	농악	1966.8.20	200만	제733호(8.5)	흐린청록색	1.9*2.2	12.5	강춘환	99-100
1원	상원사동종	1968.2.1	100만	제167호(11.28)	적황,황다색	1.9*2.2	13	전희한	99-100
2원	인삼	1966.8.20	200만	제733호(8.5)	청록색	1.9*2.2	12.5	강춘환	99-100
3원	세종대왕	1966.8.20	200만	제733호(8.5)	적다색	1.9*2.2	12.5	강춘환	99-100
5원	청자어룡수병	1966.8.20	200만	제733호(8.5)	회청록색	1.9*2.2	12.5	강춘환	99-100
5원	부부총태환이식	1968.2.1	500만	제167호(11.28)	농청록,황색	1.9*2.2	13	전희한	99-100
7원	산업	1966.8.20	200만	제733호(8.5)	녹청색	1.9*2.2	12.5	김순득	99-100
7원	태극기	1968.2.1	500만	제167호(11.28)	암청,적색	1.9*2.2	13	전희한	99-100
10원	장고와 북	1969.6.1	100만	제35호(5.20)	청색	2.2*1.9	13	강춘환	99-100
13원	청자옥사자향로	1966.7.1	300만	제722호(6.4)	농자청색	2.2*2.5	12.5	김순득	99-100
20원	미선나무	1967.8.25	1200만	제41호(8.5)	연청록,농청록	2.2*2.5	12.5	강춘환	99-100
40원	팔만대장경	1967.8.25	50만	제41호(8.5)	연황,올리브	2.2*2.5	12.5	강춘환	99-100
40원	팔만대장경	1969.6.1	100만	제35호(5.20)	연자,농자청색	2.2*1.9	13	강춘환	99-100
50원	사슴	1967.8.25	50만	제41호(8.5)	황적,암다색	2.2*2.5	12.5	강춘환	99-100
60원	연당초문수병	1966.7.1	300만	제722호(6.4)	농황록색	2.2*2.5	12.5	전희한	99-100
80원	은진미륵	1966.7.1	200만	제722호(6.4)	회청색	2.2*2.5	12.5	전희한	99-100

1. 금강초롱

천공은 주로 표준형 천공이 사용되었으나 상하발 천공 사례가 있다. 실용판 기호는 하변지 좌우에 "-" 표시가 있는 판과 없는 판이 있으며 변지 사방에 표어가 인쇄되어 있다. 1코너 좌변지에 "소식없다 걱정말고 내가 먼저 편지쓰자", 상변지에 "오는정 가는정을 우편으로 나누자", 2코너 상변지에 "집집마다 문패달고 기쁜소식 기다리자", 우변지에 "정성드려 보낸 편지 파월장병 기쁨준다", 3코너 좌변지에 "타향에서 받은편지 외로움을 달래준다", 하변지에 "우표로 소개하자 우리의 역사", 4코너 우변지에 "가는소식 오는소식 꽃피는 우정"이 인쇄되었다. 변지에 표어를 넣어 인쇄하던 정책은 1975년 초까지 계속되었다.

제2차 국산백지(색소섬유들이 무투문지) 보통우표

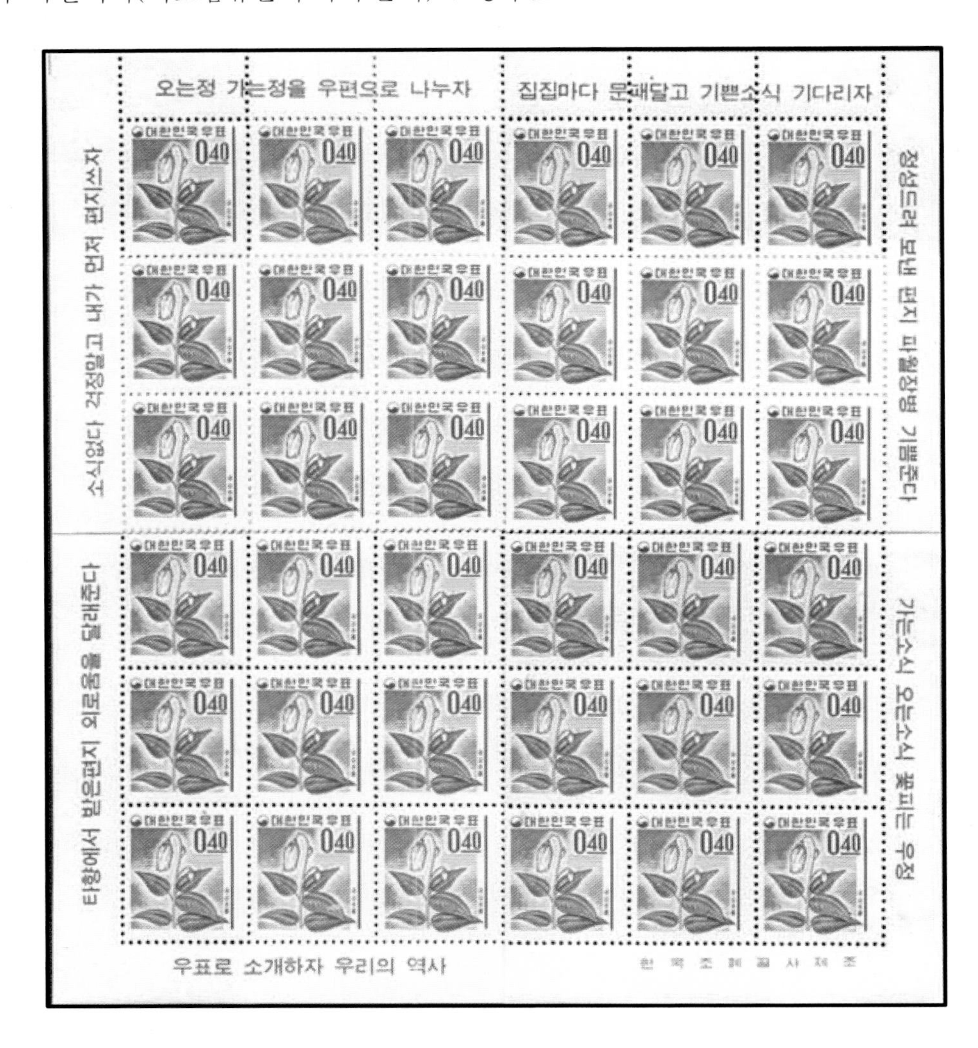

명판 인쇄 위치 비교

2. 장수하늘소

표어 없는 판의 실용판 기호 비교

제2차 국산백지(색소섬유들이 무투문지) 보통우표

천공은 주로 표준형 천공이 사용되었으나 좌우발 천공 사례가 있다. 실용판 기호는 변지 사방에 표어가 있는 판과 없는 판이 있으며, 표어가 있는 판에서는 4코너 우측 또는 아래 쪽에 색도 표시가 있는 것도 있다.

표어 있는 판의 실용판 기호 및 색도, 풀색 비교

표어가 없는 판에서는 <「」> 표시가 크고 작은 것이 있다.

3. 농악

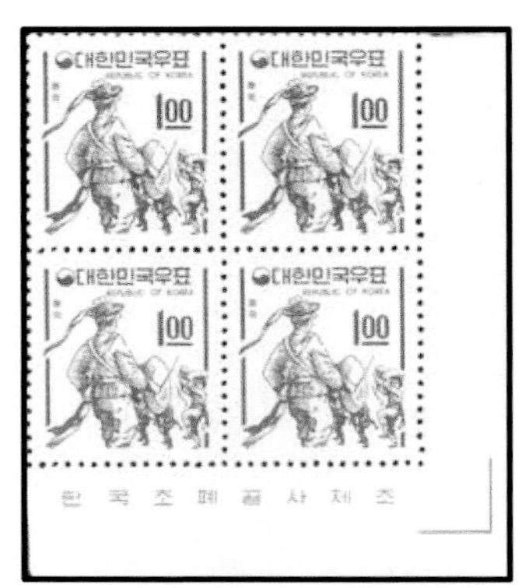

천공은 주로 표준형 천공이 사용되었으나 상하발 천공 사례가 있다. 실용판 기호는 변지 사방에 <ㅜ> 표시가 있고 코너에는 <」> 표시가 있으며 이 표시가 큰 판과 작은 판이 있다. 표어가 있는 판은 발견되지 않았다.

4. 상원사 동종 비천상

천공은 주로 표준형 천공이 사용되었으나 상하발 천공 사례가 있다. 상변지 이중천공 사례가 표어가 있는 판과 없는 판에서 발견되었으며, 표어가 있는 판에서는 하변지 접힌 천공에러도 있다. 표어를 지우고 인쇄한 판에서 희미하게 표어의 일부가 보이는 판도 발견되었다. 표어가 있는 판과 없는 판에서 각각 명판 하단에 2색도 표시가 있는 것도 수집되었다. 표어가 없는 판에서는 4코너 변지에 <」> 표시가 큰 것과 작은 것이 있으며 표어가 있는 판은 <ㄴ> 표시가 있는 판과 없는 판, 가로나 세로중 한 쪽의 선만 있는 판등이 있다.

표어 있는 판의 실용판 기호 비교

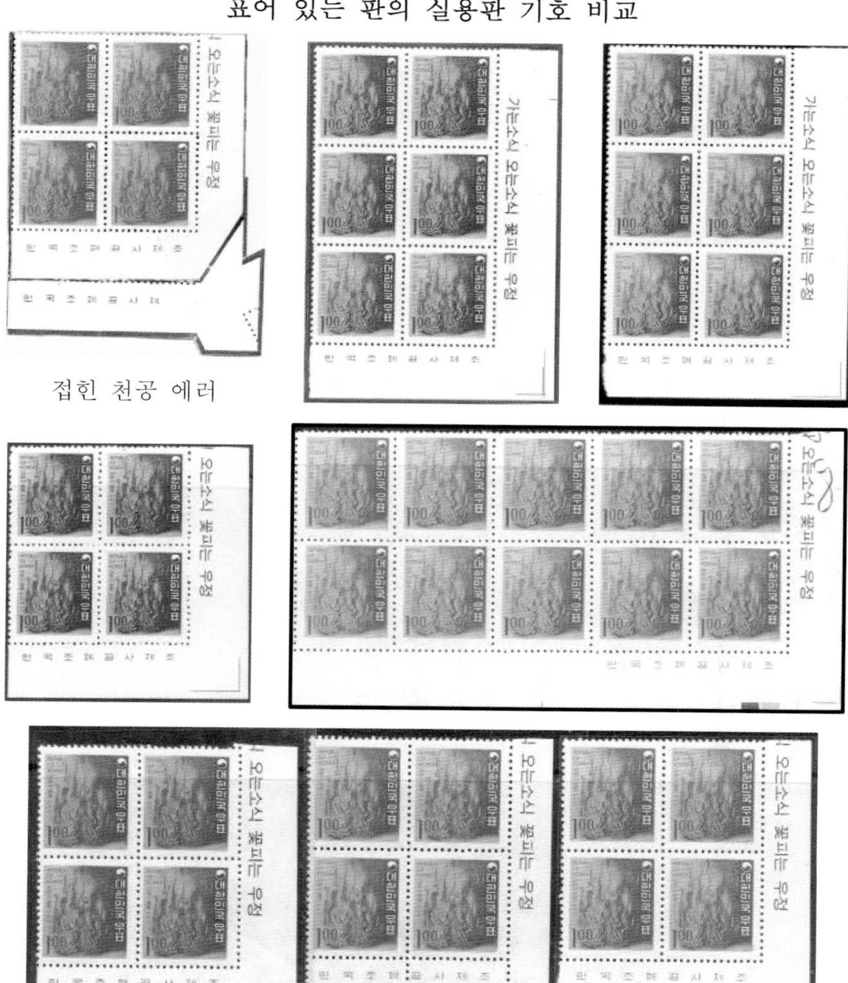

접힌 천공 에러

제2차 국산백지(색소섬유들이 무투문지) 보통우표

표어 없는 판의 색도, 실용판 기호 및 풀색 비교

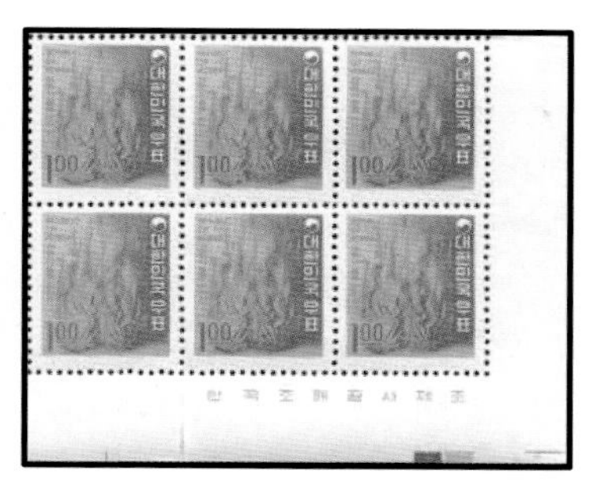

5. 인삼

천공은 주로 표준형 천공이 사용되었으나 표어가 있는 판에서 상하발 천공 사례가 있다. 실용판 기호는 표어가 없는 판에는 변지 사방에 두 곳 <ㅜ> 표시가 있고, 사방 코너에 <ㄴ> 표시가 있는 판과 사방 코너에 <ㄴ> 표시만 있는 판도 있고, 아무 표시가 없는 판도 있으며, <ㄴ>표시가 크고 작은 판, 어느 한 부분만 인쇄된 판도 있다.

표어 있는 판의 천공 및 실용판 기호 비교

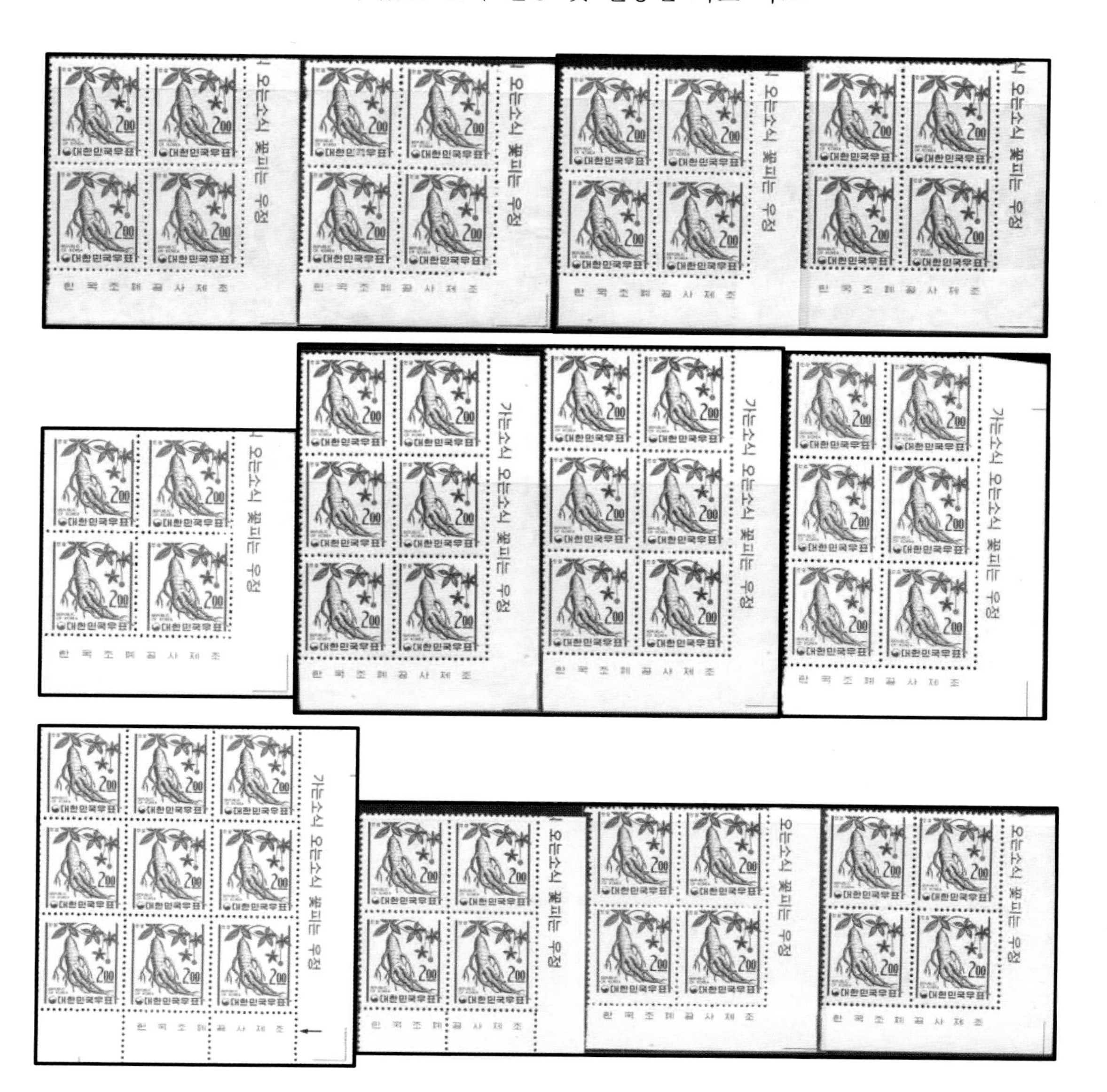

표어 없는 판의 색도, 실용판 기호 비교

6. 세종대왕과 한글자모

천공은 주로 표준형 천공이 사용되었으나 상하발 천공 사례가 표어가 있는 판과 없는 판 모두에서 발견되었다.

실용판 기호는 표어가 있는 판에서는 <ㄴ>표시가 사방에 있는 판과 없는 판, 일부만 인쇄된 판이 있고, #91-100의 천공이 누락된 천공에러가 발견 되었으며, 우표 간의 천공이 일정치 않은 변종 천공 사례도 발견되었다.

표어가 없는 판에서는 변지 사방 두 곳에 <+> 표시가 있고 사방 코너에 <ㄴ> 표시가 크고 작거나 아예 없는 판도 있다.

표어 있는 판의 실용판 기호 비교

하변지 천공누락 에러

표어 없는 판의 색도, 실용판 기호 비교

표어 있는 판의 천공변종

7. 고려청자 어룡형 수병

천공은 전부 횡발 빗형 천공의 표준형이 사용되었으며, 변지 여백이 넓고 좁은 판과 천공밥이 빠지지 않고 남아 있는 판이 있다. 실용판 기호는 변지 사방의 두 곳에 <ㅜ> 표시가 있고, 네 코너에는 <ㄴ> 표시가 있으나 한 획만 표시된 판도 있으며 변지에 표어가 인쇄된 판은 발견되지 않았다.

색도, 실용판 기호, 천공, 변지 크기 비교

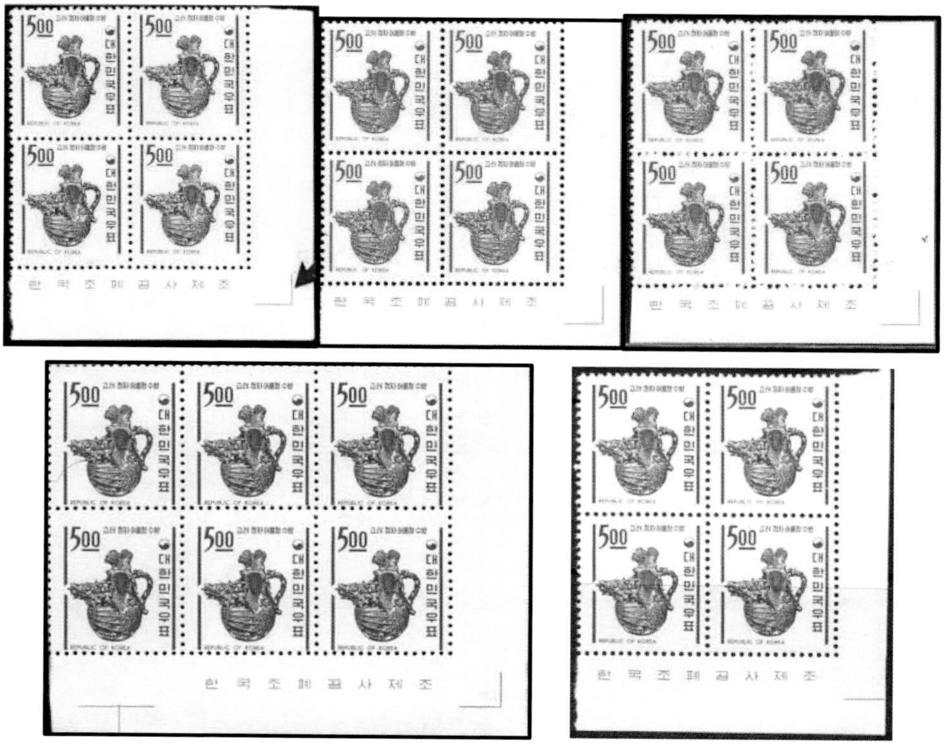

8. 보문리 부부총출토 태환이식

천공은 주로 횡발 빗형 천공의 표준형이 사용되었으나 표어가 없는 판에서 상하발 천공 사례가 발견되었고, 표어가 있는 판에서는 횡발 빗형 천공의 우1발 고정형 천공 사례도 발견되어 제1차 국산백지 보통우표 이후 사용되지 않았다는 설을 무색케 하고 있고 천공 방식에 대한 수집가의 연구 노력을 요구하고 있다. 변지에 표어가 없는 판과 있는 판으로 구분할 수 있다. 인쇄 색도의 명암 차이, 풀색의 차이, 변지 여백의 차이, 실용판 기호의 차이를 확인 할 수 있다. 실용판 기호는 상하좌우 변지 두 곳에 <ㅡ> 표시가 있고, 코너마다 <ㄴ> 표시가 있으나 크고 작은 판이 있고, 표어가 있는 판에서는 <ㄴ> 표시가 있는 판과 없는 판 또는 <|> 표시만 있는 판도 있다.

표어 있는 판의 천공 및 실용판 기호 비교

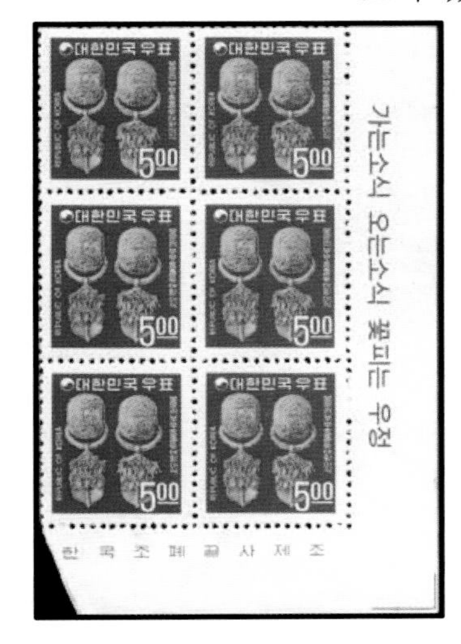

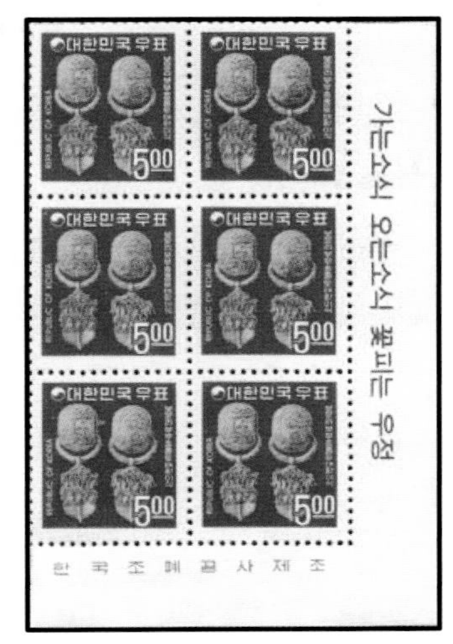

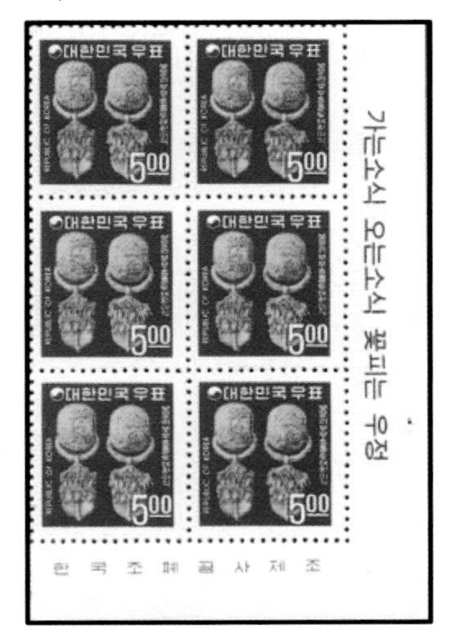

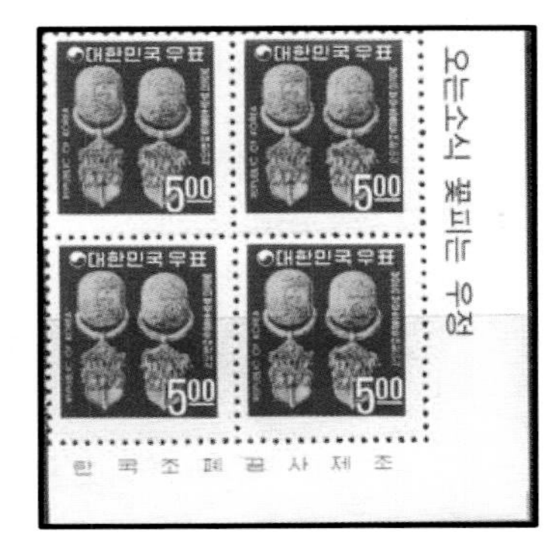

우1발 고정형 천공

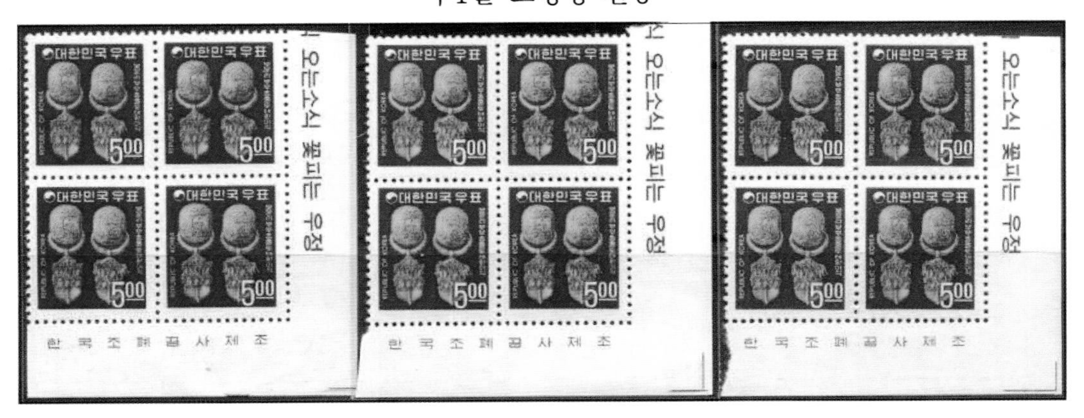

제2차 국산백지(색소섬유들이 무투문지) 보통우표

상하발 천공

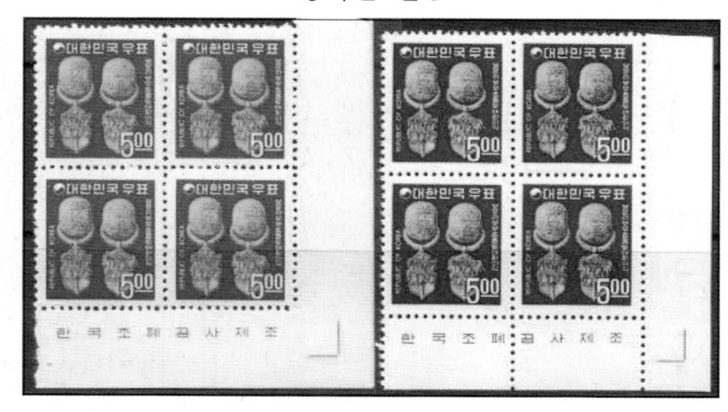

표어 없는 판의 쇄색, 천공, 실용판 기호 비교

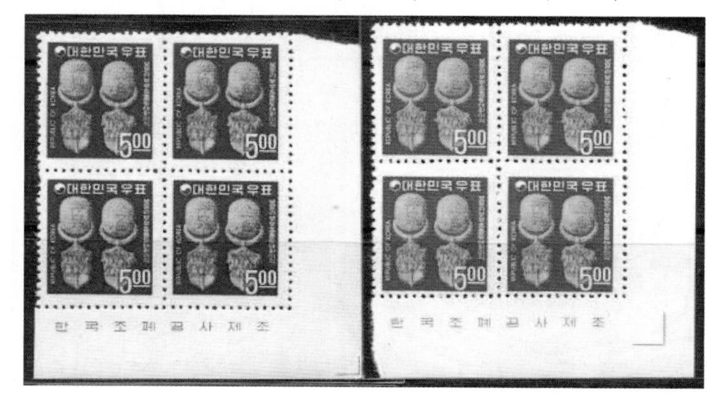

9. 산업과 저축

천공은 주로 표준형이 사용되었으니 상하발 천공 사례도 발견되었다. 색도가 엷거나 진한 판, 변지 여백이 넓은 판도 있으며, 실용판 기호는 변지 사방의 두 곳에 <ㅜ> 표시가 있고, 네 코너에는 <ㄴ> 표시가 있으나 간혹 한 획만 표시된 판도 있으며 변지에 표어가 인쇄된 판은 발견되지 않았다. 윗 변지에 이중천공 사례와 우표의 뒷면에 전사된 경우도 보이고, 실용판 기호가 크고 작은 판도 있다.

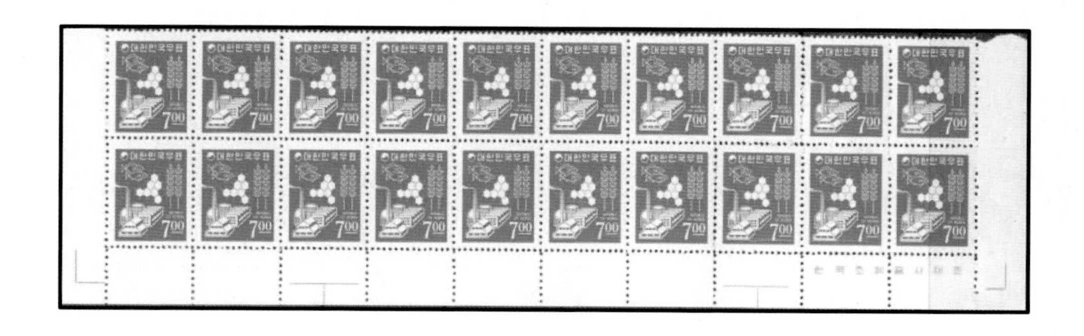

산업과 저축 도안 우표의 색도, 실용판 기호, 천공 비교

10. 태극기

천공은 주로 표준형 천공이 사용되었으나 표어가 있는 판에서 상하발 천공 사례가 발견되었다. 변지에 표어가 없는 판과 있는 판으로 구분된다.

표어 없는 판의 실용판 기호 비교

제2차 국산백지(색소섬유들이 무투문지) 보통우표

표어 있는 판의 색도, 실용판 기호, 천공 비교

실용판 기호는 상하좌우 변지 두 곳에 <－> 표시가 있고, 코너마다 <ㄴ> 표시가 있으나 크고 작은 판이 있고, 청색만 또는 적색과 청색으로 표시된 판도 있다. 표어가 있는 판에서는 <ㄴ> 표시가 있는 판과 없는 판 또는 <|> 표시만 있는 판도 있으며 4코너 변지에 2도색 표시가 있는 판과 붉은 색이 용지에 칠해진 듯한 판도 발견되었다.

11. 장고와 북

천공은 주로 표준형이 사용되었으나 좌우발 천공도 발견되었다. 우표인면과 한국조폐공사제조 명판과의 간격이 5mm인 판과 6mm인 판이 있으며, 색도가 짙은 판과 엷은 판도 있다. 전지 사방에 표어가 있는 판만 발행된 것으로 보이며, 다른 표식이 없는 판이 대부분이지만 별도의 실용판 기호를 사용한 판이 아주 드물게 발견된다.

색도, 실용판 기호, 천공 비교

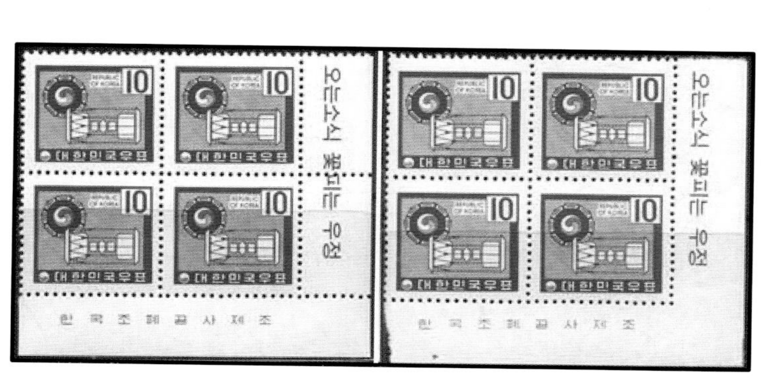

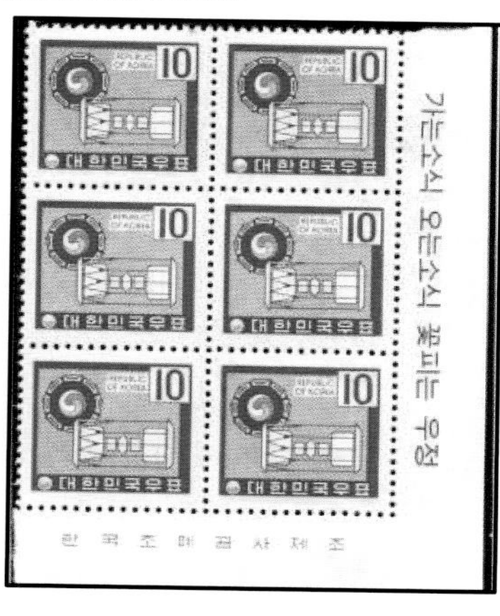

제2차 국산백지(색소섬유들이 무투문지) 보통우표

인면과 명판 위치 간격 비교

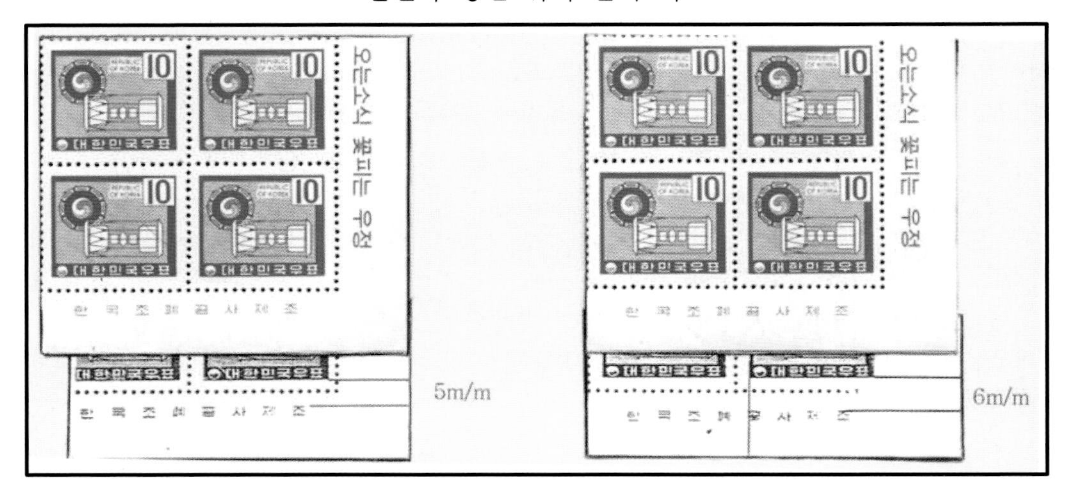

12. 청자옥사자향로

천공은 주로 표준형이 쓰였으며 다른 천공 사례는 발견되지 않았다. 실용판 기호는 변지 사방의 두 곳에 <ㅜ> 표시가 있으며, 네 코너에는 <」> 표시가 있다. #93 아래 <반2>를 크게 쓴 판과 #98 아래 <반2>를 작은 글씨로 써 넣은 판을 볼 수 있으며 코너에 표시된 실용판 기호가 크고 작은 것이 있다. 변지에 표어가 인쇄된 판이 아직 발견되지 않은 것으로 보면 13원 등기 요금으로 발행된 이 우표의 추가 발행 수요가 없었던 것으로 추정된다.

실용판 기호, 천공 비교

#98 아래 필서로 <반2> 작은 글씨, #93 아래 필서로 <반2> 큰 글씨

13. 20원 미선나무 도안 우표

기존 도안을 색상만 녹색으로 바꿔서 발행한 우표로 천공은 주로 표준형이 사용되었으며, 천공밥이 완전히 제거되지 않은 판이 있으나 변종은 발견되지 않았다. 우표 용지가 밝은 흰색을 띠는 것과 엷은 황색지, 색소 섬유가 많이 들어간 것과 적게 들어 간 것 등이 있다. 실용판 기호는 우변지와 하변지 두 곳에 <⊤> 표시가 있고, 좌변지에는 <—> 표시만 두 곳에, 상변지에는 <⊥> 표시가 있는 판과 없는 판이 있으며, 상변지 오른쪽 코너에는 <|> 표시 또는 <—>로 표시된 판이 있다. 하변지 오른쪽 코너에는 대부분 <」> 표시가 있으나 없는 판도 있다. 홍보 표어가 인쇄된 판에서는 사방 네 코너에 <」> 표시를 볼 수 있으며, 실용판 기호가 크고 작은 판과 일부만 인쇄된 판이 보인다.

표어 없는 판의 천공과 실용판 기호, 우표용지 비교

표어 있는 판의 실용판 기호 비교

14. 40원 팔만대장경(대) 도안 우표

천공은 표준형이 주로 사용되었으며 별다른 변종은 발견되지 않았다. 실용판 기호는 좌변지 두 곳에 <ㅓ>표시와 우변지 두 곳에 <ㅡ> 표시가 있으며 상변지 왼쪽 코너에 <ㅣ> 표시가 있고 하변지 왼쪽 코너에 <ㄴ> 표시가 있는 판과 없는 판이 있다. 표어가 있는 판에서는 사방 코너에 <ㄴ> 표시가 있는 것을 볼 수 있으나 실용판 기호의 일부만 인쇄된 것도 있고, 변지 사방에 두 군데 <ㅣ> 표시가 있다.

표어 없는 판의 실용판 기호 유무

표어 있는 판의 실용판 기호 비교

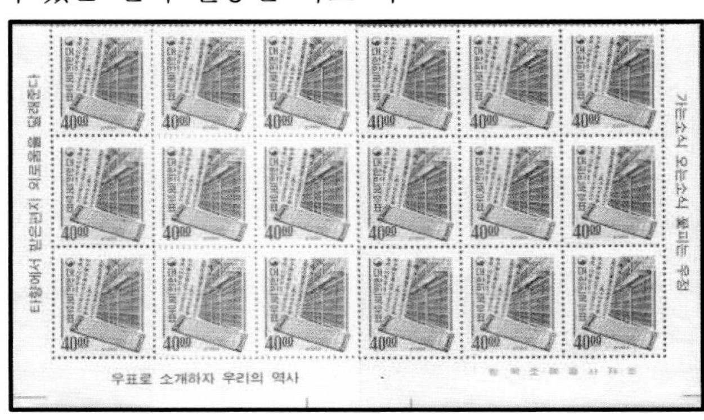

15. 40원 팔만대장경(소) 도안 우표

천공은 표준형이 주로 사용 되었으며 변종은 발견되지 않았다. 전지를 보면 변지 사방에 표어가 인쇄 되어 있고 별다른 표식이 없는 것이 대부분이나 간혹 사방 코너에 실용판 기호 <|> 표시가 있는 판이 발견된다. 이는 연한 자색과 청색이 인쇄된 것으로 자세히 보면 이를 발견 할 수 있다. 자색만 인쇄되거나 아예 아무런 표식이 없는 판도 있으나, 표어가 없는 판은 발견되지 않았다. 명판 위치가 다른 것도 볼 수 있다.

명판 비교; 연한 자색으로 <|> 표시가 있으나 사진으로는 구분이 힘들다.

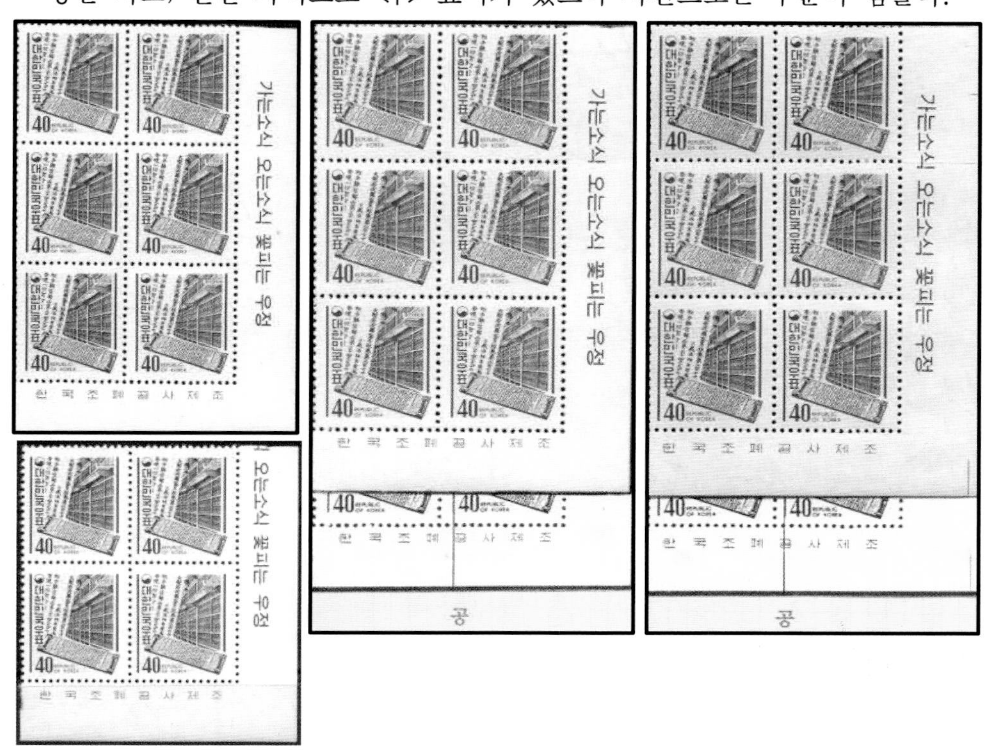

16. 50원 사슴 도안 우표

천공은 주로 표준형(상발형)이 사용되었으나 상하발도 발견되었다. 전지를 보면 우변지와 하변지 두 곳에 <⊤> 표시가 있고, 좌변지에는 <—> 표시가 두 곳에 있으며 상변지 오른쪽에는 <|> 표시가 있다. 하변지 오른쪽 코너에는 <」> 표시가 있는 판과 없는 판이 있으며, <|> 표시만 길게 인쇄된 판도 있다. 표어 없는 판에서는 변지에 아무런 표식 없이 우변지 상단 코너에 <—> 표시가 있는 판이 있고, 명판부 변지에 색점이 있는 판도 있다. 표어가 있는 판은 우변지 아래위로 <ㄱ> 표시가 있는 판과 하변지 좌우 코너에 <—> 표시가 있고 하변지 두 곳에 <|> 표시가 있는 판이 있으며 오른쪽 코너에 있는 <|> 표시가 크고 작은 판도 보인다. 우표의 용지와 인쇄 색상, 풀의 색, 변지 폭, 섬유사의 차이 등을 쉽게 발견할 수 있다.

표어 없는 판의 인쇄 색상, 실용판 기호, 변지 폭, 풀색 비교

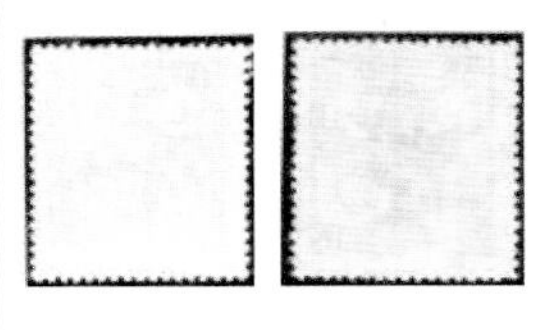

표어 있는 판의 천공, 쇄색, 실용판 기호 비교

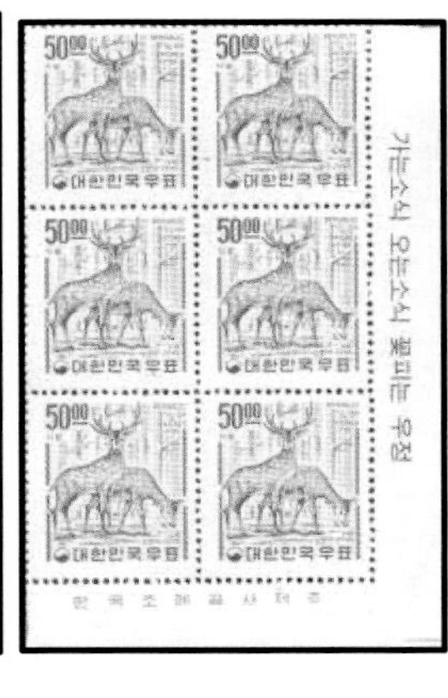

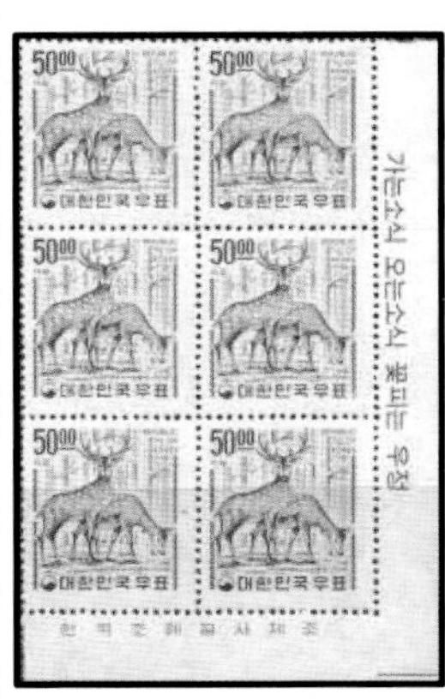

17. 60원 청자투각 연당초문 수병 도안 우표

천공은 주로 표준형(상발형)이 사용되었으나 상하발 천공과 천공에러도 발견되었다. 전지를 살펴 보면 좌우변지와 하변지 두 곳에 실용판 기호 <ㅜ> 표시가 있고, 상변지 좌우 코너에 <ㅣ> 표시가 있으며 하변지 좌우 코너에는 <ㄴ> 표시가 있으며, 크고 작은 판이 보인다. 표어가 있는 판에서는 사방 코너에 <ㄴ> 표시가 있으나 크기가 다른 판도 있고 표식의 일부만 인쇄된 판, 아예 인쇄되지 않은 판이 있고, 명판 변지에 색점이 있는 판도 있다. 우표 색상과 용지, 변지 폭, 천공 상태 등의 차이를 발견할 수 있다.

표어 없는 판의 쇄색, 실용판 기호 차이 비교

천공에러

표어 있는 판의 쇄색, 실용판 기호, 변지 폭, 색점 비교

18. 80원 은진미륵 도안 우표

천공은 주로 표준형(상발형)이 사용되었으나 상하발 천공이 발견되었다. 전지를 보면 좌우변지와 하변지 두 곳에 <ㅜ> 표시가 있고 상변지 좌우 코너에는 <ㅣ> 표시가 있으며 하변지 좌우 코너에는 <ㄴ> 표시가 있는데 크기가 다른 판이 있고 명판부 변지에 색점이 있는 판도 있다. 표어가 있는 판은 사방 코너에 <ㄴ> 표시가 있는데 이 크기가 다른 판과 일부만 인쇄된 판도 있다. 이 밖에도 쇄색, 용지, 변지 폭, 풀색, 섬유사(적색과 청색 혼합, 청색, 밀도), 천공 차이 등을 볼 수 있다.

표어 없는 판의 색상, 변지 폭, 실용판 기호 비교

표어 있는 판의 천공, 쇄색, 실용판 기호등 비교

후기

위의 자료 중 일부와 1차 그라비어 보통 100원 금동미륵불상 명판 田형 2종 등은 한국우취연합회장과 대한우표회 회장을 역임하셨던 고 碧山 李圭峰 선생님(#33)께서 필자에게 선물하신 것이다. 1983년 봄 어느 일요일에 본인을 숭인동 자택으로 부르시어 안방에 놓여있는 대형 철제 금고에서 당신의 작품들을 꺼내 보여 주시면서 앞으로 우리나라 보통우표를 열심히 수집, 연구해서 작품을 만들 때 사용하라고 흔쾌히 건네주신 데 대해 항상 감사하게 생각하고 있음을 밝힌다. 30여년이 지나서야 작품을 만들면서 사용하게 된 것을 송구스럽게 생각하며, 다시 한 번 삼가 고인의 명복을 빕니다.

안 종 만 (#1601)
대한우표회 회장
수집과목 : 한국보통, 개(견공), 음악, 야구, 골프, 장애인

우편봉함엽서

Letter Sheets of Korea

김탁중

Kim, Tak Jung

우편봉함엽서(郵便封緘葉書)

대한우표회(#333) 명예회원 김탁중

1. 우편봉함엽서의 탄생(誕生)

우편봉함엽서(이하 봉함엽서 또는 엽서로 한다)는 1952년 5월 10일에 처음으로 발행(發行)되었다. 1945년 8월 15일에 일제(日帝) 36년으로부터 해방되었으나, 바로 미군정하(美軍政下)에 들어갔다가 1948년 8월 15일에야 대한민국정부가 수립(樹立)되었다. 그동안 보통우표, 기념우표, 통상엽서 등은 발행되었으나 봉함엽서만이 발행되지 않았다. 그러나 국내 우편요금표에서는 한 번도 빼놓지 않고 등재되었다. 해방 당시에는 10전, 1946년 8월 12일에는 50전, 1947년 4월 1일에는 1원 등으로 계속 인상(引上)되어 1951년 11월 6일에는 300원이 되었다. 다음해 1952년 5월 10일에 처음으로 봉함엽서가 발행되었는데, 인면도안(印面圖案)은 경회루(慶會樓), 요액(料額)은 300원이었다.

2. 봉함엽서의 발행과 취급(取扱)

(1) 발행

이 엽서는 경회루(慶會樓), 기러기, 마패, 까치, 우편도령, 불상, 십장생도, 석류, 매화, 국화, 잠자리까지 11종(種)의 인면(印面)으로 계속 발행되었다. 그러나 요액(料額)을 바꾼 것과 표어가 있는 것과 없는 것, 세로쓰기에서 가로 쓰기로 된 것, 우편번호가 5자리에서 6자리로 된 것, 우편번호 칸이 점(点)에서 선(線)으로 된 것, 보내는 사람, 받는 사람의 3선(線)에서 2선으로 된 것, 개정인(改定印) 또는 고무인을 찍은 것, 엽서 뒷면에 계선이 있는 것과 없는 것, 등 모두가 공고를 해야 할 사항들인데, 몇 가지는 공고도 없이 발행된 것이 있다. 특히 매화(梅花)와 국화(菊花) 인면의 엽서는 요금체계(料金體系)가 중량체계(重量體系)로 바뀔 때여서 대단히 복잡하여 발행 일람표(一覽表)와 함께 별표(別表)를 만들었다.

1) 경회루 봉함엽서

가. 경회루 봉함엽서의 내용

① 요액인면; 경회루(慶會樓) 300원

② 발행일; 1952.5.10

③ 크기; 세로형 접기 전 196×280mm, 접은 후 90×140mm

④ 발행량; 500,000장

⑤ 지질; 백상지
⑥ 쇄색; 남색(藍色)
⑦ 디자이너; 미상
⑧ 인쇄처; 동양정판사
⑨ 인쇄판식; 평판옵셋/ Lithographed
⑩ 체신부 고시 제152호(1952.4.25)
郵便封緘葉書를 發行하여 檀紀 4285年 5月 10日부터 賣捌한다. 記

액면	규격	색체	도안내용	비고
300원	縱 14cm 橫 9cm	藍色	慶會樓	

檀紀 4285年 4月 25日 遞信部 長官 趙 柱 泳

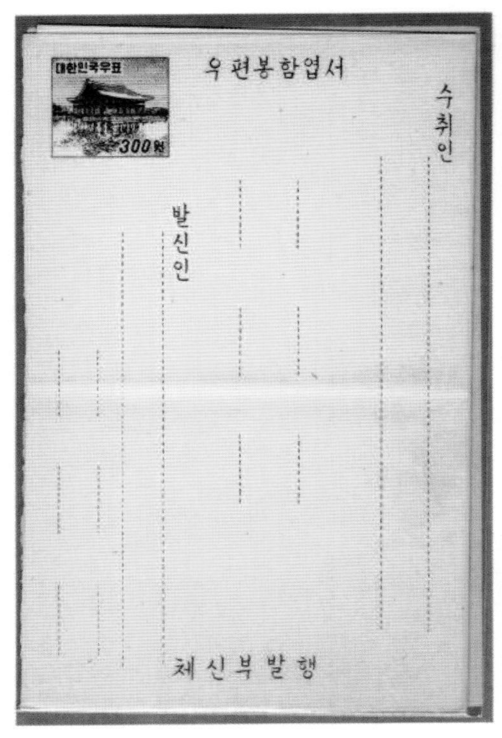

그림 1-1. 慶會樓 郵便封緘葉書(접은 후)

그림 1-2. 慶會樓 郵便封緘葉書(접기 전)

나. 경회루 봉함엽서 통용

① 300원시기(1951.11.6-1952.9.19)의 봉함엽서는 A형과 B형 두 가지로 확인된다. 구별 방법은 "우편봉함엽서"와 "발신인", "수취인", "체신부 발행" 등 글자체가 서로 다르다. 봉함엽서가 발행 되었을 때의 우편요금은 아래와 같다.

우편봉함엽서

제1종 서장	제2종 통상엽서	제2종 봉함엽서	제3종
300원	200원	300원	100원

② 1952년 9월 20일 통상우편요금 개정으로 봉함엽서의 요금이 1,000원(1952.9.20-1953.2.16)으로 인상(법률 제250호)되어 추가요금 700원을 우표로 첩부했다.

제1종 서장	제2종 통상엽서	제2종 봉함엽서	제3종
1,000원	500원	1,000원	200원

③ 1953년 2월 17일 화폐개혁으로 원단위 화폐를 환으로 100:1로 절하되였다.(법률 제277호 긴급 금융조치법) 봉함엽서 요금 10환이며 인면금액 3환으로 7환의 우표를 첩부하여 판매되었다. 대통령 긴급명령 제13호(圓 화폐 100:1로 절하하고 圜으로 함)를 1953년 2월 17일부터 시행하여 원화 표시 우표류는 100:1 비율로 판매하였다.(공고 제89호; 1953.2.18)

제1종 서장	제2종 통상엽서	제2종 봉함엽서	제3종
10환	5환	10환	2환

2) 기러기 봉함엽서

가. 기러기 봉함엽서의 내용

① 요액인면; 기러기 10환
② 발행일; 1953.12.31
③ 크기; 세로형 종(縱) 14cm×횡(橫) 9cm
④ 발행량; 450,000장
⑤ 지질; 백상지
⑥ 쇄색; 하늘색
⑦ 디자이너; 강박
⑧ 인쇄처; 남양인쇄소
⑨ 인쇄판식; 평판옵셋/ Lithographed
⑩ 체신부 고시 제274호(1953.11.28)

郵便葉書 및 郵便封緘葉書를 發行하여 檀紀 4286年 12月 31日부터 發賣한다.

檀紀 4286年 11月 28日 遞信部長官 姜 仁 澤

記

종별	요액	크기	쇄색	도안
우편엽서	5환	종14cm 횡 9cm	하늘색	기러기
봉함엽서	10환	종14cm 횡 9cm	하늘색	기러기

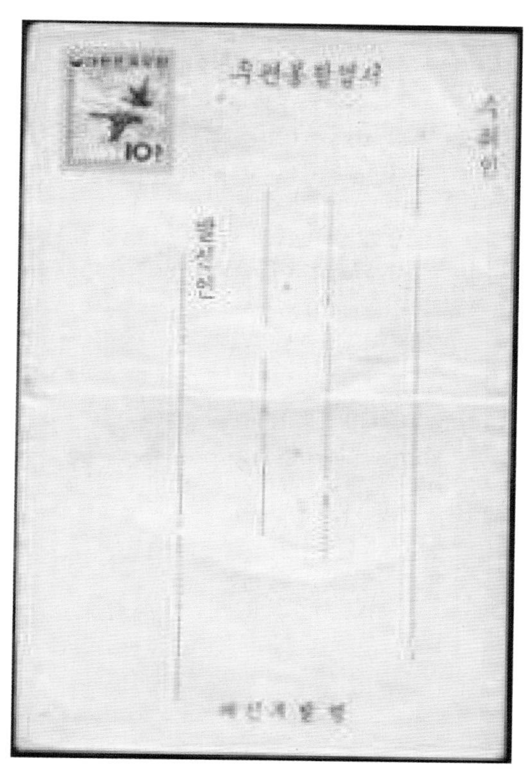

그림 2. 기러기 郵便封緘葉書

나. 기러기봉함엽서의 통용

① 우편봉합엽서 요금 10환에 맞추어 1953년 12월 31일 발행되었다.

② 공고 제29호(1953.3.8)에 의하여 1953년 2월 15일 이전 발행된 원화표시의 우표류는 동년 4월 5일부터 외국행 우편물에 사용을 금했다. 이 공고는 엽서류도 포함하여 시행하였다.

③ 기러기 봉함엽서 사용기간 중 1955년 1월 1일 우편요금 개정(법률 제353호; 1955.1.1)으로 10환에서 20환으로 인상되어 추가 요금 10환을 우표를 첩부한 후 판매하였다.

제1종 서장	제2종 통상엽서	제2종 봉함엽서	제3종
20환	10환	20환	5환

④ 우편요금 개정(법률 제365호; 1955.8.9)으로 봉함엽서 요금 20환에서 40환으로 인상되었다. 기러기 봉함엽서의 인면금액 10환에 30환권 우표를 첩부하였다.

⑤ 대통령긴급명령 제14호(1955.9.5)에 의해 통상우편물의 종류 및 요금에 관한 법률을 개정하여 1955년 9월 8일부터 시행하였다. 또한 재정긴급처분(제6호 1955.9.5)으로 우편규칙을 개정하여 1955년 9월 8일부터 시행되었다. 우편봉

함엽서 요금액이 40환에서 20환으로 개정됨에 따라 봉함엽서 요액인면이 10환에 10환 우표를 첩부하게 되었다.

제1종 서장	제2종 통상엽서	제2종 봉함엽서	제3종
20환	10환	20환	5환

⑥ 우편요금 개정(법률 제428호; 1957.1.1)으로 봉함엽서의 요금 20환에서 40환으로 인상되었다. 기러기 봉함엽서의 인면금액 10환에 30환 우표를 첩부하였다.

제1종 서장	제2종 통상엽서	제2종 봉함엽서	제3종
40환	20환	40환	10환

3) 마패 봉함엽서

가. 마패 봉함엽서의 내용

① 요액인면; 馬牌 40圜
② 발행일; 1957.5.20
③ 크기; 종(縱) 14cm×횡(橫) 9cm
④ 발행량; 1,200,000장
⑤ 지질; 백상지
⑥ 쇄색; 다갈색(茶褐色)
⑦ 디자이너; 강박
⑧ 인쇄처; 한국조폐공사
⑨ 인쇄판식; 평판옵셋/ Lithographed
⑩ 遞信部 告示 第728號(1957.5.20)
다음의 內國用 郵便葉書를 發行하여 檀紀 4290年 5月 20日부터 賣捌한다.

檀紀 4290年 5月 20日 遞信部長官 李 應 俊

記

종류	액면	쇄색	도안의 내용	비고
봉함엽서	40환	다갈색	마패	
왕복엽서	40환	다갈색	마패	

그림 3-1. 마패(馬牌) 우편봉함엽서

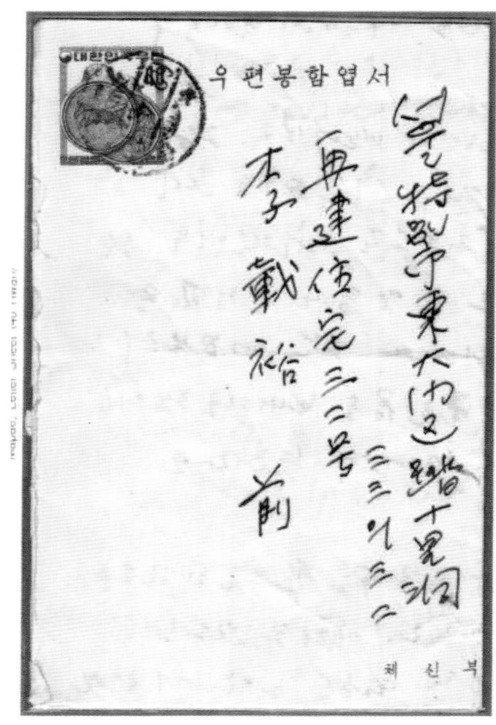

그림 3-2. 마패 봉함엽서 실체 62.4.1

나. 마패 봉함엽서의 통용

① 봉함엽서 우편요금 40환에 맞추어 1957년 5월 20일 발행하여 매팔했다.

② 법률 제428호(1956.12.31)에 의거 통상우편물의 종류 및 요금에 관한 법률과 대통령령 제1203호(1956.12.31) 의한 우편규칙을 개정하여 1957년 1월 1일부터 시행되었다.(통제151호 1956.12.31)

제1종 서장	제2종 통상엽서	제2종 봉함엽서	제3종
40환	20환	40환	10환

③ 긴급통화조치(화폐개혁)에 따라 1962년 6월 10일부터 환 단위를 원으로 하며 통화는 10:1로 환산하여 40환권 봉함엽서는 4원으로 취급되었다.(법률 제1088호; 1962.6.9, 시행령 제797호; 1962.6.9, 지시사항 제109호; 1962.6.15)

④ 화폐개혁으로 액면 개정된 우표류를 1963년 2월 5일부터 판매.(공고 제523호; 1963.1.21)

종별	항공우표	항공우표	항공우표	저금우표	봉함엽서
액면(원)	$5^{\underline{00}}$	$20^{\underline{00}}$	$40^{\underline{00}}$	$1^{\underline{00}}$	$4^{\underline{00}}$
비고				백색무투문지	

⑤ 국내우편에 관한 요금을 개정 고시(제2337호; 1965.12.17)하고, 1966년 1월 1일부터 시행하였다. 우편봉함엽서의 요금이 7원이며, 엽서의 요액인면이 4원으로 3원에 대하여 우표를 첩부사용하였다.(고시 제2337호; 1965.12.17)

제1종 서장	제2종 통상엽서	제2종 봉함엽서	제3종
7원	4원	7원	1원 50전

4) 까치 봉함엽서

가. 까치 봉함엽서의 내용

① 요액인면; 까치 $7^{\underline{00}}$

② 발행일; 1966.3.10

③ 크기; 가로형 종(縱) 90mm×횡(橫) 140mm

④ 발행량; 300,000매

⑤ 지질; 백상지

⑥ 쇄색; 암록색

⑦ 디자이너; 전희한

⑧ 인쇄처; 한국조폐공사

⑨ 인쇄판식; 평판 옵셋/ Lithographed

⑩ 공고 제702호(1966.3.3)

우편엽서류의 액면 및 체제를 다음과 같이 변경하여 1966.3.10부터 판매한다.

1966년 3월 3일　　체신부장관　김 병 삼

그림 4. 까치우편봉함엽서

나. 까치우편봉함엽서의 통용

① 세로쓰기에서 가로쓰기로 변경했다. 통상서장 우편요금 7원시기로 1966년 3월 10일에 발행되었다. 요액인면에 전(7㈜) 표시 있음.(공고 제702호; 1966.3.3)

② 접는 부분에 점선을 인쇄하여 사용시에 접어서 사용토록 개선하여 1969년 8월 1일부터 발행 판매하였다. 요액인면의 전표시(7㈜) 없음.(공고 제43호; 1969.7.8)

③ 우편요금을 개정하여 1969년 12월 27일부터 시행하였다. 우편봉함엽서 요금 10원으로 인상되어 차액이 발생되었다. 요액인면 7원에 3원 부족은 우표를 첩부하게 되었다.(고시 제160호; 1969.12.23)

제1종 서장	제2종 통상엽서	제2종 봉함엽서	제3종
10원	5원	10원	2원

5) 우편도령 봉함엽서

가. 우편도령 봉함엽서의 내용

① 요액인면; 우편도령 10원

② 발행일; 1971.2.10

③ 크기; 세로형 종(縱) 150mm×횡(橫) 94mm

④ 발행량; 500,000장

⑤ 지질; 백상지(180grm/m)

⑥ 쇄색; 2도색(활등색, 청색)

⑦ 디자이너; 전희한

⑧ 인쇄처; 한국조폐공사

⑨ 인쇄판식; 평판 옵셋/Lithographed

⑩ 공고제2호(1971.1.8)

우편 봉함엽서 1종을 다음과 같이 발행하여 판매한다.

1971년 1월 8일 체신부장관 신 상 철

나. 우편도령 봉함엽서의 내용

① 우편요금 10원에 맞추어 1971년 2월 10일에 발행하였다. 표면에 “받는 사람(이름) (주소), 보내는 사람”이라는 글씨와 점선이 있다.

② 우편법 제19조 규정에 의하여 우편요금 체계를 변경하여 소포엽서, 국내항공우편에 규격외 봉서가 신설되어 요금을 확정시행했다.

제1종 규격외봉서	소포엽서	국내항공규격외	봉함엽서
30원	10원	20원	10원

③ 우편요금을 개정하여 1975년 7월 1일부터 시행했다. 우편봉함엽서 요금이 20원으로 우편도령 봉함엽서 요액인면금액 10원에 대한 차액 10원에 대한 우표를

첩부하여 사용하였다.

제1종 서장	제2종 통상엽서	제2종 봉함엽서	제3종
20원	10원	20원	6원

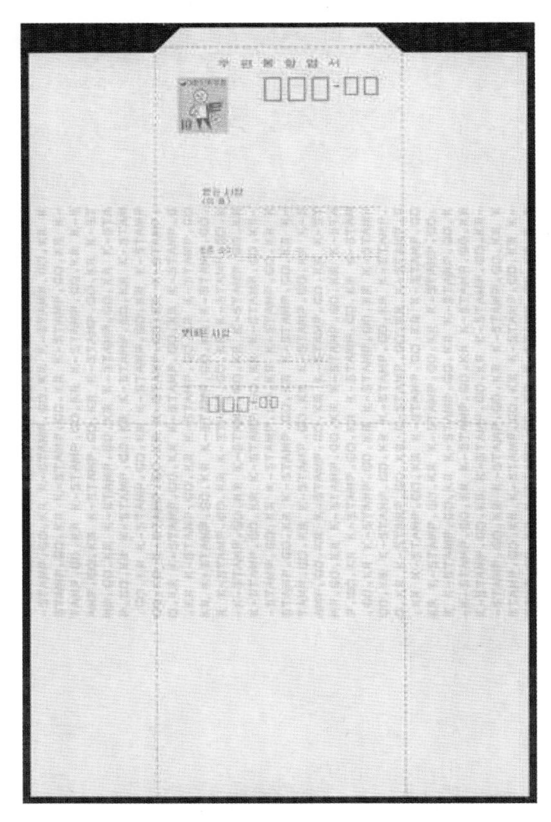

그림 5. 우편도령 봉함엽서

④ 우편요금에 맞추어 우편도령 봉함엽서를 변경하여 1975년 9월 1일에 발행하였다. 표면에 받는 사람, 보내는 사람 등 표시가 없어졌다.
＊ 액면; 20원, 발행일; 1975.9.1, 발행수량; 계속발행
이외의 내용은 10원 우편도령 봉함엽서와 동일하다.

⑤ 1980년 1월 10일에 국내우편요금이 변경되어 봉함엽서 우편요금은 30원이 되었다. 따라서 우편도령 봉함엽서의 요액인면 금액 20원에 10원 우표를 첩부하여 사용하였다.

제1종 서장	제2종 통상엽서	제2종 봉함엽서	제3종
30원	15원	30원	10원

6) 불상 봉함엽서

가. 불상 봉함엽서의 내용

① 요액인면; 불상(佛像) 봉함엽서 30원
② 발행일; 1980.3.3
③ 크기; 세로형 종(縱) 150mm×횡(橫) 94mm
④ 발행량; 수요에 따라 계속발행
⑤ 지질; 백상지 80g/㎡
⑥ 쇄색; 2도색
⑦ 디자이너; 전희한
⑧ 인쇄처; 한국조폐공사
⑨ 인쇄판식; 옵셋
⑩ 체신부 공고 제9호
우편법시행령 제4조의 규정에 의거 봉함엽서 및 왕복엽서를 다음과 같이 발행 판매함을 공고한다.

1980. 2. 25 체 신 부 장 관

그림 6-1. 불상 봉함엽서 (접은 후)

그림 6-2. 불상 봉함엽서 (접기 전)

나. 불상 봉함엽서의 통용

① 우편요금에 맞추어 30원 우편봉함엽서를 1980년 3월 3일에 발행하여 사용하게 되었다. 요액인면도안이 불상(佛像)으로 바뀌었다.

② 고시 제63호(1981.5.28); 우편요금인상 1981.6.1 (40원)

③ 공고 제50호(1981.6.18); 봉함엽서 발행 1981.6.30 (40원)

④ 고시 제154호(1981.12.8); 우편요금인상 1981.12.9 (60원)

⑤ 공고 제9호(1982.3.20); 봉함엽서 발행 1982.3.20 (60원)
인쇄처가 (재)체성회로 교체되어 이때부터 엽서인쇄는 (재)체성회에서 인쇄하여 발행하였다.

⑥ 공고 제39호(1983.4.13); 봉함엽서 발행 1983.5.10 (60원)
표면하단에 편지쓰기 표어가 있다.

⑦ 고시 제100호(1983.5.31); 우편요금인상 1983.6.1 (70원)

⑧ 공고 제56호(1983.5.30); 봉함엽서 발행 1983.6.1 (70원)
쇄색 3도색 하단에 편지쓰기 표어가 있다.

⑨ 공고 제23호(1984.3.5); 봉함엽서 발행 1984.3.20 (70원)
쇄색 3도색, 엽서규격이 가로 쓰기로 변경되고 표면에 “받는 사람, 보내는 사람” 글과 3선이 있다. 엽서크기(종 100mm×횡 148mm)가 변경되었고, 표면하단에 편지쓰기 표어가 있다.

7) 십장생도 봉함엽서

가. 십장생도 봉함엽서의 내용

① 요액인면; 십장생도(十長生圖) 70원

② 발행일; 1985.8.1

③ 크기; 세로형 종 100mm× 횡 148mm

④ 발행량; 수요에 따라 계속 발행

⑤ 지질; 백상지 100g/㎡

⑥ 쇄색; 4도색

⑦ 디자이너; 전희한

⑧ 인쇄처; (재)체성회

⑨ 인쇄판식; 평판 옵셋

⑩ 공고 제64호(1985.7.19)

나. 십장생도 봉함엽서의 통용

① 요액인면 그림을 변경하여 1985년 8월 1일에 발행하였다. 가로형 봉함엽서를 통신문기재에 편리하도록 엽서내면에 점선을 인쇄한 것과 백지상태인 엽서가 발행되었다.

② 고시 제116호(1986.9.12) 우편요금 개정으로 1986년 9월 16일에 봉함엽서 요금이 80원으로 인상되었다.

③ 공고 제73호(1986.9.13)에 의해 십장생도 봉함엽서가 액면금액 80원으로 변경하여 1986년 9월 16일에 발행하였다. 이 외의 사양은 70원권 십장생도 봉함엽서와 동일하다.

④ 1988년 2월 1일에 우편번호가 5자리에서 6자리로 변경됨에 따라 우편번호 기재란을 6자리로 인쇄한 엽서에 표어를 삭제하였다.

⑤ 고시 제91호(1991.8.20)로 1991년 9월 1일에 우편요금이 개정되어 봉함엽서 요금 100원에 대하여 차액 20원 우표가 첨부되었다.

그림 7-1. 십장생도 봉함엽서

8) 석류 봉함엽서

가. 석류 봉함엽서의 내용

① 요액인면; 석류 100원

② 발행일; 1990.9.15

③ 크기; 가로형 (펼친크기) 296mm×210mm

④ 발행량; 수요에 따라 계속발행

⑤ 지질; 백상지 100g/㎡

⑥ 쇄색; 4도색

⑦ 디자이너; 이혜옥

⑧ 인쇄처; (재)체성회

⑨ 인쇄판식; 평판 옵셋

⑩ 공고 제84호(1990.8.17)

그림 8-1. 석류봉함엽서 (접은 後, 초일) 90.9.15 발행.

그림 8-2. 석류봉함엽서(접기 전). 91.10.7 발행

나. 석류 봉함엽서의 통용

① 우편요금 100원에 맞게 1990년 9월 15일에 발행(공고 제84호; 1990.8.17)하였다. 가로형 봉함엽서이며. 내면에 점선이 있는 것과 없는 것이 있다.

② 우편요금일부가 개정되었으나 석류봉함엽서의 요금은 변화가 없다. 공고 제97호(91.9.3)로 발행되었으며, 가로형 봉함엽서이며 내면에 점선이 있는 것과 없는 것이 있다. 세로 접지형은 전체 크기가 186mm×277mm이다.

③ 1992년 2월 1일부터 판매된 석류 봉함엽서는 가로형으로 표면의 보내는 사람, 받는 사람에 3선이 2선으로 되었다.

④ 고시 제10호(1993.2.6)로 우편요금이 개정되어 봉함엽서 요금 110원으로 됨에 따라 석류 봉함엽서(100원)의 차액은 우표가 첩부되었다.

9) 매화 봉함엽서

가. 매화 봉함엽서의 내용

① 요액인면; 매화 110원

② 발행일; 1993.3.29

③ 크기; 가로형 (내면 세로형) 펼친크기 185mm×277mm

④ 발행량; 수요에 따라 계속 발행
⑤ 지질; 백상지 100g/㎡
⑥ 쇄색; 5도색
⑦ 디자이너; 연선영
⑧ 인쇄처; (재)체성회
⑨ 인쇄판식; 평판 옵셋
⑩ 공고 제30호(1993.3.12)

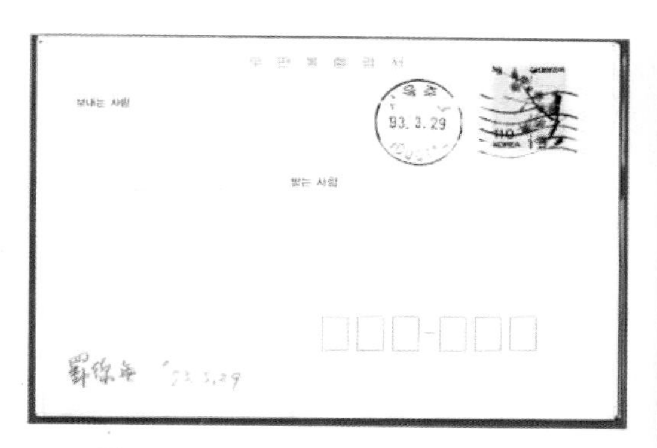

그림 9-1. 매화 봉함엽서(접은 후, 초일). 93.3.29 발행

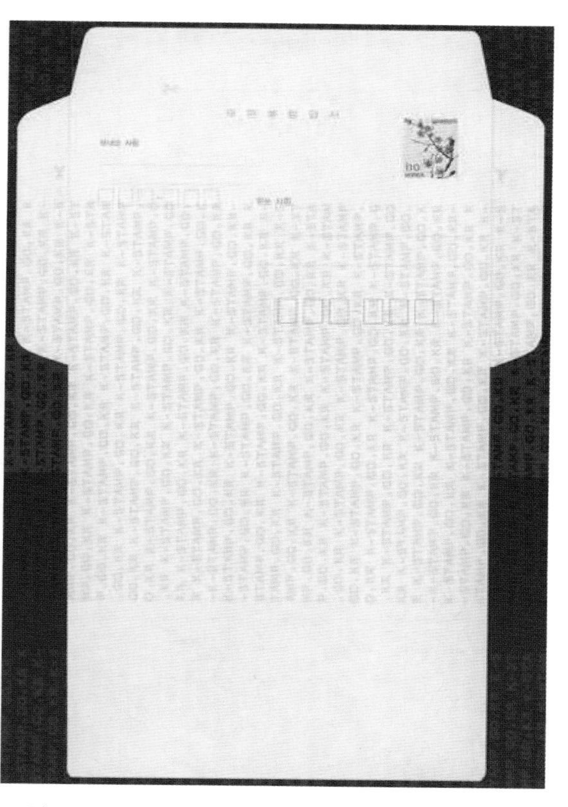

그림 9-2. 매화 봉함엽서(접기 전). 발행 93.3.29

나. 매화 봉함엽서의 통용

① 1993년 2월 10일 우편요금이 인상(고시 제10호; 1993.2.6)에 의해 봉함엽서요금이 110원이 됨에 따라 요액인면금액을 110원으로 변경하여 1993년 3월 29일에 발행하였다. 요액인면의 그림이 매화로 교체되고, 우편번호난이 점선도 있고 실선도 있다. 표면은 가로형이나 내면은 세로형이다. 내면에 점선 인쇄된 것과 없는 것, 두 종류가 있다.
② 고시 제50호(1994.7.27)에 의거 우편요금이 변경되어 매화 봉함엽서 요금이 130원으로 인상됨에 따라 차액 20원의 우표가 첩부되었다.
③ 고시 제75호(1994.9.29)에 따라 우편요금 체계가 제1종, 제2종 등으로 된 것을

무게 중심으로 변경하게 되어 규격봉서 5g까지에 봉함엽서 요금이 적용되어 130원이던 것이 100원으로 인하되었다. 이에 따라 1994년 10월 1일부터 100원 개정인을 날인하여 판매되었다.

10) 국화 봉함엽서

가. 국화 봉함엽서의 내용

① 요액인면; 국화130원
② 발행일; 1994.8.20
③ 크기; 가로형 (펼친 크기) 296mm×210mm
④ 발행량; 수요에 따라 계속 발행
⑤ 지질; 백상지 100g/㎡
⑥ 쇄색; 무선 5도색, 괘선 5도색, 내면 1도.
⑦ 디자이너; 연선영
⑧ 인쇄처; (재)체성회
⑨ 인쇄판식; 평판 옵셋
⑩ 공고 제115호(1994.7.28)

그림 10-1. 국화 봉함엽서 (접은 後, 초일). 94.8.20 발행

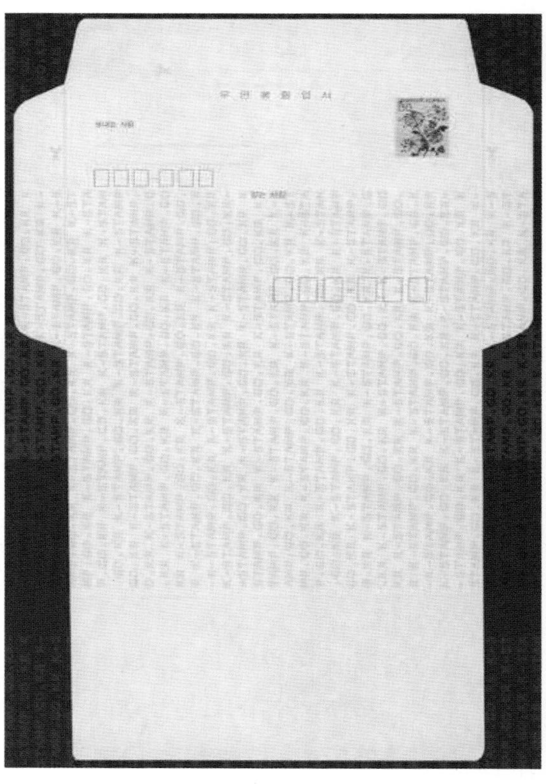

그림 10-2. 국화 봉함엽서 (접기 전). 94.8.20 발행

나. 국화 봉함엽서의 통용

① 1994년 8월 1일 우편요금 인상(고시 제1994-50호; 1994.7.27)에 의해 봉함엽서요금이 130원이 됨에 따라 인면금액을 130원으로 변경하여 1994년 8월 20일에 발행하였다. 요액인면이 국화로 교체되었고, 내면에 점선이 있는 것과 없는 것, 두 종류가 있다.

② 고시 제1994-75호(1994.9.29)에 따라 우편요금 체계가 제1종, 제2종 등으로 된 것을 무게 중심으로 변경하게 되어 규격봉서 5g까지에 봉함엽서 요금이 적용되어 130원이던 것이 100원으로 인하되었다. 이에 따라 1994년 10월 1일부터 100원 개정인을 날인하여 판매하였다.

③ 공고 제1994-161호(1994.9.30)의 우편요금에 맞추어 국화 봉함엽서(100원)를 1994년 10월 1일에 발행하였다. 봉함엽서의 사양은 130원권과 동일하다.

④ 고시 제1995-128호(1995.10.16)로 1995년 10월 16일에 우편요금이 인상되었다. 이에 따라 봉함엽서 요금이 120원으로 차액 20원 우표를 첩부되어 판매하였으며, 공고 제1995-148호(1995.10.16)에 의해 국화봉함엽서 액면 120원권으로 1995년 10월 30일에 발행하였다. 이 봉함엽서의 사양은 130원권과 동일하다.

⑤ 고시 제1997-67호(1997.8.22)로 1997년 9월 1일에 우편요금이 인상되었다. 이에 따라 봉함엽서요금 140원으로 차액 20원을 더해야 했다. 공고 제1997-97호(1997.8.28)로 140원권 국화 봉함엽서를 1997년 9월 1일에 발행하였다. 그 이후 공고 제1998-39호(1998.4.17)로 1998년 4월 27일부터 국화 봉함엽서 100원 권과 120원 권의 요액인면 왼쪽의 직경 22mm 원형 안에 "봉함엽서 140원 정보통신부"라는 개정인을 날인하여 판매하였다.

11) 잠자리 봉함엽서

가. 잠자리 봉함엽서의 내용

① 요액인면; 잠자리 160원

② 발행일; 2002.1.15

③ 크기; 148mm×100mm, 펼친 크기; 186mm×278mm

④ 발행량; 무선 10만장, 괘선 5만장 (수요에 따라 계속 발행)

⑤ 지질; 백상지 80g/㎡

⑥ 쇄색; 5도

⑦ 디자이너; 박은경

⑧ 인쇄처; (재)체성회

⑨ 인쇄판식; 평판 옵셋

⑩ 우정사업부 공고 제2002-2호(2002.1.12)

우편법시행령 제13조 규정에 의하여 우편엽서 발행을 다음과 같이 공고합니다.

2002년 1월 12일 우정사업본부장

우편봉함엽서

1. 보통우편용 우편엽서 (내용생략)
2. 우편엽서 사용편의를 위한 우편요금 수납인 날인(내용생략)

그림 11. 잠자리 봉함엽서(접기 전). 2002.1.15 발행

나. 잠자리 봉함엽서의 통용

① 2002년 1월 15일에 우편요금이 조정(고시 제2002-120호; 2002.1.3)되고, 같은 날 잠자리 봉함엽서가 발행되었다. 또한 이미 발행된 우편엽서의 사용상 편의를 위한 우편요금 수납인을 사용하였다.

② 2004년 11월 1일에 우편요금을 개정(고시 제58호; 2004.10.22)하여 기본요금(규격 25g까지) 220원 시기가 시작되었다. 봉함엽서 요금(격 5g미만)이 190원이므로 잠자리 봉함엽서(160원권)는 우표 30원을 가첩하여 통용하였다.

③ 빠른우편제도를 폐지하여 2006년 3월 1일부터 시행하고, 우편요금을 개정하여 2006년 11월 1일(고시 제41호; 2006.10.19)부터 기본우편요금(규격 25g까지) 250원 시기가 시작되어 봉함엽서(규격 5g미만) 요금이 220원으로 개정되어 잠자리 봉함엽서(160원권)는 우표첩부 60원으로 통용되었다.

다. 취급

이 봉함엽서는 처음부터 1종우편물(一種郵便物) 중의 봉서(封書)와 같은 취급을 받았다. 1994년 8월 1일 요금조정(料金調整) 때에도 130원이 되었고, 2개월 후인 1994년10월 1일 요금조정 때에는 엽서(葉書)라는 용어는 없어지고, 5g미만 우편물로 취급되기 시작했다. 요금을 1종, 2종 체계에서 무게단위로 변경되었기 때문이다.

3. 봉함엽서의 폐지(廢止)

봉함엽서와 관련된 우정사업본부의 고시를 보면 그 내용이 다음과 같다.

우정사업본부 고시 제2007-22호(2007.9.4) 「우편법시행규칙 제19조 제3항에 따라 고시한 우편엽서의 종류, 규격, 형식, 발행방법(정보통신부 고시 제1997-123호; 97.12.31)중 왕복엽서와 봉함엽서의 폐지에 따라 다음과 같이 개정(改定) 고시(告示)한다.」에 의하여 2007년 9월 4일 자(字)로 폐지되고 말았다. 이 고시로 모든 것이 폐지된 것이 아니고, 발행 근거(根據)만 없어졌다. 사제엽서(私製葉書)는 규격요건(規格要件) 등이 적합(適合)하면 쓸 수 있도록 했다.

첨부. 1. 봉함엽서 발행 일람표
2. 봉함엽서 인면별 상해표.
3. 매화 및 국화 내용별 발행 시기

김 탁 중 (#333)
대한우표회 전 회장
수집과목: 우편엽서

1. 봉함엽서 발행 일람표

번호	발행일	공고	인면	요액	발행량	종	인쇄처	요금인상	비고
1	52. 5.10	제152호 52. 4.25	경회루	300원	50만	1	동양정판	51.11. 6	
2	53.12.31	제274호 53.11.28	기러기	10환	45만	1	남양인쇄	52. 9.20	화폐개혁 100:1
3	57. 5.20	제728호 57. 5.20	마패	40환	120만	1	한국조폐공사	57. 1. 1	
4	63. 2. 5	제523호 63. 1.21	마패	4원	30만	1	〃	62. 6.10	화폐개혁 10:1
5	66. 3.10	제702호 66. 3 3	까치	7원	30만	1	〃	66. 1. 1	요액 700
6	69. 8. 1	제43호 69. 7. 8	까치	7원	50만	1	〃		요액 7
7	71. 2.10	제2호 71. 1. 8	우편도령	10원	50만	1	〃	69.12.27	
8	75. 9. 1	제51호 75. 8.25	우편도령	20원	수요에 따라 발행	1	〃	75. 7. 1	
9	80. 3. 3	제9호 80. 2.25	불상	30원	〃	1	〃	80. 1.10	
10	81. 6.30	제50호 81. 6.18	불상	40원	〃	1	〃	81. 6. 1	
11	82. 3.20	제9호 82. 3. 3	불상	60원	〃	1	체성회	81.12. 9	
12	83. 5.10	제39호 83. 4.13	불상	60원	〃	1	〃		표어들이
13	83. 6. 1	제56호 83. 5.30	불상	70원	〃	1	〃	83. 6. 1	
14	84. 3.20	제23호 84. 3. 5	불상	70원	〃	1	〃		가로쓰기
15	85. 8. 1	제64호 85. 7.19	십장생도	70원	〃	2	〃		
16	86. 9.16	제73호 86. 9.13	〃	80원	〃	2	〃	86. 9.16	우편번호 5자리 표어
17			〃	80원	〃	2	〃		우편번호 6자리 표어 (88.2.1시행)
18	90. 9.15	제84호 90. 8.17	석류	100원	〃	2	〃	90. 5. 1	296×210
19	91.10. 7	제97호 91. 9. 3	〃	100원	〃	2	〃		186×278
20			〃	100원	〃	2	〃		2선(92.7.1)
21	93. 3.29	제30호 93. 3.12	매화	110원	〃	2	〃	93. 2.10	우편번호 칸 점선
22			〃	110원	〃	2	〃		우편번호 칸 선
23	94. 8.20	제115호 94. 7.28	국화	130원	〃	2	〃	94. 8. 1	
24	94.10. 1	제161호 94. 9.30	〃	100원	〃	2	〃	94.10. 1	
25			매화	110원	〃	2	〃	제75호(94.9.29) 요금조정으로 재고 봉함엽서에 아래와 같은 고무인을 날인하여 100원에 판매. 봉함엽서 100원	
26			〃	110원	〃	2	〃		
27			국화	130원	〃	2	〃		
28	95.10.30	제148호 95.10.16	〃	120원	〃	2	〃	95.10.16	
29	97. 9. 1	제97호 97. 8.28	〃	140원	〃	2	〃	97. 9. 1	
30	98. 4.27	제39호 98 .4.17	〃	100원	〃	2	〃	재고엽서에 개정인140원에 판매 봉함엽서 140원 정보통신부	
31			〃	120원	〃	2	〃		
32	02. 1.15	제2호 02. 1.12	잠자리	160원	무선10만 유선 5만	2	〃	02. 1.15	
33	07. 9. 4	제22호 07. 9. 4						봉함엽서 제도폐지	

2. 봉함엽서 인면별 상해표

인면	사용기간	종수	종수를 쉽게 분류하는 방법
경회루	1년 7개월	1	
기러기	3년 5개월	1	
마패	8년 9개월	2	① 40 ② $4^{\underline{00}}$
까치	5년	2	① $7^{\underline{00}}$ ② 7
우편도령	9년 1개월	2	① 10 ② 20
불상	5년 5개월	6	① 30 ② 40 ③ 60 표어 없음 ④ 60 표어 있음 ⑤ 70 세로형 ⑥ 70 가로형
십장생도	5년 1개월	8	① 70 ② 80 우편번호5, 표어 있음 ③ 80 우편번호6, 표어 없음 ④ 80 우편번호6, 표어 있음 ⑤ 8종중 4종은 내면 점선
석류	2년 7개월	6	① 가로형접지(296×210) ② 세로형접지(186×278) ③ 보내는 사람, 받는 사람 2선 ④ 6종중 3종은 내면에 점선
매화	8년 9개월	42	내역 별첨
국화			
잠자리	5년 8개월	2	
합계	55년	72	

3. 매화 및 국화 내용별 발행 시기

1) 매화 봉함엽서

번호	점선	뒷면	우표붙임	고무인	시기
1	점	백지			93. 3. 29
2	점	점선들이			93. 3. 29
3	선	백지			93.11. 경
4	선	점선들이			93.11. 경
5	선	백지	20원		94. 8. 1
6	선	점선들이	20원		94. 8. 1
7	점	백지	20원		94. 8. 1
8	점	점선들이	20원		94. 10. 1
9	선	백지	20원	⬭	94. 10. 1
10	선	점선들이	20원	⬭	94. 10. 1
11	선	백지		⬭	94. 10. 1
12	선	점선들이		⬭	94. 10. 1
13	점	백지		⬭	94. 10. 1
14	점	점선들이			94. 10. 1
15	점	백지	20원	⬭	
16	점	점선들이	20원	⬭	

주; ⬭ 봉함엽서 100원

2) 국화 봉합엽서

순서	액면	뒷면	우표붙임	고무인	시기
1	130	백지			94. 8. 20
2	130	점선들이			94. 8. 20
3	100	백지			94. 10. 1
4	100	점선들이			94. 10. 1
5	130	백지			94. 10. 1
6	130	점선들이		⬭	94. 10. 1
7	120	백지			95. 10.30
8	120	점선들이			95. 10.30
9	100	백지	20	⬭	95. 10.16
10	100	점선들이	20		95. 10.16
11	130	백지	20	⬭	95. 10.16
12	130	점선들이	20	⬭	95. 10.16
13	140	백지			97. 9. 1
14	140	점선들이			97. 9. 1
15	100	백지	20+20		97. 9. 1
16	100	점선들이	20+20		97. 9. 1
17	120	백지	20		97. 9. 1
18	120	점선들이	20		97. 9. 1
19	130	백지	20+20	⬭	97. 9. 1
20	130	점선들이	20+20	⬭	97. 9. 1
21	130	백지	10		97. 9. 1
22	130	점선들이	10		97. 9. 1
23	100	백지			98. 4. 27
24	100	점선들이		○	98. 4. 27
25	120	백지		○	98. 4. 27
26	120	점선들이		○	98. 4. 27

주; ⬭ 봉합엽서 100원

○ 봉합엽서 140원 정보통신부

"靑丘方寸"의 國際化는 어떻게 이루어졌는가?

How Korean Philately Was Globalized?

강윤홍

Kahn, Yoon Hong

"靑丘方寸"의 國際化는 어떻게 이루어졌는가?

강윤홍 (RDP, FRPSL, #23)

1. 아시아대양주 우취연맹(FIAP) 탄생과정과 우리나라의 가입

아시아대양주우취연맹(FIAP; Federation of Inter-Asian Philately)은 1970년 12월에 이치다가 싱가포르의 고서우추안(Koh Seow Chuan)에게 전화를 걸어 아시아대양주 우취인들의 조직을 구성하는 문제를 그 달 말에 협의하자고 제안한 것이 시작이었다. 고서우추안은 호주의 가트너(John Gartner), 말레이지아의 캉디쉬(Kandish), 타일랜드의 스튜어트(Stewart)를 소개했고, 이치다는 이란의 코르쉬드(Khorshid)를 소개했다. 싱가포르의 고서우추안은 멜버른 대학교 건축학부 출신으로 호주와 동남아에 많은 우취인들을 알고 있었으므로 쉽게 협의가 이루어질 수 있었다. 1971년 고서우추안은 이치다와 2회에 걸쳐 도쿄에서 만났고, 渡邊良夫, 金井宏之, 水原明窓, 石川良並 등과도 친분을 맺었다.

FIAP 상임이사회를 거쳐 1974년 3월에 설립총회를 개최했다. 그리고 8월 이사회를 거쳐 9월에 Singapore에서 등기를 완료했다. 가맹국은 Indonesia, Iran, Hong Kong, Japan, Malaysia, Singapore, Thailand등 7개국이었다.(이하 총회라 하면 FIAP총회를 가리킴)

1974년에 대한우표회는 창립 25주년을 맞이하여 기념행사를 준비하고 있었다. 그 해 3월 15일, 한국기원회관 502호에서 한국우취단체총연합회(KPF; The Philatelic Federation of Korea) 결성총회가 개최되어 회장 진기홍, 부회장 이규봉, 섭외위원장 강윤홍이 선임되었다. 3월 29일, 일본우취연합(JPF)으로부터 FIP 부회장이자 JPF 부회장인 이치다 쇼이치(市田左右一)가 渡邊良夫, 原田盛義, 近藤一郎 등 3명의 FIAP와 JPF 관계자들과 함께 내한하겠다는 서신을 보내와서 대한우표회에서는 회장 명의로 대한우표회 창립25주년 기념 우표전람회(PHILASEOUL 74) 초청장을 보냈다. 4월 17일에 FIAP 초대회장인 이치다 일행이 내한하여 PHILASEOUL 74에 참석을 했다. 그리고 7월 31일에 FIAP/JPF의 渡邊良夫, 原田盛義이 내한(來韓)하여 진기홍 회장 및 필자와 KPF의 FIAP 가입건을 협의(協議)했다. 8월 2-3일, 방콕에서 열린 제1회 FIAP 이사회에서 JPF의 市田左右一, 渡邊良夫, 原田盛義 등 3명이 제안한 한국과 인도의 FIAP 가입건이 전원일치로 가결됨으로써 한국우취의 국제무대 진출이 이루어졌다.

돌이켜 보면 1974년 3월 15일, 진기홍의 선도로 전국의 우취단체 스스로가 연합체를 창립하게 된 것은 장래를 내다본 매우 뜻깊은 일이었다. 뒤를 이어 FIAP에 가입할 수 있었던 것은 초대회장인 이치다의 방한과 배려에 의해 FIAP 가입이 이루어진 것에 대해 감사하게 생각한다.

1975年 2月, Kuala Lumpur에서 열린 첫 총회에서 한국과 인도가 가입하여 9개국이 되었다. 회장은 이치다, 부회장은 코르쉬드, 총무는 스튜어트, 재무(財務)는 소기순(Soh Ghee Soon, Singapore)이 선출되었고, 전람회위원회에서 Singapore의 국제전 개최계획을 보고했다. 그러나 최초의 아시아전시회는 연기되어 1977년에 인도 Bangalore에서 국내전과 함께 개최되었다. 필자는 FIAP 및 FIP의 총회에 출석하여 관계를 돈독히 하려 했지만 FIP가 우선이고, FIAP가 차선이었으므로 당시 FIAP 총회에 참석할 기회는 매우 드물어서 일본을 통해 소식을 전해듣곤 했다.

2. 한국우취단체총연합회의 FIP 가입의 필연성

필자는 FIP 가입시기에 대해 조심스럽게 우회적으로 FIAP 이치다 회장과 많은 대화를 나눠 왔다. 이치다는 "최소 유럽의 주요국들 6개국과는 사전교류를 해 두는 것이 좋겠다"는 것과 "FIAP에 참석할 한국대표를 정하고, 매년 FIAP 총회에 꼭 참석해 달라"는 이야기를 들었다. 아는 그의 입장을 고려한 회답이었다.

한편으로 필자가 유념해야 했던 것은 6개 대상국의 인물들에 대해 사항별로 분석해 두어야 한다는 점이었다. 이런 가운데서도 대한우표회 창립25주년 행사에 우방을 불러들여 한국우취계의 입지를 또렷이 보여준 일과 FIAP 가맹국이 된 것은 매우 뜻깊은 일이었다.

그동안 필자는 구한국작품으로 타이완 우정국이 주최한 우표전에 수년간에 걸쳐 출품하여 수상을 해 왔다. 당시에는 타이완우취인들이 우리보다 훨씬 우취수준)이 높았고(그 예로, 중국본토에서 타이완으로 이주한 중국고전 우표수집가인 유명 우취인이 여럿 있었고, 또 타이완 전시회가 Closed가 아니라 Opened 였으므로 세계전시회에 출품하기 위한 준비삼아 3회 출품한 바 있다), 수집품 중에 「조선국내 중국(청국)해관우편물 "등기" 취급인」에는 매우 희귀인이 있어서 잠시나마 그들에게 주목(注目)을 받기도 했다.

필자는 FIP 가입이 생각하기에 따라서는 아주 급한 일이라 할 수도 있으나, 긴 안목으로 본다면 잠시 미룰 수도 있다고 판단했다. 더 중요한 것은 1984년에 마주해야 할 "한국우표100주년"을 가장 중요하게 염두에 두고, 대책을 마련해야 한다는 점이였다. 이미 세계각국은 자국의 우표발행 100주년기념 세계전시회를 FIP후원(FIP Patronage) 하에 거의 빠짐없이 개최해 왔기 때문이다. 대부분의 경우, 세계전시회는 경쟁전으로 해야 하고, 그러려면 수십개국의 경쟁작품 초청과 이를 심사해야 할 수십명의 권위 있는 외국심사위원들을 초청하는 과정에 어려움이 있어서 FIP의 힘과 조직을 빌릴 수밖에 없기 때문이다. 그러기 위해 가장 쉬운 길이 FIP에 가입하는 일이었다.

3. 한국우취단체총연합회의 FIP 가입 준비

1975년 초에 필자는 그 해부터 수년간에 걸친 FIP 후원으로 열릴 세계전시회 예정국과 개최 도시, 기간, FIP 연차총회 개최 여부 등을 부지런히 조사했다. 그러나 1975년 초에는 4~5년 정도의 정보만 얻을 수 있었다.

1984년에 한국우표 100주년 행사를 준비하기까지 지속적으로 얻은 정보를 표시한 것이 표 1이다. 제44차 대회부터 제53차 대회까지를 표 1에 표시했으며, 1984년에 우리나라에서 세계전시회를 열기 위해서는 표에 나타난 세계전시회의 기간과 필자가 FIP 총회에 출석할 수 있는지, 또 각국 대표와 얼마나 친분을 가질 수 있을 것인가에 대해 계획을 세워야 했다.

표 1. 1975년부터 1984년까지 FIP 후원 세계전시회

총회 날짜	총회 차수	개최국	개최도시
1975. 4. 7~9	제44차	스페인	마드리드
1976. 5. 27~28	제45차	미국	필라델피아
1977. 6. 4~5	제46차	네덜란드	암스테르담
1978. 9. 6~7	제47차	체코	프라하
1979. 5. 16	제48차	불가리아	소피아
1980. 11. 11~14	제49차	서독	에센
1981. 5. 18~20	제50차	오스트리아	비엔나
1982. 6. 21	제51차	프랑스	파리
1983. 7. 27~28	제52차	브라질	리오데자네이로
1984. 5. 7~9	제53차	스페인	마드리드

*1981년에 이 표를 얻었으며, 날짜는 약간의 차이가 있을 수 있음.

1984년 세계전시회를 유치하기 위해서는 첫째, 당장에라도 FIP에 가입해야 하며, 둘째, FIP 연차총회에 빠지지 않고 우리대표를 파견하는 것을 연합차원에서 기본원칙으로 삼아야 했다. 4월의 제44차 총회에 참석하여 가입신청을 하기 위한 서류 준비에 착수했다. KPF 창립이 어떤 의미에서는 너무 늦었다고 할 수도 있으나, 문제는 우리나라 우취계가 전체 우취인구나 고전우표 수집인구를 볼 때 소위 구미우취선진국과는 비교할 수 없을 만큼 빈약한 상황이었다. "뱁새가 황새를 따라가면 가랑이가 찢어진다"는 속담처럼 우취선진국을 따라잡는다는 것이 쉬운 일은 아니었지만 FIP에서 부끄럽지 않은 KPF로 자처할 수 있는, 모범 회원국이 되어야겠다는 다짐을 했다. 이를 위해 KPF는 우취선진국처럼 고전우표에 치중할 것이 아니라 우정사업본부의 공동작전으로 우리에게 맞는 작품을 만드는 것도 한 방법일 것이다, 즉 한정된 우리 고전우표나 그 시기의 우정사에 얽매이기 보다는 테마틱이나 현대우취분야의 고급화를 위한 끈질긴 노력을 할 필요가 있었다.

마드리드 총회에서는 KPF의 가입 승인을 받아야 했다. 신회원국 가입승인은 총회에서 회원국의 투표로 정해지므로 기가입국의 특성을 파악해야 했다. KPF에서 몇 사람을 선정하여 FIP 연차총회에 돌아가면서 참석하고, 책임있는 보고를 하게 하며, 각자가 FIP내 전통, 우정사, 테마틱의 전문위원회에 만이라도 들어갈 수 있어야 했다.

이러한 내용을 KPF 진기홍 회장께 이야기하자 “FIP 가입은 필수사항이지만 전문위원회에서 활동하는 일은 그 실현성이 나타나려면 10년 이상은 더 걸릴 것 같군”하시며 파안하신 일이 있었다. “FIP 가입은 또 강선생께 신세질 수밖에 없으니 어찌하오?”라고 하시는 것이었다. 전문위원회 활동에 대해서는 괜한 제안을 했구나 하고 후회한 일이 있는데 실은 이것이 우리가 FIP에 가입해야 하는 목적의 하나로 FIP내 10수개 전문위원중에서 적어도 3개 전문위에는 우리나라 우취인들이 위원으로 반드시 들어가야 할 것이다. 필자는 진기홍 회장의 권유에 의해 4월의 FIP 제44차총회에 맞추어 FIP 가입작전에 몰입해야 했다.

4. 한국우취단체총연합회의 FIP 가입과 한국우표백주년기념 세계우표전시회 개최를 위한 지반 닦기

제44차 FIP 총회가 열리는 스페인 마드리드 시내에는 “ESPANA 1975"라는 FIP Patronaged World Stamps Exhibition 홍보물이 대대적으로 펼쳐져 있어서 축제 분위기를 느끼게 했다. 필자는 이왕 가기로 했으니 구한국작품의 일부분을 출품하는 것이 예의일 것도 같아 수상의 기대는 전혀 하지 않고 출품하였다. 유럽 심사위원들의 우리 구한국작품 품평수준을 알아볼 수 있는 좋은 기회가 되리라 생각했기 때문이다. 이 짐작은 맞아 떨어 저 “ESPANA 1975"에서 필자의 출품작은 우리 구한국작품평가기준보다 약 3단 낮게 평가받았다. 우리 구한국작품을 FIP 세계전시회에서 처음 평가를 받은 것이므로, 1~2단 하위까지는 이해가 가지만 3단 하위는 의외여서 후일 이치다(FIP 부회장)와 충분히 토의를 해야겠다는 생각을 했다.

ESPANA 1975 개막 전날, 주 스페인 대한민국대사관으로 신상철 대사를 찾아 가서 마드리드에 온 목적을 설명하고 구체적으로 도움을 청했다.

“FIP 총회에서의 신가입국 승인을 결정하는 의제는 마지막 안건이므로 전시회 마지막 날 마지막 순서입니다. 각국 대표들이 피로를 느끼면서도 폐막의 기쁨이 교차되는 때에, 우리는 긴장한 채 의사진행과정과 분위기를 살펴봐야 할 형편입니다. 가입에는 문제가 없으나 북측 사람들이 훼방을 놓을 가능성이 있습니다. FIP는 정치적 의도나 행동을 허용하지 않으니 대사님은 걱정 안 하셔도 됩니다. 의장이 새로 가입하는 나라에 연설을 요청할 테니 대한민국의 역사와 우취계에 대한 설명은 제가 영어로 하고, 다음에 우리가 FIP 가입과 더불어 어떻게 기여할 것인지를 쓴 그 원고가 여기 있으니 스페인어로 번역하여 멋있게 낭독해 줄 수 있는 분을 대사관직원중에서 추천(推薦) 해 주십시오.”

신상철 대사는 좋은 말씀이라며, 적극 협력하겠다고 약속해 주셔서 FIP 총회 첫 날에 만날 곳 등을 확인하고, 가벼운 마음으로 대사관을 나왔다. 마드리드에서의 FIP 세계전시회 전시기간중 9일은 각국 우정당국의 공식전시장을 전부 찾아 다니면서 그 나라의 FIP 총회 대표가 나와 있으면 꼭 만나서 자기소개를 하고, 유럽 국가는 공산국가와 민주국가의 진영을 감안하여 대화의 실마리를 풀었고, 동남아 국가는 태평양전쟁 때 일제하 한국인의 어려움과, 연합군 승리로 한국이 다시 독립을 얻었으나 남북분단의 고통이

켰음에도 불구하고 고도산업화를 이루기까지 국민들의 노력과 보람이 큰 것에 대한 이야기로 실마리를 풀었다. 그러나 각국대표 대부분이 총회 전날에야 입국했으므로 이 9일간 각국 대표를 만나는 일이 어렵기도 했다. 그래도 필자의 마음은 매우 편했던 기억이 새롭다. 일찍 온 대표들과는 얼굴을 맞대로 이야기를 나눌 수 있었으므로 필자의 의사를 전할 수 있었기 때문이다. 이 경험은 후일 필자에게 매우 좋은 결과를 전해 주었다. 필자의 노력이 설령 미미한 것이었다 해도 '극동의 소국의 아무개가 열정적으로 자국의 우취계를 소개하고 다니더라'라고 그들에게 기억될 수 있다면 그것만으로도 응분의 가치가 있을 거라고 믿었다.

제44차 FIP 총회는 2일간이었다. 마지막날 KPF의 가입승인 투표에서 구소련 세력하에 있던 동유럽 6개국은 모두 기권했고, 의장 요청에 의해 신가입국 대표로 나의 소감표명과 함께 신상철 대사가 추천한 분의 스페인어 소감표명이 이루어졌다. 이 스페인어 소감표명이 뜻하지 않게 총회의석뿐 아니라 관중들에게도 큰 호소력이 있어서 총회장에 박수 환호의 소리가 모두의 귀를 찌를 정도로 인상적이었다. 스페인 관중들은 잘 알지도 못하는 극동의 소국 대한민국 사람이 자기네 말로 참으로 멋있게 신가입국의 책무에 대해서 멋드러지게 설명을 하니 깜짝 놀랐을 것임이 분명하다. 아무튼 일제히 박수와 환호가 폭발한 형국은 필자에게 감격의 순간이 아닐 수 없었다. 필자는 이 순간의 감격과 환호와 박수소리를 지금도 잊을 수가 없다. 이런 경험은 응분이 아니라 흥분과 용기를 돋구는 것이기도 했다.

이 감격을 서울에서 가다리시는 진기홍 회장에게 전하기 위해 급히 호텔 전화를 찾아가고 있는데 뒤에서 나를 부르는 소리가 들렸다. 돌아보니 체코 대표이자 FIP 이사인 거구의 드보라첵(Dvoracek)이었다. 그는 "가입을 진심으로 축하한다. 그런데 협력을 못해서 매우 미안하다. 그 사정은 잘 알지 않느냐?" 다시 축하한다고 내 손을 꽉 잡더니 그의 두 손 속에 내 두 손을 집어넣고 흔드는 것이었다. 나는 즉시 "당신의 입장을 잘 이해하며, 당신의 말을 믿는다. 우취인의 뜻은 서로 상통하니 나는 믿는다. 참으로 고맙다"고 답하고는 다시 두 손을 잡고 서로 고맙다고 했다. 필자와 드보라첵과의 특별한 우정의 꽃이 이 때부터 피었던 것이다. 당시 드보라첵은 극동의 분단국인 대한민국 대표에게 오해가 없도록 무척 신경을 쓰고 있었음이 분명하다. 1975년에는 비록 지구상에 냉전시대가 끝나고 없어졌지만, 이 원고를 작성중인 2015년의 성하기 8월초보다는 어딘가 껄끄러운 분위기가 남아 있었다고 할 수 있다.

강 윤 홍 (#23)
전 대한우표회장, 전 한국우취연합 부회장
수집과목: 구한국우표

부록

(Appendix)

편집부

대한우표회 약사

1949. 7.16	창립모임. 회명을 대한우표회로 정한 후 회칙 초안 작성.
1949. 8. 1	창립총회겸 제1회 예회 개최. 초대 이사장 윤종호 취임.
1950. 1.15	휘장 제정.
1952. 2.24	공보처장으로부터 "신문 기타 정기간행물 허가증"을 받음. (표제 우표세계, 허가번호 제505호)
1952. 4.25	기관지 "우표세계" 창간호를 발행.
1955.10.18	제1회 우표와 우편사업 사진전람회 개최 체신부와 공동주최, 동화백화점(현재의 신세계 백화정)
1956. 4. 8	제6회 총회 개최, 2대 오천석 이사장 취임.
1957. 7.20	증정용 소형시트 목록 발행.
1958.10.25	한국우표관제엽서 목록 발행.
1960. 6.30	표준한국우표목록 1960 발행.
1961. 4.23	제11회 총회 개최. 3대 이태환 이사장 취임.
1963. 1.21	제13회 총회 개최. 4대 윤종호 이사장 취임.
1966. 3.11	제16회 총회 개최. 5대 오지섭 이사장 취임.
1970.10.15	제20회 총회 개최. 회장제로 바꾸고 초대 오지섭 회장 취임.
1972. 4. 6	임시총회 개최. 2대 이규봉 회장 취임.
1973. 6.16	서울 중앙우체국 사서함 제204호를 본회 사서함으로 사용개시.
1973. 6.20	휘장을 개정하여 제정.
1974. 4.18	창립 25주년 기념우표 전람회(PHILASEOUL 74) 개최. 장소: 미도파백화점
1974. 5. 9	창립 25주년 기념논문집 『韓國郵票九十年』 발행.
1975. 1.17	"오지섭상", "한국우표 Best 1" 제정 후 첫 시상식.
1979. 4.28	임시총회 개최. 3대 유철 회장 취임.
1982. 9. 3	임시총회 개최. 4대 이규봉 회장 취임.
1983.10. 4	표준한국우표목록 판권을 한국우취연합에 이양.
1984. 9.21	창립 35주년 기념행사 개최. 장소: 조선호텔 옥시드룸
1984.10. 1	창립 35주념 기념논문집 『韓國郵票百年』 발행.
1986. 2. 1	제36회 총회 개최. 5대 신무성 회장 취임.

1988. 2.27	第38회 총회 개최. 6대 김탁중 회장 취임.
1989.10.20	창립 40주년 기념 우표전시회 개최. 장소: 서울중앙우체국 우정박물관
1994. 1.29	第44회 총회 개최. 7대 강윤홍 회장 취임.
1999. 9.11	창립 50주년 기념 우표전시회 개최. 장소: 서울중앙우체국 우정박물관
2001.10. 1	인터넷 홈페이지 개설.
2002. 8. 2	PHILAKOREA 2002에 대한우표회 부스 운영.
2002.11.23	명예회원 초청예회 개최. 매년 1회 명예회원 초청예회를 가지기 시작.
2003. 1.24	第53회 총회 개최. 8대 김장환 회장 취임.
2004. 5.16	온라인 카페 개설(http://cafe.daum.net/KorPhilSociety)
2004.11.19	창립 55주년 기념 우표전시회 개최. 장소: 장소: 제일은행 본점 1층
2009. 1.26	第59회 총회 개최. 9대 허진도 회장 취임.
2009.10.30	창립 60주년 기념 우표전시회 개최 장소: 서울 중앙우체국 2층
2013. 1.26	第59회 총회 개최. 10대 김정석 회장 취임.
2015.11.28	第1회 한석상 시상식.
2016.11.17	PHILASEOUL 2016 전시회 개최. 장소: 서울 중앙우체국 10층 대회의실
2017. 1.14	第63회 총회 개최. 11대 안종만 회장 취임.

대한우표회 정기총회 및 회장단

1949. 8. 1 발기인 대회 및 회장단구성
이사장; 윤종호, 상무이사; 황우상
이사; 오지섭, 이갑진, 김용택

1950. 4. 4 제1회 총회: 전원 유임

1952. 4. 6 제2회 총회 (한국전쟁으로 정기총회 연기)
이사장; 윤종호, 상무이사; 황우상
이사; 오지섭, 김용택, 강윤홍

1953. 4. 5 제3회 총회
이사장; 윤종호, 상무이사; 황우상
이사; 오지섭, 김용택, 강윤홍, 송기주, 이창식, 한승인

1954. 4.11 제4회 총회
이사장; 윤종호, 상무이사; 황우상
이사; 오지섭, 강윤홍, 한승인, 송기주, 전창일

1955. 4.10 제5회 총회
이사장; 윤종호, 상무이사; 황우상, 강윤홍
이사; 오지섭, 송기주, 한승인, 이규봉, 심왕택

1956. 4. 8 제6회 총회
이사장: 오천석, 상무이사; 황우상, 강윤홍, 이동성
이사; 오지섭, 이규봉, 윤지병, 윤종호

1957. 4.17 제7회 총회
이사장: 오천석, 상무이사; 황우상, 강윤홍, 이동성
이사; 오지섭, 윤종호, 한승인, 이태환, 송기주

1958. 4.13 제8회 총회
이사장: 오천석, 상무이사; 황우상, 강윤홍, 이동성
이사; 오지섭, 윤종호, 한승인, 이태환, 송기주

1959. 4.12 제9회 총회
이사장: 오천석, 상무이사; 황우상, 이동성
이사; 오지섭, 윤종호, 한승인, 이태환, 강윤홍, 이규봉, 박수빈, 이덕표

1960. 7.10 제10회 총회
이사장: 오천석, 상무이사; 이동성
이사; 오지섭, 윤종호, 한승인, 이태환, 강윤홍, 박수빈, 이덕표, 황우상,

이해순

1961. 4.23 제11회 총회
이사장: 이태환, 부이사장; 오지섭
이사; 윤종호, 강윤홍, 윤지병, 이종우, 오정무, 유철, 이성우

1962. 제12회 총회: 집회허가를 받지 못해 무기연기, 임원 유임

1963. 1.21 제13회 총회
이사장; 윤종호, 부이사장; 오지섭, 상무이사; 황우상
이사; 오정무, 유철, 이성우, 김충인, 박태근, 유재춘, 이갑진, 함낙훈

1964. 1.29 제14회 총회
이사장; 윤종호, 부이사장; 오지섭, 상무이사; 황우상
이사; 이성우, 김충인, 이갑진, 노병인, 윤지병, 이철용, 채원술, 하문수

1965. 1.27 제15회 총회
이사장; 윤종호, 부이사장; 황우상
이사; 이성우, 이갑진, 윤지병, 이철용, 채원술, 하문수, 박정규, 이규봉

1966. 3.11 제16회 총회
이사장; 오지섭, 부이사장; 윤종호, 상무이사; 황우상
이사; 이성우, 이갑진, 윤지병, 이철용, 채원술, 하문수, 이규봉, 박승열, 정대신.

1967. 1.30 제17회 총회
이사장; 오지섭, 부이사장; 윤종호, 상무이사; 황우상, 박승열
이사; 이규봉, 강윤홍, 김형식, 안성준, 이덕표, 이종우, 한광호

1968. 월례회는 당분간 중지하고 이사회를 매월 개최함.

1969. 1.18 제19회 총회
이사장; 오지섭, 부이사장; 이종우, 감사; 이철용
이사; 이규봉, 안성준, 김형식, 양갑성, 이태환, 전창일, 정대신

1970.10.15 제20회 총회
회장; 오지섭, 간사; 이규봉, 감사; 윤종호

1971. 1.21 제21회 총회: 회장단 유임

1972. 1.20 제22회 총회: 회장단 유임

1972. 4. 6 임시총회 (3월 9일 오지섭 회장 별세)
회장; 이규봉, 간사; 강윤홍, 감사; 윤종호

1973. 1.25 제23회 총회: 회장단 유임

1974. 1.10 제24회 총회: 회장단 유임

1975. 1.17 제25회 총회
회장; 이규봉, 간사; 강윤홍, 부간사; 김광재, 유철, 감사; 조연성

1976. 1.23 제26회 총회 (이사 임기를 2년으로 회칙 개정)
회장; 이규봉, 감사; 조연성

	이사; 강윤홍(상무), 유철(재무), 이동성, 황우상, 김갑식, 이철용
1977. 1.21	제27회 총회: 임원개선 없음 (임기 2년)
1978. 1.20	제28회 총회
	회장; 이규봉, 감사; 조연성
	이사; 강윤홍(상무), 유철(재무), 황우상(섭외), 김갑식(간행) 이철용(홍보), 박상운(서무)
1979. 1.29	제29회 총회: 임원개선 없음 (임기 2년)
1979. 4.28	임시총회 (김갑식 간행이사의 불미스러운 행위에 대해 임원 일괄 사퇴)
	회장; 유철, 감사; 조연성
	이사: 강윤홍(상무), 김연호(재무), 황우상(섭외), 이덕표(간행) 이철용(홍보), 박상운(서무)
1980. 1.25	제30회 총회
	회장; 유철, 감사; 조연성
	이사: 김광재(상무), 김용하(재무), 황우상(국내), 강윤홍(국제) 여해용(간행), 김갑식(서무)
1981. 1.23	제31회 총회
	회장; 유철, 감사; 신무성
	이사: 김광재(상무), 김용하(재무), 조연성(국내), 김승덕(국제) 홍정웅(간행), 김단(서무)
1982. 1.29	제32회 총회: 임원 전원 유임
1982. 9. 3	임시총회 (전 임원 퇴임)
	회장; 이규봉
	이사: 이덕표(상무), 조연성(재무), 김연호(섭외), 강윤홍(상해), 김광재(목록), 홍정웅(회보), 김승덕(우표 100년), 박상운(토피컬),
1983. 1.28	제33회 총회 (* KPS회보 199호 11쪽, 83.7.31)
	회장; 이규봉, 감사; 신무성
	이사: 이덕표, 조연성, 김연호, 강윤홍, 김광재, 홍정웅, 김승덕
1984. 1.21	제34회 총회
	회장; 이규봉, 감사; 신무성
	이사: 이덕표(상무 및 재무), 김연호(섭외), 강윤홍(간행), 유철(지도), 홍정웅(홍보), 김승덕(서무)
1985. 1.26	제35회 총회
	전년도 회장단 연임, 김연호 섭외이사 사임으로 이동성 선임
1986. 2. 1	제36회 총회
	회장; 신무성, 감사; 이규봉
	이사; 이덕표, 강윤홍, 이철용, 이덕표, 이동성, 박승렬, 안종만.
1987. 2.14	제37회 총회: 임원 개선 없음

1988. 2.27 제38회 총회
회장; 김탁중, 감사; 이규봉
이사 이동성, 박상운, 여해룡, 김단.
1989. 2.18 제39회 총회: 임원 개선 없음
1990. 1.20 제40회 총회
회장; 김탁중, 감사; 이규봉
이사; 이철용, 홍정웅.
1991. 1.19 제41회 총회: 김승제. 김성권을 이사로 보강
1992. 1.15 제42회 총회
회장; 김탁중, 감사; 이철용
이사; 강윤홍, 김성권.
1993. 1.30 제43회 총회: 임원 개선 없음
1994. 5.28 제44회 정기총회 개최
회장; 강윤홍, 감사; 김탁중
이사; 이덕표, 박계숙, 알렉산더 간제
1995. 1.28 제45회 총회: 임원 개선 없음
1996. 1.27 제46회 총회: 임원 전원 유임
1997. 1.25 제47회 총회: 임원 개선 없음
1998. 제48회 총회: 임원 전원 유임
1999. 4.17 제49회 총회: 임원 개선 없음
2000. 1.29 제50회 총회
회장; 강윤홍, 감사; 김장환
이사; 허진도, 이순우, 정성주, 김성권, 예병일
2001. 1.27 제51회 총회
회장; 강윤홍, 부회장; 김장환, 감사; 김정석
이사; 허진도(재무), 이순우, 정성주, 김성권, 예병일
2002. 1.26 제52회 총회: 임원 개선 없음
2003. 1.25 제53회 총회
회장; 김장환, 감사; 김정석
이사; 강윤홍, 허진도(재무), 정성주, 김성권, 예병일. 임재우
2004. 1.24 제54회 총회: 임원 개선 없음
2005. 1.22 제53회 총회
회장; 김장환, 감사; 김정석
이사; 강윤홍, 허진도(재무), 예병일(총무). 임재우, 김영길
2006. 2. 4 제56회 총회: 임원 개선 없음
2007. 1.27 제57회 총회
회장; 김장환, 부회장; 허진도, 감사; 김정석

	이사; 안종만(재무), 예병일(총무), 임재우, 김영길
2008. 1.28	제58회 총회: 임원 개선 없음
2009. 1.27	제57회 총회
	회장; 허진도, 감사; 김정석
	이사; 안종만(재무), 예병일(총무), 김영길, 김장환, 이순우
2010. 1.23	제60회 총회: 임원 개선 없음
2011. 1.22	제61회 총회
	회장; 허진도, 부회장; 김정석, 감사; 김홍식
	이사; 안종만(재무), 예병일(총무), 김영길, 김장환, 이순우
2012. 1.28	제62회 총회: 임원 개선 없음
2013. 1.26	제63회 총회
	회장; 김정석, 감사; 김홍식
	이사; 안종만(재무), 강해원(총무), 김장환(국제), 이순우(홍보) 허진도(작품), 신명순(간행)
2014. 2. 8	제64회 총회: 임원 개선 없음
2014. 6.28	일신상 사유로 강해원 총무이사 사임 후 예병일 선임.
2015. 1.24	제65회 총회
	회장; 김정석, 부회장; 안종만, 감사; 김홍식
	이사; 예병일(총무), 김장환(국제), 허진도(작품), 신태균(재무) 신명순(홍보), 민경옥(행사)
2016. 1.23	제66회 총회: 임원 개선 없음
2016. 9.13	신태균 재무이사 별세로 민경옥 선임(9/24)
2017. 1.21	제67회 총회
	회장; 안종만, 감사; 김홍식
	이사: 예병일(총무), 민경옥(재무), 허진도(작품테마), 김정석(작품전통), 신명순(국제), 남상욱(무임소).

대한우표회 기관지 우표세계 발행

창간호 (통권 제1호)
* 1952. 3.15. 26쪽. 1권당 3,000원, 송료1천원,
* 부산 피난지에서 발행됨.
* 제23회 예회통보서 三: 우표세계 제2호를 준비중에 있으므로 원고 제출요청.

복간호 (통권 제2호)
* 1958. 1. 1. 16쪽. 비매품. 서울중앙우체국 사서함 229호
* 우표세계 복간에 즈음하여 (이사장 오천석)

통권 제3호
* 1958. 4. 1. 16쪽. 비매품

통권 제4호
* 1958. 7. 1. 16쪽. 비매품

통권 제5호
* 1958.10. 1. 12쪽. 비매품

통권 제6호
* 1961. 6.30. 12쪽. 비매품
* 사무실; 서울시 중구 소공동 80 복창빌딩907호

통권 제7호 (여름호)
* 1992. 7. 1. 34쪽. 서울중앙우체국 사서함 204호로 주소 변경 후 현재까지 사용
* 복간사 (간행위원장 강윤홍)
* 정기구독자 모집 (연회비) - 8호까지
  East & South Asia $12, USA, Canada & Western Europe $16.
  Eastern Europe & South America $20.
  국내는 서울우표사에서 판매

통권 제8호 (가을호)
* 1992.10. 1. 32쪽

통권 제9호 (봄호)
* 1993. 1. 1. 36쪽
* 정기구독자 모집 (연회비) - 12호까지
  East & South Asia $15. USA, Canada & Western Europe $20.
  Eastern Europe & South America $25.
  국내; 1년 7,000원, 2년 13,000원, 서울우표사에서 판매

통권 제10호 (여름호)

* 1993. 4. 1. 36쪽

통권 제11호 (가을호)

* 1993. 7. 3. 36쪽

통권 제12호 (겨울호)

* 1993.10. 4. 36쪽

통권 제13/14호 (봄/여름 합본호)

* 1994. 4. 2. 86쪽
* 외국 정기구독료는 그대로 유지 - 18호까지
  국내 정기구독료 인상; 1년 9,000원, 2년 18,000. 서울우표사에서 판매

통권 제15호 (가을호)

* 1994. 7. 3. 54쪽

통권 제16호 (겨울호)

* 1994.10. 4. 44쪽

통권 제17호 (봄호)

* 1995. 3. 1. 52쪽

통권 제18호 (여름호)

* 1995. 7. 1. 42쪽

통권 제19호

* 2000. 6.30. 38쪽. 비매품
* 속간 축하와 당부의 말씀 (회장 강윤홍)

통권 제20호

* 2000.12.15. 38쪽. 비매품

통권 제21호

* 2001. 6.30. 38쪽. 비매품

통권 제22호

* 2001.12.10. 28쪽. 비매품

통권 제23호

* 2002. 6.30. 38쪽. 비매품

통권 제24호

* 2002.12.31. 38쪽. 비매품
* PhilaKorea 2002 특집호

통권 제25호

* 2003. 6.30. 38쪽. 비매품

통권 제26호

* 2003.12.20. 42쪽. 비매품

통권 제27호

* 2004. 6.30. 38쪽. 비매품

통권 제28호

* 2004.12.31. 38쪽. 비매품
* PhilaSeoul 2004 특집호 (창립 55주년)

통권 제29/30호 (합본호)

* 2005.12.31. 52쪽. 비매품

통권 제31호

* 2006. 6.30. 38쪽. 비매품

통권 제32/33호 (합본호)

* 2007. 6.30. 44쪽. 비매품

통권 제34호

* 2009.10.30. 258쪽. 10,000원
* 창립 60주년 기념 우표세계 특집호

통권 제35호

* 2011.12.31. 86쪽. 비매품
* 창립 60주년 우표전시회 기념행사 이모저모 및 결산

통권 제36호

* 2013. 6.30. 44쪽. 비매품

통권 제37호

* 2013.12.31. 38쪽. 비매품

통권 제38호

* 2015. 6.30. 44쪽. 비매품

통권 제39호

* 2016. 3.31. 56쪽. 비매품
* 대한민국 우표전시회 경쟁부 출품 및 심사규정

통권 제40호

* 2016.12.31. 48쪽. 비매품
* PhilaSeoul 2016 특집호 (창립 67주년)

대한우표회 한석상 규정

대한우표회 창립 회원으로 한국우취발전을 위해 많은 공로를 남긴 한석 강윤홍의 뜻을 기리기 위해 후진양성에 밑거름이 될 수 있는 우취작품을 대상으로 한석상 수상자를 선정함을 목적으로 하여 대한우표회 회칙 제20조 4항에 따라 본 규정을 마련한다.

제1조 (명칭)
상의 명칭은 "대한우표회 한석상(大韓郵票會寒石賞)"(이하 한석상)이라 한다.
제2조 (수상대상자)
수상대상자는 한국우취연합 소속단체 회원이어야 한다.
제3조 (관리운영)
한석상은 대한우표회가 관리·운영한다.
제4조 (선정)
대한우표회 이사회에서 수상자를 선정한다.
제5조 (시상)
1) 대한민국우표전시회에 출품된 작품(전통, 우편사, 테마틱) 중에서 시상한다.
2) 수상대상자는 부문별 1회에 한하고, 타의 모범이어야 한다.
3) 당해년 작품중에서 해당작이 없으면 「해당작 없음」으로 처리한다.
4) 시상은 상패로 한다.
제7조 (개정)
본 규정은 대한우표회 전체회원의 과반수 찬성으로 개정한다.
제8조 (시행)
1) 본 규정은 2015년부터 시행한다.
2) 본 규정에 명시되지 않은 내용은 이사회에서 결정한다.

<한석상 상패 내용>
작품명;
성 명; (소속우취회)
귀하께서 2015년도 대한민국 우표전시회에 출품한 (전통, 우편사, 테마틱 등 하나 적어넣음) 작품은 올해 출품작중 가장 우수하고 타의 모범이 되므로 올해 한석상을 수여합니다.

년, 월, 일
대 한 우 표 회 장 ○○○

오지섭(吳智燮) 상, 한국우표 Best 1 수상자 일람

오지섭(吳智燮) 상(賞) 수상자 일람

회수	연도	수상자	작품명	비고
제1회	1974	한재선	그라비어 보통우표	
제2회	1977	이창성	산업부흥 보통우표	
제3회	1978	박상운	거북비 도안 보통우표	
제4회	1979	이종구	전시첨쇄 보통우표	
제5회	1980	임장남	한국우표 1945-48	일본국
제6회	1981	정용담	광복초기 보통우표	
제7회	1982	김승제	국산백지 보통우표	
제8회	1984	김요치	태극 보통우표	
제9회	1985	김도온	제1차 그라비어 보통우표	
		김승제	제2차 그라비어 보통우표	
제10회	1987	김영린	대한민국 제1차 보통우표	
		임종문	잠용엽서	

1988년 해당 없음을 보고. 1990년 해당 없음을 보고 된 이후 기록 없음.

베스트 1 수상자 일람

연도	우표명	도안자	비고
1975	UPU창설 100주년 기념	박강정	
	보통우표 5원 다람쥐	이근문	
1976	보통우표 50원 분청사기 상간 모란문합	김성실	
1977	나미 시리즈 제 5집 들신선나비	전희한	
1978	부처님 오신 2600주년 기념	전희한	
1979	보통우표 1,000원권	전희한	
1981	한국미술 5000년 제2차 5집 금강역사상	김기환(조각)	
1983	제27회 세계 야구선수권대회 기념우표	이근문	
1984	안창호 300원 권 보통우표	김성실	
1985	요한바오로11세 방한기념	(인물) 민병휘 (문자) 장시웅	
1987	새5종 연쇄 보통우표	김성실	
1989	야생동물 보호 특별 우표 “재두루미”	김성실	
1990	민속 우표 탈춤	이혜옥	
1991	야생화 시리즈 제1집	이윤희	
1992	야생화 시리즈 제2집	이혜옥	

1993년 선정치 않음. 이후 기록 없음.

대한우표회 회칙(大韓郵票會 會則)

제1장 총칙

제1조 본회는 대한우표회(Korean Philatelic Society)라 한다.
제2조 본회의 본부는 서울특별시에 둔다.
제3조 본회는 사업의 발전을 위하여 총회결의에 의하여 지방에 지부를 둘 수 있다.

제2장 목적

제4조 본회는 우표문화의 연구와 계몽선전을 통하여 우표수집을 장려보급하며 우표문화 향상에 이바지함을 목적으로 한다.
제5조 본회는 목적을 달성하기 위하여 다음사업을 한다.

1. 우표문화의 영구 및 우표교환을 위한 예회 개최
2. 국내외 우취 교류
3. 연구발표, 강연회 및 간담회 개최
4. 우표전시회 개최
5. 기관 및 연구인쇄물 발행
6. 기타 본회 목적달성에 필요한 사업

제3장 회원

제6조 본회 회원은 다음의 2종으로 구성한다.

1. 명예회원(Honorary members)
2. 회원(Regular members)

제7조 명예회원은 본회 및 한국 우취계에 공로가 현저한 자로서 총회결의에 의하여 선정할 수 있다.
제8조 삭제
제9조 삭제
제10조 회원은 본회의 목적을 이해하는 성년으로서 이사회의 동위를 얻은 자로 한다.
제11조 회원으로서 다음에 해당하는 자는 이사회 결의로서 퇴회권고 또는 제명처분할 수 있다.

1. 본회 명예를 훼손한 자
2. 부실한 행동이 현저한 자
3. 이유 없이 1년 이상 회의에 결석한 자
4. 회비를 1개년 분 이상 체납한 자.

제4장 조직

제12조 본회는 국내외의 우표수집가 및 우표문화를 이해하는 자로서 조직 한다. 필요에 따라 우취분과위원회를 둘 수 있으며 분과 위원회는 대한우표회 회칙을 준용하는 범위에서 별도 독자 규정으로 운영될 수 있다.

제13조 본회는 회원 중에서 다음과 같이 임원을 총회에서 선출 한다.

1. 회장(President) 1명
2. 부회장(Vice-President) 1명
3. 이사 약간 명 (총무이사와 재무이사는 이사 중에서 회장이 임명한다)
4. 전임 회장은 당연직이사로 된다.
5. 감사 (Auditor) 1명

(이사는 회의진행상 회장의 천거로 월례회에서 인준만으로 선출될 수 있다.)

제14조 본회 회무는 이사회의 결의에 의하여 집행한다.

제15조 회장은 본회를 대표하여 회무를 총괄하고, 부회장은 회장을 보좌하며 회장유고시 회장을 대리한다. 이사는 제반업무를 분담관리하며 감사는 회계업무를 감리한다.

제16조 본회 임원의 임기는 2개년으로 한다. 단, 임기 중 결원된 이사대신에 보선된 임원의 임기는 전임자의 잔여기간으로 한다.

제17조 본회는 총회 결의에 의하여 고문을 추대할 수 있다.

제5장 회의

제18조 본회에는 총회, 이사회 및 예회를 두고 총회는 매년 1월중에 개최하고, 이사회는 회무상 필요할 때 수시로 소집하며 예회는 매월 개최한다.

제19조 총회는 회원으로서 구성하고 다음 사항을 의결한다.

1. 회칙 개정
2. 임원 개선
3. 사업계획 및 예산 승인
4. 사업 및 결산보고 승인
5. 기타 의안 심의

제20조 이사회는 임원으로 구성하고 다음사항을 협의 집행한다.

1. 회무에 관한 사항
2. 총회에 제출할 의안 작성
3. 회원의 입퇴회 및 자격심의
4. 우취작품상
5. 기타 필요한 사항

제21조 예회는 회원으로서 구성하고 다음사항을 협의한다.

1. 회무에 관한 사항
2. 내외 우취에 관한 정보교환
3. 우취에 관한 상호 연구 및 질의응답

4. 우표 교환
5. 기타 회무에 필요한 사항의 협의

第22조 총회 및 이사회의 결의는 회원 재적인원의 과반수 출석의 다수결에 의한다. 다만 회원으로서 해외거주 및 장기체류자는 총회 재적인원 계산에서 제외 할 수 있다.

제6장 회비

第23조 본회 회원은 총회 결의에 의한 회비 소정 액을 납부하여야 한다. 단, 명예회원의 회비는 이를 면제한다.

第24조 본회에 이미 납부한 회비 및 기타 금품은 반환하지 아니한다.

제7장 회계

第25조 본회의 경비는 다음의 수입으로 운영한다.

1. 회비
2. 입회비
3. 찬조금
4. 기타 수입

第26조 본회의 회계연도는 매년 1월1일부터 12월31일로 한다.

제8장 부칙

第27조 본 회칙에 명시되지 않은 내용은 이사회에서 결정한다.

第28조 (삭제)

1949. 8. 1 제 정
1950. 4. 9 개 정
1952. 4. 6 개 정
1953. 4. 5 개 정
1954. 4. 11 개 정
1955. 4. 10 개 정
1956. 4. 8 개 정
1957. 4. 14 개 정
1959. 4. 12 개 정
1960. 7. 10 개 정
1963. 2. 11 개 정
1972. 4. 6 개 정
1976. 1. 23 개 정
1981. 1. 23 개 정
1983. 1. 28 개 정
1984. 1. 21 개 정
1986. 2. 1 개 정
1988. 2. 27 개 정
1991. 1. 19 개 정
1997. 1. 25 개 정
2000. 1. 29 개 정
2001. 1. 26 개 정
2005. 1. 22 개 정
2007, 1. 27 개 정
2009. 1. 17 개 정
2011. 1. 22 개 정
2015. 1. 24 개 정

회원 주소록

2017. 10. 1 현재

대한우표회 주소: 서울중앙우체국 사서함 204호

	성명 (회원번호)	생년월일 집전화	전문수집 휴대전화	명예회원 번호 명예회원 추대일
1	이철용	1923.06.12	한국전반, 일본우표	#9
	(#280)	031-263-1833		2000.08.01
2	김탁중	1926.12.02	한국전반, 엽서	#11
	(#333)	032-891-0004	010-5029-2855	2001.02.01
3	강윤홍	1928.09.28	구한국	#13
	(#23)	02-542-4438	019-355-4438	2003.01.18

	성명 (회원번호)	생년월일 집전화	전문수집 휴대전화	입회년월일 E-mail
1	이희경	1939.08.12	한국전반	1984.11.05.(재입회)
	(#154)	02-545-5495	010-2328-1681	
2	신상만	1941.02.20	한국우표, 어린이	2015.12.19.(재입회)
	(#288)		010-4706-6167	smshin@hanmail.net
3	유재춘	1942.01.14	한국전반	2010.12.18.(재입회)
	(#911)	031-515-7998	010-5323-6834	jclew093@daum.net
4	안종만	1946.10.23	한국전반, 개, 야구, 골프, 음악	1984.03.06(재입회)
	(#1601)	02-552-3850	010-3732-7339	ahncm1@hanmail.net
5	박동발	1941.10.04	전쟁, 2차 그라비어	1990.11.24(재입회)
	(#1814)	054-674-0997	010-3683-1331	
6	송부종	1942.10.24	한국전반. 서적	2003.01.18.(재입회)
	(#2275)	02-755-4433	010-8999-0505	

	성명 (회원번호)	생년월일 집전화	전문수집 휴대전화	입회년월일 E-mail
7	김성권	1963.09.05	음악, 서양문화 전반	1982.08.30
	(#2287)		010-5238-7470	skkim105@gmail.com
8	이순우		별납인. 우취문헌	1982.12.26
	(#2289)	02-956-8937	010-7477-8937	
9	박계숙	1940.06.29	성인병 예방과 관리	1990.03.14
	(#2312)	02-533-1233	010-6365-3345	umsorge@hanmail.net
10	김장환	1937.05.06	화학이야기	1991.03.14
	(#2315)	031-913-7659	010-5231-7659	changhkim@yonsei.ac.kr
11	예병일	1964.10.19	의학, 천문학	1991.03.14
	(#2316)	02-413-3511	010-8240-0282	biyeh64@gmail.com
12	허진도	1941.05.02	올림픽역사	1998.08.22
	(#2324)	031-8004-0021	018-330-7358	huhjindo@hanmail.net
13	김정석	1941.12.05	한국 우편사 1945-1948	1998.11.28
	(#2327)	031-775-0812	0010-3788-6651	hijava25@hanmail.net
14	김영길	1972.04.26	우정사	2000.10.28
	(#2331)		010-3722-0512	ksm0957@hanmail.net
15	신명순	1947.02.23	민주정치	2000.12.23
	(#2332)	031-957-5051	010-7207-5051	msshin@yonsei.ac.kr
16	양봉석	1968.07.04	군사우편, 항공우편	2001.12.22
	(#2334)	064-702-5485	010-5245-2526	ahbong@dreamwiz.com
17	김보의	1949.08.14	성경, 크리스마스	2003.01.18
	(#2337)	070-4383-3895	010-3706-3895	bpaulkim@hanmail.net
18	김우식	1966.11.25	의학	2004.11.18
	(#2342)	02-958-8168	010-5378-3480	kkabee@dreamwiz.com
19	김홍식	1942.06.14	한국전반, 연하	2010.01.23
	(#2345)	070-8733-6768	010-2552-6868	txkimhs@naver.com
20	민경옥	1959.04.05	군사, 현대우취	2010.01.23
	(#2346)	031-877-2871	010-5076-2871	s518223@daum.net
21	허선구	1960.08.04	등대, 다리, 관광인	2010.01.23
	(#2347)		010-5364-8695	ccdream2003@hanmail.net

	성명 (회원번호)	생년월일 집전화	전문수집 휴대전화	입회년월일 E-mail
22	강인성 (#2348)	1960.03.15	한국우표 010-4609-4198	2010.02.27 wise5602@naver.com
23	이용래 (#2351)	1949.12.17 02-877-8369	한국우표, 엽서 010-2035-8369	2010.12.18 leeyony99@empal.com
24	오순환 (#2352)	1951.01.22 031-438-3253	한국우표 010-5255-3253	2010.12.18
25	강해원 (#2354)	1956.10.29 032-512-0472	한국우표, 적십자, 극지 010—6343—8812	2011.04.23 hk1987@hanmail.net
26	조필성 (#2357)	1970.08.03 02-529-7950	대한제국, 일제강점기 010-3773-3950	2012.05.26 didectorfeel@daum.net
27	이현구 (#2358)	1983.10.24	한국우표, 대통령, 화폐 010-3456-6486	2012.05.26 cjhklee@naver.com
28	박병기 (#2359)	1968.02.04 031-425-0140	한국우표, 우주항공, 전기 010-4312-0140	2012.06.22 geolist@hanmail.net
29	한희영 (#2360)	1927.12.30 02-912-5871	한국우표, 일본, 독일우표 010-9992-5871	2013.11.23
30	남상욱 (#2361)	1948.07.27 02-522-0093	항공우표, 1차보통, 크리스마스 씰 010-6229-0029	2015.01.24 yyfpec@naver.com
31	김희준 (#2363)	1971.01.18	미술, 나비, 자동차, 선박 010-4620-2411	2015.11.28 appletreeart@naver.com
32	이근후 (#2364)	1935.12.30 02-732-8144	네팔우표, 산 우표	2016.05.08 ignoo@daum.net
33	백한규 (#2365)	1973.09.29	한국실체봉투, 한국항공 010-7242-9957	2016.12.10 welovesoccer@empas.com
34	오중협 (#2366)	1946.05.29	항공, 음악, 눈 010-8707-8253	2017.03.25
35	현병래 (#2367)	1956.03.23	스포츠, 야구 010-9543-2810	2017.05.27 woopyo@woopyo.net